フィリピン・カトリック教会の政治関与

国民を監督する「公共宗教」

宮脇 聡史 著

大阪大学出版会

目　　次

第 1 章　「公共宗教」は政治にどう関わるか
　　　　　フィリピン・カトリック教会の国民論と教会論をつなぐ……………1
　　　1　「この国のみんなの宗教」が民主政治に
　　　　　関わるということ　3
　　　2　フィリピン・カトリック教会は「公共宗教」として
　　　　　どう理解されてきたか　8
　　　3　フィリピン・カトリック教会の政治への関与を
　　　　　分析するために　13
　　　4　フィリピンにおける制度的教会の概要　22
　　　5　本書の構成　25

第 2 章　カトリック教会の政治関与・動員形成過程……………27
　　　1　歴史的背景　29
　　　2　1960 年代以降の模索　49
　　　3　マルコスによる戒厳令期（1972-1981 年）における
　　　　　教会内の緊張関係　56
　　　4　民主化政変と主流派路線の確立　63
　　　5　民主化以降　73
　　　6　政治関与の背景を問う　79

第 3 章 　政治・社会司牧の制度と主流教説の確立 ………………… 81
　　　　 1 　教会指導者層の政治・社会への関与の仕組　83
　　　　 2 　CBCPの司牧声明における教会の政治・社会への関与　96
　　　　 3 　1980年代以降の司牧声明における政治論　110
　　　　 4 　「EDSA」「ピープルパワー」論の構築　117
　　　　 5 　1997-1998年：教会指導者層の政治論集大成　126
　　　　 6 　政治関与から政治教育、そして要理教育へ　130

第 4 章 　要理教育刷新の展開 ……………………………………… 133
　　　　 1 　要理教育刷新プログラムの展開　135
　　　　 2 　要理教育を支える制度・組織　145
　　　　 3 　要理教育の現場　146
　　　　 4 　要理教育をめぐる緊張　158
　　　　 5 　教会指導者層の要理教育に対する姿勢と動機　164

第 5 章 　教会刷新ビジョンとフィリピン社会 …………………… 167
　　　　 1 　教会論・宣教論の形成と実践　169
　　　　 2 　教会の「フィリピン文化論」　191
　　　　 3 　教会による「フィリピン教会＝社会観」の
　　　　　　　覇権の限界　207

第 6 章 　矛盾の露呈 ………………………………………………… 231
　　　　 1 　フィリピン・カトリック教会が
　　　　　　　エストラーダ大統領辞任要求に至るまで　233
　　　　 2 　エストラーダ放逐と教会
　　　　　　　──教会版「EDSA」の「再現」　244
　　　　 3 　「EDSA3」と教会の挫折　253

第7章　「公共宗教」の模索 …………………………………… 261
　　1　教会の政治関与——背景、過程とそのひとつの帰結　263
　　2　政教関係の研究を深めるために　265
　　3　「ピープルパワー」のその後をめぐって　268

フィリピン・カトリック司教協議会（CBCP）の司牧声明類（1940-2001） …………… 271
参考文献・資料一覧 ……………………………………………… 284
あとがき ………………………………………………………… 329
索引 ……………………………………………………………… 334

フィリピン地図

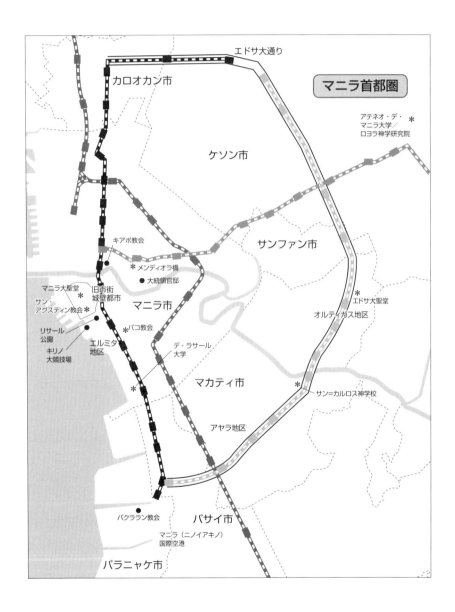

第1章 「公共宗教」は政治にどう関わるか
フィリピン・カトリック教会の国民論と教会論をつなぐ

マニラ市パコ地区にあるサン・フェルナンド・デ・ディラオ小教区聖堂（通称パコ教会）。掲示によれば、小教区は1599年創設、ミサは日曜日に9回、平日は4回持たれ、信心業のノベナ（連祷）も毎週3つ、毎月1つの計4つが持たれている。平日の午後にはクリニックもあり、幼児洗礼、結婚式、葬儀、祝祷、カウンセリングなども予約で随時受け付けている。日曜朝のミサには聖堂にあふれるほどの人々が訪れる。近隣には大きな市場があり、教会に来た人たちが市場に、市場に来た人たちが教会に往来する。公共空間の中で、人々の暮らしと通過儀礼に深くかかわる教会の姿の一端がうかがわれる。(2018年3月14日　筆者撮影)

1 「この国のみんなの宗教」が民主政治に関わるということ

　社会の中で重要と認められる宗教があり、宗教者側も世の中の重要な問題に貢献しようとし、それが評価されたり批判されたりする。そうした宗教の影響力が強い社会において、公共的な問題に対する宗教の関わりについて論じられることは少なくない。特に冷戦後の国際問題や政治変動が論じられる中で、宗教の政治的、社会的な影響力は繰り返し問題とされてきた。

　宗教社会学や人類学でも、日常における宗教の持つ意味が再評価、再定義される中で「近代社会の世俗化によって宗教が衰退する」といった「常識」は根本から見直されつつある[1]。伝統宗教の衰退や人々の宗教へのコミットメントの忌避が言われる日本でも、特に東日本大震災からの復興を契機に、少子高齢化の中での社会の絆を再生する契機のひとつとして、宗教が見直されつつある[2]。

　宗教の影響力が意外にも盛り返してきているのではないか、とする「宗教復興」論は1980年代以降のものである。特にいわゆる原理主義的な宗教の政治への関与に注目が集まり、強い関心を引き続けている[3]。しかし、宗教の公共社会への関わりは、そういう観点のみから捉えられてきたわけではない。

　1960年代、教会を社会的抑圧から人々を解放するために奉仕する存在とする「解放の神学」がラテンアメリカのカトリック教会から発信され、注目を集めた。またカトリック教会の現代化改革である第2バチカン公会議においても、社会の近代化の進行に保守反動的に対応するのではなく、むしろ現代社会の形成・改革に宗教が積極的に関わる方向が打ち出された。これもまた現代に至るまで無視できない宗教の政治関与の流れをなしている。さらに1980年代以降の市民社会論の再興と「公共性」についての議論の隆盛には、宗教に関する議論も多く、諸宗教からの発信も少なくない。カサノヴァは、1980

---

1) ハーバーマス 2014（Habermas 2011）
2) 稲場 2013
3) ケペル 1992（Kepel 1991）、ユルゲンスマイヤー 1995（Juergensmeyer 1993）、ハンチントン 1998（Huntington 1998）。

1 「この国のみんなの宗教」が民主政治に関わるということ

年代後半の世界的な民主化への潮流において、特にカトリック教会の果たした役割を積極的に評価し、公共社会に積極的に貢献しようとする特に社会主流の宗教を「公共宗教」として位置づけようとした。彼が挙げた5つの事例のうちひとつを除く4つがカトリックに関するものであり、さらにキリスト教が多数派宗教となっている事例も4つである[4]。

ただし、カサノヴァの「公共宗教」論は民主化や民主社会にどの程度貢献したかに注目しているため、「公共宗教」が社会においてどのような位置づけにあるのかという点まで広げて考察しきれていない。つまり、こうした宗教の広範な社会基盤、その背後にある社会に対する覇権的地位や社会的特権を獲得するに至った経緯、そこから生じた宗教の政治社会における位置が検討されていないため、そうしたことが宗教の政治参加の特徴に反映されてくる側面が看過されている。むしろこの点に留意することで、宗教指導者層とその正統教義の持つ支配的な影響力が、人々の生活及び宗教上の信念・実践との間に緊張関係を必然的に生み出すことが理解しやすくなり、それが宗教の政治参加というものの持つ特徴をより明らかにすることにつながると期待できる。特に思想信条や政治活動の自由が保障された民主的な政治においては、影響力の強い宗教が「公共性」を盾に自らの価値観を法制度に反映させようとするような動きをすれば、必然的に異論、反論が生じるであろうし、道徳問題を絡めた政治決定の主導権をめぐる争いが起こることは避けられない。また、市民参加の増大によって民主主義が成長していくという「リベラルの市民社会論」に対し、市民社会の確立は階級間などの対立の中での主導権をめぐるせめぎあいが重要であるという「ラディカルの市民社会論」にも注目

---

4) 事例は、スペイン、ポーランド、ブラジルのカトリック、アメリカの福音主義プロテスタンティズム、そしてアメリカのカトリックに関するものである（カサノヴァ1997 (Casanova 1994))。東南アジア研究における公共宗教、ないしこれに類する宗教の動きに関する議論としては、例えば、タイの仏教のケースについては、小野澤 (2006)、インドネシアのイスラームについては、見市 (2004) を参照。またより一般的に、公共空間・公共哲学における宗教、という議論としては、例えば稲垣 (2004) を参照。

が集まるようになってきた[5]。そこから生じると思われる解明すべき問題をいくつか挙げる。

　第一に、宗教指導者層が社会と教会の姿をどう描き、教会が社会に対してどのような歴史的正統性があるとしているのか、またその正統性に基づいて、民主主義政治に関与するに際して、どのような言説を作り上げているのかを明らかにする必要がある。それは単にその場限りの戦略にとどまらず、教会の権威や歴史的な正統性が絡むことになることから、かなり体系的なものとして構築されていると予想される。さらにその言説体系の人々への伝達の仕方の特徴や、そうしたコミュニケーションの取り方と教会の民主政治への関与の仕方の関係をも明らかにする必要が出てくる。

　ここから第二の問題が派生する。それは宗教がこの正統性原理をどのように政治実践に結びつけていくのかということである。特に、宗教指導者層にとって政治への関わりは、必ずしも単にあとで外から取ってつけた教会活動の付加活動として位置づけられるのではなく、むしろ社会とその多数派である信徒に対する道徳的な指導という性格をもってくる点に留意が必要である。したがって、特にカトリック教会のような教理体系とヒエラルキーの構造が明瞭な宗教においては、政治問題は宗教組織体系、活動体系の文脈の中に位置づけられている。したがって、宗教が政治に関与する過程については、政治にどう具体的に関わったかを記述し続けるだけでは十分には理解できず、むしろ当該宗教が持っている独自の実践原理と絡めて理解して初めて全体像が明らかになる。

　第三に、宗教指導者の社会的地位、及び社会の側の宗教観が、宗教指導者の政治を含めた社会的な行動とどう関わるのかである。宗教の政治関与は、単に宗教側の正当化の論理の問題だけではなく、それが人々にどう受け止められ、どういう反応を招くか、またそうしたことを予期して宗教指導者がどういう態度を選ぼうとするか、という点に関わるからである。特に宗教指導者が普及に努めてきた「正統教理」と、他方で人々の間で実際になされてき

---

5) 五十嵐 2011: 40-50。

た宗教受容・実践によって形作られている「民間信心」、その両者の間に生じる相互作用と緊張関係を明らかにする必要がある。しかもそれを、単純に矛盾か一致かという単純な二分法でなく、実際の共存のありさまとして解明する必要がある。この点について近年の宗教社会学では、「正統教理」を特権化することも、またそれによって「民間信心」をまがい物とすることもしないことが多くなってきた。むしろ多文化が混在共存し、個々人のニーズが多様化してきた時代の中、人々が様々なところから取り入れたものを暮らしの現実の中で織り交ぜつつ「生きることで形作る宗教」(lived religion) のリアリティを重要視するようになっている。宗教社会学はもはやこれまでのように、国民文化を語るようなマクロの議論と宗教心理学的なミクロの議論に依拠するだけでなく、もっと流動的かつ多面的に捉えなおすアプローチが支持されるようになってきた[6]。

　そもそも「公共」という言葉は、特定の人たちの裏の意図を覆い隠して、善意で中立な装いですべての人々を代表するかのように濫用されやすい。「誰が、誰のために、何を取捨選択して「公共の利益」を語るのか」という重要な問題を忘れず、特に宗教権威の都合に沿った議論を安易に受け売りしない必要がある。さらにその際に注意が必要なのは、宗教家や識者は「民間信心」を十羽一絡げに論じる傾向が強いが、実態は決して一様でも一枚岩でもないという点である。特に国民国家形成の過程における外在的要因が大きい国民社会（特に旧植民地国）においては、そこで画一的に形作られてきたかに見える国民社会の特徴には、実際には地域ごとの独自性が絡み合ってきた。多くの場合、「公共宗教」は近代国民国家形成を目指しており、社会を単一国民によって成るものとして構想し、それを単一の信徒集団と重複して発想しやすい。つまり「公共宗教」が国民社会を前提とする以上、その国民主義的な画一的な眼差しが「民間信心」観に反映される。そうした画一化がどのように

---

[6] マクガイア 2008 (McGuire 2002); McGuire 2008。

第1章 「公共宗教」は政治にどう関わるか

行われてきたかを明らかにする必要もある[7]。

　第四に、「公共宗教」が民主化にいかに貢献したかに集中することで、民主化後に名声を高めた「公共宗教」によるその後の政治への関わりを意味づけられなくならないように留意する必要がある。特に「民主化」を達成することで「公共宗教」がその基本的な「役割」を終えたかのような理解、それ以降はその正統性の「遺産」を食いつぶしながら、宗教権威の既得権益を保守しようとする消極的な動機で政治関与するに留まる、といった評価に終わってしまうと[8]、「公共宗教」の民主化以降の政治関与そのものを深く解明しようとしなくなりやすい。本書で取り上げるフィリピンのケースのように、民主化以降にむしろ政治への関与や政治過程におけるプレゼンスを高めるような場合もある。単に「民主化への貢献度」に留まらない宗教の政治参加への特徴を捉えるよう努めるべきなのである。

　そして以上の点に留意するためにも、「公共宗教の政治への参加」という問題が宗教と社会との歴史的な関わりの積み重ねの中で生じてきた問題であることを踏まえるべきである。そのためには、一般理論だけでなく、より歴史的・空間的に特定された個別の場において解明していく必要がある。次節では、以上の問題をフィリピンに引きつけた場合、既存研究においてどのような成果があり、どのような研究上の課題が残されているかについて検討する。

---

[7] 国民国家が宗教を含めた各地の風習や祝祭を、国民文化のバリエーションとして整備しカタログ化する傾向についてはAlcedo (2016)。

[8] カサノヴァは、民主化過程におけるカトリック教会の役割を論じた三つの事例(スペイン、ポーランド、ブラジルのケース)において、民主化後も宗教がもはや国教会ではありえないとはいえ、私的領域にとどまり続けることもありえないことを強調してはいる。しかし民主化後の役割を明示せず、むしろその役割の後退を印象付ける表現が目立つ(カサノヴァ 1997: 97-171)。

2 フィリピン・カトリック教会は「公共宗教」としてどう理解されてきたか

　フィリピンにおいては、1986年2月に、国民多数派の宗教とされるカトリック教会の指導者層が大きな役割を果たす中、民主化政変が成就した。これは1980年代の世界的な「権威主義体制からの民主化」の流れの先鞭をつける形となった。ところが意外にも、この「公共宗教」問題の典型ともいうべき出来事に関する研究は多いとは言えない。本節ではフィリピンの民主化とカトリック教会の政治関与に関するこれまでの研究の特徴を整理し、その限界と課題を挙げる。

(1) 政治研究における諸問題

　フィリピンの民主化についての政治学的な研究は多いが、その関心はマルコス大統領による権威主義体制（1972-1986年）下の政治過程とそこにおける政治参加の構造を中心としている。教会はその中での重要度は高いものの、あくまで数ある市民運動・政治運動的アクターの一部として、「政治過程に参加する」という側面から特徴を捉えるものが多い[9]。権威主義体制の下での政治的自由の制約の中、カトリック教会の存在は、宗教としての組織力や動員力を生かし、民主的な参加を促す公共空間の形成と拡大に貢献した、という機能的な役割に限定される。このため、民主体制が形成され公共空間が確保されるようになると、特に2001年のエストラーダ政権打倒デモまでの間は、教会の政治的役割を積極的に論じる必然性は弱められた。

　しかしカトリック教会から見れば、民主化後1980年代後半以降の十数年こそ、教会が政治社会に関与する根拠づけと実践への体制を整備した時期であり、1986年の民主化政変はいわばその起点であったのである。そして特に1997年以降、教会の政治的影響力が積極的に発揮されるようになり、まずは

---

9) 藤原 1988; ワーフェル 1997 (Wurfel 1988); スタインバーグ 2000 (Steinberg 2000)。

報道において、そして近年では研究においても注目度が高まってきている。フィリピンの教会についても、民主化過程における役割を検討するだけでは十分とは言えず、むしろ「公共宗教」たる教会自身がどのような文脈で政治関与の方向に進んでいったのかを分析する必要がある。

(2) 教会研究の成果と問題点

　他方、現代教会史[10]、教会論や宣教論[11]、及びカトリック倫理学[12]といった、教会・神学研究の側からの解釈も提示されてきている。1960年代以降、カトリック教会の現代化方針が次第に浸透していった時期、フィリピン社会は激しい変動を経験し、同時にマルコスによる権威主義体制下で開発と共に人権侵害が横行した。そしてカトリック教会の中からは、社会と教会に関する多様な現状分析と展望が生み出された。こうした教会の動きの中から、民主化に至る流れの中で指導者層主流派が確立し、彼らを中心として一定の体系性を持った教会観・社会観の枠組がつくられ、政治社会変動への関与を支えた。こうした一連の変化はまた人々の社会的な必要に応じようとしたものであり、実際に国民の広範な支持を獲得できた。こうして教会は政治に対する道徳指導者としての役割を果たしてきたのである。以上が多くの議論の方向性である。

　この見方はあくまで教会指導者層の標準的な論じ方に沿ったものと言える[13]。もちろんフィリピン・カトリック教会の政治への関与を解明する際に、教会の言説を分析の対象とする必要は大いにあるが、政治過程や社会の相互作用の中でこそ広がりのあるバランスのとれた社会の全体像の把握を目指すことができるのであって、教会における標準的な社会観のみをもって教会と社会の関わり方を結論づけることは公平でない。また1980年代に形成された

---

10) Fabros 1988; Santos 1997; Giordano 1988
11) Kroeger 1985, 1987; Carroll 1999
12) Gorospe 1987
13) 教会指導者層の標準的で包括的といえる議論としてQuevedo (1996)。

「主流派」のもつ特徴の批判的な検討、及びその過程で教会の主流から外された人々の全体の中での位置づけといった課題もあるが、教会側の諸研究ではこうした問題はあまり扱われていない。

　さらにこれらの議論では、1960年代の教会の現代化改革より前はどうだったのかの評価を避けていることが多い。結局これは植民地支配とキリスト教化をめぐる支配や搾取の歴史に目をつぶったまま、その時代に形成されたキリスト教の普及とその支配的地位の確立を自明視することにつながっている。教会指導者層が社会や信徒たちに対して宗教的正統性原理を提起するとき、それは様々なものを取捨選択的に提示したり隠したりしながら戦略的になされている。

　神学的世界観に基づくことで、時にはフィリピン社会のいくつかの問題が「自然法」の名のもとに神の秩序のもとにおかれ、教会が道徳的権威をもって裁定を下せる課題として取り上げられることがあり、その場合、社会科学的な因果関係や統計的裏付けは無視される。また逆に教会がその成り立ちに歴史的に深く関与してきた社会の諸問題について、教会自身の関与の経緯や責任を不問にしたままあたかも純粋な社会病理として扱うこともあり、その場合には、教会こそが道徳権威として問題の解決にあたれるかのように論じたりする。

　神学に基づく政治社会理解においては、教会が分析主体、政治社会は分析対象とされてしまいやすい。その結果政治学的な研究とは対照的に、神学的に政治問題を取り上げた場合、政治的対立のアクターのひとつとしての教会を冷静に分析の対象とする姿勢が弱くなりやすい。

(3) 構造機能主義的な文化研究の問題

　フィリピンの宗教をめぐる研究として長らく知られてきているのは、アテネオ・デ・マニラ大学付属フィリピン文化研究所の創始者フランク・リンチ神父らによる、構造機能主義的な解釈である。ここで言う構造機能主義的な解釈とは、人々の関係性及びそれを規定する文化のつながりの構造や象徴体

系を示し、その中で人々の価値観がどのように働くのかを示そうとすることであった。リンチ神父は、地域の中心に置かれた教会が提示する規範と人々の宗教理解との距離に基づいて、フィリピンの地域社会の宗教性を「教会が認める宗教性」「教会が黙認する宗教性」「教会が問題視する宗教性」に分けることで「民衆カトリシズム」(folk Catholicism) を分類・解明しようと試み、それが人々の体面的評価を重んじる「恥の文化」や「庇護と恭順」の関係の中でもつ意味と機能を明示しようとしている。ブラタオ神父はフィリピンの宗教性を「二段重ねのキリスト教」(split-level Christianity) と呼び、敬虔な信心と粗野な行動が同居する人々の生き方を、一貫したアイデンティティを形成できない人々が抱える社会病理として理解しようとしている[14]。こうした理解に基づけば、人々は不十分な、あるいは病的な仕方でキリスト教を受容しており、そのために人々は宗教や社会をゆがめてしまっている、という見方につながる。教会から見ると、人々（さらにはこの国）はキリスト教徒ではあるが深刻な問題を抱えており、したがって世の中をよくするためには、教会が粘り強く善導しないといけない、という主張にもつながる。

　こうした解釈は人々の宗教理解に大きな影響を与えたが、同時に多くの批判を受けてきた。この研究との関係で特に注目すべき点として、フィリピンにおけるカトリック系高等教育・研究機関の重要性が挙げられる。特にイエズス会系のアテネオ・デ・マニラ大学はその開明的な姿勢と長年の教育・研究活動において高く評価されており、その成果を単に教会の利益の道具として片づけることはできない。他方で、教会指導者層がこうした学問成果を踏まえた研究者のアドバイスを受け、その上で政治・社会問題に関する議論を提起していることを考える必要もある。つまり、これをただの教会のプロパガンダとして片づけることはできず、むしろ学問と宗教の間にある長年にわたる複雑な関係の中で生じてきた問題というべきである。

　構造機能主義そのものの問題も確かにあるが、むしろ教会がこうした論法を援用した仕方とその目的こそが、ここでの問題である。教会におけるフィ

---

14) Bulatao 1992; Lynch 1975

リピンのキリスト教の社会的特徴に関わる研究は、主に社会と人、その文化と心理に関するものであり、教会は自らをフィリピン社会全体の中で批判的に精査するよりも、世間のありさまの方に注目した。教会が観察主体となり、社会文化や人間心理を観察対象とする構図を作ることで、「キリスト教国」であるはずのフィリピンで指摘される諸問題の原因の究明の際に、歴史的に社会に深く埋め込まれているはずの教会を要因から外した状態で社会文化の構造的な問題を見出そうとしてきたのである。それは、教会自体の社会における機能、特に植民地支配の遺産としての特権的地位、社会の通過儀礼を監督する地位の保持といった問題を回避する姿勢に結びついてきた。また、社会の宗教性を固定的に捉えることで、人々の霊的な生活の内的ダイナミズムや多様性をも見えにくくしてきたのである。

　現代フィリピンの宗教と社会の関係を捉える場合、教会や人々の意識を含む社会変動の動態、そしてその中で新たに作り出されてきた教会の戦略や動向こそが中心的課題である。現代における資本主義の一層の浸透、開発の進展に伴う人々の生活感情の変容、宗教復興的な状況の中での人々の意識の変化などの中で、教会の社会との関係づくりの模索の過程を捉えるためには、社会の構造と機能、その中での教会の役割を固定的・静態的に捉える方法に限界があるのは明らかである。このようにして、現代フィリピンにおける教会の政治関与を生み出す基本的なメカニズムを明らかにするためにも、政治社会の変化の中に、カトリック教会自身の位置と動向を具体的に明らかにしていく必要がある。

3 フィリピン・カトリック教会の政治への関与を分析するために

(1) フィリピン地域研究の中で捉えなおす

　ここで、フィリピンにおける「公共宗教」にあたる現代カトリック教会の政治関与を理解する際の課題を整理してみよう。

　教会の政治関与は、1980年代以降現在に至るまでメディアによる高い注目を集めており、他方で教会内の様々なレベルでも、意識及び実践の高揚が見られる。教会指導者層に関する研究、論説や公文書の出版も進んできており、分析のための資料はかなり豊富なので、研究のための基本的な環境は整っているはずである。

　しかし、なぜ近年カトリック教会が組織的に政治関与を強めているのか、そのことがもたらす政治社会的な意味は何か、といった問題に対して、十分な解明がなされているとは言いにくい。その背景として、まず、マスメディアにおいて単純化されたある種の対立する議論、特に教会の国民の支持を集める能力を一方的に高いと考えて「教会が社会改革に大きな役割を果たしてほしい」という一方的な期待と、他方で政教分離下における教会の政治への関与は国民の支持を得ていないという一方的な前提から「教会が政治に干渉することには反対する」という矛盾をはらんだ主張が、かみ合わされないままその都度繰り返されていて、これが多くの研究の発想にも投影されている。そして一方では極めて未整理なままこうした主張を反復する論考が時々現れ、他方ではあたかもこのような教会の政治関与の構造と意味は既に自明であるかのように片づける論述がしばしば現れてきた。現代カトリック教会についての大半の議論は、教会の影響力とその限界に関する理解の仕方として、そ

3 フィリピン・カトリック教会の政治への関与を分析するために

のような単純化された理解の域を出ていない[15]。

　問題は、主に政治学の方法に固執した研究の守備範囲の限定や、特定の神学的立場を擁護することに目的を置いた弁明的傾向といった、分析方法の狭さに起因すると思われる。いずれも、結局のところ、カトリック教会の教会的・社会的戦略に関する既存の諸資料を言説面と実践面の両方から包括的に整理して枠づけ、これを政治や社会の構造と変化の中に位置づけなおしていく、という基本的な作業そのものが決定的に不足している。

　これに加え、教会が国民社会に対して自らの道徳的正統性を打ち出し、これを根拠に公共問題に関与しようとしてきたことがよく知られているにもかかわらず、この点の理解を深める際に必要な、教会がフィリピンという国をどう見てきたかについての考察・分析はほとんどなされてこなかった。

　さらに、政治研究においても神学的研究においても、人々の側の宗教性と社会参加との関係を視野に入れた研究が極めて少ない。近年特に民間信心や新興宗教運動などを対象とし、人々の側の世界観や宗教理解、運動の論理を積極的に盛り込んだ人類学的な研究の成果が積み重ねられている。その中で、上記の「二段重ねのキリスト教」のような教会の観点から一般信徒の信心運動の稚拙さを断ずるというような理解の仕方が根本から問い直されている。この現状の中で、教会に関する研究にもこれを生かす必要がある。

　全体として言うならば、事象を地域全体の広がりの中に位置づけ、多角的に分析する「地域研究」としての取り組みが、現代フィリピンにおけるカトリック教会と政治・社会との関係を捉える議論の中に不足していたといえる。

---

[15] 象徴的なのがシャーリーの著作（Shirley 2004）である。カトリック教会の政治関与というテーマを真正面から取り上げてはいるが、ニュース記事を中心とした二次情報への過剰な依存と、一次資料を参照していないことなどとあわせ、論述が一方的であり、かつ事実誤認も少なくないため、残念ながら参考になるとは言いがたい。その背後にあるのは、彼が主に依拠している新聞・雑誌等のメディアが基本的に善悪二元論と政治関与度の強弱といういわば二つの単純化された二元論の組み合わせによって政教問題を断ずる傾向が強いことと無関係ではないと思われる。

(2) 注目すべき近年の研究動向

　ただし、近年のいくつかの研究は、こうした限界を超える材料を提供し、なされるべき研究の方向を指し示している。

　ヤングブラッドのフィリピン教会に関する実証性の高い一連の研究は特に重要である。1960年代以降の教会改革とマルコス支配の中で、教会と政府の開発観の相違の大きさが明らかになると共に人権問題も深刻化し、これに伴って教会が反マルコスのスタンスを鮮明にすることで政治へのコミットメントを高めていった次第を詳細に描いている。教会側の言説と動向を分析する際に、開発問題と人権問題に絞られすぎる点に限界はあるが、政治的文脈と教会の内的ダイナミクスを組み合わせた古典的な研究として評価できる[16]。ヤングブラッドの研究対象となったアキノ政権期（1986-1992年）までの時期に続く民主化政治への関与についてはモレノによる研究がある。ヤングブラッドの政治学的で中立性を重んじる研究とは異なり、カトリック神学者の立場から教会の公共宗教としてのあり方を護教的な姿勢をもって描いている点に偏りがあるものの、教会内の緊張関係や勢力争いについてかなり率直に内部から批判的に検証しようと努めており、特に1990年代の教会の政治関与の紆余曲折の経緯を理解するために有益な情報と視点を与えてくれる[17]。

　教会研究に関しては、ネオ・マルクス主義的な志向をもつ教会内の反主流派によるものをはじめとする批判的論考が多くの示唆を与えてくれる。それは教会主流からの批判的な距離感、及び全体像の把握を追求する姿勢によって、教会政治の構造を、単なる神学的弁証論を超えたところで明らかにしようとしている故であろう。ボラスコやデ=ラ=トーレはルソン地域における「民族民主主義キリスト者」すなわち容共教会活動家の立場から、カトリック教会が歴史的に担ってきた「植民地主義的、封建主義的、官僚資本主義的性

16）Youngblood 1978, 1981, 1984, 1985, 1987, 1989, 1990
17）Moreno 2006

格」を、具体的な事例と共に論じている[18]。また、キンは現場の経験を踏まえつつ内部資料やインタビューを豊富に盛り込んで、ミンダナオ・スルー地方における草の根的性格の強い教会運動が教会指導者層との軋轢を経て挫折を余儀なくされていく過程を論じている。その論述には教会の制度上の問題、様々な神学の並立、多方面からの議論が織り込まれており、示唆に富む[19]。またビサヤ地方のネグロスで司牧活動にあたっていたオブライエンも、平和主義の視点で、戒厳令下の人権侵害のただ中で試行錯誤の中で草の根の教会を作り上げようとする立場から、教会の歴史と社会とのかかわりについて多面的な叙述を行っている[20]。野村が戒厳令下で共産党支配地域での潜入取材に基づいて書いたルポはやや粗削りながら、当時の左派政治の論争と教会活動家の関係を明確に示しており、キンやオブライエンの議論を理解する際の助けにもなる[21]。

「解放の神学」ないし「格闘の神学[22]」に限らず、こうした視点の背後には、教会指導者層による上からの「教導」を自明としがちな「キリスト教世界」の常識に根本的な疑問を突きつける神学がある。ウォスティンは、信徒の教会活動への参加を広げる改革を試みる中で不安を感じ、結局後戻りしてしまう教会指導者層の姿を、近年の教会会議と要理教育指導に関する一連の経緯をたどりつつ分析している[23]。

また「ポスト・コロニアル批評」の影響を受けた歴史研究は、特に教会が提示してきたフィリピン史の意味づけ方を批判的に検討する材料を提供してくれる。ラファエルの『植民地主義と契る／契約する植民地主義(*Contracting*

---

18) Bolasco 1985, 1986, 1994; De la Torre 1985, 1986; デ・ラ・トーレ 1986
19) Kinne 1990
20) オブライエン 1991（原著 O'Brien 1987）
21) 野村 2003（1981）
22) Theology of Struggle は、日本においては「闘争の神学」という訳語で紹介されてきたが、struggle の語義、及び「日常生活の諸問題への取り組み」に強調点が置かれているその内容からも、「闘争」という語は過剰に戦闘的であるとの筆者の判断で、訳語を上記の通り定めた。
23) Wostyn 1990, 1995, 1999

Colonialism）』はスペイン植民地支配期において、教会の教えが、森羅万象を司りフィリピン植民地をその知をもって支配してやまないかのような神学や語法に依っていること、しかしそれが現地語に翻訳され人々に伝えられていく過程でそれとはかなりずれた仕方で、人々が植民地支配下で巧みに生き延びていくための物事の理解の流れの中に移し替えられて受容されていった次第を巧みに描いている[24]。またイレートのフィリピン研究におけるオリエンタリズム批判はややプロパガンダ的な色調を帯びてはいるが、フィリピンにおける知識や教育の持つ政治的な作用という側面を極めて明快に示しており、カトリック教会内の聖職者を含む知識人の言説の分析にある程度有用である[25]。既に述べたボラスコの教会史、教会文化の分析も、こうした歴史批評を踏まえたものである。

　近年の宗教人類学的な研究の成果は十分注目に値する。デ＝ラ＝パス、キャネル、川田、東、ウィーグル、バウティスタ、サピトゥラ、デ＝ラ＝クルスらの一連の研究は、「キリスト教国にしてカトリックが八割を占める」として一括されがちなフィリピンの「低地キリスト教社会」における宗教が実は多様性をもち、その諸宗教コミュニティが多彩な主体性・自立性・戦略性を発揮している点を明らかにしている。カトリック教会が上から一律の教会刷新と政治関与を強めようとしてきたことが、一体そうした多様な人々の多様な実践が厳然とそこにある現実とどう関わるのかは、これらの研究との対話の中でこそ十分に検討できる[26]。

　宗教社会学に関しては、教会と社会の関係についての社会学的な研究と実践に長年の蓄積を重ねてきたキャロルの一連の教会研究[27]に着目したい。実践家らしく短いエッセイが多く、包括的とは言えないが、社会変動とその中における教会の政治的な動きについて、社会全体の相関関係と変動の特徴、

---

24) Rafael 1988
25) Ileto 2001
26) De la Paz 2003; Cannell 1999; 川田 2003; 東 2002, 2011; Wiegele 2005; Bautista 2010; Sapitula 2014; De la Cruz 2015
27) 主要な研究はCarroll（2006）にまとめられている。

そしてその中における教会の社会学的な位置や政治性を冷徹に分析している。キャロルの研究は教会内の同時代の多くの研究が構造機能主義的な静態的分析に傾く中で、社会学者として勢力間の対立や変動の契機に積極的に着目しており、教会研究として広がりのある捉え方を鋭く示していることが多い。

　ジャーナリストの中からも時折優れた、参照に値する報告が出されてきた。既に触れた野村は反政府運動の現場に深く入ってそこでのキリスト教運動の姿を活写している[28]。ルフォの最近の著作は、ドゥテルテ大統領がカトリック教会を罵倒する際に繰り返し振りかざされたことで知られるようになったため、際物とみられかねないが、それは大変不幸なことである。教会の真の改革を願う姿勢から、カトリック教会が抱える様々なスキャンダルを、地道な調査によって丁寧に明らかにした出色のものであり、それだけに2015年の彼の急逝は惜しまれる[29]。

　そして近年、カトリック教会の国民観やフィリピンにおける言説上のヘゲモニーを目指す動きに関する研究も現れるようになってきている。フランシスコの研究は、歴史的な変遷や変化の政治的含意にまで分析を広げてはいないものの、カトリック教会の公文書に見られる国民観を、特に神学的な観点から批判的に分析している[30]。クラウディオはその「ピープルパワー」言説の確立における教会の覇権闘争的な動きを鋭く捉え、特にマニラ首都圏において戦略的な象徴的行動を積み重ねていった様を活写して秀逸である[31]。コルネリオは、日常の中の宗教性に着目した近年の宗教社会学の動向に応答する形で、前述のマクガイアなどとの理論面での対話の中で方法論と仮説を詳細に練った上で、マニラのカトリックの活動に参加する学生たちの教会観、宗教観、国民観、自己理解を地道で堅実な実地調査によって、研究対象の多様性にも細心の注意を払いつつ明らかにしている。そのような丁寧な作業を通じて、これからのフィリピンにおける信徒と教会、そして社会の間の関わりに

---

28) 野村 2003（1981）

29) Rufo 2013

30) Francisco 2014

31) Claudio 2013

ついて興味深い見通しを示している[32]。本書も、こうした宗教と社会の関係と地域研究を組み合わせて批判的に検討する最近の研究動向の中に位置づけることもできる。

　各種の統計資料も整備され、またアクセスも改善されてきている。フィリピン統計局（Philippine Statistical Authority）の世論調査の報告をはじめとする各種の統計は、特に近年のものはインターネットで容易にアクセスできるようになってきた。1986年の民主化後に活発になってきた民間調査機関の報告も増え、これらもインターネットで見ることができるようになっている。特に国際的な調査機関のネットワークの中で活動し、意識調査を得意とする社会情勢研究所（Social Weather Stations）はアテネオ・デ・マニラ大学に起源をもち、宗教に関しても定期的に調査を継続している[33]。加えてフィリピン・カトリック司教協議会（CBCP；詳細は後述する）も毎年教会関係の人名・住所録を出版し、そこに詳細な統計報告を含めたデータが記されている。CBCP調査局（CBCP Research Office）やマニラ大司教区調査開発局（Archdiocesan Office for Research and Development）による調査、またCBCPの各委員会の調査結果なども蓄積が進んでいる[34]。

（3）本書の研究範囲と依拠する資料

　本書は上に挙げた近年の批判的な諸研究の成果に、資料、分析の視角、分析対象の設定等に関して多くを負っている。その上で、カトリック教会の関係者から発信されてきた多様な資料を主な分析対象としている。その目的はフィリピンにおける現代カトリック教会の政治への関与のより包括的な理解である。本書はそれを、政治関与と並行して行われた教会内の司牧や要理教

---

32) Cornelio 2016
33) Abad 1994, 1995, 2001; Abad and de los Reyes 1994; Mangahas 1991, 1995, Mangahas and Guerrero 1992
34) CBCP 1997; AORD 1983a, 1993, 1994, 1995a, 1995b, 1998a, 1998b, 1998c, 2001a, 2001b, 2002a, 2002b, 2001c; ECCCE 1993, 2001-2

3　フィリピン・カトリック教会の政治への関与を分析するために

育の刷新努力などの動向の分析、社会変動の特徴、また政治過程を相互に照らすことでできる限り多面的に描き出そうとするものである。

　これに際して、従来は教会の「政治への関与」として捉えられてきた事象を、その背後にある社会を含めて理解するために「政治・社会関与」として捉える。その理由は、教会の政治への関与は主にその国民社会への参加の中に位置づけられているからであり、また政治過程において教会のプレゼンスが注目されるのも、単純に富や政治ポストや特定の政策目標のみによるのではなく、むしろその社会的プレゼンス、社会への影響力と動員面での潜在性によるからである。

　研究の中心となる時期を1980年代以降の約20年と設定する。それは、カトリック教会の制度・神学上の主流派形成が1980年代に進み、教会刷新と政治関与に関する一連の公文書が1990年代に活発に出され、それに伴う行動計画の策定と実施努力が見られたからである。この時期は、民主的で自由な言論・研究・組織活動のスペースを緊急避難的に傘下に確保するという教会が権威主義体制下でもっていた政治的役割が、1986年の政変を経て一応終焉を迎えた時期である。民主化以降にこそ、教会の政治への関与の制度化が恒常的なものとして確立していった。この時期、民主主義体制が紆余曲折を経て定着へと向かい、資本主義経済の発展に伴うさらなる社会経済的な変容が進む中で、教会においては要理教育（教理や信仰についての基礎教育）関連の諸文書が急速に整理され、また1991年には40年ぶりのフィリピン教会会議の開催、1990年代末にはフィリピンの政治・経済・文化に関する包括的な司牧文書が公刊されるに至った。そしてエストラーダ大統領を事実上追放することとなった2001年の政変において、教会は再び重要な役割を果たすこととなった。

　この時期は、1970年代に大きな注目を浴びた草の根の教会刷新・政治参与の運動である「キリスト教基礎共同体」運動が停滞期を迎え、他方で新興の諸宗教運動や広範なNGO活動が活発となり、町村レベルの民間信心の活性化が見られた時期と重なる。つまり、カトリック教会の傘下において、人々の教会や宗教とのつながり方に変化が生じていたのである。

　そして、1986年以降、フィリピン国内には新たな民族意識の覚醒が起こり、

1998年の独立革命100周年記念関連の諸行事においてひとつの頂点を迎えた。このことは教会における国民国家への関心の高まりや国民観に関する言説の確立と時期が重なる。教会の公文書群がこうした政治社会状況と積極的に関わりつつ公表されている点を踏まえる必要がある。

　本書は、カトリック教会指導者層、特に司教層の主流的な議論を軸として分析する。一次資料としては主に、アテネオ・デ・マニラ大学リサール図書館（Rizal Library, Ateneo de Manila University）及び同大学付属ロヨラ神学研究院図書館（Loyola School of Theology Library）の蔵書を中心に、カトリック司教協議会本部（Catholic Bishops' Conference of the Philippines Main Office）、マニラ大司教区調査・開発事務局（Archdiocesan Office for Research and Development）、フィリピン主要修道会管区長協会事務局（Association of Major Religious Superiors in the Philippines, Main Office）、サント・トマス大学神学部（Faculty of Sacred Theology, Santo Tomas University）、クラレチアン出版局（Claretian Publication）、聖パウロ出版局（St. Pauls Publication）、聖パウロ姉妹会出版局（Sisters of Saint Paul Publication）、神言会出版局（Divine Word Publication）等にて収集した資料を元にしている。具体的には、カトリック司教協議会の公文書、カトリック系の学術雑誌の神学及び社会科学の諸論文、新聞、雑誌等のメディアを活用した。カトリック教会内の諸勢力間の緊張関係及びフィリピン社会の様々な宗教運動に関しては、1998-2000年の調査[35]及びそれ以降の断片的な継続的訪問の際の、主にマニラ首都圏での調査滞在中の断片的観察を踏まえてはいるが、既存研究の整理を中心としている。対象時期の政治過程及び社会変動についても、できるだけ広範囲の既存研究を参照し検討するよう努めた。

35）当調査については、平和中島財団の研究助成により、アテネオ・デ・マニラ大学フィリピン文化研究所客員研究員（Visiting Research Associate, Institute of Philippine Culture, Ateneo de Manila University）の立場において実施された（1998年3月～2000年2月）。

4　フィリピンにおける制度的教会の概要[36]

本論に入る前に、ここでフィリピンにおけるカトリック教会の制度的な概要を示す。

(1) 基本的な制度枠組

フィリピンにおける教会の最上位の単位は、2019年現在、85ある「教区」(diocese)[37] である（ただし大司教区が近隣の教区を率いる16の管区（province）にまとめられている）。これを81の現役司教（枢機卿1名、大司教16名を含む）が管轄している。そのもとに「小教区」(parish) が置かれているが、2012年には2,890存在し、司祭は小教区司祭と修道司祭を合わせて9,040人である。カトリック人口は、2010年国勢調査ではフィリピン全体の80.6%（2010年には74,211,896人）にあたる。この数字で計算すれば司祭一人当たりの「カトリック人口」は8,209人であるということになる。この数字はこの100年ほぼ横ばいである[38]。

(2) 司教協議会

フィリピン・カトリック司教協議会 (Catholic Bishops' Conference of the Philippines: CBCP) は、フィリピン国内の諸教区全体の上位組織と誤解されがちであるが、そうではない。あくまで司教相互の協議連合体という位置づけである。フィリピンのカトリック教会は位階制的に国レベルで一元的にまとめられて

---

36) 統計と組織に関しては、CBCP 1997b, CBCP 2012、及びカトリック司教協議会ホームページ（CBCP Online）に依拠した。
37) 厳密には大司教区（archdiocese）、教区（diocese）、管区（prelature）に分かれるが、本論においてはこうした教会行政上の細分は大きな違いをもたらさないと判断し、一括して扱う。
38) De la Costa and Schumacher 1982: 119-121

いるのではなく、公式の管轄としては教区ごとの組織構造（バチカン―教区―小教区のヒエラルキー）が組まれ、教区間はネットワーク的に横のつながりで結ばれている（大司教区は近隣の教区に対し一定の指導的な立場に立ってはいるが、教区の責任者である司教は基本的に大司教にではなく、ローマ教皇庁に直接的に責任を負う）。ただし、司教協議会という国レベルの協議体・ネットワークは教皇パウロ6世によって制定され、その後教会法典にも定められた公式のものであり、全国レベルで教会を代表する仕組みになっている。複数の教区や小教区にまたがる様々な活動相互の協力関係の多くはCBCP（の諸委員会）の下部組織の形をとる。フィリピン社会自体が地方ごとに一定の自立度をもった社会経済的な構造を大幅に残存させている一方で、行政機構が中央集権化されていることを考えると、結果的には教会もフィリピン政治社会のそうした構造と相似している点は興味深い。本部がマニラにあり、委員会・事務局の大半も本部内ないしその近辺にある点も、首都の機能を想起させる[39]。

　フィリピンにおける司教たちの協議機構は、第2次世界大戦後の社会復興への対応のために1945年に発足したカトリック福祉組織（Catholic Welfare Organization）に始まる。1962-1965年の第2バチカン公会議を受け、1968年に「今の時代、そしてこの国での教会の使徒職の必要にもっと緊密に答えるため」現在の呼称に改称され、1972年に現在の元となる形に改組、活動が本格化した。CBCPは1983年教会法典に基づきつつ独自の憲法を持っている（1988年教皇庁承認）。その憲法においてCBCPの目的は「フィリピン教会の連帯を促進し、共同の司牧的指針及びプログラムを作成し、フィリピン教会を世界大の教会の司牧的目標に留まるようにさせ、すべての人、特に国家当局との

---

[39] 全33委員会、2002年現在、事務局のうち21がCBCP本部内に、それ以外のマニラ市内に4、それ以外のマニラ首都圏に4、それ以外のルソン島内に2、それ以外のフィリピン内に1、海外（ローマ）に1である（CBCP 2002: xix-xxi.）。2019年現在のカトリック司教協議会公式ホームページでは15がCBCP本部内に、それ以外のマニラ市内に6、それ以外のマニラ首都圏に8、それ以外のルソン島内に1、それ以外のフィリピン内に2、海外（ローマ）に1と、マニラ首都圏内への一定の拡散傾向はみられるが、首都圏に集中している点は変化が見られない。

関係において宣教者としての責任を負い、他国の司教協議会との関係を促進する」と規定されている[40]。

(3) 修道会

　教区を中心とした位階制度に対して、修道会は密接に関わりつつも独自のネットワークを形成してきた。修道会は特定の使命・特質に基づく自発的な宗教共同体としてバチカンに直属しており、現場では教会法上は当該司教の指導下に置かれてはいるが、原理的には自立性を保持している。フィリピン国内の修道会は国際的なネットワークの下にありつつフィリピン管区を中心にした活動を取っている。また1955年に創設されたフィリピン主要修道会管区長協会（Association of Major Religious Superiors in the Philippines: AMRSP）に加わり、特に人権、開発、社会問題に積極的に取り組んでいる。

　次章で述べる通り、「宣教地」フィリピンでは長らく教区・小教区の監督を修道会が代行し、その結果植民地権力と結んで既得権益を積み上げた修道会と、後に増加した教区付の在俗司祭との間に深刻な対立が生じた。しかし、アメリカ植民地下で修道会の大土地保有は解体が進み、状況は大きく変化した。現在では、修道司祭が小教区司祭として任命される場合は司教の指導下に置かれるが、修道会自体としては宣教や社会活動に関する特定のミッションに関わることが多く、ある意味で社会開発に従事するNGOのような性格を持つことが少なくない。AMRSPの政治・社会活動に関する急進主義的な傾向もこの点を反映している。ただし修道会はそれぞれの「霊性」に基づいて活動するため、かなりの多様性がある。

　修道会の活動は、教会の特徴、及び社会との関わりを見る上で重要ではあるが、基本的には教会の標準的な活動である位階制の下での諸制度が重要となる。このため、修道会については個別の問題との関連で随時述べるに留め、CBCP及び教区、小教区レベルの問題を中心に取り上げる。

---

40) CBCPのホームページ　http://cbcponline.net/history-of-cbcp/ （2019年3月29日確認）。

5　本書の構成

　以上の論点を踏まえ、本書は以下の構成をとる。

　第2章では、カトリック教会とフィリピン政治社会との関係が形成されてきた過程とその歴史背景を概観し、教会がどのように政治・社会への関与・動員に関して一定の方向性を確立した経緯をたどる。

　第3章では、教会の制度枠組、特に政治・社会関与に関わる特徴を整理すると共に、聖職者の社会的位置を考察する。また、教会の公文書等において明らかにされてきた政治・社会関与に関する言説の特徴を分析する。

　第4章では、政治・社会関与と並行して形成されてきた要理教育刷新プログラムの形成過程及びその実態について叙述する。

　第5章では、まず政治・社会関与プログラム構築及び要理教育刷新の土台となってきた教会指導者層による教会刷新ビジョンの形成過程を追う。次いでその背後にあるフィリピン社会についての教会側の見方とその知識社会学的背景を見る。またこれと対照しつつ、「草の根」の教会の実際の姿、及びより広い社会における諸霊性のダイナミクスの問題を扱う。

　第6章では、以上の経緯を踏まえ、カトリック教会の政治・社会関与論と政治・社会・教会の実体とのひずみが大きく露呈したと見られる、2001年のエストラーダ大統領放逐に至る過程とそれに続く政治変動の経緯を追うことで、政治過程の中での教会の位置づけ、教会の主張の展開、そして矛盾の露呈状況とその含意を明らかにする。

　第7章は全体の議論を総括し、その含意を考察する。

　本書は、「公共宗教」一般に関わる大きな主題を念頭に置きつつも、基本的にはフィリピン地域研究の立場から、現代フィリピン・カトリック教会と政治・社会との関わりを解明する試みである。特に1986年民主化以降の時期に、司教層を中心に教会が政治関与と動員努力を深めていった過程とその特徴を、その公文書を中心とした言説分析を中心に据えて把握することで、この時期の教会の努力の焦点が「政治関与の深化」及びその背後にある「国民と教会の同時的刷新」にあるという点を明らかにする。そして、1980年代以降の政

治過程、及びフィリピン社会の中の「宗教覚醒」的なダイナミズムに照らしつつ、その社会的な意味、特に教会がそのように政治に関わる形を制度化していくと、社会全体にとってどう影響するのかを探る。

第2章　カトリック教会の政治関与・動員形成過程

16世紀のスペインによる植民地統治の開始と共にフィリピンで宣教活動に従事したアグスティン派修道会が、マニラの植民地首都イントラムロス（城壁都市）に17世紀初頭に建てたサンアグスティン教会。1945年2-3月にイントラムロスを壊滅に至らしめた日米間のマニラ市街戦を生き残り、1993年にはユネスコによって世界遺産に認定されている。
(2006年12月22日　筆者撮影)

本章では、まずカトリック教会とフィリピン政治社会との関係の歴史的背景を概観する。次に、1960年代以降の政治社会変動と教会の「現代化」改革に直面した教会が、試行錯誤の後に一定の方向性を確立し、1990年代に体系性の高い教説・プログラムを確立するに至った過程をたどる。

1 歴史的背景

(1) 教会史研究における対立する諸解釈

　フィリピンにおけるカトリック教会の歴史を概観しようとした途端、基本的な解釈上の対立に直面する。本書は教会史研究そのものではないが、現代フィリピンにおける教会を理解する目的で、既存研究に即しつつできるだけ社会全体や教会の諸側面に留意して歴史を捉える。具体的には、社会学者として教会史研究を幅広くレビューしつつ調停的で包括的な理解を目指したボラスコの整理の仕方が、フィリピン教会史をめぐる基本的な論点を明確にしていると考える。以下、彼の議論に沿って、歴史叙述上の解釈の対立と、それに対する対応の仕方を示す。

　ボラスコは教会史研究について、フィリピン史研究の主な流派に対応して3つに分けて説明している[1]。
　1つは歴史資料の大半を占めるスペイン語の、特に教会・修道会の手になる資料を基にした、いわば教会による教会のための教会史研究である。これが長らくフィリピンの教会史研究の主流であった。傾向として1) 教会、特に修道会の宣教の成果とキリスト教信仰の普及を強調し、他方で2) 植民地政庁及びこれと結託した司教層がもたらした政争によって宣教が阻害された点を指摘する。デ＝ラ＝コスタ神父やシューマッカー神父がこの流れを代表する。デ＝ラ＝コスタはフィリピンのイエズス会の現地人化を推進した指導者として、またフィリピン史研究と教育、特にスペイン植民地時代の教会に関する先駆的研究によって知られる[2]。シューマッカーはその跡を継ぐ形で、19世紀後半の改革運動や独立戦争、さらに20世紀前半のアメリカ統治期にお

---

1) Bolasco 1994: 29-45
2) De la Costa 1961; Paterno 2002; Reyes 2017

ける教会史研究の大家として多くの研究を残している[3]。ただし、世俗権力の介入やこれにより促成された現地人司祭の稚拙さこそが、その成果を曇らせた主因であるとするシューマッカーとやや異なり、デ＝ラ＝コスタは教会と植民地政庁の間の争いを権力闘争として客観的に扱い、現地人指導者育成に失敗した点を植民地教会及び修道会勢力の側の根本的失敗として指摘するなど、当時のカトリック教会に対しより厳しい批判的な視点を提示している[4]。また、20世紀のカトリック教会の社会関与に関するファブロス神父の研究も、基本的には教会側の資料を軸にしたものであり、やはり第一の立場に含めてよいと思われるが、これも教会の社会的責務への自覚の欠如、といった視角から厳しい批判を行っている[5]。

　2つ目はこうした主流の研究に反旗を翻す方向をとっている。特に1950年代以降に高揚した民族主義を背景に、1つ目の立場と同様の資料を用いつつも、カトリック教会を外来の支配者として否定的に再解釈する研究である。ここでは教会は、植民地政庁と共に原住民の庶民を欺いて収奪する抑圧者として描かれる。1970年代以降左派知識人の間で広く受容されたコンスタンティーノの通史研究をはじめとする一連の業績における教会の位置づけはその典型である。この立場においては、ネオ・マルクス主義的な植民地支配の理解、特に生産関係や階級を説明変数とする唯物論的な歴史観・宗教観が反映されている[6]。コンスタンティーノ自身を含め、現在に至るまで、インテリの一定層の間に広がる「聖職者ファシズム」批判、つまりカトリック教会が政治を自分たちに都合よく支配しようとするように見える動きへの反撥は、この流れを踏まえたものであろう。

　対して、これら二者のアプローチを、あくまで支配者や指導者を中心とし庶民の主体性を軽視した議論として批判したのが第三の立場である。ボラスコは基本的にこの立場を高く評価している。従来の歴史資料批判の中で正統

---

3) Schumacher 1979a, 1981, 2009
4) De la Costa and Schumacher 1978, 1982; Schumacher 1979a, 1984
5) Fabros 1988
6) Constantino 1975（コンスタンティーノ 1978）

性を疑われ軽んじられてきた現地語のテキストや伝承を踏まえ直し、人類学や地域研究の手法、ポスト近代の様々な社会哲学やポストコロニアル研究を援用した近年の研究手法がこれである。教会史及びカトリシズムの研究との関連ではイレート及びラファエルが代表的な論者とされる。イレートは従来のスペイン語や英語の資料に加えて、タガログ語の宗教系諸反乱関連の諸文書を渉猟し、カトリック教会が植民地支配への服従を引き出す意図をこめて流布させようとした「キリスト受難詩」が、受容の過程で現地庶民の世界観と融合し、逆に人々を革命への献身へと駆り立てる世界観とビジョンを与える母体となったことを指摘している。カトリシズムは確かに人々の信心に根ざしていったのだが、同時にそれはもはや植民地支配の道具への包摂ではなく、彼ら自身の信条としての命を宿すに至ったとする[7]。他方ラファエルは植民地支配のヘゲモニーの下での「翻訳（traduccion）」と「改宗（conversion）」の連続性に着目し、17世紀フィリピンにおけるスペイン語とタガログ語の翻訳／解釈のテキストに見られるせめぎあいを手掛かりに、植民地統治下の「改宗」の実際のねじれを明らかにしている。植民地支配の下で人々は「改宗」していったのだが、その過程に支配者と被支配者という関係ゆえの、また中世イベロ・カトリシズムの超越論的・ヒエラルキー的な世界像と現地の世界観との相違は大きく、それ故に、コミュニケーションの断絶と被支配者側の生存戦略が絡み合って、相互理解の位相がずれたまま両者が共存する構造が出来上がっていったさまを描いている[8]。これらの議論に対しては、第一、第二の立場を踏まえた様々な批判が存在するものの、教会文書資料を活用する場合も、残された文献資料の特に政治性をより多角的に批判検討し実証性を高めるためにはこうした研究方法が欠かせない、という認識は研究者の間で

---

7) Ileto 1979（イレート 2005）
8) Rafael 1988

も強まってきている[9]。

　本書は、カトリック教会の政治と社会への関与を、政治社会、及び宗教社会の文脈の中において吟味する目的を持つ以上、教会、国家、社会（人々）のいずれをも見据えた視点を持つ必要がある。特に第三の視点を重んじつつ全体を統合することを目指し、基本的にボラスコの研究を軸に展開する。あわせて池端の研究もコンスタンティーノとイレートの研究を踏まえつつ19世紀末までのスペイン植民地期のキリスト教の歴史を概観しており、全体像の描出に大きな示唆を与えるものとして参照する[10]。さらに早瀬晋三が池端らと著した『新版世界各国史6　東南アジア史II　島嶼部』のフィリピン史に関する叙述はより広い視野から社会経済史的な視点を盛り込んでいる[11]。アビナレスらも同様に東南アジア地域の歴史的展開の中から、国家形成と社会の発展の緊張関係を軸として政治史の叙述を展開しており、特にそこで教会が果たした政治的な役割を積極的に織り込んでいるため、非常に有用である[12]。

(2) スペインによる植民地支配下の教会

　1565年以降300余年にわたるスペインによる植民地支配は、のちのフィリピンという国の基本枠を定めた。この諸島にはカトリック修道会による宣教

---

9) コンスタンティーノの線が特に国立フィリピン大学など非カトリックの革新寄りの学生たちを中心に受容されていったのに対し、教会関係者の主流はシューマッカーの線を取り、他方教会の草の根の運動に関わる人たちの間では、イレートやボラスコに触発された人々が少なくないことは示唆的である。シューマッカーの議論を参照したナドゥーの批判（Nadeau 1993）は検討に値する。確かに彼女の言うように、ラファエルの言う植民者と被植民者の（言語や宗教の）間の「断絶」は、やや極端な表現であって、両者間のそれなりの理解伝達という側面を重んじる必要もある。それでもなお、ラファエルの取り上げた諸テキストとこれに対する彼の解釈には説得力があり、その中心的な論点は覆らない。左派の歴史家テオドロ・アゴンシリョとデ＝ラ＝コスタについてのイレートによる論評としてはIleto（2017）がある。

10) 池端 1987

11) 池端 1999

12) Abinales and Amoroso 2005

第2章　カトリック教会の政治関与・動員形成過程

活動が導入され、植民地政庁と教会による二重の支配が確立し、この統治枠組の下で初めて「フィリピン」という政治単位が形をとることとなった。教皇庁とスペイン王朝との間で交わされた「王による保護（Patronato Real）」と呼ばれる契約関係、即ち「国王は当該植民地において教会を保護する責務を負うと共に、聖職者の任免権を持つ」という関係が、スペイン植民地期の政教関係を規定することになったが、スペイン統治期の聖職者の大半が植民地下の教区による直接の支配を受けない修道会出身者であったこともあり、両権力間の闘争の火種となった。とはいえ、フィリピンそのものには当座の経済的利益と呼べるものが乏しいと認識されるようになったことで、スペイン王家はもっぱら東アジア地域、特に中国との交易のための拠点や中継地、補給地の確保、及び香辛料貿易への介入に関心を集中させた。そのため、植民地首都にしてガレオン貿易の中継港であるマニラ、及び物産集積と植民地支配の中核となるいくつかの都市に統治上の人員や資源が優先された。それ以外の植民地内の統治に関する調整はあまりなされず、フィリピン各地での宣教の任務に積極的に当たっていた宣教会にゆだねられる時期が長く続いた。特に末端地域では唯一のスペイン人となった修道会司祭に対して、植民地当局からは行政の委託がなされていた。

　スペインによる統治と教会による教化のため、散在していた住民の集住が実施された。その要としての町（poblacion）は、広場・教会・役場を中心に形成された。当時の社会は「（教会の）鐘の下（bajo las campanas）」にある社会、と呼びならわされることとなったが、それは当時の教会のヘゲモニーをよく表していた[13]。

　シューマッカーは、修道会による初期の宣教が権力による強制であったとの「俗説」を退け、庶民が本当に信仰を持ったかどうかを慎重に吟味しつつ徐々に洗礼を実施する、極めて慎重な方法が、少なくとも18世紀までは実施されていたと論じている。その結果、18世紀中葉のノィリピン中北部低地に

13）池端 1987: 14-27; Constantino 1975: 66-77（コンスタンティーノ 1978: 88-102）; De la Costa 1978 池端 1987

1　歴史的背景

おいてはかなり徹底したキリスト教化が行われたとする[14]。これに対しラファエルは、支配者側である教会指導者たちから在地の庶民には理解しがたい様々な期待・要求がもたらされ、これを上手にやり過ごす術を庶民の側も編み出していったとし、教会と庶民が同じキリスト教の名のもとに同床異夢の状態で共存するに至ったとする[15]。この2つの相反する主張を受け、ボラスコは、シューマッカーの言う「宣教の成果」はスペイン人修道会士たちと親しい関係にあった一部の人々、即ち現地人指導者層（principales）を中心とした人々に限られていたということであろう、としている[16]。ただし、教会とキリスト教への敬意が広範に認められるようになった点については、コンスタンティーノやイレートも一致して認めている[17]。スペインに対する様々な抵抗運動、反乱が各地で起こったが、これらも時期が下るにつれ当初の反カトリック運動からカトリック的シンボルの部分的受容へと傾向が移り、やがて独自の教会観を持った民衆カトリック運動と呼べるような形が主流となっていった[18]。

　一般に小教区付司祭、いわゆる「在俗司祭」（seculares）は徐々に「現地化」（スペイン人、メスティーソ、中華系、マレー系を問わず「現地生まれ」の司祭を任命すること）が進んでいったが、修道会はその実権を守る為にスペイン出身者による実質的独占を継続し、彼らは小教区の主任司祭の地位に固執した。この「現地人」司祭の増大と排除努力は、長らく司教、修道会、世俗行政の間の政治闘争と絡み、一進一退を繰り返してきた。

　修道会と植民地政庁の緊張関係については、基本的に二勢力間の争いであるとするデ＝ラ＝コスタの議論が一方にあり、他方シューマッカーのように、世俗権力者が、宣教という高貴な目的を追求した修道会に対し、教会の政治に対する監視を嫌い、ついには国王が親しい司教と結託して修道会からの権力奪取と独占を画策した「ブルボン家の絶対王権主義」の暴虐という視点か

---

14) Schumacher 1984
15) Rafael 1988
16) Bolasco 1994
17) Constantino 1975: 81-82, 101（コンスタンティーノ 1978: 110, 134）; Ileto 1998b
18) Constantino 1975: 85-112（コンスタンティーノ 1978: 113-150）; 池端 1987: 40-54

ら捉える議論もある。いずれにせよ、マニラ大司教バシリオ・サンチョ・デ＝サンタ＝フスタ＝イ＝ルフィナと総督シモン・デ＝アンダによる、1767年のイエズス会追放にはじまる修道会の大規模な追放が実施され、その結果生じた聖職者不足に対応するため「即席で」現地人の教区付司祭を養成し充当したとされている。その結果は「各地から深刻な苦情が寄せられ」「破滅的であった」とされる。その是非はともあれ、それ以降、スペイン統治下における当局者の間での現地人司祭の評価は決定的に低いものとなる、という「悲劇」が起こったというのである[19]。ただし、その後の現地人司祭が順調に増加していることを踏まえると、どこまで決定的な出来事であったかは議論の余地が残る[20]。

(3) 独立運動と教会

18世紀後半以降、フィリピンにおいてイギリス資本主義の影響が強まってきた。18世紀にはタバコの強制栽培制度などの重商主義的な政策が植民地当局により導入されたが、19世紀にはマニラをはじめ複数の港が開港されることで、商業作物生産の需要が高まることになった。こうした中で当初国内流通を担っていた「中華系メスティーソ」が土地資本を得、商業作物生産の分野で財をなし、社会的地位を高めていった。主にこの新興社会層の中から「開明的知識人層」（Ilustrado）と呼ばれる高等教育を受けた人々が現れ、地位上昇にふさわしい権利を求める運動の担い手となっていく。19世紀のヨーロッパは革命と反動の交錯する変動期の只中にあり、スペインもまた啓蒙思想・自由主義思想の影響を強く受けていたこともあり、そうした思想潮流の一端がフィリピンにも知識人を介して流入したのである[21]。

他方で教会においては19世紀に入って再び修道会の巻き返しが進み、現地

---

19) Schumacher 1984
20) Miyawaki 2013
21) 池端 1999: 190-198, 244-250; Anderson 2007

1　歴史的背景

人在俗司祭は小教区において主任司祭の地位を修道会士に追われ、補助司祭の地位に甘んじることが多くなっていった。このことへの不満が社会の変動の空気とも合わさり、現地人司祭の待遇改善を求める運動となる。ペラエス神父によって主導された運動は、修道会勢力が、マニラ大司教の反対を押し切ってまで、「現地人」[22]司祭、ゴメス、ブルゴス、サモラの三名を、無理矢理にカビテにおける労働者の蜂起の首謀者と断じて絞首刑に処し（ゴンブルサ事件）、以降は弾圧が続いた。とはいえこれを契機として、現地人在俗司祭と開明的知識人層のナショナリズムの結びつきが強められることとなった[23]。スペインに拠点を置いた「プロパガンダ運動」は、スペインの植民地政策の改善を訴える運動であったが、この運動を代表するホセ・リサール自身、このゴンブルサ事件を契機に運動に身を投じる決心をしたと述べている[24]。

　同時に、19世紀の社会経済変動の中で生活の混乱と困窮を経験してきた庶民の中から、社会の刷新を求める動きが起こるようになる。1840年にアポリナリオ・デ＝ラ＝クルスが率いた反乱は、現地人主導の独自のカトリック兄弟会運動に対する当局の拒絶に端を発していたが、奇跡的な世界の再生という千年王国的な側面と、「母なる国」（Inang Bayan）の苦悩と回復、という民族主義的な側面が合わさった動きであり、アポリナリオの名、そしてそこに象徴される希望が、反乱鎮圧後も特にルソン地方において、多くの貧しい庶民の心を捉えていった[25]。

　さらに、修道会による様々な形の搾取が、反修道会の動きを加速化させることとなった。修道会は人頭税から教会維持費、聖職禄を得、典礼執行（洗

---

22) 当時は"Filipino"という本来クレオール（植民地生まれのスペイン人）をさすことばの意味が、植民地社会の被支配者の指導者層（特に中華系メスティーソ）に拡張し、やがて「原住民」（Indio）を含めた国民的概念に変容していく過渡期であった。クレオールを含むいわばエリートの運動であった現地人在俗司祭の運動が植民地当局によって弾圧された事実は、この「フィリピン人」という概念が国民的な含意を持つに至る過程での、ひとつの象徴的な出来事であったのである（Anderson 1998: 256-7（アンダーソン 408-410））。
23) 池端 1999: 249-250; Constantino 1975: 150-152（コンスタンティーノ 1978: 200-202）
24) 池端 1987: 62-74; Schumacher 1981
25) Ileto 1979: 29-73（イレート 2005: 51-122）

礼、婚姻、葬儀など)やフィエスタに伴う多額の謝礼や寄付金、「聖遺物」の売却などに至るまで、様々な収奪に手を染めていた。しかもこれをしばしば主任司祭の贅沢や蓄財のために行っていたことが知られており、人々の不満が蓄積していた。また多くの修道会は大規模な商業的農園を運営しており、その規模は当時のフィリピン諸島の総私有地面積の1割を超えるほどの規模であった。特にそのうちの7割がマニラ周辺のタガログ4州(カビテ州、ラグナ州、ブラカン州、モロン(後のリサール)州)に集中していたという。初期の植民地征服期におけるエンコミエンダからの寄進及び購入から始まった修道会農園は、囲い込み、寄進などにより拡大し、しばしば各地の農民反乱の温床となってきた。これが19世紀における農業の資本主義化・貨幣経済化の浸透に伴う搾取の深まりに対する不満、さらにエリート層による啓蒙主義的な修道会批判とも併せて、反植民地の流れの中に根強い反修道会的性格を植えつけることとなった[26]。

こうした流れ全体が、19世紀末の反植民地・反修道会の運動に結実した。エリート層はフリーメーソン、啓蒙主義、そして一部はプロテスタントの影響を受けつつ革命に臨むこととなった[27]。またフィリピン独立運動の不可欠の部分として、現地人司祭運動を見過ごすことはできないし、その中から1896年に始まった独立戦争に参加し、やがて独立政府の樹立と共にグレゴリオ・アグリパイを中心として新たにフィリピン独立教会 (Iglesia Filipiniana Independiente) を形成、カトリックから分離する流れも現れることとなる[28]。また、庶民の中にみられた民族主義的・土着的カトリシズムの心性と運動は、スペインからの独立運動、そしてその後の対アメリカ戦争を大きく規定していくこととなった[29]。

以上、19世紀末には修道会に対する強い拒絶反応を伴う大きな社会運動が

---

26) 池端 1987: 27-34
27) 池端 1987: 56-97, 139-203; Constantino 1975: 150-170 (コンスタンティーノ 1978: 200-228); シトイ 1985: 27-29
28) 池端 1987: 160-166, 204-225; Schumacher 1981
29) 池端 1987: 225-250; Ileto 1979

展開されたが、これはカトリシズムや教会全体を拒絶するものではなかった。特に伝統的な名望家層やカトリックへの帰依心の強い庶民については、アメリカ統治が安定するにつれて、急速にふたたび教会の傘下に取り込まれていくこととなる。

(4) アメリカ植民地支配下におけるカトリック教会の再編

19世紀末、アメリカはキューバをめぐりスペインと対立していた。そして太平洋における拠点の獲得を視野に、1898年、スペインとのキューバでの対戦と同時にフィリピン独立戦争に参戦した。フィリピン独立勢力はこれを機に形勢を逆転し、革命政権を樹立した。他方アメリカはスペインからフィリピンの領有権を獲得した。このため両者は翌1899年に衝突した。独立勢力側の激しい抵抗により地方での戦闘は長期化したものの、軍事力、物量とも圧倒的に勝るアメリカは平定範囲を広げ、1902年には軍政から民政へ移行した。

アメリカは「恩恵的同化」を植民地統治の正統性原理とし、一方で世俗教育制度や医療制度の整備と拡充を図ると共に、統治機構の漸次的な現地化と地方議会、国会など民主制度の導入による自治の拡大を進め、将来の独立を視野に統治を推進した。

他方で、アメリカはフィリピンとの排他的な特恵貿易関係を築き上げ、経済的に囲い込んでいった。フィリピンはイギリス中心のグローバル資本主義の中での経済発展から、アメリカの工業製品やサービスの市場、アメリカへの商業作物や鉱物の供給地としての開発が進められた。これにより19世紀に形成されていた都市経済と農村のモノカルチャー経済は、アメリカの経済圏の中に位置づけられる中で開発を進められていった。

19世紀後半にスペイン植民地統治下のグローバル資本主義の浸透の中で形成された開明知識人層や現地人首長層などのエリート層は、これらの政治・行政制度の確立や経済開発の進展に積極的に参加した。特に自治推進の中で権限を強めていった民選政治家となると共に、出身地方社会一円に強い影響力を及ぼす大農園所有者として富を蓄積することで、社会的地位を著しく高

めていった。学校教育の浸透も不徹底であり、その結果これを活用できた人々は英語を習得して社会的上昇の機会をつかむことが多く、乗り切れなかった人々は植民地社会の発展から取り残されることが多かった。こうしてアメリカによる植民地統治の下、政治的、経済的、社会的な格差が強化されていくこととなったのである[30]。

　カトリック教会は以前享受していた植民地政府による庇護や国教としての特権を失った。大衆消費文化、民主制度や世俗的法制度、学校教育制度、政教分離原則の導入などのアメリカ化によって社会の世俗化も一定程度進んだ。また、修道会による大規模な農園所有が社会不安の重要な一因であることを把握していたアメリカは、これを積極的に処分しようと努めた[31]。これと並行して、アメリカは出入国管理の権限を用いて教会人事に介入し、教会のスペイン的な文化志向に基づく反米的傾向を変革するよう働きかけ続けた[32]。

　こうした中でカトリック教会は、アメリカが新たに導入した政教分離と民主主義体制を受容した上で、新たな政治・社会的プレゼンスの復興に努めるようになった。スペインがアメリカに主権を譲渡する際の講和条約にオブザーバー参加していたニューオーリンズの大司教プラシド・シャペーユは、両国の間の調停に積極的な役割を果たした[33]。当初アメリカとバチカンは、特に修道会の追放問題及び修道会領処分の問題をめぐって衝突を繰り返していたが、アメリカがバチカン及びフィリピンの教会・修道会への過剰な介入を避けることに同意し、これに対して教会側は高位聖職者任命に際しアメリカ人を優先させること、及び聖職者人事の際に大統領と協議・調整することを約束するなど、新たな協調関係を生み出していった[34]。

　スペイン王権による教会の庇護は1902年には正式に終わり、代わってアメリカとの政教協約に基づき、ローマ教皇庁がフィリピンのカトリック教会を

---

30) 池端 1999: 314-322; 岡田 2014
31) 永野 1983: 189-208; Constantino 1975: 292（コンスタンティーノ 1978: 419）
32) Evangelista 1968: 248-262
33) Constantino 1975: 292-293（コンスタンティーノ 1978: 420）; De Castro 2015
34) Bolasco 1994: 49-52

1　歴史的背景

直接傘下に置くこととなった。現地エリート層の多くは反教会的な啓蒙思想やフリーメーソンの影響を受けており教会とは緊張関係にあった。他方で教会とアメリカ植民地当局との間では、皮肉にもそうしたエリート層が植民地当局と結んだものと似通った協力関係が成立した。ただし、以上のような妥協の狭間でスペイン人会士の退去をはじめとする忍従を強いられる形になった修道会のいくつかは、代わりにアメリカ人ではなくヨーロッパ人の修道会士を送るなど、ささやかな抵抗を示した[35]。

そして1906年にカトリック教会は、フィリピン独立教会が独立戦争期に接収した教会施設の所有権を巡る裁判において全面勝訴した。これを受ける形で、1907年のマニラ教会会議は「アメリカ統治に対するあらゆる抵抗運動は、教会及び正統な権威に対する謀略である」とし、すべての「フィリピン人キリスト教徒」に対して「政治的独立の口実のもとにいかなる助力も与えることを禁ずる」と宣言した[36]。これにより独立教会は多くの教会施設を失って大きな打撃を受け、カトリック教会は勢力を取り戻すきっかけを掴んだ。教会はバチカンの指導のもと、欧米出身の司教や司祭に支えられて体制を立て直していった。あわせて現地人司教の擁立も始まり、現地人司祭の育成の制度化も次第に進めていった[37]。

(5) アメリカ期の教会による政治・社会関与

　近代カトリック教会の社会教説は、1891年の教皇レオ13世の『レールム・ノヴァルム』に始まる。同文書は、自由主義と社会主義の両者の「行き過ぎ」を退けつつ、聖職者の監督下における信徒たちの自発的活動を通じて、愛と慈善の実践による社会問題の解決を論じた[38]。それ以降1950年代までのカトリック教会の社会観は、確立した制度的教会の至上権を強調する姿勢を前提

---

35) Bolasco 1994: 54-55
36) Bolasco 1994: 54
37) Uy 1994, 1997, 1999, 2015
38) レオ13世 1991（原著 Leonis XIII 1891）

とし、教会自体の刷新の必要性を問うことなく、専ら社会の側の問題を論じその改革を訴えるものであった。しかも教会こそが解決の鍵であると主張しつつ、十分な具体的方策や制度的裏づけを示すことなく、ある意味で社会評論にほぼ終始していたとも言える。また当時の社会教説はヨーロッパの社会事情を主な対象とし、もっぱら近代都市において教会が主導する労使協調型の労働組合運動を建て上げることを主眼としていたため[39]、労働運動内においていかにカトリック教会が主導性を発揮するか、あるいはカトリック信徒の宗教上の権利をいかに保証するか、といった点に強調点が置かれていた[40]。

フィリピンにおいてはイエズス会を中心とする教会聖職者及び一般信徒の一部が、1930年代には社会教説に応答し、信徒の社会改革運動「カトリック・アクション」を中心とした社会改革への参加努力を徐々に積み重ねていた。ただしそこでも、伝統的に行われていた慈善事業が引き続き社会関与の中心を占めており、その範囲を超えた社会改革・変革を目指す活動はほぼ想定されていなかった[41]。他方で教会が特に意を注いだのはエリート層との関係づくりである。アメリカとの一定の協力関係を取り付けた教会は、反教会的な啓蒙知識人や庶民の間に広がる独立ナショナリズムを牽制しつつ、イエズス会をはじめとした修道会や教会による私立学校の建設と教育を通じて、親米・親カトリックの新たなエリート層の形成を重点的に進めた。同時に公立学校が各地に設置されていく中で、それらの学校において教会による信徒子弟の宗教教育を実施すべく、政府や国会への働きかけが始まった[42]。

修道会領処分の問題は結局、修道会側の様々な抵抗、及び植民地当局と教

---

39) 教皇パウロ6世の「ポプロールム・プログレシオ」によれば、教皇庁は1960年にラテンアメリカ、1962年にアフリカに、(恐らく) 初めての視察旅行を行い、そこで初めてこれらの地域の困窮にじかに接したという。(Paul VI 1995 (Original 1967): 2)

40) ピウス11世 1991: 119-268 (原著 Pius XI 1931)。ただし訳者岳野慶作による注記によれば、「レールム・ノヴァルム」以降、教勅に触発された教会の労働者運動は特にヨーロッパでは少なからざる成果を挙げ、また後の国際労働機構に至る国際連盟・国際労働局は「レールム・ノヴァルム」の諸原理を反映しているという (中央出版社 1991: 149-161)。

41) Fabros 1988: 59-64

42) Bolasco 1994: 21-22; 市川 1999: 49-77

1　歴史的背景

会の間の妥協により、耕作者に土地を公平に分配するという目標には遠く及ばない結果に終わった。しかも諸修道会は所有地のかなりの部分を「教会領地」として保持できた。教会は長い訴訟の過程を経て、徐々にこれらの領地の多くを手放すに至ったが、売却条件は行政に対する影響力や法へのアクセスに勝る教会に有利なものであり、また売却された土地の多くもすぐに実際の耕作者の手を離れ、企業的投機家・富裕層の手に落ちていった[43]。

　1930年代には中部ルソンを中心に農民争議が高揚したが、この時期カトリック教会においては、上記カトリック・アクションによる社会関与の動きが始められたばかりであった。1925年には最初の全国会議がマニラで開かれ、1930年にマニラ大司教オドハティー（在位1916年-1949年）が教皇ピウス11世にその推進を命じられて以降、主に小教区レベルでの組織化が進み、コロンブス騎士団などの伝統的な一般信徒組織と提携して大規模な集団を成していった。しかし、このカトリック・アクションも、その活動としては社会改革への関与よりも、むしろ公立学校における宗教教育推進、そしてそのためのロビー活動の方がはるかに重要とされていた。カトリック・アクションは選挙権の行使はカトリック市民の義務であると主張し、教会に協力的な候補を支援する活動に積極的に取り組んだ。コモンウェルス政権期（独立準備政府の時期、1935-1946年）になると、教会は公立学校におけるより徹底した宗教教育の導入を目指し、教会支持派の議員の助力を仰ぎつつ、政府や議会に積極的に働きかけるようになった。ケソン大統領（任期1935-1944年）の強硬な反対に直面した教会は、一般信徒の動員（デモ、書簡、電報、決議文など）によって強い圧力をかけたが、結局ケソンの意向は変わることなく、教会はこの時

---

43) 永野 1983; Connolly 1992; Bolasco 1994: 107; Constantino 1975: 354-355, 378（コンスタンティーノ 1978: 506-507, 538）。コノリーによれば、20世紀初頭の教会関連の農園は、大規模な修道会領、小規模な小教区の土地保有の他に、マニラ大司教区所有の2つの農園、及びアメリカ統治の開始後イエズス会に管理を委ねられたサン・ホセ学院領が残されていた。

点では成果を得ることはできなかった[44]。

　当時の教会は、庶民の社会不満や運動との接点自体極めて限られていた[45]。自治の拡大とアメリカとの特恵貿易による商業作物生産の拡大の恩恵を受けたのは大地主エリート層、また多くの場合この層を出自とし、国政における大きな権限を得た議会エリートであった。政治、経済の両面で大きな権力を得たエリートたちは、特に農村社会においては生殺与奪の権を持つ存在となった。農村社会の開発の過程で、当初は地主による一定の庇護と小作による重い小作料の負担や政治上の恭順の相互関係が築かれることが多かったが、やがて1930年代に世界的な不況の影響が及ぶに従って、また地主エリートの世代交代により都市在住の不在地主が増えることで伝統的な互酬関係が弱まって緊張関係が強まり、貧農層が困窮するとともに、小作争議が急速に広がっていった。また都市の発展と共に労働争議も増大していった。教会がこうした社会変容の中で増大した諸問題に十分に関わることのないまま、社会不安が広がっていったのである[46]。

(6) 大戦から1950年代まで ── 反動と変化の兆し

　1941年から1945年に至る太平洋戦争は、フィリピン社会全体に大規模な破壊と荒廃をもたらしたが、教会も例外ではなかった。この時代において、人々にとって信仰が精神的な支えであったとしても、教会が積極的な役割を果たしたとは言いがたい[47]。

　1946年のフィリピン独立後、司教たちの全国的な協議会である「カトリック福祉組織」（Catholic Welfare Organization; CWO）が創設され、司教団の働きが

---

44) 市川 1999: 76-77, 87-104。ここに引用されたケソンの言葉は示唆的である。「立法や政策に関する問題で政治的集団としてのフィリピン国民の意思を表明するときに、カトリックの司教が国民を代表するかのように語るのは僭越である」（102-103ページ）。
45) 市川 1999: 76-77, 87-104。
46) 池端 1999: 328-337; Kerkvliet 1977: 26-60
47) 寺田 2004

1　歴史的背景

本格化する。特に司牧声明を通じて、カトリック教会司教層は次第にフィリピン国内の諸問題について共同で発言を積み重ねていくようになった。このことは例えば、1951年にマニラ大司教ガブリエル・レイエス（在位1949-1952年）が政府による最低賃金法の公布を賞賛するメーデーメッセージを公表したこと、また1953年にマニラ大司教ルフィノ・サントス（在位1953-1973、1960年以降枢機卿）が「カトリック・チャリティー」を設立し、特に富裕層に慈善事業への献金を積極的に募ったことなどにも表れている[48]。

他方、1940年代後半の重大事であった、中部ルソンを中心にフィリピン共産党の主導下で猛威を振るった「フクの反乱」に際しては、バチカンの意向に沿った反共路線によって、治安上の懸念と社会主義思想への反対を表明するに留まった。反乱の背後にある社会不安や貧富差の問題、さらには貧困に苦しむ庶民の生活上の切実な問題に対する関心はみられない[49]。

とはいえ教会の中に社会問題への関心が高まらなかったわけではない。特にイエズス会士ホーガン神父はこの時期の教会の社会関与に尽力した。1947年には社会秩序研究所（Institute of Social Order, ISO）を設立し、教会の社会問題への取り組みに関する研修を積極的に実施するなど先駆的な働きを積み重ね、1950年に発足した自由労働者連盟（Federation of Free Workers, FFW）のアドバイザーとしての働きにも尽力した。1953年にはISOとつながりのあったアテネオ・デ・マニラ大学法学部出身のモンテマヨルを中心として自由農民連盟（Federation of Free Farmers, FFF）が結成された。またベルギーで始まった青年キリスト教労働者運動（Young Christian Workers Movement）も同1947年にマルテンス神父によって導入され、司教層の支持によって1950年には全国に活動を広げた[50]。同時に一般信徒の活動団体も起こってくる。ガストンが1949年に始めた信徒活動運動「バランガイ・サン・ビルヘン」（Barangay Sang Virgen）は聖母崇敬の信心業の促進と並行して特に貧困層の互助活動を展開したため、こ

---

48) Fabros 1988: 63-64; Kroeger 1985: 120
49) Fabros 1988: 41-43; PL1949b
50) Kroeger 1985: 117-118; Fabros 1988: 32-50

の時期、地方において一定の影響力を持ったと言われる[51]。

　しかし当時のカトリック教会における社会活動はなお限られていた。教会指導者層が積極的に推進した唯一の運動として、既に言及したフィリピン・カトリック・アクション（Catholic Action of the Philippines, CAP）があげられる。戦前より活動が始まっていた同運動は元々単に一般信徒の宗教活動を支援する組織であったが、1952年の第1回一般信徒社会行動研修会（Lay Institute of Social Action）を主催したことを機に活性化された。翌1953年には司祭・一般信徒社会行動研修会（Priests' and Laymen's Institute of Social Action）がサントス大司教の支持のもと開催されることとなった。ただし、当時のCAPの社会関心は、特に性道徳に関するもの、あるいは教会指導者層の権益に資する法制度導入のための議会への圧力、そして選挙運動に集中しており、より広い政治・経済・社会問題全般への関心は示されなかった[52]。

　1953年-1955年にかけて、公立学校における宗教教育の範囲拡大を目指すロビー活動が活発化し、教会は政権基盤の弱かったキリノ大統領（在位1948-1953年）に圧力をかけた。宗教教育に対する制約の改変に関して教会の提案に非協力的な教育長官らに対し、CWO、CAP、及び「キリストの御名マニラ大司教区連合」はフリーメーソンがらみの疑惑を口実として追及、辞任要求運動を展開した。教会関係者は議会に連日デモを仕掛け、署名活動を展開し、司祭たちは説教で運動を盛り上げた。その結果、細則の変更や法令変更によって公立学校で課業時間内の宗教活動を認める、という譲歩をキリノから引き出した。これに満足しなかった教会当局者たちは、教育長官人事を争点とし、大統領選においてキリノの対立候補マグサイサイを支援した。公式にはCWOは中立を装ったものの、一部の司教、及び地方の教会関連団体や司祭らは公然とマグサイサイ支持の活動を展開し[53]、不従順に対する「破門」や「地獄」をもって脅迫する説教まで行われたという。当選したマグサイサイ大統領（在

---

51) Kroeger 1985: 118
52) Fabros 1988: 59-65, 78
53) Hedman 2006: 44-66

1　歴史的背景

位1953-57年）は、さらなるカトリック関係者からの圧力を受け、結局教会が推薦した候補の中から教育長官を任命することとなった。また時間割の設定権が中央の行政官から末端である学校の校長に移り、教会がより宗教教育に有利なカリキュラムを組ませる圧力をかけやすくなったとも言われる。また同省令には宗教の教員が校長に提出した成績が子どもの成績票の「品行評価」に反映される旨の条文も挿入されたが、プロテスタント教会などの反対もあって、結局事実上死文となった[54]。

　独立後1950年代末までの時期は独立国家建設期であり、一方で輸入代替工業化による経済発展の模索、他方に米軍基地の存続、不平等な通商条約の締結、多国籍企業の進出などの下にあって、ナショナリズムの高揚が見られた時代であった[55]。また政治の基本的な枠組として、地方エリートの間で利害を調整しつつ地位を確保する二大政党制が安定的に機能するようになり、選挙の際には政治家たちが地元における伝統的なパトロン・クライアント関係を動員しつつ、さらに金銭授受を伴う選挙マシーンによって支持調達を図ることで競い合う形が確立していった[56]。この時代、教会当局者たちは基本的に、独立以降の主要な政策課題に関して、さほど積極的な働きかけをすることはなかった。それだけに、以下の2つの事件に対する教会の強い対応は当時の教会指導者層の関心の所在をよく示していると言える。

　1つは1956年のサント・トマス大学におけるストライキである。サント・トマス大学が教皇庁立、かつドミニコ会が運営する大学であったのに対し、教会内で労働運動を主導し、社会教説の実践を導いていたのが上記FFWであり、またISOの支援を受けるなどイエズス会関係者が関わっており、ここに教会内の勢力間の対立を認めることもできる。結局、一方で表向きは、「大学は赤十字やボーイスカウトと同列に「公益団体」であるがゆえにストは認め

---

54) 市川 1999: 104-138
55) 浅野 1992: 9-30
56) ワーフェル 1997; 増原 2018

られない」という正当化のもと労働者運動は排除され、他方で、労働者運動の指導者であったイエズス会士ホーガン神父らは教会当局の査問を受け、活動を制限されるに至った。教皇教書の教説によれば、教会は、労働者の諸権利、特に団体交渉権、そして人道的な賃金を保証するはずであった。しかし、自分たち教会の傘下にある団体においては低賃金と権利の抑圧を強い、これが労働者側の訴えによって問題化すると、社会的な問題を委ねられているはずの一般信徒や労働者の声ではなく、むしろ聖職者の管理下にある教会関連組織の権益を優先してしまったという姿が浮かび上がる。CAP も 1960 年に「公益団体は利益追求ではなく公共サービスに奉仕するものである。故にそこにおけるストライキは不正であり道理にかなっていない」という声明によって、司教層の立場を追認した。こうしてカトリック教会は労働運動に関わる人々の信頼を著しく損ねることとなった[57]。

　もう 1 つは学校での民族主義教育に関する法制への介入である。国民的英雄とされるホセ・リサールの小説（『ノリ・メ・タンヘレ（私に触るな）』と『エル・フィリブステリスモ（逆賊）』）を学校教育カリキュラムにおいて義務化するという法案に対し、教会はこれらを反教会的な小説として反対運動を展開したが、結局法制化した。1957 年にはこれを破棄する「ペルフェクト＝ロペス法案」採択のために CAP は「カトリック投票者ギルド」（Catholic Voters' Guild）を結成し、同法案に賛同する候補者を支持する運動を展開したが、期待した成果をあげることはできなかった[58]。また、私立大学の学長をフィリピン人に限るという「フィリピン人化関連法案」が国会で審議された際に、カトリック教会、修道会、CAP、そしてカトリック教育連盟（Catholic Educational Association of the Philippines, CEAP）が大々的な反対キャンペーンと共に徹底したロビー活動を行い、法案は否決に至った。この法案には、1957 年に教皇に書簡を通じて聖職者の現地人化の徹底を訴えて以来活発な活動を展開していたリム神父、バルガス神父、マナリゴッド神父ら現地人化推進派の司祭たちの

---

57) Fabros 1988: 66-81; PL1956c
58) Fabros 1988: 79

1 歴史的背景

運動が絡み、一層複雑な様相を呈した。彼らは、小教区司祭、教区司教及び修道会における引き続く外国人の優勢に異を唱えると共に、国会議員に上記法案を提出するよう働きかけ、その後もクラロ・レクト上院議員を始めとする法案支持派の政治家を支えた。彼らは教会当局による査問の対象となり、大多数が左遷の憂き目にあった。ただし、リムのようにこの流れの中から、次世代の教会内における政治活動主義を担う人材も起こった[59]。

総じて1950年代の教会は、親米・外国（人）依存・エリート主義の体質を強く残し、また既得権益維持に重きを置く旧態然としたありかたを克服することができずにいた。

CBCPの司牧声明、及びCBCPの公式の歴史概観によれば、公文書に見られる1960年以前の教会指導者層の社会関心は、民主主義の原則の確認、社会正義の問題に対する一般論的な言及・論評に加えて、既に述べた通り、公立学校における民族主義教育への反対と宗教教育の導入要求、政教分離原則に則った教会のそうした政治関与への反対論に対する反論など、自らの立場を弁護する姿勢、教会組織・財産・社会的特権に有利な政策の維持促進を求める動きが目立った[60]。CWO発足以降の司教団の司牧声明の数は、1940年代が7（戦前の司教によるスペイン語での合同声明が1つ、戦後CWO結成後に英語で書かれた声明が6）、1950年代は26（英語23、スペイン語3）であった（本書の巻末に司牧声明の題のリストを掲載している）。スペイン語の声明がなお残されていることもアメリカ統治以降の社会変化に対する教会の保守性を象徴しているともいえる[61]。

---

[59] Bolasco 1994: 61-104; Fabros 1988: 79; PL1959a
[60] CBCP 1996a
[61] Schumacher 2009: 247-262。スペイン語文学は1930年代にインテリ層の間で全盛を迎えて後衰退しており、戦後は英語が優勢となると共に現地語民族主義が興隆するに至るが、そうした趨勢の中で、言語選択の面も含めた教会の保守性を見ることが出来る。

2　1960年代以降の模索

　教会のこうした姿勢は、1960年代以降の政治社会変動及び教会の現代化の中で変化していく。

(1) 時代状況

　フィリピンは独立後、大統領制及び二院制の国会を中心としつつ地方の末端までの選挙体系を含めたエリート民主主義が続いた[62]。

　しかし、1965年のマルコス大統領登場の時期までには、様々な経済的・政治的・社会的矛盾が表面化した。輸入代替工業化政策によって産業基盤の整備が進む中、比較的高学歴で政治・社会関心の高い新興の都市中間層が形成される反面、経済政策の限界からインフレの進行等の問題が生じ、社会不安が高まった。他方で農村においては、マグサイサイ大統領期、マカパガル大統領期 (1961-1965年)、そしてマルコス大統領期 (戒厳令以前は1965-1972年) と農地改革政策が引き継がれたが、地主層の抵抗などもあり十分な成果を挙げることができず、農業の商業化のいっそうの進展もあって、農村の引き続く貧困と社会不安が再び大きな問題となってきた。また、こうした情勢の下、フクの反乱鎮圧後は壊滅状態であったソ連派の共産党 (Partido Komunista ng Pilipinas, PKP) が、新たに左派インテリにより毛沢東派の路線でシソンを中心として再建され (Communist Party of the Philippines, CPP)、旧共産党系の軍事集団を中心とした新人民軍を配下に治めつつ、より広範な組織化を進め始めるに至った。

　農村社会における地主と小作の間の恩恵と庇護の関係の上に積み上げられた安定した二大政党制も、都市化や人の流動性の高まりに伴って変容し、金と暴力により傾斜したいわゆる選挙マシーンに依拠する傾向が強まっていく。他方で中間層や社会に対する問題意識を強く持った農民・労働者が増え、そ

---

62) Wurfel 1988 (ワーフェル 1997)

2　1960年代以降の模索

うした中から学生運動や労働運動を軸とした改革を求める声が、1960年代末までには非常に高まった。こうした中、己の才覚によって社会の変革を掲げて支持を得、他方で当選してアクセスできるようになった国家予算と軍事力、警察力を活用して影響力を高める新しいタイプの政治家が台頭した[63]。伝統名望政治家出身ではないマルコスはその代表というべき存在であった。

1969年、マルコス大統領は大統領選において史上初めて再選されたが、その選挙における度を越した不正を糾弾する抗議運動が高揚し、これに反米意識の盛り上がり、社会改革、特に農地改革を徹底することを求める呼びかけが加わり、1970年には「第一四半期の嵐」に至って政治社会運動はひとつの頂点を迎えた[64]。マルコス大統領は強権的対応に傾斜し、社会にはこれに対する懸念と反発が強まった。社会運動の盛り上がりの中で社会の不安定感が強まり、その状況を利用して共産主義勢力も伸張した。こうした中で、憲法改正のための政治過程が加わり、緊張感をいっそう高めることとなった。1972年9月マルコス大統領は戒厳令を布告、議会を停止し、政府によって反対勢力と見なされた人々を逮捕・拘禁するに至った[65]。

(2) 第2バチカン公会議

他方、カトリック教会の社会関心・関与がはっきりあらわれてくるのも1960年代後半以降である。1960年代後半の政治・社会運動の高揚、1972年9月以降の戒厳令による民主制度の停止に至るマルコス大統領の強権的な政治、この二者の対峙の構造から来る政治・社会的な緊張が高まっていった時期は、世界のカトリック教会が「アジョルナメント（現代化）」に方向づけられるのと時を同じくしていた。このため、教会が新たに抱くようになった社会関与の理念は実践の機会を得る形となり、その反響も、単なる理念の問題では済

---

63) Sidel 1999
64) 浅野 1992: 80-83
65) 浅野 1992: 89-92; ワーフェル 1997: 167-217

第2章 カトリック教会の政治関与・動員形成過程

まない現実政治の厳しさに彩られるものとなっていった。

　第2バチカン公会議（1962-1965年）はカトリック教会が現代化改革に大きく舵を切った画期となった。公会議の決議文書は、教会の社会に対する積極的・開放的な関与を鮮明にした。他方で教会自身の刷新については教導職の権威など基本的な伝統を再確認しつつ、伝統、典礼、信心、修道生活等の根本的な再吟味、教会外の諸勢力との対話への積極的な取り組みなどを通して、世界に向かってより開かれた柔軟なあり方を目指すとした。また社会観において、教会が「善意の人々」と共に力をあわせて世界を開発することで、神の国に至ることを目指すべきであり、そのためには積極的に社会科学を導入して「時のしるし」を見極め、改革のためのプランを練ればよい、という楽観的な展望が強く打ち出されている（特に『現代世界憲章』[66]）。他方で教会論においては聖職位階の意義と役割の中心性を確認する基本的な伝統的正統教理を保持しつつ、諸宗教や社会との対話を積極化すべく教会のメディアを開放的なものとし、また教会を「旅する神の民」として一般信徒の役割を強調、聖職者の権威をある程度相対化しようとした。また教区の長である司教のリーダーシップを強調することで、教区ごとのある程度独自の対応をより重んじる考え方を示した（特に『教会憲章』[67]）。

　公会議は大胆な変革を促したため、この後激動する現代社会の中での教会が新たな、時に実験的な試みを進める可能性を開くこととなり、混乱と創造的試みが積み重ねられる起点となった。第2バチカン公会議の主流は、1950年代までは保守勢力による圧迫と疎外を経験したのちに勢力を盛り返した改革派であったが、公会議終了以降は「伝統の刷新」をどう定着させるかをめぐり保守的な方向に揺れ戻す傾向もありつつ、諸勢力間の主導権の模索が続いた[68]。

　こうした背景から「第2バチカン公会議の精神」は、司教を中心とした参

66）南山大学 1986: 325-399
67）南山大学 1986: 45-98
68）高柳 2005: 154-172

2　1960年代以降の模索

加者たちや、社会関心の高い少数の教職者たち、そして公会議の影響を強く受けた上で欧米からフィリピンへ派遣された修道会士たちによって、様々な意味に再解釈されつつ現場に導入されるようになった。そして「第2バチカン公会議の精神に基づく」と主張する際、それ以前の伝統はしばしば後景に退けられていく。フィリピンのようにそれ以前の歴史によってキリスト教の多数派が築かれ、信心や町の祭りなどが確立していった場所においては、そうした社会に根差した宗教慣行が、第2バチカン公会議の精神によってあまり吟味されることもないまま慣行として継承されていき、伝統と刷新がかみ合わないまま併存する構造の形成につながっていった面がある。

「時のしるし」を見分けるための道具として社会科学が導入されたことは、結果として時に相矛盾する様々な社会分析のアプローチを教会内に持ち込むこととなった。特にラテンアメリカやアジアの厳しい社会矛盾を踏まえて教会の末端の現場から急速に普及していった、階級分析や階級闘争に強調点を置くネオ・マルクス主義的な分析の新たな導入は、『レールム・ノヴァルム』以来の「自由主義でも社会主義でもない」という主流路線の中で用いられてきた穏健リベラル的な社会観とかみ合わなかった。そのため、伝統主義的な高位聖職者と若い下位聖職者、一般信徒の活動家たちの間に、社会状況の基本理解をめぐる対立や摩擦を生んだ。深刻な社会矛盾や貧困、人権侵害、暴力に直面して対処を迫られた現場では、教会内の改革主義、革新主義の立場の人々の中から、「解放」の概念を重視した教会論・社会論・実践が様々な形で試みられるようになった。

(3) 1960年代及び戒厳令直前期の政治関与の変容

1960年、マニラ大司教ルフィノ・サントスがフィリピン人初の枢機卿に任じられ、翌1961年にはローマに教皇庁立フィリピン人神学院（Pontificio Colegio-Seminario Filipino）が設立された。このようにフィリピン・カトリック教会の現地人化とローマ教皇庁との提携関係が本格化する中で、1962年、サントス枢機卿はアジア社会研究所（Asian Social Institute, ASI）を設立する。ASIは経済学

及び社会学の修士レベルの研究機関として、その分野の人材育成と共に、社会と教会に関する様々な調査を実施することとなった。また1963年には修道女修練研究所（Sisters' Formation Institute）が設立され、特に女子修道会内に教会の社会教説を広める働きを進めた[69]。

1965年には第2バチカン公会議の終了と「フィリピン・キリスト教化400年記念」が重なる中、司教層の中にもより積極的な宣教的展開の文脈で社会関与を進めようという機運が高まった[70]。公会議後にCWOを発展・継承した司教協議会（CBCP）は、1967年には社会活動に関する声明、及び農村開発に関する声明を発行し、教皇パウロ6世の提示した「観察、判断、行動」という枠組に基づいて社会活動へのより積極的な参加を促した。CBCPは1968年を「社会的自覚年」（Year of Social Awareness）と定めた[71]。

他方、一般信徒やいくつかの修道会（特にイエズス会など）は、引き続く社会不安の中で、教会の社会関与への模索を続けていた。一般信徒のための短期研修運動「クルシリョ」及び「セミナー運動」が1964年に始まると、特にミンダナオにおいて諸教会に反響をもたらすこととなり、後のキリスト教基礎共同体運動などの一般信徒参加の流れに結びついていった。カガヤン・デ・オロ市のハビエル大学も同年、「東南アジア農村社会リーダーシップ研究所」を設立、農村社会開発のための人材育成を進めた[72]。

1965年8月には香港で1ヶ月に及ぶ司祭社会行動研修会（Priests' Institute of Social Action）が開催され、キリスト教的価値観とアジアの社会経済生活に関する研修を実施した。フィリピンからの32名の参加者のうち7名が司教となったことから伺われるように、この研修会は後の教会の社会教説実践に影響を与えることとなった。1966年にはCBCP内にいくつかの委員会が設置されたが、そのひとつが社会行動委員会であり、その事務局として「社会行動全国事務局」（National Secretariat for Social Action, NASSA）が設立された。その機

---

69) Kroeger 1985: 127-128
70) Kroeger 1985: 130-131
71) Kroeger 1985: 142-143
72) Kroeger 1985: 129-130

2 1960年代以降の模索

関紙 *Impact* は発行部数を順調に伸ばし、1970年以降独立誌となった[73]。NASSAは1967年1月の教皇庁立「正義と平和」委員会設立に対応して、「社会行動・正義・平和全国事務局」（National Secretariat for Social Action, Justice and Peace; NASSA-JP（さらに略してNASSA））となった。

こうした流れの中で1967年2月に実施されたCBCP主催の第1回全国農村開発会議（National Congress for Rural Development）は、全国の教会の社会活動に大きな反響をもたらした。「教会は村々へと赴く」（Church goes to the Barrios）という標語は、カトリック教会がこれまで都市志向が強かったこと、しかしこれからは「現場」に行くのだという自意識と使命感をよく表している。こうして農村社会開発・改革に対する教会のコミットメントが表明され、その実施はNASSAに委ねられた[74]。1968年には社会行動センター（Social Action Center）の設置が多くの小教区で進められた。また一般信徒運動を統括するCBCPの「カトリック・アクション委員会」（Commission on Catholic Action）の改組が行われ、「信徒使徒職委員会」（Commission on Lay Apostolate）と改名された。同年、ラテンアメリカ教会協議会メディジン総会の成果がフィリピンでも出版され、各方面に影響を及ぼすこととなった。こうした中で同年、11人の司祭によってフィリピン司祭協会（Philippine Priests, Inc., PPI）という互助組織が作られ、より活発な社会活動を目指すこととなった[75]。

とはいえ、長きにわたり解決されない社会格差の構造的矛盾と、資本主義の一層の浸透の中での社会の激変が交錯する中で、1960年代後半以降の高揚する社会不安・不満と、バチカンに応えて重い腰を上げたばかりのカトリック教会指導層の社会関与の姿勢の間には、大きな温度差があった。実際、1960年代の司牧声明は13と減少し、うち社会活動に関するものは2に過ぎない。カトリック教会指導層は教会及び社会の変動に戸惑い、また傘下の信徒運動や司祭たちの動きに対し、統一的な指導方針を示しあぐねていた。この温度

---

73) Kroeger 1985: 137–138
74) Kroeger 1985: 139
75) Kroeger 1985: 144–145

差は教会の現場でも少なからぬ緊張を生んだ。教会における不満の鬱積を劇的に表面化させた象徴的な来事のひとつは、1969年3月のマニラのカトリック学校の学生たちによる、サンミゲル教会、マニラ大司教邸、及び教皇庁大使宅前での教会改革を求める57日にも及ぶピケであった。学生たちは「第2バチカン公会議後改革のための一般信徒協会」(Laymen's Association for Post-Vatican II Reforms) や「キリスト教社会主義運動」(Christian Socialist Movement) に属しており、特に、「教会財産及び収支の詳細な会計報告、司祭、修道会の社会活動へのより深い関与、社会活動プロジェクトのための教会財産の提供、一般信徒とのより積極的な対話、司祭たちが恐れなく本心を語れるように支援すること、健康上の理由で働きに支障がある聖職者（特にサントス枢機卿）の辞任」を要求した。これに対してサントス枢機卿はこの運動を共産主義者の仕業と断定、運動の背後にいるとされた数名の司祭を名指しで非難した。こうした対応は、枢機卿の指導力を著しく弱めることとなった[76]。

　こうした中、カトリック教会指導者層の政治への新たな関与もみられた。1970年に再選直後のマルコス大統領に対し、7名の司教が連名で「フィリピン・フリー・プレス」誌 (Philippine Free Press) を通じて公開書簡を著し、暗に大統領の汚職、選挙違反、蓄財、暴力などを批判し、その道徳性を糾した。これに対し、政府は報告書において「教会は進歩の唯一最大の障害である」との批判をもって応じた[77]。これ以降1972年の戒厳令発布までの間、カトリック教会の政治・社会への関与に関しては、ここの問題に取り組む傘下の諸組織に基本的に任せつつ、積極的な政治関与を特に追求しない方向性を維持した。その中で、「フィリピンにおける教会は今日、教会はこれまでになく「貧しい者たちの教会」とならねばならないということを意識している」と表明するなど、より深い社会関与への意思を示した。1971年には「司教―ビジネスマン会議」(Bishops-Businessmen's Conference, BBC) を設立し、社会問題への取

---

76) Kroeger 1985: 146-147
77) Kroeger 1985: 155

り組みを始めるようになった[78]。とはいえ概ね教会指導者層は、社会変動の大波の中で、教会内部の社会問題への取り組みが急進化する中、積極的なリーダーシップを打ち出せないまま戒厳令布告の時を迎えたのである。

3 マルコスによる戒厳令期（1972-1981年）における教会内の緊張関係

教会指導者層の多くはその反共産主義の伝統もあって、共産主義勢力の鎮圧を掲げて戒厳令を発したマルコス大統領に対して一定の支持を示してはいた。とはいえ、強権を発動したマルコスの政権運営に対する不安は、当初よりぬぐいきれなかった。教会の政権に対する基本姿勢は、特にマニラ大司教ハイメ・シン（在位1974-2003年、1976年以降枢機卿）が積極的に提唱した「批判的協力」（Critical Collaboration）という言葉で表現されるようになった。これは教会の宣教活動の自由が保障される限り政権の正統性を一応承認する立場であり、社会の秩序と福祉の増進のために政権と協力しつつ、特に政府による人権侵害に対し必要に応じて批判を行う、というものであった[79]。他方マルコス政権の側は、教会との協力関係を維持しつつ、適宜「教会の共産化の恐れ」と「政教分離」という2つのレトリックを活用して牽制した。政権に批判的な教会関係の活動に対しては、しばしば軍や警察による実力行使に出た。

(1) 教会内の政治的立場の多様性と不一致

1970年代の半ばまでは、基本的な方向性が定まらなかったこともあり、教会指導者層の間の亀裂が表面化した。マニラ大司教サントス及びセブ大司教ロサレス（Julio Rosales, 在位1949-1983年、1969年以降枢機卿）の二人の枢機卿を

---

78) Kroeger 1985: 161-163
79) Youngblood 1990: 73

第2章　カトリック教会の政治関与・動員形成過程

はじめとする教会改革に消極的な司教たちは、制度教会の権益が損なわれない限り政治に関わることに消極的であり、マルコスが反共の立場を明確にしていることを根拠に支持を示す傾向があった（ここでは「保守派」とする）。典型的には、戒厳令に対して注意深い応答を呼びかけた当時のCBCPの常設委員会、特に議長のカセレス大司教アルベルト（在位1965-1983年）、またマルコスによる戒厳令を歓迎したサントス枢機卿が挙げられる[80]。マルコス政権末期に至るまで親マルコスの立場を貫き、1986年の大統領選挙の際、教会の広範な支持を受けた民間選挙監視団体NAMFREL（後述）に対して非協力的な司教も存在した[81]。

　多くの司教たちは、教会の改革と変動する社会への対応、その両方とも不可避であると認識していた。特にマルコス政権についてはその民主制度からの逸脱、人権侵害などへの懸念はあったが、明瞭な方向を打ち出しきれず、少なくとも戒厳令公布後数年は模様眺めに終始することが多かった（「穏健派」とする）。個別の問題に関して批判を展開することもありつつ、基本的には政府を是認してきたマニラ大司教シン枢機卿もここに含まれる[82]。

　ただし司教たちの中にも、信徒の積極的な参加のもと、社会矛盾への対処に積極的に取り組む新しい教会像を追求する勢力も現れていた（「進歩派」とする）。この時期に積極的な活動によって注目を浴びたマライバライ司教フランシスコ・クラベール（在位1969-1984年、その後ボントック＝ラガウェ司教1995-2004）をはじめとする数名の司教は、独自の司牧声明の発行やCBCPへの積極的な働きかけによって存在感を示し、国内外から高い注目を集めた[83]。彼らは穏健派とは異なり、個別の人権侵害だけでなく強権的な体制そのものに対する批判を明らかにしており、戒厳令に対しても条件付で是認したCBCPの態度と異なり、当初より抗議を表明していた。

　小教区レベルや修道会の活動においては、この進歩派と批判的に協働しつ

80）Kroeger 1985: 173; Bolasco 1994: 121
81）Hedman 2006: 125
82）Bolasco 1994: 122
83）Claver 1978

つ、さらに積極的に「下からの」神学・教会形成をめざす勢力が存在した。ヒエラルキー的な教会のあり方を根源的に変革すると共に、ネオ・マルクス主義的な分析方法を導入して、社会と教会の「階級矛盾」「新植民地主義」をも根源的に変革することを目指した（「急進派」とする）。この急進派の中には、必要に応じ共産党と連携、武力行使をも是認する人々もおり、さらには教会を離脱して共産党とその軍事部門である新人民軍に加わる「赤い司祭」も現れた。この流れを代表するのが、1972年に「民族解放キリスト者同盟」（Christians for National Liberation）及びその創設者であるデ＝ラ＝トーレである。

マルコス政権への対応のありかたを巡り、教会内の不一致が明らかになっていった。

(2) 政教関係の推移と教会の政治・社会関与の展開

ここで戒厳令以降の政教関係の具体的な展開を概観する[84]。

1972年9月の戒厳令発布に対する教会指導者の主要な応答は3つ挙げられる。ひとつは9月26日発行のCBCPの常設委員会による司牧声明であり、基本的には祈りつつ事態を静観する、というものであった。これに対して、その2日後に、17名の司教及び17名のフィリピン主要修道会管区長協会（AMRSP）会員の連名による戒厳令批判及び戒厳令の数ヶ月内の解除要求の書簡が公表された。さらに10月4日にはクラベール司教によるマルコス大統領宛の戒厳令に対し疑問を投げかける書簡が公表されている。

1973年1月29日から2月3日にかけてのCBCPの定例の全体会議においては、マルコス戒厳令体制に対する意見は一致せず、結局声明等を公表せず、会議で提起された問題を大統領に直接訴えることを議決した。同年7月の戒厳令の承認を取り付ける国民投票の手続き上の問題（秘密投票ではなく集会での挙手という方法を取った）、また「政治犯」に対する過酷な取り扱いなどが明らかになる中でも、CBCPの常設委員会はなお政権批判には極めて慎重であ

---

84) Kroeger 1985: 169-223

り、これに対して司教たちの中でも沈黙し続けるCBCPの態度を厳しく糾弾する声が上がるようになった。こうした状況の中で10月には教会＝軍連絡協議会（Church-Military Liaison Committee, CMLC）が設置され、特に軍の人権侵害に関する教会と政府の間の協議・調整が行われることとなった。この戒厳令発令後1年の間に22名の聖職者及び数百名の一般信徒ワーカーの逮捕が明らかになっており、AMRSPは独自の調査を経て、フィリピンの開発に関する調査報告を11月に、戒厳令体制に関する理論的、実証的な批判検証の結果を12月に公表し、報告書を大統領に提出している。

　1974年1月のCBCP全体会議に対しては、AMRSPが戒厳令体制の発動以降の道徳的諸問題に対して教会は明瞭に発言すべきである、という旨の書簡を提出していた。AMRSPは「フィリピン抑留者特別専門委員会」（Task Force Detainee of the Philippines, TFD）を設立して刑務所や留置所における人権状況の調査に着手し、CBCPはこれを支持した。7月のCBCP全体会議に際して数名の司教有志が、大統領に対して戒厳令解除を早めるべき旨、非公開の書簡を送っている。こうした中、8月24日、軍がイエズス会の施設を急襲、強制捜査を実施した上、政府統制下のメディアがこれをマニラ大司教区の許可と協力を得て行われたと報じた。これに対して、就任間もないシン・マニラ大司教は司牧声明を公表し、教会のネットワークを通じて上記の報道を「誤報」と断じ、軍による不当な強制捜査と情報操作を糾弾した。これを受けて同年9月、CBCPは公式に戒厳令の解除と市民的自由の回復を政府に要求することとなった。

　以降、軍が共産主義に対する治安上の作戦行動という口実で、教会関連施設の強制捜査、破壊等を実施し、教会、特にシン大司教が先頭に立ってこれを非難することが繰り返された。マルコス政権は、教会内の亀裂を見越した上で、協力と脅しの巧みな組み合わせによって教会の一層の動揺と分裂をもたらそうとした。CMLCなどのチャンネルを通じて一定の妥協や協力を表明しつつ、他方でメディアや部下（特にエンリレ国防大臣）を通じての「教会内の脅威」を非難する情報操作、特に社会活動を積極的に推進する教会人に対する一貫した「共産主義」のレッテル貼り、さらに教会への課税案や家族計

3　マルコスによる戒厳令期（1972-1981 年）における教会内の緊張関係

画推進法案の提出といった圧力をかけた。

　1975 年 1 月には、AMRSP は定例会議において戒厳令下での国民投票への反対を改めて表明すると共に、CBCP に投票ボイコットに関するリーダーシップを取るよう求めた。CBCP はこれを受け入れなかったが、以後の国民信任投票に関する見解を表明することを約束した。ここでバチカンからの介入が始まった。AMRSP の政治的な活動を監視していた教皇庁大使から報告を受けたローマ教皇庁は、「AMRSP のほとんど社会・政治的な強調点にのみ関心を集中させたリーダーシップ」に疑問を呈した。同年末以降、貧困地域で住民の組織などに関わっていた外国人宣教師の国外追放が頻繁に行われるようになった。

　1976 年には、政治・社会問題に関わる教会内の諸組織・部門と政府との緊張が高まると共に、政権に好意的なバチカンからの介入が無視できなくなる。政府の教会に対する分断策の効果もあり、教会内の深刻な不一致が表面化した。1976 年 6 月には数名の司教有志が CBCP 常設委員会を通すことなく、連名で「福音と市民：キリスト教的社会・政治的オプションに向かって」という文書を公表し、国際会議に出席したクラベール司教を通じて海外にも伝えられた。AMRSP は、10 月にマルコス大統領が再度予定していた国民信任投票の正当性を否定する文書を CBCP に提出したが、9 月 11 日付で 15 名の司教が賛意を示したのに対し、CBCP 常設委員会は「道徳的義務として信任投票に参加すべき」旨述べた文書を 9 月 28 日に発行した。一連の反論の公開書簡が司教有志と修道会管区長たちによって出されると、バチカンから CBCP 宛に AMRSP の活動の規制を強く求める書簡が届いた。これに対して 11 月 4 日付で「"預言者的な"司教たち」グループによる文書「皆がひとつとなるために」が出され、さらにこれに反論する形でマブタス大司教（当時ダバオ大司教、在位 1972-1996 年）ら保守派司教層有志の反論文書「そして真理はあなた方を自由にする」が提出される、という泥仕合となった。国民信任投票は大規模なボイコットに迎えられ、これに対して政府は教会の「反政府分子」に責任の一端を帰し、これまで以上に強硬な対応を見せた。更なる外国人宣教師の追放、住民運動等の禁止、イエズス会及びマリノール会の、マライバライ及び

タグムのカトリック放送局の閉鎖、イエズス会士ジェームス・ロイター神父の『コミュニケーター』誌及びAMRSP機関紙の『時の徴』誌の廃刊、さらにマリノール修道会の活動地域における教会関係者約70名の逮捕などである。

　マルコス政権との軋轢の中から、神学的・政治的立場の異なる指導者層の間に、次第に合意が形作られるようになった。第2バチカン公会議が前面に掲げた「人類の進歩」やその土台となる人権を重視する考え方がその共通基盤となった。「開発独裁」と称された1970年代のマルコス体制は、外資導入による大規模開発のためとして、環境破壊や低賃金を容認し、これを批判する勢力を暴力で押さえ込むことで、人権侵害が横行していた。教会指導者層はこの点への批判において一致するようになった。こうして批判を強める教会に対し、政府は政教分離原則を盾に圧力をかけることで応え、教会指導者層との関係は急速に悪化し、教会の資産の破壊や聖職者、信徒運動家らに対する弾圧は激しさを増した。そしてそのことは教会指導者たちに、司教の教区に対する監督権への行政の不当介入とも認識された。幾度にもわたる軍部と教会側の協議にもかかわらず、相変わらず破壊行為と責任逃れが繰り返された結果、1970年代末までに教会の政府に対する姿勢はかなり批判的なものとなった[85]。

　1977年1月のCBCPの全体会議期間中に、教皇庁大使の許に司教4名、司祭25名を含む155名の逮捕令状の記録なるものが送られてきた。この報が伝わると、CBCPは政府の脅迫的な圧力に反発を強め、必ず一致団結して政府に対峙しなくてはならない、という雰囲気が一気に醸成されたという。教皇庁大使が開会の説教で「共産主義勢力の教会への浸透を警戒すべきである」と説いたにもかかわらず、CBCPは会議後の声明にこの論点を盛り込むことを拒否し、今必要とされているのは社会の変革であると強調した。この声明に対しAMRSPは賛同を表明した。CBCPはマルコスが利用してきた冷戦の論理、またそれに同調し19世紀以降の反共の伝統を前面に押し立てた教皇庁大使の立場を明確に拒絶した。これ以降、政府の人権侵害に関する教会指導者

---

85) Youngblood 1990: 101-171

3 マルコスによる戒厳令期（1972-1981年）における教会内の緊張関係

層の立場は確立されていった。政府は更なる怪文書の流布によって教会の政治・社会関与を共産主義の陰謀として信用を貶めようとし、他方で、枢機卿に就任したマニラ大司教シンは積極的に政治的な発信を行うようになった。シンはこの過程で政界、財界、社会の広範な関係者との精力的な交渉を積み重ね、教会指導者層の政治への積極関与の姿勢を代弁する存在として注目されるようになった。1978年の暫定国会選挙の際には選挙前に「良心に基づいて投票する」よう呼びかけ、選挙後には選挙不正の横行を重ねて批判した。同年6名の修道女を含む選挙不正に抗議表明した800名のデモ参加者が逮捕され、またイエズス会士ロメオ・インテガン神父の逮捕、及び関連施設であるイエズス会のロヨラ神学研究院の強制捜査と関係者の更なる逮捕などが相次いだ。シン枢機卿もバチカンでの世界代表司教会議への旅行を妨害されるという事件に遭遇し、教皇庁大使の抗議があって初めて政府側から謝罪がなされた。

　1979年には一方で「現代フィリピンにおける宗教ラディカリズム」という教会を誹謗する調査報告が公表され、特にキリスト教基礎共同体運動における共産主義者の浸透を警告していた。他方でシン枢機卿は大統領の辞任を勧告し、併せて戒厳令の解除と長期拘留中のアキーノ元上院議員の釈放を求めた。1980年から教皇ヨハネ＝パウロ2世の訪問の日程が取りざたされるようになり、教皇訪問に先立つ1981年1月17日に戒厳令は正式には解除されることになった。

　1970年代、CBCPは30（及びこれに準ずるものが3つ）もの司牧声明を発表しており、うち宣教と社会・経済問題への関与に関するものが6つ、移民問題に関するものが2つ、直接的にフィリピンにおける政治関連では、平和問題に関するものが1つ、政治過程に関するものが2つ、選挙を含め政治参加に関するものが5つである。言論が厳しく監視された時代の中、戒厳令発令や、その後の国民投票、議会の復活などの機会ごとに8つの政治に関する声明を出したことになる。

　この時期、農村や貧困地域において社会開発に関わっていた主に修道会の聖職者及び信徒指導者たちは、開発の名のもと深刻な環境破壊と人権侵害を

もたらす政府に対抗し、またその政府と結託した多国籍企業やアメリカ政府に対する対決すべく、教会を軸とした草の根の地域共同体を形成・強化する運動を広げていった。1960年代から続くこの動きは、ラテンアメリカからの「解放の神学」からも触発を受けつつ、特に「キリスト教基礎共同体（Basic Christian Communities, BCC）」の確立によって根本的に新しい教会のあり方を目指していた。こうした運動は、一方で第2バチカン公会議の「神の民としての教会」という神学と共鳴する面と共に、「聖職位階制度による組織」を主軸としたこれまでの教会のあり方をラディカルに問い直すものでもあった[86]。と同時に、この運動は、教会と地域共同体の間の区別、宗教活動と社会活動の境目を曖昧にし、むしろ両者の重複する所を土台にして基礎共同体を立てることで、教会の再建と政治・社会共同体の確立を重ねて進めようとしていた。この教会と社会を重ね合わせる戦略自体は、教会指導者層全体の教会観＝社会観と通じるものがある。のちに詳細に見るが、教会指導者層の中には、フィリピン全体を「キリスト教化された国」として司牧監督の対象とし、国民社会と教会を重複させることで教会や聖職者の道徳指導者の名によって政治や社会問題への指導の権利、責任を正当化する考えが広範に受け入れられてきた。末端の活動家、高位聖職者のいずれの考え方も、第2バチカン公会議の「教会は全人類の一致のしるしである」という教会観、世界の完成と教会の世界的充満を重ねて捉える見方と通じるものでもあった。

4 民主化政変と主流派路線の確立

1981年2月にフィリピンを訪れることになった教皇ヨハネ・パウロ2世（在位1978-2005年）は、伝統教理及び教会の位階制的権威の確認と要理教育の充実を掲げ、教会の再形成に向けて体制を整え始めた。特に1970年代末及び1980年代前半には、教理主義を推進し反共産主義路線をより鮮明にするに

---

86) Kinne 1990

4　民主化政変と主流派路線の確立

至ったバチカンと、「解放の神学」などの左翼的な実践やリベラルな神学を持つ神学者、修道会士、司祭、一般信徒の間に緊張関係が高まった。これは世界各地で引き続く権威主義体制と共産主義運動の衝突、及び米ソ間の「新冷戦」と呼応する面を持っていた[87]。

バチカンは「解放の神学」に対し、「解放」を神学の鍵概念とする方法論をある程度受容しつつ、霊的解放（罪からの救い）を中心とすべきとし、社会的解放をあくまで派生的なものと位置づけた。これによって「社会の構造的な変革」というビジョンを一応受容はするが、階級闘争を強調する見方を、マルクス主義からの過剰な影響によるキリスト教の伝統からの重大な逸脱として排除する立場を明確にした[88]。そして各司教が担当教区に対しこの立場を貫徹するように監督・指導することを要求した[89]。

この流れはすぐにフィリピンにも波及した。フィリピンにおいては、解放の神学の現場主義的で草の根的な教会実践の土台である「キリスト教基礎共同体（Basic Christian Communities, BCC）」を「教会基礎共同体（Basic (Base) *Ecclesial* Communities, BEC）」と呼びなおし、司教の明確な監督下に置かれ、主に典礼と礼拝を基礎とする活動と捉え直すよう指導した。また社会改革ではなく、むしろ要理教育など伝統的な教会形成こそ教会改革のかなめとするという方針を徹底しようとした[90]。一方でこのバチカンの指針の明確化は、一致への方向性をつかみ始めた司教たちの間に、さらなる一致への志向を促すことになっ

---

87) 乗 1998: 94-117
88) Congregation for the Doctrine of the Faith 1984; Torpigliani 1984b
89) この時代に代表的な「解放の神学」神学者ボフはラッツィンガー枢機卿（のちの教皇ベネディクト16世）を中心とする教義省の審問を受けるに至った（マシア 1985: 141-160）。
90) 実際の名称についての移行はこれほど単純ではないが、支配的なモデルの移行自体は明らかに起こった。例えば当時フィリピンの教皇庁大使だったトルピグリアーニは後述するミンダナオ＝スールー司牧協議会が、一般信徒中心でBCC活動に積極的なグループを事実上排除する形になった1982年の事態を背景に「協議会は「キリスト教共同体（Christian Communities）」の代わりに「"教会"（"ecclesial"）（共同体）」を立てあげることについて話している」（Torpigliani 1983: 31）と述べている。

た。他方で教会内の急進派の容共的な立場や教会論・実践の「下から」の運動に対する批判的姿勢、司教や司祭の上からの指導の重要性を強調する方向性も現れた。こうして、穏健派指導者層を中心に「教会の刷新」と「要理教育による教会の再形成」という方針が明確に打ち出されていく。教会の再形成の方向性がより安定的に打ち出されることで、政治社会への参加についても方向性も定まってくるようになった。

　教皇のフィリピン訪問は国内の諸勢力が自己正当化に利用しようとするせめぎあいの中で実施された。多くの国民の熱烈な歓迎をもって迎えられた教皇は、カトリック教会の新たな正統主義の立場、すなわち教会の役割は第一義的には政治的なものではなく霊的なものだが、社会道徳上の問題に対して教会は責任を負うことを強調し、マニラやネグロスでは貧困層との対話の機会を設けた。この教皇の姿勢は、カトリック教会の政治・社会関与の方向性を象徴的に示したと見ることもできる[91]。

　1980年代初頭の政教関係は、経済状況の停滞と繰り返される不正選挙を受けて次第に悪化した。1982年には軍・政府当局による教会関係者の逮捕、強制捜査、脅迫などが相次ぎ、35名の教会関係者の逮捕に至ったことで関係悪化は決定的となった。1983年1月には教会はCMLCから撤退した。

　それでも1983年に入ってもなお、シン枢機卿は司牧声明などを通じて政教間の和解を呼びかけ続けていた。CBCPも同様に政府との対話路線を継続していた。とはいえ政教間の緊張関係も持続していた。6月に保守派の代表であったロサレス枢機卿が死去したことも、教会の活動主義的な傾向に影響を与えたと思われる[92]。

　こうした状況に新たな方向づけを与えたのが1983年8月以降の政治情勢の変化である。

---

91) オブライエン 1991: 323-330; Ocampo 1981: 16-17; "The Pope in Asia" 1981: 28-33
92) Kroeger 1985: 224-249

4　民主化政変と主流派路線の確立

(1)「穏健派」の主導権とシン枢機卿のリーダーシップ

　1983年8月21日、帰国したばかりのベニグノ・アキーノ元上院議員（愛称ニノイ）がマニラ国際空港で暗殺された。アキーノは当時最も有力な野党指導者であり、戒厳令に伴って逮捕、死刑判決を受けた後、心臓病の手術を理由に恩赦を得て渡米、手術後は在米フィリピン人の間で活動していた。フィリピンの政治情勢の先を見通し、フィリピン政府関係者の反対や脅迫を撥ね退けて帰国したのであった。軍の厳重な監視下での、タラップを降りる途中での銃殺という状況にもかかわらず、政府はなお共産主義者の仕業と強弁したため、世間の政権に対する不信感を一挙に高めることとなった。そして、アキーノが獄中で熱心なカトリック信者となり、死を覚悟して帰国したと伝えられたため、その死を殉教にも等しいものと捉える雰囲気も生まれ、毅然と事態に対処したコラソン・アキーノ未亡人（愛称コリー）の態度とあわせ、国民の広範な同情と共感を呼んだ。この事件を契機に、これまでマルコス政権を支えていた中流・上流の社会階層の多くは批判へと転じた。

　シン枢機卿の指導力のもと、カトリック教会は反マルコス政権の流れを緩やかにまとめ、動員する役割を果たした。ハイメ・シンは1974年にマニラ大司教、1976年には枢機卿に就任し、1974-1977年にはCBCPの副議長、1977-1981年には議長を務めた。この時期の積極的な活動によって、特に政府に対して司教層全体を代表して発言し、対立を仲介する役割を担ったことによって、シン枢機卿は教会の政治関与のキーパーソンとして認められるに至った。シン枢機卿の物おじせず気さくなパーソナリティ、教会・社会上の地位の高さ、そしてこの地位を得た歴史的なタイミングが少なからざる意味を持った。シン枢機卿は先述の通り、マニラ大司教に就任後、特に大司教区内の修道会・修道院などに対する軍の襲撃や人権侵害に対する抗議を繰り返す中で、政府に対する批判的な政治声明を積み重ねつつも、政府との共存を図る「批判的協力」路線を取り続けることで巧みに状況変化に対し、戦術的に政治関与を進めていった。政府による政教分離違反との批判に対して、確かに「党派政治」には聖職者は関わるべきではないが、国民の道徳の問題について発言す

べきであり、そこには政治も含まれる、と応じた。この立場は教会の標準的な立場となった。

　1983年のベニグノ・アキーノ元上院議員の暗殺、そしてマニラの教会で行われたアキーノの葬儀に前例のないほど多数の人々（一説には100万人）が訪れ、マルコスへの抗議の意思表示をした、という全く新しい予想外の出来事が決定的な転換点となり、教会内の大同団結の努力が一層進められることとなった。「やがてこの殉死者は、タガログ語で次のように書かれたTシャツが出回るまでには、キリストのごとき存在として祭り上げられるようになっていた――『国のために自分の命を捨てること、これ以上に大きな愛はない』[93]」とキャロルが述べたような、独特の宗教的な哀悼の空気が充満していたことも無視できない[94]。切迫した社会の空気を背に、教会は一致して指導する責任を負おうと努めた。ヤングブラッドによれば「自由で誠実な選挙を支持するにあたり、特に1984年から1986年にかけて、フィリピン教会の穏健派と進歩派は少なくとも一時的には…（中略）…民主主義の原則のチャンピオンとして立ち現れたのである」[95]。

　教会のマルコス政権に対する不信が頂点に達すると同時に、教会指導者層の穏健派及び進歩派は共に、ビジネス部門や都市中間層と連帯し、非共産主義の路線で大衆動員する反マルコス運動にコミットしていくことになった。穏健派は民主的で平和的な政権交代を求めるこの動きの先頭に立つことで、フィリピンにおける教会の重要性を内外に明らかにし、一方で左派の急進主義、特に容共・暴力志向を強くけん制すると共に、他方で政治への関与に批判的なバチカンの要求も脇において、メディアと人員を活用し大衆動員を行っ

---

93) 新約聖書の『ヨハネによる福音書』に現れるキリストのことば「友のために自分の命を捨てること、これ以上に大きな愛はない」（15章13節）に基いている（日本聖書協会 1987:新約聖書199ページ）。この「友のために自分の命を捨て」たのはキリスト自身であるとされている。したがって、ここでアキーノ元上院議員はキリストに等しい存在に祭り上げられているということになる。

94) Carroll 1985: 7

95) Youngblood 1990: 201-202

た。共産主義勢力の脅威を口実として政府と衝突する運動に容赦ない弾圧を加え続けた政府も、穏健派、しかもあくまで「和解」路線をとる教会指導者層を、親共勢力と同じ理由で徹底的には弾圧するわけにはいかなかった。この点もカトリック教会穏健派の政治的影響力が働きやすかった一要因である[96]。

シン枢機卿はアキーノ暗殺直後より積極的に事態の推移に関わっていった[97]。8月31日には葬儀ミサの中で政府に対する抗議を表明した。カトリック教会指導者層は前例のない規模の市民的動員という状況を理解してはいたが、その後の動きは基本的に、それ以前と同様、教会を仲介者とした国民的和解への再三の呼びかけと真相究明という線でほぼ一貫していた。1984年1月には国民議会選挙に向けてビジネスエリートの支持を受けた選挙監視NGO「全国自由選挙運動」(National Movement for Free Elections, NAMFREL) の支援を決めた。CBCPはこの選挙において投票に加わるべきかボイコットがよいのか決めかねており、司牧声明も良心的ボイコットの権利を認めることを政府に要求していた。シン枢機卿はその立場を認めた上でなお、NAMFRELへの信頼を前提に、投票への積極的参加を呼びかけた。同26日の選挙当日に実施された抗議行動「タルラックから空港へ」(ベニグノ・アキーノの生地から暗殺の地までの意)はシン枢機卿の書簡による支持、及びマロロス教区司教から出発時のミサによる祝福を受けていた。7月のCBCP全体会議に際しては、イエズス会士キャロル神父及びクラベール司教による司牧状況に関する研究報告を受け、今後の状況変化に積極的に対応できるよう備えることとした。マルコス大統領は政教分離原則を盾に教会に厳しい批判を展開したが、「フィリピン一般信徒協議会」(Council of the Laity of the Philippines) は「宗教指導者たちにはこれらの問題について意見表明する正当な自律権があり、教会が道徳的問題について話すとき国家当局にはこれを否認することはできない」との反論を表明した。

---

96) Carroll 1984
97) Kroeger 1985: 249-274

1986年の繰上げ大統領選挙に際しては、シン枢機卿は対立していたサルバドール・ラウレルとコラソン・アキーノの陣営を引き合わせ、分裂していた野党勢力の連合を糾合させることに成功した。そして選挙前にはシン枢機卿、CBCPの両者は司牧声明を公表すると共に、選挙教育と選挙監視に人的資源を動員した。選挙後の「ピープルパワー革命」（あるいは場所にちなんで「EDSA革命」）に至る過程は一般によく知られている。教会は特に、一貫して選挙における政府の不正を糾弾し、野党勢力などを保護、支援した。そしてクーデタ未遂が露見して政府軍の鎮圧の対象となり、救援を求めてきた国軍改革派に応え、シン枢機卿は教会のラジオ放送を通じて国民に大挙して彼らを保護すべきことを訴えた。これに応じてEDSA大通りに大挙して詰めかけた人波が、結局は大統領の亡命と無血の民主化革命を決定づけたのであった[98]。

この時期（1983-1986年）の司牧声明を見ると平和問題に関するものが3、選挙が3、アキーノ暗殺の真相究明要求が1、人権全般が1、ネグロスの飢餓に関するアピールが1で、残りの宗教関連（聖母マリア年関連3、聖書使徒職1）を上回る数となっている。

この民主化政変「ピープルパワー革命」の成功によって、新たに確立した教会主流派は教会指導者層の一致にさらに確信を抱くようになった。教会はアキーノ政権の強力な同盟者として存在感を誇示していた。

(2) メディア、ネットワーク、大衆動員を通じての政治関与の深まり

民主化の過程では、教会によるメディアやネットワークの活用、そして大衆動員の成果が見られた。

マルコス政権下で徐々に進行した政治社会的危機の中で、教会は社会活動家、野党、ジャーナリスト、NGOなどを支持する側に立った。教会自身も全国、教区、小教区レベルで、地域開発計画や人権活動をより積極的に推進す

---

98) カルヌーガン（1988）は、いかにもカトリック的な仕方で、信仰と奇跡の物語として情勢の推移を活写している。

4 民主化政変と主流派路線の確立

るようになった。こうした中で協力関係の拡大のために、メディアと大衆動員が重要となってきた。

「祈祷行動集会」（Prayer rally）はしばしば政府に対抗する政治的動員の隠れ蓑となった。また「問題は政策の妥当性の問題というよりも道徳上の危機である」として道徳指導者としての聖職者の政治への関与を正当化する際の口実ともなってきた。

この道徳への訴えは広く報道されることで効果を発揮すると期待された。CBCPメディア事務局における記者会見、カトリック放送ラジオ・ベリタス、パンフレットや本、影響力のある人物との面会、ミサにおける説教、司牧声明の朗読など、教会は自身の情報メディアを積極的に動員した。

カトリック教会は投票及び選挙監視への参加の呼びかけを行うと共に、祈祷集会、ミサ（全国の教会で司牧声明が読み上げられる）、ラジオなどによる積極的なアピール、動員を行い、状況分析を積極的に提示して議論を喚起した。特にラジオ・ベリタスは、ベニグノ・アキーノの帰国に際して実況中継を行ったことに始まり、葬儀やそれ以降の様々な政治・社会活動、教会の諸声明などを積極的に伝え、政府系のメディアでは伝わらない情報を積極的に、危険を顧みずに伝えたため、真相を知ることを望んだ広範囲の人々に聞かれるようになった[99]。他方、CBCPや個別の司教によるビジネス界との積極的なパイプ作りも進められ、草の根の教会活動家による活動家間の連携も強化されたため、教会の社会ネットワークと動員力が強められた。教会は元々聖職者だけで1万人を超え、さらに多くの献身的な一般信徒の働き手に支えられる巨大な全国ネットワークであり、ラジオ・ベリタスを始め16もの放送局、多くの出版社や書店、雑誌を持ち、社会行動センターやTFDのネットワークなど様々な活動によって幾重にも全国を網羅している[100]。また既に述べた通り、シン枢機卿が分裂していた野党勢力の調停に入り、大統領候補の一本化に導い

99）Carroll 1984: 6-7
100）Carroll 1984: 2-3

たことも、教会の潜在的な動員力を強めたといえる[101]。

　選挙監視には教区毎の社会行動センターを始め教会の諸機関や人材が多数参加しており、全国自由選挙運動の選挙監視及び開票速報も、特に辺境地域においては小教区司祭や修道会士の協力が欠かせなかった。大規模な選挙不正に直面したことを受け、CBCP及びシン枢機卿は選挙直後に司牧声明を発表し、マルコス政権がもはや「道徳的基盤を持たない」ため、「平和的な方法で正義を追求」し「不正を正す」道義的責任があると告発した[102]。そこから、すでに述べた通り、緊張状態の中でクーデタ計画を事前に政府に察知され、鎮圧目前となった国軍改革運動指導者からの支援要請に応じ、シン枢機卿がラジオ・ベリタスを通じて人々に彼らの基地を囲むよう訴えたことで、「ピープルパワー」に至る大規模なデモが生じたという経緯がある。

　しかし、人々は教会組織を通じてというよりも、ラジオの呼びかけによって三々五々集まったと言われる。つまり、組織的動員というよりも自発的な動きであった。この「ピープルパワー」は基本的には民主化を望む人々の市民的な動きであったが、同時に聖像やミサ集会、修道服の人々の姿などが目立ち、時に生死を賭けざるを得ない状況であったことも加え、濃厚な宗教性を帯びていたという面も無視できない。既に述べた通り、ベニグノ・アキーノは教会における葬儀以降「殉教者」とされていた。「2月革命」でも、持ち出された聖像や居合わせた聖職者を中心にいくつもの祈りの輪が折り重ねられた[103]。

　他方、市民運動が制限されていた権威主義体制のもとで、カトリック教会が宗教の自由の名のもとに、民主的・市民的な動きを一定程度保護促進する「公共のフォーラム」の役割を果たしていた点も無視できない。長期にわたり議会が閉鎖され、議会再開後も政治活動が大幅に規制されていた中で、カト

---

101) 浅野 1992: 173-174、202
102) PL1986b; Cerbo 1999: 110-114
103) 清水 1991、特に第3章〜5章。舞台となったEDSA通りの名称 Epifanio de los Santos すら、本来は歴史学者の個人名（1871-1928）であるのが、スペイン語の意味から「聖人たちの祝祭」とあえて解するような論説も散見するほどである。

リック教会は実質上唯一の、政府に匹敵する範囲の全国組織であり、しかも全国的なトップダウンの官僚機構をも備えていたのである。マルコスの不正を内部告発した選挙管理委員会のコンピュータ担当職員たちは、カトリック修道会の施設にかくまわれた。教会の司牧声明は政治に関する方向性を明確に打ち出し、特に1984年の議会選挙と1986年の大統領選挙において、「票の神聖性」（Sanctity of the ballot）を根拠として公正な選挙実施の重要性を前面に押し立て、民間選挙監視団体を全面的に支援し、特に大統選をめぐる政府の様々な不正の横行を告発した。こうした教会の「司牧」は、全国大の教会ネットワークを通じ、末端の教会にまで幅広く伝えられていった[104]。この点で教会はまさしく「公共宗教」として機能していたのである。

そして民主化後の言論の自由のもとで、記者会見での発言や教会の動向、及び教会関連行事や祈祷集会は一般メディアを通しても、多くの人々に伝えられるようになった。事実上の政治デモである「祈祷行動集会」はこれ以降、教会当局による正式な教会活動の外でも広く行われるようになった。

カトリック教会は、人々の霊性のよりどころとして、また権威主義のもとでの公共空間の庇護者として、積極的な政治・社会関与を成し遂げた。この「成功」の経験、しかもバチカンの反対を押し切って成果を挙げ、しかもあとで結局バチカンの承認すら得るに至ったこの経験は、教会に、フィリピン社会において唯一無比の道徳的指導を発揮するダイナミックな宗教権威としての誇りと自負を与えた。こうして「EDSA（革命）」「ピープルパワー」は、カトリック教会の社会観・社会関与のあるべき姿のイメージを規定することになった。

---

104) Intengan 1992: 205-238

5　民主化以降

(1) アキーノ大統領期（1986-1992年）

　2月政変では非武装の大衆が反乱軍と合流して政府軍と対峙し、ほぼ非暴力無血でマルコスを事実上追放できた。また教会の呼びかけのもと命賭けで集った人々の中に祈りが満ち、その雰囲気の中での解放感の経験が多くの人々に共有された。そのため、これを神が祈りを聴いてくださった「奇跡」とする見方が広く受け入れられた[105]。教会はさらに積極的に、この「革命」を「キリスト教国」フィリピンの成果として、また「神のもたらした奇跡」として捉え、経済危機から民主化を経て再建に向かうこのフィリピンは教会が道徳的に指導する必要がある、と繰り返し主張することとなる。民主化後、CBCPもシン枢機卿も、政治・社会関連の司牧声明をより頻繁に発表した。また政変の舞台となったEDSA通りには聖母を祀る聖堂が建立された[106]。

　政府にも教会の役割の重要性が認知され、憲法制定委員会には全42名中、テオドロ・バカニ司教（マニラ補佐司教1984-2002年、ノバリチェス司教2003年）、イエズス会士のホアキン・ベルナス神父、クリティーン・タン女子修道会士など12名もの教会関係者が加わった。憲法には教会の意向を踏まえて、家族及び結婚を不可侵のものとする条項、教育機関の歳入と資産の非課税化条項、そして課業時間内の宗教教育制度に関する条項という教会の悲願の達成まで盛り込まれた。この条項についてはバカニやベルナスが提案したものだという。このことは、教会人であるタンさえも「教会は民衆よりも自分たちのことを考えている」と批判したほどであった。教育長官の指名もシン枢機卿とベルナス神父の推薦によるものであり、マルコス期からの地方自治体の知事

---

105) 例えばMercado (1986) にはそうした言説があふれている。
106) EDSA大聖堂（EDSA Shrine）はマニラ大司教区が、財閥より土地の提供を受けて建設した。1986年民主化「革命」とその「守護者」である「平和の女王聖母マリア」を記念して建立されたものであり、この由来自体が既に多くを語っているとも言える。

5　民主化以降

に代わる臨時行政官を指名する際にも、各地で司教たちによる介入が見られたという[107]。

アキーノ期以降、教会の社会貢献的な面も再認識された。度重なる自然災害に対する組織的な緊急援助や復興支援に向けて教会のネットワークが活用され、選挙監視の際には教会関連の人員が活躍し、教育面でもカトリック系教育機関が引き続き重要な割合を占めた。このように教会は行政機構の不備を補完する役割を果たしてきたということができる[108]。

当初シン枢機卿を含む教会指導者層の多くは、マルコス政権末期の教会の政治関与を非常時の特殊な事態と理解していた。民主化が達成された以上、今後は政治の主役は市民であり、教会はあくまでこれを背後から支えればよい、と理解されていた。しかしアキーノ大統領の与党勢力である「ピープルパワー連合」にほころびが生じ、度重なるクーデタ未遂、旧エリート勢力の復活、反共右派政治家の主導権奪取と左派市民運動グループの追放、反政府勢力との和解の失敗、経済の停滞の中で、政治は混迷を極めた。政治基盤が弱くかつ敬虔なことで知られるアキーノは教会（特にシン枢機卿）への依存を深めることとなり、その中で、教会は復活したばかりの民主体制を支持する目的もあり、否応なしに政権の積極支持にまわった。この過程で教会は、引き続き様々な政策イシューに対して積極的に声明を出していった。こうした傾向に対し、政治家、マスメディアをはじめとする諸勢力の中に、アキーノ政権への批判を絡めつつ、新たな教会批判の流れが形成されていった。

1987年1月に大統領府への抗議デモを軍事力で鎮圧した「メンディオラ橋の虐殺」によって、社会活動に熱心な司祭、修道会士、信徒の教会・NGOワーカーたちは、アキーノ政権に対して深い幻滅を味わった。そしてアキーノ政権が上流階層寄りとみられる政策に傾き、高位聖職者がこれを支え続けるようになると、教会内の社会活動家たちは、相変わらず人権侵害が横行する現実にも直面し、これを民衆の名、そして宗教の名を用いて黙認するCBCP

---

107) 市川 1999: 159-165
108) "Power of the Cross" 1992: 110-111

第2章　カトリック教会の政治関与・動員形成過程

やシン枢機卿に対し不満を募らせた。これに対し、CBCPの中には教会に共産主義者が浸透することへの懸念が再び高まり、1987年にはCBCPは傘下の社会活動部門に対する監督を強化することでその活動を抑え込もうとした[109]。司教層はこうした内部の不和を抱えつつ、アキーノ政権との繋がりの中で政治への関与を続けていった。

　CBCPは1987年には農地改革の推進をアピールし、1988年には移民問題や治安問題についての声明を出した。1989年には不法賭博や脱税を告発する声明を出している。1990年には昨年末のアキーノ期最大規模のクーデタ未遂に対する非難と平和を呼びかけた。また対外債務問題に言及し、人口政策の問題についても声明を出している。1991年にはピナツボ火山被災者救済を呼びかけ、教会は緊急救援のために積極的に動いた。しかし、カトリック教会が憲法制定以降、最も力を入れたのは、新憲法下ではじめて次期大統領が選出された1992年の総選挙[110]への関与であった。

　カトリック教会は、民主化以降の司牧声明において、「票の神聖性」（sanctity of the ballot）などを掲げて選挙の重要性を頻繁に強調してきた。4つもの司牧声明を発行し、教会全体を動員しての選挙教育・選挙監視にあたった。それでも、いわゆる「名望政治家一族」の復活や芸能人などの当選といった、政治家の能力や道徳などの資質を重んじる教会からみて望ましくないタイプの政治家の当選が相次いだ。1992年総選挙においては多数の大統領候補が出馬し、その結果票が分散したことで、得票が20数パーセントにしか達しなかったフィデル・ラモスが当選した。エリートたちが二党派間の凝縮されたゲームを争うというかつての「二大政党制」は復活せず、むしろ多くの候補者から選出される人気投票的な性格が強まることとなった。これまで以上に大衆動員を効果的に行うことが重要とされ、また大衆的な人気が政界における影響力以上に重要となり、また「マカ・ディオス」（Maka-Diyos、神を愛する）な

109）アキーノ政権期の教会の政治関与全般についてはYoungblood 1989
110）フィリピンの民主化後の選挙は、一部を除き3年ごとに中央と地方の大半のポストをめぐる統一選挙が行われる。うち6年任期の大統領、副大統領の選挙が実施される選挙を総選挙（general election）、そうでない選挙を中間選挙（mid-term election）としている

ど信心や宗教に関する資質も求められるようになった。そして権威主義体制の崩壊と中央政府のコントロールの限界から、地方利権が以前より剥き出しに表出されるようになった[111]。またNGOをはじめとする市民運動の存在も非常に大きくクローズアップされるようになった[112]。

　1980年代の司牧声明は1970年代をさらに上回り、35（及び司牧声明に準ずるもの5つ）を数えるに至った。1982年以降、CBCPは毎年必ずいくつかの司牧声明を発行するようになり、現在（2019年）に至るまで続いている。そのうち社会・経済問題に関するものが8つ、移民問題に関するものが2つ、直接的にフィリピンにおける政治関連は14（うち平和問題に関するものが5つ、政治過程に関するものが6つ、選挙を含め政治参加に関するものが3つ）と増大し比重も増した。

(2) ラモス政権期（1992-1998年）

　ラモス政権期に入ると、政府系企業の民営化、外資の積極導入といった経済改革が一定程度推進され、経済発展に一定の成果が見られた。また行政に関する一定の合理化が試みられた。1991年地方自治法による地方自治の拡大の影響も重要である。こうした背景の中で、緩やかながら農地改革が一定程度の成果を挙げ始めた[113]。政府への不満の温床であった軍の内部をまとめ上げて治安の安定をもたらし、ミンダナオの分離独立運動や共産党ゲリラに対する和平交渉も進められ、特にミンダナオにおいては1996年に和平が一応成立するなど、一定の成果を得た。こうした中でラモス政権に対する高評価が任期延長への圧力を生み、大統領の再選を認めない憲法の改正の是非が政治の議題となったが、反発も大きく、最終的には撤回せざるを得なかった[114]。

---

111) 地方政治研究は多くの成果を生んでいるが、例えばナガ市における1990年代の政治状況を政治理論、研究史、国政と絡めて多角的に論じた研究として、川中（2000）を参照。
112) 五十嵐2004; 五十嵐2011。
113) 堀2005
114) ラモス政権期の政治の概略についてはスタインバーグ（2000: 321-346）。

第 2 章　カトリック教会の政治関与・動員形成過程

　ラモス政権の対教会政策は、当初与党が議会において少数派であったという基盤の弱さもあり、さらにラモス自身の民主化政変との関わりもあって、基本的に融和的であった。しかし同時に、熱心なカトリック信者としてシン枢機卿らと親しかったアキーノの場合と異なってラモスはプロテスタントであり、また宗教よりも合理的な政策遂行を優先したこと、さらに次第に多数派形成に成功するに至ったこともあって、教会との間に一定の距離をとる傾向が見られるようになった。この距離が、教会の支持しない政策の遂行における政府のより積極的な態度につながり、政教関係には次第に強い緊張が生じた。

　特に家族計画関連法の制定及びその関連施策、また憲法改正論をめぐり、政府とカトリック教会の関係は1995年以降緊張を強めた。カトリック教会は避妊及び中絶に対する絶対反対の立場を堅持しており、これがラモス期においても問題として浮上した。同年の中間選挙において、教会は再び積極的に選挙教育、選挙監視に人々を動員すると共に、「神を愛し、命を愛し、家族を愛する」（pro-God, pro-life, pro-family）というスローガンを掲げ、政府の家族・人口政策に対する反対の立場を支持、これに賛同する考えに立って投票するようにアピールしている。1996年には避妊や中絶を含めた女性の決定権を重んじる第4回世界女性会議の決議に対する「反家族的である」との懸念、増税への反対、組織的な賭博に対する警告を、声明を通じてアピールしている[115]。

　憲法改正関連の動きはラモス政権末期の最大の政治問題となったが、教会は積極的に反対運動に関与した。これは教会の政治への干渉として多方面から批判されたが、これに対して教会側も「言論及び信教の自由」と「重大な道徳問題に対し司教が信徒を導く責任」を根拠に政治への積極関与を正当化する姿勢を示した。ラモス大統領の任期延長を目指した改憲に賛同する署名運動が進められる中で、教会は抗議運動の先頭に立った。その過程で、マニラ大司教区関連の金融機関モンテ・デ＝ピエダッド銀行の破綻が明らかとな

---

115) Carroll 1996: 6, 7, 22

り、当銀行のシン枢機卿に近いNGOへの不透明な融資も露見した。このスキャンダルはこの銀行のシンガポール銀行による買収によって収拾したが、教会の権威を傷つけるものであった。同時に政府が1年前に事態を掌握していたこともわかり、政府が政治的な意図をもってこのタイミングで公表したのではないかという疑念も挙げられた[116]。結局教会は、1997年の憲法改正反対運動への大規模な社会動員に成功し、政府は改憲を断念した。教会指導者層の間では、政治関与に正統性があったとの理解が再確認された。

　他方でCBCPは社会改革政策、農地改革に対しては一般的に賛成を表明しているに過ぎず、カトリック教会がなお大土地保有者であり続けていることとも併せて、「貧しい者たちの教会」と自称しつつ、いまひとつ積極的協力の姿勢が見えにくかった[117]。

　同時に、1980-1990年代は回心による新生、ライフスタイルの刷新を強調する「新生運動」（Born-Again Movement）の全盛期であった。特にプロテスタント福音派やカリスマ派による、またこれに呼応したカトリック・カリスマ刷新運動系の多くの「伝道集会」が開催され、大変盛況となった。多くの信徒を集めたグループや教会は、特定の政治勢力と接近する傾向を持った。既に20世紀初頭より活発に活動し、政治への関与を深めてきていたイグレシア・ニ・クリスト（キリストの教会、Iglesia ni Kristo）に加え、プロテスタントのジーザス・イス・ロード教会（Jesus Is Lord）や、カトリックの内部でも自立

---

116) Barretto-Lapitan 1997: 25, 26
117) 司牧声明のトーンは控えめである。1987年の「農地改革に関する司牧的勧告」（PL1987c）においては、全3ページ半の文書のうち大半は貧困に対して連帯・正義が必要で、包括的な農地改革が必要となる、ということを「1987年聖体年」と合わせて一般的に述べるのみで、「我々司教は、正当な当局機関に対し所与の状況において有効な正義の原則を指し示すのみである」とし、教会関連の用地が農地改革による土地再分配の対象となるケースについては「教会は包括的農地改革プログラムに向けて法制化されたことについては、いかなる例外措置も求めない」（つまり積極的に保有地を分配する、というのではなくて、教会関連の土地が農地改革の対象地になったとしても例外措置を求めないということ）としている。また、農地改革に先立って土地占拠運動をしている人々（左派の農民運動）に反対を表明している。

性の高いカリスマ刷新運動のエル・シャダイ（El Shaddai）などが1980年代以降多数の参加者を集め、政治的・社会的影響力を高めていった。「EDSA後」もカトリック教会は、イシューによっては大規模な社会動員力を持った。しかしこれらの宗教団体は、信徒の大多数の支持をいつも取り付けられるという保証のないカトリック教会と違い、「宗教票」と呼ばれる組織票を動員できるほどの結束力と数を誇っている[118]。カトリック教会は、これらの運動との競合という新たな問題に直面することになった。

既に民主化が達成して教会の緊急時の役割はひと段落ついたはずの1990年代に、CBCPの司牧声明の頻度は1980年代を大幅に上回り、55を数えた。しかも政治に関する声明がその半数近くを占めている。民主化以降、CBCPは積極的に政治問題に関して声明を出すようになったのであった。

6　政治関与の背景を問う

1970年代以降のカトリック教会の政治・社会関与の深まりは、直接的には第2バチカン公会議による教会の方向性の変化、及びマルコス大統領の登場によるフィリピンの政治・経済・社会の転換という2つの事情を背景に持っている。この点は、これまでも指摘されてきた。また1986年の民主化政変において教会が大きな役割を果たした結果、その後の民主制度の定着において、教会の関与が重要な問題のひとつと考えられるようになったともいえる。同時に、スペイン期の教会による植民地国家主義的な支配、アメリカ期の親米・親教会的なエリートの育成、アメリカ的民主主義の摂取、引き続きアメリカという外来者の庇護に依存する姿勢、独立後の影響力保持の努力、といった長期の歴史的背景もまた、教会の政治関与をより構造的に規定する条件であ

---

118) 特にエル・シャダイについては後章で触れる。なお、カトリックを積極的に批判し改宗を迫ってきた「根本主義者」（Fundamentalist）についてはCBCPもその目覚しい活動に対して声明を発している（PL1989a）。

る。

　また、1986年の政変で圧倒的な支持を得た勝利者のように見えたカトリック教会も、その足元においては教会内外の様々な宗教運動からのチャレンジを受けている。同時に、政教間の緊張関係をめぐる、教会の側の繰り返される正当化主張、政府や市民運動による教会利用と排除の間の揺れ動きといった構図は独立以降、あまり変わっていないようにも見える。

　これらの問題の背後に、植民地期に多数派教会として形成されたカトリック教会の「ポストコロニアルな問題」として、その多数派性と文化的ヘゲモニーの問題が浮かび上がる。次章ではこの点を意識しつつ、上記の歴史的経緯を経て確立してきた教会指導者の政治・社会的な地位、及びCBCPの政治論の特徴を分析する。

第3章 政治・社会司牧の制度と主流教説の確立

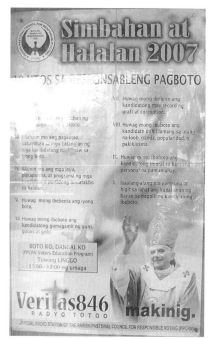

2007年のフィリピン中間選挙を前に、教会に張り出された、前教皇ベネディクト16世の写真付きの「教会と選挙2007年：責任ある投票のための十戒」（Simbahan at Halalan 2007: 10 Utos sa Responsableng Pagboto）というポスター。教会の政治関与の中でも、選挙の際の国民、信徒へのアピールは特に重要である。
（ケソン市、聖母マリアの穢れなき聖心（Immaculate Heart of Mary Parish）小教区教会にて、2007年5月9日　筆者撮影）

本章では、教会の政治・社会関与への姿勢が確立する過程で形成された教会の制度枠組の特徴、聖職者の社会的位置を示した上で、教会の公文書の分析を通して政治社会関与に関する言説の性格を明らかにする。

1 教会指導者層の政治・社会への関与の仕組

　カトリック教会の政治・社会関与を理解するために、ここではCBCPを中心とする制度枠組、及び教会指導者たちの社会的出自やその地位を明らかにする。

(1) CBCPの組織構成と政治社会との関わり

　主にCBCPのホームページ等の基本情報に基づき、全国レベルで教会の基本方針を示すCBCPの組織構成を概観する[1]。その際、特に国政に関する問題との関連や全国レベルの教会の監督・統治に注目する。

a. 中心システム
　CBCPの司教の協議会としての活動の中心は本来的に、「最高意思決定機関」と規定される年2回（1月と7月）の全体会議である。その主な活動は、協議会の通常活動を担う常設協議会のメンバーの選出（議長、副議長、財務部長、事務局長、及びルソン地方から5名、ビサヤ地方から2名、ミンダナオ地方から3名の地方司教代表）、個別活動の立案実施に当たる諸委員会及び諸事務局のメンバー選出、成員の過半数の承認を経て議長名で公表される「司牧声明」の決議、全体の活動方針や活動計画についての検討・承認等である。

　常設協議会は「CBCP憲法、CBCPの内規、及び全体会議の方針と議事決定」に拘束されつつ、全体会議開催期以外の活動を委託されている。常設協議会は議長によって召集され、司教協議会全体の意思の代行者として決定を行うことができ、定足数が満たない場合でも、出席者のみでCBCPの代表としての基本的な活動を実施する。特に全体会議で定められた事項に関する司牧声明の原案作成、及び公表に至るまでの各司教との調整が重要である。また、「緊急の事柄」つまり全体会議の決定を待てないと判断される事項につい

---

[1] 2019年現在のカトリック司教協議会のウェブサイトは以下の通り。http://cbcponline.net/

ては、諸委員会と協力しつつ対処する権限が与えられている。議長は任期2年で原則として連続2期まで在任でき、他の委員は最大計4期（連続は2期）まで在任できる。

議長は常設協議会及び全体会議の長である。憲法及び内規に規定された全活動を監督し、CBCPを代表し、また教皇庁に活動を報告、承認を得る地位にある。議長には相当の発言の裁量が与えられており、実際に、CBCP本部のメディア事務局で頻繁に行われてきた記者会見で歴代の議長は、特に様々の事件の度に活発にCBCP議長名で声明を発してきた。

b. 委員会と事務局

カトリック教会においては基本的に各教区が教区毎の決定権を持ち、これに対してCBCPの意思決定はあくまでその代表である司教たちによる合意に基づいている。組織上は常設協議会と議長にはこの合意を補足する権限が付与されているに過ぎない。つまりCBCPという機構自体は諸教区の活動や意思の調整ネットワークに他ならない。しかし反面、CBCPは教会と社会に関する極めて多彩な課題に対応する様々の委員会・事務局を持ち、かなり多様な活動を独自に展開している。CBCPには積極的に独自の政治関与を（ある程度は中央機構的に）主体的に行う組織構成を備えている側面もあるということになる。各委員会の担当司教は6名前後で、ひとり2つ程度兼任している。

CBCPの諸委員会・事務局全33の内訳は表の通りである。（ただし、各英語名の冒頭につけるEpiscopalの語は略してある。）

表3-1　CBCPの諸委員会・事務局

教義・宗教関連庁（Department of Doctrine and Religious Affairs）—11
信仰教義委員会（Commission on Doctrine of the Faith）
要理教育・カトリック教育委員会（Commission on Catechesis and Catholic Education）
教会法委員会（Commission on Canon Law）
典礼委員会（Commission on Liturgy）
聖書使徒職委員会（Commission on Biblical Apostolate）
教会一致委員会（Commission on Ecumenical Affairs）
宗教間対話委員会（Commission on Interreligious Dialogue）

第 3 章　政治・社会司牧の制度と主流教説の確立

文化委員会（Commission on Culture） 聖体大会委員会（Committee on Eucharistic Congresses） 教会文化遺産委員会（Committee for the Cultural Heritage of the Church） 生命倫理事務局（Office on Bioethics）
聖職者育成庁（Department of Clergy Formation）― 4 　聖職者委員会（Commission on Clergy） 　神学校委員会（Commission on Seminaries） 　教皇庁立フィリピン人神学院委員会（Commission on Pontificio Collegio Filippino） 　聖職召命委員会（Commission on Vocations）
一般信徒育成庁（Department for Lay Formation）― 5 　一般信徒委員会（Commission on the Laity） 　家族・生命委員会（Commission on Family and Life） 　宣教委員会（Commission on Missions） 　青年委員会（Commission on Youth） 　女性事務局（Office on Women）
社会サービス・コミュニケーション庁 （Department of Social Services and Communications）― 6 　社会行動・正義・平和委員会（Commission on Social Action, Justice and Peace） 　社会コミュニケーション委員会（Commission Social Communications） 　移民司牧委員会（Commission for Pastoral Care for Migrants and Itinerant People） 　囚人福祉委員会（Commission on Prison Pastoral Care） 　先住民委員会（Commission on Indigenous Peoples） 　保健委員会（Commission on Health Care）
対外関係庁（Department of External Affairs）― 2 　公共問題常設委員会（Permanent Committee on Public Affairs） 　司教―修道会間相互関係委員会（Mixed Commission on Mutual Relations Between Bishops and Religious）
その他― 5（＋ 2） 　メディア事務局（Media Office） 　退職後計画委員会（Pension Plan Committee） 　研究事務局（Research Office） 　法律事務局（Legal Office） 　全国上訴結婚裁判所（National Appellate Matrimonial Tribunal）

＊各委員会の名称及び概略については以下を参照。Episcopal Commissions of the CBCP https://cbcpwebsite.com/commissions.html（2019 年 3 月 22 日参照）; CBCP 1999: 19-52.

＊本書は主に 1980 年代と 1990 年代を扱っているので、21 世紀に入ってから追加された 2 つの事務局（司教担当事務局、教会基礎共同体事務局）についてはここでは扱わない。

1　教会指導者層の政治・社会への関与の仕組

　活動の内容の性格から見ると、聖職者の宗教活動に関わる委員会と社会問題に関わる委員会が多い。他方、一般信徒の教会生活、信仰生活に直接関与する委員会は多いとはいえない（一般信徒の基礎教育に直接関わる委員会は、要理教育カトリック教育委員会、信徒委員会、聖書使徒職委員会、宣教委員会、青年委員会の5つである）。

　多くの組織が、社会情勢の分析及び教会の社会的な活動の支援に向けられている。司教たちはキリスト教の教義及び司牧の専門家として育成され現場に立てられているが、司祭・修道士や信徒出身の職員等の補佐を受けつつ、「フィリピン」という国民国家の枠の中で、「国民統合」や「開発」といった国家と共通の課題に対し制度を整備している。

　CBCPの委員会は特定の社会問題と関わりの強い委員会が多く、管轄分野に国政上の問題が生じる時、各委員会は政治に積極的に関与することになる。例えば要理教育・カトリック教育委員会は公教育における要理教育の導入に関して、積極的なロビー活動を展開してきた。家族・生命委員会は家族計画や妊娠中絶、離婚などに関連する法案に対して積極的な発言、行動を繰り返してきた。移民司牧委員会、囚人福祉委員会、先住民委員会、保健委員会、生命倫理局などもそれぞれのイシューに関して法的・政治的な働きかけをする立場にある。問題が大きくなると、CBCPの常設委員会を中心とした積極的な関与・動員につながる構造になっている。

　また、教会一致委員会、宗教間対話委員会などの活動は全国規模の活動であるため、国民統合を宗教のレベルで推進しようとする社会的な努力という側面も出てくる。教会一致委員会はカトリック以外のキリスト教諸派との教会一致運動推進のための機関であるが、その実際の共同行動の少なからざる部分は、社会改革運動のための全国的な連帯という形を取ることが多い。また宗教間対話委員会は特に山岳地域の非キリスト教諸民族やイスラム教徒との対話をその目的としているが、平和問題、特にフィリピン南部のミンダナオにおける紛争に対する和平努力との関わりが深い。また社会コミュニケーション委員会はフィリピン国内のカトリックのメディアを統括し、情報提供などの面で国民に影響を与えようとしてきた。

立法過程に直接間接に関与する機関もある。法律事務局は、上院及び下院議会に上げられた法案をすべてチェックし、法案に対する賛否を判断する。また事務局長名で「司教協議会の司牧上あるいは行政上の職務に関連する法案」に関する議会の公聴会にも参加する。また公共問題常設委員会は、年に1度程度政府関係者を招いて司教たちと話し合う場を設け、また委員長（または代理）が議会の公聴会に出席し、教会の立場を説明し、また教会のロビー活動を取り仕切る。アキーノ政権以降、この委員会は司教たちと大統領の仲介役を果たし、議会において諸法案をモニターし、法案に関連する調査を実施してきた[2]。

c. 社会行動・正義・平和全国事務局

諸委員会の中で、社会行動・正義・平和委員会、うち特に傘下の社会行動・正義・平和全国事務局（NASSA）は特別な政治的重要性を持つ。NASSAは積極的にコミュニティ開発に関わることで社会変革を目指し、その中で政治に関与してきた。この点で極めて社会関与の度合いが大きく、また司教協議会の活動の中では政治的左派の傾向を持つ点に特徴がある。

NASSAの活動の基本は、「最前線の支援サービスユニットである全国79の教区立社会行動センター（Diocesan Social Action Center, DSAC）からなる社会行動ネットワークに対する調整の役割を担う」ことである。DSACのネットワークに依拠しつつ教会の人々を動員し、教会基礎共同体（BEC）及び草の根共同体と共働する。全国事務局からの様々な支援を得て、DSACは指導者訓練活動、組織管理セミナー、啓蒙触発活動等によって人々のコミュニティにおけるリーダーシップ訓練を継続している[3]。

プログラムの大枠は「全国地方プログラム」である。BECはそのプログラム実施の土台であり、「最小レベルの教会」として、「貧しい人々の間に、社

---

2) CBCP公共問題常設委員会の以下のページを参照。http://cbcponline.net/committee-on-public-affairs/（2019年6月15日確認）

3) 五十嵐 2004: 175-178

会変革のために、貧しい人々を通じて地域教会を建てあげる最善の方法」とされている。

具体的なプログラムの中に「民主的な管理」が挙げられている。これは特に「政府の抑圧的行動や親外国的で国内産業に敵対的な政策に対抗して貧者の動員を促進」し、「政府内のリベラルな働き、特に貧者への基礎的社会サービスの提供者を支援」し、「VOTECARE（民間の選挙教育・監視機関）のイニシャティブを支援する」など、行政や慈善活動への積極的な関与を目指している。また、貧困や災害の現場に対する様々な生活支援サービスを行い、特に受難節の全国慈善プログラム「アライ・カプワ（隣人奉仕、Alay Kapwa）」を中心とする自立支援及び災害救援のためのプログラムを実施する、としている。

プログラム全般において、教会とコミュニティが支障なく連続的につながっていることが前提とされており、教会活動とコミュニティ開発は表裏一体のものという前提でプログラムが計画、実行されていることがわかる。そのため、教会がコミュニティに奉仕する側面と、コミュニティ向けの活動が教会の下に統合・動員される面とが、表裏一体となったデザインとなっている。

d. その他

また社会問題に関しては、CBCPの諸委員会等の他にも、関連の活動組織が存在する。「人間開発のための司教―ビジネスマン協議会」（Bishops-Businessmen's Conference for Human Development, BBC）は、CBCPとビジネス界の結びつきを示している。シン枢機卿が長年リーダーシップを発揮してきたこの団体は、教会の貧困問題への取り組みなどの社会貢献を代表する活動のひとつとされている。他方で特に労働者や貧困層と司教との協議会等は特に常設されていない[4]。また他宗教との協力の働きとして、キリスト教主要三派とイスラム指導者の協議体である「司教―ウラマー・フォーラム」（Bishop-Ulama Forum）も重要である。加えて、1,484校ものカトリックの私立学校やその学

---

[4] Yap 1989

校・教員連合であるフィリピン・カトリック教育連盟（Catholic Educational Association of the Philippines, CEAP）[5]、公立校における任意宗教教育の要理教育教師らのネットワーク[6]などがCBCPと強いかかわりを持って活動している。

CBCPは元々、全国レベルでの教会の活動の促進と調整、という政治への関与とは異なる目的に基づいて組織されており、その組織は必ずしもフィリピン政府の行政組織と意図的に対応づけられているわけでもない。とはいえ、CBCPが複合的で官僚的な組織や分業の仕組を持ち、政治・社会に対する全国的なネットワークを保持し、教区の補佐やバチカンとの調整といった本来の目的を超えた固有の目標を掲げて活動している点も、CBCPの特徴の政治的な側面である。

(2) 司教層の「階級的性格」

宗教、特にキリスト教と社会的出自の関係は、常にデリケートかつ重要な問題であった。歴史的にキリスト教は、基本的には階級を超えた普遍的なものであると主張してきたが、その指導者像については、神学や宗教社会学の観点から、主に、（1）預言者的な側面、それゆえに社会の主流から疎外、迫害されやすいという面、（2）逆に西洋に「キリスト教世界」が築き上げられるとエリート層の一角を担い、世俗権力や富と密接に結びついたという面、（3）神と人への奉仕者・献身者としての側面、特に「解放の神学」の登場以降は「貧者への優先的志向」を地道に先導する側面、などが注目されてきた[7]。ここでは、現代フィリピンの司教や司祭の出自・背景の特徴を概観し、社会的な地位や特徴を明らかにする。

---

5) データはCEAPのウェブサイトによる。https://www.ceap.org.ph/aboutus.aspx（2019年6月15日確認）
6) 要理教育教師は教区の管轄であり、各教区が統括している。マニラ大司教区の要理教育教師の組織として要理教育機構（Instutute of Catechetics）がある。http://www.cfamphil.org/icam（2019年6月15日確認）
7) 松本 2009

1 教会指導者層の政治・社会への関与の仕組

a. 司教層の出自の傾向

　フィリピンにおける司祭・司教の出身社会階層については印象論に基づいた語りは多く聞かれるが、包括的に整理した研究、調査は管見の限り見当たらない。とはいえ、伝記的記述やメディアの観察等の断片的な情報を集約すると、次のような傾向は浮かび上がる。まず、比較的貧しい社会階層の優秀な学生が、学費・生活費等が支給され、将来が安定した「司祭」の立場に惹かれ、在俗司祭養成の神学校に進む、というケースであり、この場合家族の期待と圧力の下にあるケースも少なくない、という指摘がある[8]。かつての高位聖職者の現地人化の問題は今や既に終わり、故クラベール司教のように山岳部族出身者等の社会的少数派からも分け隔てなく昇進の機会がある。また特に修道司祭の場合、中流階層以上の比較的富裕で宗教熱心な家族を背景に持つケースが少なからず見られ[9]、社会的には現在でもエリートコースのひとつとなっている面もある。小教区司祭を志願する者は、一般に、小神学校及び大神学校等を通じて修練がなされるなど、高学歴のインテリとして育成される。特に近年では将来の高位聖職者及び神学教師と目される人材の場合は海外での留学等の更なる訓練を受け、最終的に神学博士号を修めることが通例となっている。

　聖職者の語りの中で生活上の例話などとして触れられる事柄は、中産階層的なライフスタイルを前提とすることが多い。それに対して「庶民的生活」や「貧困」の描写が「かわいそう」「気の毒」という距離感で描かれる。多くの庶民にとっては手が届かないことの多い自家用車、持ち家、高学歴、定職、余暇、お手伝いさん、病院での治療などのエピソードが多く、欧米の話題や娯楽も頻繁に引用される。また貧しい庶民レベルのエピソードが現れる場合でも、自身の経験ではなく一般信徒からの又聞きとして語られることが多い、というのが現地でミサの説教を聞き、新聞や書籍で説教に触れてきた印象で

---

8) 神学校の学生には比較的貧困層が多いという指摘については、PDI 2005-03-17; 家族の圧力についてはクルス大司教（Oscar Cruz）の指摘がある（Sun 2005-03-01）。
9) シン枢機卿のケースもこれにあたる。シンの伝記としてはBautista（1987）を参照。

ある。一般に、特に都市では司祭は慢性的に行事・諸活動・諸組織の責任・雑事が多く、庶民の日常生活の中に入って行く機会・時間が限定される傾向がある。高位聖職者の食卓と好物、また、高級車を自明とする文化などに聖職者の生活水準の高さも伺われる[10]。また、地方の名士サークルの中に加えられているのが普通で、記念式典などの来賓となることの多いことが、新聞記事やニュース動画などでもしばしば確認できる。また、司祭は小教区メンバーと広範な関係を築くことの出来る立場であるため、そのこと自体が地方における潜在的な政治的影響力を生む側面もある。貧困地域での活動歴も長かったイエズス会士で社会学者のキャロルは、「聖職者には貧しい者たちと共にいるよりも中流階級の人々と共にいる方がくつろげる傾向があり、また司教及び高位聖職者も個人的にも教会財政運営においても経済・政治エリートと結びつく傾向がある」と指摘する[11]。

　民間選挙監視団体NAMFRELをめぐる司教たちとビジネス界の連携も示唆的である。ヘドマンは独立後フィリピンにおける両者の協力関係による政治社会的な主導権確保の努力を「ヘゲモニー」（覇権）をキーワードとして描き出し、共産主義の脅威や権威主義的な政府に対抗して政治における主導権を回復するために両者が繰り返し提携してきたことを確認している。特に司教―ビジネスマン協議会が、下からの改革・革命運動に対抗し、自らの主導権で「包括的人間開発／発展」により社会貧困の問題を緩和することを目指し、これがマルコス政権末期の教会、中間層、実業界の三者が中心となった民主化運動を主導することになったことを明らかにしている[12]。

　ここでフィリピン社会における司教の出自のひとつの側面として、CBCPのホームページの司教の紹介ページに掲載されている出身神学校（複数の神学校出身者が多く、重複がある）の所在地を参照する。90名の司教（2000年）のうち67名がマニラ（過半数がサント・トマス大学、残りアテネオ・デ・マニラ大

10）教育・文化・スポーツ省大臣であったゴンザレス修道士が高級なワゴン車を公費で数台購入、その贅沢を批判された際のエピソードについては第6章参照。
11）Carroll 1984: 5
12）Hedman 2006

1　教会指導者層の政治・社会への関与の仕組

学とマニラ大司教区付属サン・カルロス神学校がほぼ半々）での、34名がローマ（過半がグレゴリアン大学）での、22名がアメリカでの神学教育を経験している。それ以外では、セブが16、イロイロが7、ナガが7、タガイタイが5、ビガンが5などである[13]。興味深い特徴は、司教たちのうちマニラで神学教育を受ける人々の比率が高い反面、地方の神学校出身者も少なくなく、その彼らがさらに高等教育を受ける場合、ほとんどがマニラを素通りして海外留学する、という点である。留学先はアメリカとバチカンが多いのも特徴的である。

b.　教会の組織構成に見られる階層的な傾向

　CBCPの組織構成にもある種の階層的な傾向が見て取れる。

　司教協議会内の5庁30委員会の内、社会サービス及びコミュニケーション部門の社会行動・正義平和委員会、移民司牧委員会、先住民委員会、の3委員会のみが開発関連であり、教会の言う「貧しい者たち」への奉仕に向けられている。逆に、教会文化遺産委員会は、教会財産・美術品・建造物等の保存に当てられた委員会である。教会の歴史遺産所有者としての側面、特に過去の植民地支配の中での支配者、受益者ゆえの富と特権の継承者となっている側面が見える。マニラ大司教区を比較のために挙げると、その全体の活動は14の部門に分けられているが、うち社会サービス部門、ヘルスケア部門、

---

[13] CBCP Online（https://cbcpwebsite.com/index.html（2019年3月22日確認））に最新のものがある。ここでは、2001年2月に旧CBCP Online（http://www.cbcp.net）より採った2000年当時のデータを分析した過去の筆者の調査を用いている。

移民・移民家族関連部門の 3 部門が開発・社会福祉を担っている[14]。

c. 教会の経営

　教会の資産や経済的立場についても包括的な研究はないが、個別の資料からいくつかのことがわかる。ひとつは、資産運用面での失敗例がしばしば報道されることである。教区や司教協議会関連の経済団体の経営失敗については、マニラ大司教区が経営に参加していたモンテ・デ＝ピエダッド銀行[15]や聖職者の退職金の運用を行っていた教会所有の投資機関フィリピン投資企画（Corporate Investments Philippines Inc.）の破綻[16]、2002 年 5 月のインターネット・プロバイダ CBCPNet 経営者の 1 億 9 千万ペソもの債務を抱えての失踪発覚と

---

14) マニラ大司教区ホームページより。http://www.rcam.org/directory/ministries.htm（2006 年 3 月 11 日確認）　2006 年の時点でのマニラ大司教区の部門（ministry）は次の通り。Ministry of Liturgical Affairs, Ministry for Priestly Formation, Ministry for Lay Formation, Ministry for Social Communications, Ministry of Family and Life, Ministry for Youth Affairs, Ministry for Social Services, Ministry of Health Care, Ministry for Social Services Temporalities, Ministry of Education and Catechetics, Ministry of Ecumenical and Inter-Faith Affairs, Ministry for Migrants and their Families, Manila Archdiocesan Cultural Heritage of the Church, Manila Archdiocesan Commission on Visions and Phenomena.

　現在のマニラ大司教区の部門は一層拡大し細分化しているが、基本的な構造は依然と同様である。https://www.rcam.org/index.php/archdiocese/arzobispado-de-manila（2019 年 3 月 22 日確認）

15) 第 2 章を参照。この件に関して、CBCP はマニラ大司教シン枢機卿を擁護する声明を出した（PL1997h）。

16) ABS 2000-07-27

1 教会指導者層の政治・社会への関与の仕組

その後の事業の破綻など[17]が大きく報道されてきた。教会の資産規模はこうした運営に見合う大規模なものであることは十分想像できる。ただし富をめぐる不祥事といっても、悪徳企業家による不透明な経営というよりは「豊かさに慣れた遺産継承者」による稚拙な資産運用という傾向が感じられる。

カトリック教会が最近掲げている「貧しい者たちの教会」という理念と教会資産の管理・運用の矛盾が露呈するケースも少なくない。教会の土地保有権問題は、アメリカ統治期の修道会問題の処理がひと段落ついて以降はさほど大きな問題とはなっていないものの、教会関連の土地を農地改革による小作地分配の対象にすることが検討された際に反対を表明するケースや、公有地の登記上の所有者をめぐり教会が絡むケースが時々報道される[18]。この点は、社会改革、特に農地改革の推進を言明していることとも矛盾する。労働者の権利を支持している反面、賃上げ交渉を批判するケースも見られる[19]。賭博に対する反対姿勢の反面で、教会の関係団体が公認賭博・福祉行政機関であるフィリピン慈善宝くじ局から献金を受け取り、これが露見した際にはシン枢機卿が「もし悪魔が仮に現れてお金をくれたら、私はそのお金を受け取って、すべて貧しい人々のために用いるだろう。悪魔は私の敵のままだが、私は彼の資源を貧しい人々を養うために用いるのだ」と弁証したように、「貧しい

---

17) 多くの関連報道がなされたが、初期のものとして例えばPhilstar 2002-05-14; PDI 2002-05-15。債務額は以降の報道で変動するが、ここでは発覚時点の報道の数字を採った。司教たちが、事業はCBCPそのものではなく業者に任せてあったのだから、自分たちに責任を問わないでほしいとし、積極的に報道するメディアに対し「教会の悪い側面に光を当てないでほしい」と批判している（Philstar 2002-05-15; Tribune 2002-05-15; Sun 2002-05-25）。結局投資家に損失を負わせたため5億ペソの損害賠償を求める訴訟に直面して証券取引委員会がCBCPの保護に回り、その後に代わりに主にカトリック校向けにサービスを開始したCBCP Worldがこれを受け継ぎ、学生たちは学費の一部として債務返済分を負担する形となったため抗議運動を起こした（MT 2002-05-20; MT 2002-05-21, 2002-05-22, 2002-05-22a, 2002-06-10; ABS 2002-05-24）。

18) PDI 1999-11-08

19) セブ大司教ビダル枢機卿が2001年に経営側への配慮から賃上げに賛成しないことがあった（Sun 2001-12-17; Philstar 2001-12-18）。

人々の支援」を根拠に正当化することもあった[20]。この事件については司教の間でも賛否が割れた点も、教会の抱える理念と現実の折り合いの難しさを象徴している[21]。

　もうひとつ、教会の重要な財源のひとつとしての信徒の献金の問題が挙げられる。CBCPが2001年7月に、収入の十分の一を献金する「十分の一献金」の導入を検討していると報じられたが、教会がこれを義務化しようとしているとの先走った報道が現れ、これに対して批判が続出、シン枢機卿も反発を示した。結局は「収入の十分の一」を基準としない教会献金のガイドラインをまとめる、ということで落ち着いたが、この過程で、カトリック教会指導者層は庶民の生活苦に無頓着なのではないか、との批判も聞かれた[22]。

(3) 社会全体の枠組の中で

　教会組織はフィリピンでは、行政以外では見られない強力な全国規模の監督系統を形作っている。そこに、修道会、小教区の教会、BEC、教会系NGO

---

20) 2000年10月に献金が露呈した際シン枢機卿が、献金は出先を特に問わない、貧しい者たちのために用いられるのだから問題ない、とした上でこう弁護した。この発言は、1986年大統領選挙の際に「買収金を受け取っても構わないが、投票はそれと関係なく良心に基いて行うように」と言明したことと並んで、シン枢機卿の名言（迷言）として取り上げられることとなった（MB 2000-10-26）。教会内には異論もあった（MT 2000-10-27）。
21) 2004年10月に教会への献金が露呈した際、CBCP議長カパリャは教会系の福祉団体の活動については、政府の支援機関が公認賭博の機構である以上そこから資金を受け取る以外にないとし、事実上献金を容認した。これに対して前任のCBCP議長であったクルス大司教は真っ向から反論している（PDI 2004-10-19）。
22) 初期の報道としてMB 2001-07-01。ただしここではCBCP側の言葉を引用し、あくまで任意のものとして徐々に施行される、と言っているとしている。7月7日にシン枢機卿がこれに反対の声明を出し、問題はにわかに注目され、一人歩きすることとなった。シン枢機卿はこの問題について話し合うこと自体「貧しい者たちの教会」を汚す行為だ、と激しく反発したという（MB 2001-07-07）。これはセブにも波及し、セブ大司教区は十分の一献金を導入しない旨確約する（CDN 2001-07-08）。CBCPはこれに対して釈明を行い、議論は一応の収束に向かう（Philstar 2001-07-09）。この件に関する批判的なコメントとしてPDI 2001-07-13。

などの活動のネットワークが張り巡らされている。しばしば行政レベルでは不備の多い福祉行政を補う側面を持ち、特に災害対応や選挙監視における役割への期待も常に高い。そしてこうした比較的強い社会的立場を背景とする教会は、社会経済的にも一定の豊かさを持っている。

それでは、このような実態を持つ教会が「貧しい者たちの教会」と自らを位置づけて新たな社会行動及び教会刷新のプログラムを進めていることを、どう理解すべきであろうか。この問いを解明するには、教会が政治・社会に関わることをどう考えているかを理解する必要がある。

2　CBCPの司牧声明における教会の政治・社会への関与

(1) 司牧声明

CBCPの「司牧声明」(Pastoral Statement；あるいは司牧書簡（Pastoral Letter））は信徒に向けられた公の声明である。すでに述べた通り、通常は全体会議において提起され、委員会・事務局との共同作業によって常設協議会が起草し、司教の過半数の承認を経て公表される。司牧声明は、名前から考えればすべての信徒に向けられていることになる。しかし実際には誰に読まれることを想定しているのだろうか。

司牧声明はこれまで原則として英語で記されてきた。文書としての司牧声明は1999年までの司牧声明は書物として出版されたが高価で入手が困難[23]で

---

23) 1999年に筆者が購入したとき、約700ペソ（当時のレートで約2500円）で、管見の限りマニラでは、サント・トマス大学神学部の図書購買部及びマニラ大司教事務局附属研究所でのみ購買可能であった。現在はスマートホンの普及やネットカフェなどもあり、またCBCP関連の公式のFacebookなどのSNSアカウントも充実してきているが、本書が検討しているのは主に1980年代から2000年代初頭までであるので、そうした新たな事態の持つ意味は、今後の検討課題とする。

第3章　政治・社会司牧の制度と主流教説の確立

あり、また、公式サイトにおいてほぼすべて読めるが、庶民の多くにはなお縁遠い。その公式サイトも幾度となく、しかも時には何の断りもなく変わり、古いサイトがいくつもウェブ上に放置されてきた。記録を公開し保持する努力はなされているが、積極的に読んでもらおうという姿勢は今ひとつ感じられない。ただし全国の教会のミサを通じてその内容は紹介されており、マスメディアも声明が出る度にその主な内容について紹介するため、公表された際には、その概略は比較的広範に伝達されてきた。

表3-2　年代毎の司牧声明の宛先

1940年代：宛て先なし―2、尊敬すべき聖職者及び愛する信徒たち―1、アメリカ合衆国司教団―1、主にある愛する兄弟たち（brethren）―2、主にある愛する者たち（beloved）―1。
1950年代：宛て先なし―20、主にある愛する息子たち（hijos）―1、キリストにある愛する兄弟たち―1、主にある愛する者たち（beloved）―1、愛する聖職者及び人々、など―3。
1960年代：宛て先なし―7、宛て先はないが挨拶がある―1、聖職者及び人々、聖職者及び信徒（Faithful）―3、フィリピンのカトリックの人々2。
1970年代：宛て先なし―17、宛て先はないが「私たちは、フィリピン市民として」とある―1、宛て先はないが挨拶がある―3、兄弟姉妹たち（Dear Brothers and Sisters）―2、神の民（People of God）―4、神の民、及び全て善意の市民たち（all Fellow-Citizens of Good Will）―1、全ての善意の人たち（all men of good will）―1、愛する者たち―1。
1980年代：宛て先なし―16、宛て先はないが「私たちは、カトリックの民（Catholic People）として」とある―1、宛て先はないが挨拶がある―1、兄弟姉妹たち―3、神の民―10、神の民、特に聖職者及び聖母マリア関連団体の会員―1、キリストにある兄弟姉妹たち、及びフィリピン同胞（Fellow Filipinos）―1、愛する者たち―1。
1990年代：宛て先なし―26、兄弟姉妹たち―8、姉妹兄弟たち（Sisters and Brothers）―3、神の民―9、愛するカトリックの家族―1、カトリック信徒、及び善意の人々（People of Good Will）―1、フィリピン人同胞―1、愛する同胞たち（Dearly beloved countrymen）―1、フィリピンの青年たち―1、上院の諸姉諸兄―1、ラモス大統領―1。

司牧声明に明記されている「受け取り手」を整理すると次のような特徴が

2 CBCPの司牧声明における教会の政治・社会への関与

浮かび上がる。まず宛名のないものが全体のほぼ半分を占める。これは司牧声明の中に調査報告的な性格のものが多いことを反映しているが、「司牧」つまり信徒や国民への霊的配慮のための働きかけ、という表現に今ひとつそぐわないのではないか。

カトリック信徒に向けて語られている、という基本線は守られているが、表現には推移が見られる。まず聖職者と一般信徒を区別する表現が1960年代を境にほぼなくなっていること、女性への配慮が徐々に見られるようになること、1970年代になると第2バチカン公会議で強調された「神の民」という表現が頻出することなどがあげられる。

また、1970年代からは、カトリック教会を超えて「フィリピン市民」や「善意の人々一般」に向けて、公共善のための訴えをする機会も増えてくる。さらに、1990年代には直接的に議会や大統領などに宛てられた公開書簡も提出されるようになる。司牧声明の文頭には現れないものの、文中において一般市民や様々な社会層、そして政府関係者に訴える文書も1980年代以降現れるようになる。

これらの点から既に、司牧声明の基本的特徴がある程度見えてくる。論述の一般性が高いこと、教会の問題関心から始まってはいるがそれを越えた公共善を志向する公的性格の強い文書であること、などである。他方その内容の傾向は、時代の流れと共に焦点が移り変わってきている。

表3-3　年代毎の司牧声明の主題一覧（巻末の資料参照）

1940年に共産主義に反対する声明（スペイン語）、1945年にはアメリカへの謝辞、1946年には「物質主義」への反論、1948年には「主の日」（日曜日）の休息についての論考、教会の社会原則の要点の確認、1949年には「正義という美徳」についての論考、社会正義に関する教義を整理確認した論考。

1950年に、『マレー民族の誇り』という書物に対する否定的な見解、禁書に関する声明（スペイン語）、1951年に、選挙権に関する声明、「聖年」の記念声明、1954年にはカトリック信徒がフリーメーソンに参加することを厳禁する声明、マリア年の記念声明、共産主義への冷静な対処の訴え、YMCAへの懐疑表明、女性の服装の自制への訴え（英語とスペイン語）、1955年に、カトリック教育についての書簡、信仰重視の訴え、アルゼン

第3章　政治・社会司牧の制度と主流教説の確立

チンでの迫害への抗議声明、選挙についての声明（2つ）、1956年には、司教の使徒職の権能の確認、全国聖体会議の声明（スペイン語）、サント・トマス大学でのストライキに反対する声明、リサールの小説を学校教育に導入することへの反対声明、1957年には、思春期に関する声明、国政選挙に関する声明、「ラ・ナバル」祭の声明、社会活動に関する声明、1959年には外国人校長を排斥する法案への抗議、「伝道年」声明、民族主義に懸念を示す声明。

1961年に典礼復興に関する声明、1962年に教会一致協議会についての書簡、1964年にフィリピン宣教400年声明、更なる宣教へのチャレンジ、1965年には宗教教育法に関する声明、「海外宣教教会」設立声明、1967年には社会活動と農村開発に関する声明、聖ペトロ・聖パウロ殉教1900年記念、1968年には「社会行動年」声明、家族計画問題に関する教皇勅令への賛同、1969年には聖職者の貞節の保持声明、司教の道徳的指導権の確認、人口抑制政策への懸念表明。

1970年には憲法制定会議に関する声明、市民的責任に関する声明、教皇訪問の歓迎声明、1971年には社会問題全般の論評、東パキスタン問題の訴え、霊性に関する声明、1972年には薬物中毒に関する警告、戒厳令に対する声明、1973年には大統領信任投票への見解表明、司祭の務めに関する確認、宣教と開発の統合論、カトリック病院に関する規範規程、人口・家族問題への声明、1975年には再度の信任投票への見解表明、受難節チャリティーのアピール、「フィリピンにおけるマリア」論、「教皇の日」声明、ベトナム・カンボジア難民に関するアピール、1976年にはキリスト教における結婚論、キリスト教教育論、再度の信任投票への見解表明、1977年には、社会問題への取り組み深化のための教会一致の決意表明、教皇教勅を受けての要理教育論、教皇論、1978年には暫定国会選挙に関する公開書簡、正義のための教育論、1979年には中絶反対声明、移民に関する声明、暴力への反対声明。

1980年には教皇のフィリピン訪問に関する声明、難民に関する声明、1982年には教皇訪問1周年記念声明、政教関係の緊張の表明、1983年には平和の呼びかけ、教会の社会正義への参与論、祈祷和解日の記念声明、アキーノ氏暗殺をめぐる訴え、1984年には当年の国政選挙に関する声明、家族計画に関する声明、マリア年の記念声明、アキーノ氏暗殺事件の追求に関する声明、1985年には当年の（フィリピン）マリア年開始宣言、聖書使徒職声明、テロ反対声明、マリア年の司牧書簡、ネグロス砂糖労働者の窮乏の訴え、1986年には当年の大統領選挙に関する訴え、選挙不正の弾劾宣言、憲法委員会のための祈りの要請、民主化100日後の祈祷集会のアピール、平和誓約、全国聖体年の司牧書簡、1987年には平和アピール、メンディオラ事件に対するコメント、農地改革推進アピール、公立学校における宗教教育推進の訴え、社会問題への取り組みの決意表明、1988年にはエコロジーに関する声明、全国移民の日の司牧書簡、聖体についての司牧書簡、平和アピール、1989年にはキリスト教根本主義グループへの警戒宣言、人権侵害についての抗

2 CBCPの司牧声明における教会の政治・社会への関与

議、汚職に関する声明。

> 1990年には「全国要理教育年」宣言、平和アピール、人口抑制政策に関する公式声明（2つ）、対外債務問題に関する声明、1991年には貧困層の窮乏に関する声明、1992年選挙に関する声明（2つ）、1992年には1992年選挙に関する更なる声明（2つ）、死刑反対声明、1993年にはエイズに関する書簡、平和構築論（2つ）、誘拐への抗議声明、世界先住民年声明、家族に関する書簡、1994年にはマニラ等の大司教区400年記念声明、世界青年日声明、誘拐事件への抗議声明、カイロ国際人口開発会議への懸念声明、付加価値税への反対、ガットへの懸念声明、1995年には1995年選挙に関する声明（2つ）、第4回世界女性会議に対するカトリックの女性論、移民労働者に関する懸念声明、ピナツボ山噴火の被災者救援に関する声明、1996年には学生自治に対する懸念表明、開発論、ミンダナオ平和プロセスに関する書簡、1997年には「キリスト生誕2000年聖年」記念行事開始声明、司教暗殺への抗議声明、憲法改正反対声明、マニラ大司教区関連金融機関の破綻に関する擁護声明、薬物問題に関する書簡、ホームレス保護のアピール、フィリピン政治論（4部作第1弾）、1998年には1998年選挙に関する声明、児童搾取反対声明、教会奉仕者誘拐への抗議声明、教会と政治についての要理問答、鉱山法への反対声明、フィリピン独立100周年声明、フィリピン経済論（4部作第2弾）、米軍滞在協定反対、フィリピンにおける人権論、1999年にはフィリピン文化論（4部作第3弾）、「聖年」における先住民へのメッセージ、聖遺物のフィリピン来訪歓迎声明、フィリピン人の霊性に関する声明（4部作第4弾 英語、タガログ語）、ポルノグラフィー反対声明、死刑反対声明。

　時期別の司牧声明のトピックの推移からは、第2章で見た教会が政治関与を深めるに至った経緯を再確認できる（表3-3）。1940年代には声明の数自体が少なく、主に教会の道徳原則を知識人や聖職者に確認するものとなっている。対して1950年代には対国家あるいは特定の勢力との論争の中で、教会当局側の立場と利益を擁護する目的で書かれたものが多い。1960年代には第2バチカン公会議の教会刷新の流れを受け、社会活動に重心をシフトしつつ聖職位階制度を軸とした教会の新たなアイデンティティを模索・確認する文書が多い。1970年代にはマルコス戒厳令体制下での政教関係や人権問題などに関する声明が増大する。1980年代は、1986年の民主化を境に、国政や社会問題に関する幅広い問題を扱うようになる。1990年代には声明の数も著しく増加し、教会自身の刷新に関する議論と政治・社会の多様な課題・事件に対する発信が、司牧声明を活用して積極的に行われてきたことが伺われる。

（2）司牧声明の関心事・分野と政治の位置

　時期ごとの司牧声明の分野別の頻度はどう推移しているのだろうか。大まかに教会自体の目的に関するもの、宗教生活や教えに関するもの、社会評論、宣教と社会活動に関するもの、政治関連、の順に配列することで推移の一端を示す。

　1940年代の司牧声明は7ある。宗教生活・文化に関するものが2つ、宣教と社会正義への参加に関するものが3つ、国際関係に関するものが1つ、さらに、直接的にフィリピンにおける政治関連では、共産主義に関するものが1つのみである。

　1950年代の司牧声明は26ある。聖職位階職に関するものが1つ、教会関連団体に関するものが1つ、典礼・行事に関するものが5つ、聖人崇敬や宗教生活に関するものが4つ、要理教育に関するものが1つ、社会評論が5つ、宣教と社会・経済問題への参加に関するものが1つ、国際政治に関するものが1つ、さらに、直接的にフィリピンにおける政治関連では、共産主義に関するものが1つ、政治・法制過程に関するものが2つ、選挙を含め政治参加に関するものが4つである。あわせて8つの政治に関する声明を出している。社会関連の声明を加えると過半数を超えるが、特定の社会問題を概説、批判的に検証し、教会の原則的立場を一般的に述べて終わる、いわば時事の神学的解説というべき性格の声明が多いのがこの時期の特徴である。

　1960年代の司牧声明は13ある。聖職者に関するものが2つ、典礼・行事に関するものが2つ、教会一致運動に関するものが1つ、宗教・要理教育に関するものが1つ、宣教に関するものが3つ、社会活動に関するものは2つで、政治関連は家族計画に関するものが2つである。

　1970年代の司牧声明は30ある。聖職位階職に関するものが3つ、教会関連団体に関するものが1つ、典礼・行事に関するものが1つ、聖人崇敬や宗教生活に関するものが2つ、要理教育に関するものが2つ、宣教と社会・経済問題への参加に関するものが6つ、移民問題に関するものが2つ、国際政治に関するものが1つ、さらに、直接的にフィリピンにおける政治関連では、

2 CBCPの司牧声明における教会の政治・社会への関与

家族と家族計画に関するものが4つ、平和問題に関するものが1つ、政治過程に関するものが2つ、選挙を含め政治参加に関するものが5つである。戒厳令発令や、その後の国民投票、議会の復活などの機会ごとにあわせて13の政治に関するものを出している。社会関係全般を加えると半数を超える。

1980年代の司牧声明は35ある。聖職者に関するものが2つ、典礼・行事に関するものが5つ、聖人崇敬や宗教生活に関するものが2つ、要理教育に関するものが1つ、宣教と社会・経済問題への参加に関するものが8つ、移民問題に関するものが2つ、さらに、直接的にフィリピンにおける政治関連では、家族・家族計画に関するものが1つ、平和問題に関するものが5つ、政

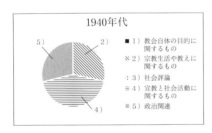
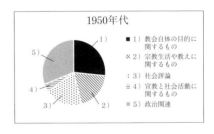
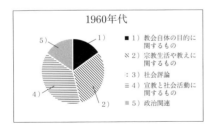
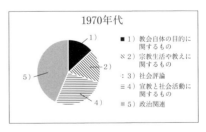
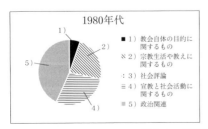
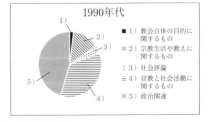

図3-1 司牧声明の年代別推移

治過程に関するもの（政教関係を含む）が6つ、選挙を含め政治参加に関するものが3つである。政治関連は15で、全体の3分の1以上を占め、また社会関係全般を加えると全体の3分の2ほどになっている。

1990年代の司牧声明は51ある。聖職位階職に関するものが1つ、典礼・行事に関するものが3つ、聖人崇敬や宗教生活に関するものが3つ、要理教育に関するものが1つ、社会評論が2つ、宣教と社会・経済問題への参加に関するものが16、移民問題に関するものが1つ、先住民問題に関するものが1つ、さらに、直接的にフィリピンにおける政治関連では、家族と家族計画に関するものが5つ、平和問題に関するものが5つ、政治・法制過程に関するものが6つ、選挙を含め政治参加に関するものが7つである。政治関連は23で、やはり全体の3分の1以上を占め、また社会関係全般を加えるとここでも全体の3分の2ほどになっている。

1980年代以降に社会問題への取り組みが深まり、そのなかで政治への関与の新たな展開があったことは、ここからも十分伺われる。これらの文書が通常の宗教儀礼であるミサで読まれる「司牧」（信徒への特に霊的ケア）を目的とするはずの声明であることは示唆的である。

(3) 司牧声明における社会開発論の特徴と変遷

カトリック教会の政治関与は、明らかに教会の社会関与を背景としている。そこで、司牧声明における社会関与、特に社会開発論の特徴と変遷の概略を政治関与の展開と並行して対比することで、政治関与と社会関与の関係をより明確にしておきたい。

社会変革・社会開発を中心内容とした1999年までの司牧声明は以下の通りである。うち下線を付したものは次項表3-5の政治関連の声明と重なるもの、つまり社会変革・社会開発を中心内容としながら、政治・政策の問題に議論が及んでいるものである。

2　CBCPの司牧声明における教会の政治・社会への関与

表3-4　社会変革・社会開発に関する司牧声明

1946年「物質主義に関する合同司牧書簡」
1948年「社会諸原則に関する声明」
1949年「社会正義に関する合同司牧書簡」
1954年「共産主義者との非難に関する声明」
1956年「サント・トマス大学でのストライキに関する声明」
1957年「青少年非行に関する声明」
1959年「民族主義に関する声明」
1967年「社会行動と農村開発に関する合同司牧書簡」
1968年「『社会行動年』に関する司牧声明」
1969年「道徳的指導性に関する司教たちの声明」
1970年「市民的責任に関する声明」
1972年「薬物乱用に関する声明」
1973年「宣教と開発に関する司牧書簡」「カトリック病院及びカトリック保健サービスのための道徳的規準」
1975年「『アライ・カプワ』（隣人支援プログラム）についての四旬節司牧書簡」
1979年「私が旅人だったとき…（移民のための主日におけるフィリピン司教たちのメッセージ）」「暴力に反対する勧告」
1980年「移民に関するCBCP声明」
1983年「平和のための対話」「社会正義の働きにおける司祭、修道士、一般信徒ワーカーのための司牧的ガイドライン」「今日における和解」
1985年「テロリズムに関する神の民へのメッセージ」「我らは主の叫びを聞いた：アピール（ネグロスの砂糖労働者に関して）」
1986年「国民的和解・一致・平和のための100日祈祷・悔悛」
1987年「正義の結実は平和」「メンディオラ事件に関するCBCPの声明」「正義に渇く（農地改革に関する司牧的勧告」
1988年「私たちの美しい地に起こっていること（エコロジーに関する司牧書簡）」「全国移民日に際しての司牧書簡」「平和のための団結」
1989年「人権侵害の操作的な使用」「『汝盗むべからず』汚職・腐敗に関して」
1990年「『平和を求め、これを追求せよ』」「対外債務問題に関する声明」
1991年「貧しい者たちの困窮についての声明」
1993年「イエスの憐れみのうちに（エイズについての司牧書簡）」「平和構築に関する司牧声明」「1993年世界先住民年」「我らの時代における平和」
1994年「課税・拡大付加価値税法について」「GATTの延期に向けての上院への公開書簡」
1995年「慰めよ、慰めよ、わが民を（フィリピン人移民労働者についての司牧書簡）」「ピナツボ山噴火の火砕流被災者について」

第3章　政治・社会司牧の制度と主流教説の確立

1996年	「学生憲章案に関する声明」「開発 ── 正義と平和の結実」「<u>ミンダナオ平和プロセスに関する公開書簡</u>」
1997年	『「私が旅人だったときあなたは私を迎え入れてくれた」』
1998年	『「私のゆえにこれらの者を受け入れる』（マタイ18：5）」「<u>1995年鉱業法に関する声明</u>」「<u>フィリピン100周年祝典に関する神の民への司牧的勧告</u>」「フィリピン経済についての司牧的勧告」「<u>人権に関する司牧書簡</u>」
1999年	「フィリピン文化についての司牧的勧告」「先住民と大聖年に向かう教会」

　特に1980年代以降、経済問題、平和構築、開発といった社会変革に関する問題が、政策レベルでの提言という性格を帯びることが多くなっている。人権・正義・平和といった政治文化的な問題への関心が強まるに至って、教会のアプローチが、政治関与と社会経済関与を結び合わせたいわば「政治・社会関与」とでも言うべきものになっていったことが伺われる。

(4) 司牧声明における政治論の特徴と変遷

　政治関連の司牧声明全体を眺めるとどのような特徴が見えてくるだろうか。ここで、1999年までの政治・政策に関する司牧声明を列挙すると、以下の通りである。前項と同様、表3-4の社会開発・社会刷新論のリストと重複するものには下線を付した。

表3-5　政治・政策に関する司牧声明

1949年	「<u>社会正義に関する合同司牧書簡</u>」
1951年	「カトリック教徒の選挙権に関する合同声明」
1955年	「選挙に関する声明」
1957年	「1957年国政選挙を控えての合同声明」
1959年	「学校の純国民化政策に関する声明」「<u>民族主義に関する声明</u>」
1965年	「宗教教育法に関する司牧書簡」
1969年	「人口増加抑制に関する政府の政策についての声明」
1970年	「非分派的憲法会議への呼びかけ」
1972年	「戒厳令に関する声明」「国民投票について」

105

2　CBCPの司牧声明における教会の政治・社会への関与

1975年「1975年2月27日の信任投票についての声明」
1976年「国民信任投票に関する声明」
1978年「1978年4月7日の暫定国会選挙に関する司牧書簡」
1979年「暴力に反対する勧告」
1982年「政教関係に影響を与える今日の諸問題についての声明」
1983年「平和のための対話」「社会正義の働きにおける司祭、修道士、一般信徒ワーカーのための司牧的ガイドライン」「今日における和解」
1984年「1984年の信任投票と選挙に関する声明」「アグラバ委員会に関するCBCPの宣言」
1985年「テロリズムに関する神の民へのメッセージ」
1986年「『私たちは人よりも神に従わなくてはならない』繰上げ選挙に関する司牧的勧告」「CBCPの選挙後声明」「選挙委員会とその働きに関する勧告」「国民的和解・一致・平和のための100日祈祷・悔悛」「平和に向けての契約（1986年フィリピン憲法批准に関する司牧書簡）」
1987年「正義の結実は平和」「メンディオラ事件に関するCBCPの声明」「正義に渇く（農地改革に関する司牧的勧告」
1988年「平和のための団結」
1989年「人権侵害の操作的な使用」「『汝盗むべからず』汚職・腐敗に関して」
1990年「『平和を求め、これを追求せよ』」「対外債務問題に関する声明」「愛とはいのち（フィリピン政府の人口抑制活動に関する司牧書簡）」
1991年「1992年選挙への備えに関する司牧書簡」「政治秩序を刷新する（1992年選挙のための候補選択に関する司牧的ガイドライン）」
1992年「十字路における決定（1992年5月11日選挙について）」「CBCPの選挙前声明」「死刑を復活しないことについて」
1993年「平和構築に関する司牧声明」「我らの時代における平和」
1994年「課税・拡大付加価値税法について」「GATTの延期に向けての上院への公開書簡」
1995年「1995年選挙──青年にとっての挑戦」「『すべてのことを主イエスの御名によって行いなさい』選挙へのキリスト教的参加の呼びかけ」
1996年「ミンダナオ平和プロセスに関する公開書簡」
1997年「憲法改正に関する司牧声明」「フィリピン政治に関する司牧的勧告」
1998年「1998年選挙に関する司牧的勧告」「教会と政治に関する要理問答」「1995年鉱業法に関する声明」「フィリピン100周年祝典に関する神の民への司牧的勧告」「米軍滞在協定に関する司牧声明」「人権に関する司牧書簡」
1999年「命か死か？　いのちへのコミットメントと死刑廃止を呼びかける手引書」

　まず、司教協議会の政治に対する声明の中で、国政選挙に関するものが持続的に現れる、という点は注目に値する。この点は政治について包括的に書

かれた声明類の内容を見ても明らかである。教会の政治・社会関与の性格については、第2バチカン公会議以降変容したという点がしばしば強調されるが、実は国政選挙に関しては公会議以前も含めて一貫した関心を払ってきたという事実は注目されることが少なかった。

選挙関連の声明の発行年は、信任投票も含めれば、1951年、1955年、1957年、1972年、1975年、1976年、1978年、1984年、1986年（3件）、1991年（2件）、1992年（2件）、1995年（2件）、1997年、1998年（2件）である。興味深いのは1960年代の沈黙である。つまり第2バチカン公会議以後しばらくは、むしろ選挙、さらには政治関連の声明はほとんど発表されていない。この時期は声明の数自体が減少しているが、「社会行動と農村開発に関する合同書簡」や「『社会行動年』に関する司牧声明」など社会開発関連の重要な声明が発行されており、むしろ「現代世界憲章」に見られるように、この時期の教会の社会関心は、主に開発に向けられており、政治を必ずしも志向していなかったといえる。マルコス大統領が当選した1965年、及びフィリピン政治史上初めての大統領再選に際して大規模な選挙関連の不正が行われた1969年、これに対して前例のない大規模な抗議運動「第1四半期の嵐」が吹き荒れた1970年に選挙関連の声明が全く発行されなかったことは示唆的である。

選挙関連の声明には、民主主義政治に対する基本的な是認、そして「民主主義政治の成否は、選挙民の態度、そして選ばれた者たちの道徳的、能力的な資質によって決定される」という一貫した道徳主義的な思想が反映されている。1950年代の声明に見られるカトリック信徒の選挙への積極参加の責務、という主題は公会議以前の教皇ピウス12世（在位1939-1958年）の声明を受けたものであって、第2バチカン公会議に起源を持つものではない。

司牧声明において政治制度や政治体制に対する関心が低いことも特徴的である。上記文書のうち、政治制度の問題を主題とするものは、1972年の「戒厳令に関する声明」、1986年の「憲法批准に関する司牧書簡」、1997年の「憲法改正に関する司牧声明」のみであり、強いて言えば平和関係の声明の中で、教会が紛争当事者や市民社会を取り込んだ和平・和解のための委員会の設立提案をするものが加わるくらいである。この点は、世俗の専門的な問題や「党

派政治」は「信徒使徒職」(信徒が本来なすべき働き)に委ねられるべきである、とするとする神学と調和していると共に、「聖職者の示す正しい教え」に従って「善良な市民」が「よい政治家」を選ぶことを重視する道徳主義的な姿勢、また体系的な政策策定の重要性とこれを実行するための制度の有効性といった問題にはさほど関心を持たない、という姿勢が垣間見られる。

　他方、個別の社会問題が政策イシューとして段々と加わってきた、という面もある。1960年代末以降は人口政策や家族計画関連、1970年代以降薬物依存に関する問題、1980年代には移民問題や汚職問題、そして1990年代には死刑反対論、といった政策や法制に関わる主題を扱うことが増え、またCBCPもこうした問題に個別に対処する委員会を設置している。

(5) 1980年代：政治関与の急速な深まりの思想的転換

　1980年代以降の司牧声明の発行数及びその範囲、さらにはその包括性の拡大は著しい。1980年代という時代の特徴と政治関与への道のりについては前章で概観したが、政治情勢のみならず、教会の社会に対する関与が発展していく中で生じた政治への関与、という文脈の検討も必要となる。カトリック教会が特に聖職者による位階制を中心とした統治構造を維持していることを念頭に置くとき、そのような「政治・社会関与」の形成に関しては、政治や社会の側の変化への対応という面だけでなく、教会の中からの神学思想的契機も無視できない。

　1982年11月29日付の「政教関係に影響を与える今日の諸問題についての声明」は示唆的である[24]。この声明は、まず教皇ヨハネ＝パウロ2世の声明を引用する。

　　社会及び世界の人間らしいあり方への変革への貢献はイエス・キリストから来る。教会はその社会教説を通じて出来合いのモデルを提供するわ

---

24) PL1982b

けでも、現状のあるいは過ぎ行く特定の慣習の味方をするというのでもない。むしろ、イエス・キリストとの関わりにおいて、教会は人々の心と考えとを変革すること（transformation of hearts and minds）で、その人が自身のうちにその人間性の全面的な真理を見出せるようにするのである。

興味深いのは、これを受けた声明の「言い換え」である。

> 言い換えれば、我々教会、つまり神の民は、苦しみ欠乏している隣人への愛という福音の価値を忘れようというもでもない限り、正義、全面的な解放・開発・平和に関する問題を無視することはできず、してはならないのだ。正義のため、また世界の変革（transformation of the world）への関与のための活動は、全くもって福音の説教に、また人類の救済とあらゆる抑圧からの解放のために欠かせない側面をなすものとして立ち現れてくる。

確かにこれらの言葉は1971年の世界代表司教会議による文書『世界の正義』を踏まえたものとはいえ、教皇教書引用箇所の「人の心と考えの変革」という内面的な方向からはるかに社会的な「世界の変革」という方向に読み替えられていることがわかる。

　またその翌1983年2月20日付で出された「平和のための対話」においては、次のような箇所がある[25]。

> キリストがその教会のために立てた目的は宗教的なものである、しかし『実にこの宗教的使命そのものから、神定法に基づいて建設し確立すべき人間共同体のために役立つ任務、光、力が出てくる』（現代世界憲章第42項）。私たちのここでの関心は、まさにこの、神定法に基づいて我々の社

---

[25] 下線は引用者による。現代世界憲章の引用部分に関しては、南山大学（1986: 355）に拠った。

会を建設し確立することなのである。（いずれも下線は筆者が追加）

この声明は、第2バチカン公会議文書「現代世界憲章」から一歩踏み込んで、社会制度建設・確立に単に「役立つ任務、光、力」を提供するのでなく、自らその活動主体となることを表明している。つまり、前章で見たように1970年代末から1980年代にかけて、教会指導者層の中にある程度の幅を持った主流派の再形成が確立されたのであるが、そこにおいて従来の伝統的な教会の社会関与、さらには第2バチカン公会議や当時の新教皇ヨハネ＝パウロ2世の意向に応答することを超えた、より積極的な政治・社会関与の意思と戦略が生まれていた様子が見えてくる。

この点をよりいっそう明瞭にするために、まず1980年代以降の司牧声明の中から、いくつかの鍵となる言葉を取り上げ、その意味合いを解明することで、教会の政治観の広がり、位置づけを立体的に明らかにする。そして、この時代の要となった最大の重要事、1986年の民主化政変をめぐる教会の捉え方を、司牧声明以外の公文書をも参照しながら分析する。

3　1980年代以降の司牧声明における政治論

1980年代以降の司牧声明において、政治・社会関与をめぐる議論の要となっている「公共の利益」「政治的正義」「国政選挙」「政治の刷新と教会の刷新」「歴史の十字路」「時のしるし」といった論点がどう語られているかを検討する。

(1) 公共の利益

カトリック教会における社会関与の教理は「共通善」(common good) 及びその社会的な展開である「公共」(public) の概念によるところが大きい。CBCPの司牧声明におけるpublicないしその関連語の使用（1980-1999年公表の166文

書のうち106文書で使用）の傾向を見ると、当初は「私」と対比して「人々の前で」という意味、あるいは「行政の問題」という意味での使用がほとんどであったのが、1970年代以降は「公衆の利益につながる」「行政や社会の動向を監視するまなざし」といった意味合いでの用い方が増える。

年代別で見ると、「公共のために」（for the public）はすべて1990年代（4）、「人々のために」（for the people）は1950年代1、1970年代1、1980年代1、1990年代2である。カトリック一般倫理の基本的な根拠である「公共善」（common good）は1940年代3、1950年代4、1960年代1、1970年代6、1980年代11、1990年代22と1980年代以降急増している。「民主主義」（democracy）も1940年代1、1950年代3、1960年代1、1970年代7、1980年代4、1990年代9であり、「多元主義」（pluralism）は、1970年代1、1980年代3、1990年代3である[26]。

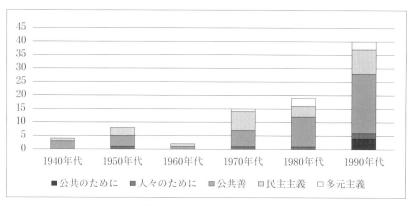

図3-2　CBCPの司牧声明におけるpublicないしその関連語の使用

問題領域は主に、選挙、言論の自由、メディアの自由と責務、家族中心の価値観、教育などに渡っている。興味深い観点としては、「家族／家庭」（family）

26）司牧声明類の用語検索にはCBCPのホームページからのデータを採用した。このため司牧声明に分類すべきかどうか微妙ないくつかの文書に関しては、これを採用するかどうかでCBCP, *Pastoral Letters 1945-1995*等の出版物とずれがあるがわずかで、大きな問題は生じないと考える（巻末のリスト参照）。

3　1980年代以降の司牧声明における政治論

がプライベートなものではなく、むしろ公的領域への第一歩として理解されている点である。カトリック教会の政治理解は、「共同体における秩序とリーダーシップ、そこにおける指導者と市民の道徳性」という拡大疑似家族的性格のものである。聖職者の生涯独身制との対比で、一般信徒の使徒職として結婚とクリスチャン家庭の形成が強調される傾向とあわせると興味深い。この公共善と家族の問題とを結びつけて考える発想は、教会の「家族的」性格、そして教会指導者層が位階制度といういわば「公的」な官僚的構造を持ちつつ「父」として慈愛をもって統べ治めるという「家父長的な」構図と絡み合って、独特の社会観、社会関係を生じている[27]。

また、マルコス戒厳令時代においては、この「公共」の問題は何よりも言論の自由の確保という観点から論じられてきた。CBCPは、自由な公共の議論の場の確保[28]、多元主義状況の中での公論の場の形成[29]、そのための自由なメディアの働きとそのための政府の言論の自由尊重の必要、そしてメディアへの教会の参加[30]を訴えてきた。さらに民主化後、公論による不正の監視[31]を訴え、これが権力を抑制する手段として政治家に対して十分なチェック機能を果たしていない点を問題視してきた[32]。

その上で、公共の良心、公共の福祉のための議論を喚起し[33]、また選挙の際は公益に奉仕する人材を選ぶべきことを主張している[34]。他方で政府も政策をあらゆる段階で公にしっかりと説明し[35]、公共の福祉に関して神と人々の前で責任を負うこと[36]、公務員が私益を避け公共の福祉のために公金を用いるべき

---

27) PL1999a: Section 12
28) PL1975b
29) PL1983a; PL1984a
30) PL1978b; PL1979a
31) PL1989b; PL1998g: Section 67
32) PL1999a: Section 23, 32
33) PL1970b
34) PL1998c: Section 27
35) PL1997f: Section 8, 9
36) PL1990f

こと[37]、市民社会における公論を政策に反映させるべきことを主張している[38]。このように、教会が幅広い問題について、公共性の確立を訴えてきたことがわかる。

(2) 政治的正義

　教会の政治関与の土台となる神学は、第2バチカン公会議の「現代世界憲章」に基づいた、「福音宣教の結果、信仰によって社会が変革され、真の開発が達成される」という考え方である。例えば1995年選挙の際の声明にこう述べられている。「現在もなお、キリストは聖霊の力によって私たちの民の心の内に働いて、フィリピン社会の変革をもたらされるのだ、と信じましょう」[39]。しかし、1998年選挙のための司牧声明における「クリスチャンであるカトリック信者には福音によって<u>政治を変革する義務</u>がある」[40]といった言葉に示されるように、社会変革の線を越え、政治そのものを変革する志向も示されている。

　カトリック教会の社会関与の動機は「福音宣教（福音化）」（evangelization）に基礎づけられるが、これと並行して、より伝統的な「キリスト教社会」的な発想もそこには見出される。特に顕著なのは、普遍法としての「自然法」を教会が定義した上で、立法における不可侵の前提とすることを要求する発想である。最も典型的なのは、家族計画や中絶、離婚を容認しようとする立法に教会が断固反対する際の論拠である。こうした姿勢は、1987年憲法の草案への賛意の表明の際にも表れている。

　　私たちは各々の人々の良心を尊重します……。司牧者として、教会の人々の良心の形成を助けるのは私たち（司祭）の義務です……。そして私た

---

37) PL1994b
38) PL1999a: Section 28
39) PL1995a
40) PL1997f, 下線筆者。

ちは、新たに起草された憲法案の諸条項が福音の教えと調和しているという結論に達しました。[41]

司教たちは信者の良心の形成を助けるという役割を自らに課し、憲法草案に対する態度という特定の政治判断を、福音の教えと調和しているかどうかを基準に判断している。

また第2バチカン公会議以降の社会観を踏まえ、「慈善、正義、誠実、真理」といった一般的善や民主主義的価値観を、そのまま「私たちの信仰の第一の価値観」であるとみなしており[42]、それ故にこうした価値観の育成に教会が主導権を持つべきであることを暗示している。

(3) 国政選挙

カトリック教会は常に国政選挙を重要視してきた。1980年代において、教会指導者層の選挙に関する主張に、どのような特徴がみられるだろうか

1986年の民主化政変直前の大統領選挙を前にした司牧声明は、「正義、謙遜、自由、勇気、愛、平和、人権と生命の尊重、といった福音の価値を体現する人々のために投票しなさい」と勧めている[43]。同じ声明においてはこれを踏まえ、民主選挙及び投票行動を「聖なるもの」としている。

> 民主主義において、神は、民衆の意思の自由で率直な表現を通して政治的権威を定めることをお選びになりました。それ故、投票は聖なる権利・義務なのです。この権利を遂行することは、神の意思を行うことなのです。[44]

---

41) PL1986f
42) PL1997f
43) PL1986a
44) PL1991b; PL1992b; PL1995c も参照。特にPL1995cに現れる「票の神聖性」は選挙期間に教会が頻繁に用いてきた表現である。

また、「福音の教えと調和している」1987年憲法についても、これを「平和のための構築物」と呼んで、その構築のために国民投票に参加するよう呼びかけている[45]。

「福音を宣教すべきである」「キリスト教的な社会が望ましい」そして「民主主義的価値観は福音と等しいものである」という考え方を踏まえ、教会は特に選挙において、投票が自由で公正であるべきこと、及び清廉で有能な政治家に投票するべきことを強調してきた。「キリスト教の原則と調和する姿勢を持った候補に投票しなさい」[46]。

(4) 政治の刷新と教会の刷新

こうした公共問題への関心は、一般的な倫理や宗教性と関連づけられるにとどまらず、教会自身のあり方と結びつけられている。「われわれ（司教たち）はこの（国政選挙という）機会を捉え、教会基礎共同体の確立、および正しいキリスト教的な政治関与の中での教会員の形成を促します」との表現には、政治関与を用いて教会の改革に弾みをつけるという発想が表れている[47]。また、既に着目した国政選挙についても、この機会を捉えて人々を教会に動員する、という意思が表されている。そこには聖書の参照箇所まで明記されている。

> 私たちは、もしかなうのであれば皆さんが『平和・自由・公正な選挙のためのミサ聖祭』を祝い、これに参列することを提案します。
> （中略）
> 私たちは皆さんに『祈りと断食のクルセード』に参加するよう促します。私たちの国の選挙の悪は、そのような手段によってのみ追い出すことが

---

45) PL1986f
46) PL1995a
47) PL1998c

出来るのです（マルコ福音書 9 章 29 節；マタイ福音書 17 章 21 節）」[48]。

同時に、教会傘下の諸組織・団体を積極的に政治、特に選挙教育と選挙監視に動員すべく呼びかけを行っている。1992 年選挙に向けた司牧声明のひとつにおいては、「私たちは選挙の規則において技術的に十分優れており、なおかつ執拗な脅迫に対して勇敢なタスクフォースを立て上げなくてはなりません。小教区司牧委員会は小教区にタスクフォースを立て上げることができるし、教会基礎共同体も自分たちの地域で同様のことができるのです」[49] と述べている。教会はこれまで積極的に、教会組織及び人員を動員して、選挙教育及び選挙管理に当たらせてきた。

(5)「歴史の十字路」と「時のしるし」

　CBCP は、1986 年以降の選挙・投票の際に出された司牧声明において、今フィリピンは「歴史の十字路（crossroads of its history; crossroads in our national history; crucial point of our history）に差し掛かっている」と強調し続けてきた[50]。他方で、第 2 バチカン公会議の中で正式に採用された「時のしるし」（Signs of the Times）は、早くも 1964 年には司牧声明に現れるものの、その後、1977 年、1982 年とあわせて 3 度用いられたのみである[51]。「時のしるし」を見極めて人々と連帯して社会の土台から変革する、という考えは、第 2 バチカン公会議文書、特に「現代世界憲章」に示されたもので、元々政治ではなく社会的な関心から出てきたものであった。教会公文書の言葉遣いの傾向から、フィリピンの教

---

48) PL1986a。上記の指定された新約聖書の箇所は、悪霊にとりつかれた子供の癒しの物語である。CBCP は国政選挙における諸悪を悪霊になぞらえ、祈りと断食でのみこれを解決できる、と言うことで、政治上の問題を本質的に霊的なものとして扱う傾向を示している。
49) PL1991b
50) PL1986f, 1992a, 1998c
51) PL1973d, 1977b, 1982b

会指導者層は当初はこれに依拠したが、その後、彼らが政治的なコミットメントを高める中で、「今」を捉えるのに「時のしるし」よりも「歴史の十字路」の方がしっくりくるようになったことを暗示している。この「現代世界憲章」的な見方からの離脱は何を意味するのだろうか。

社会活動に熱心な聖職者や信徒は、「現代世界憲章」などを踏まえて、時代状況や社会状況の観察・分析から得られた洞察を「時のしるし」として積極的に教会の活動に取り込んでいこうとした。これに対し、むしろ司教たちの立場は概ね、社会の諸現象をひとつひとつ「時のしるし」として積極的に読み解き取り扱おうとするよりも、むしろ1980年代に顕著にみられた情勢の変化、すなわち「ピープルパワー革命」を経、教会の指導的役割がクローズアップされるに至った経緯にこそ、摂理的な「歴史の十字路」を見てきたのである。

1980年代に「歴史の十字路」に立っているという自意識を形成していった教会は、政治への使命感を新たな形へと発展させ、より深い政治的コミットメントへと向かった。そして1980年代以降の全体の流れの中で、「EDSA革命」「ピープルパワー革命」はその最も重要なシンボルとなるに至った。

4 「EDSA」「ピープルパワー」論の構築

教会は政治関与について積極的な立場を表明してきた。これを政治史的な経緯に照らしてみると、要となるのが1986年2月の民主化政変であることがわかる。前章で述べた通りこの「EDSA革命」「ピープルパワー革命」は教会指導者層が一致して教会と社会の刷新に取り組む準備の整ったタイミングで起こったため、司教たちはこの出来事を「この出来事こそ神がこの世界にご自身の思いと力を現した出来事だ」と考えた。これ以降、多くの聖職者がこの「EDSA」を神学的言説に取り入れていった。

ここでは民主化以降の教会の政治関与の理解を深めるために、「EDSA」「ピープルパワー」という言葉の用い方を、分析対象をいくらか広げて検討す

4 「EDSA」「ピープルパワー」論の構築

る。以下の分析の対象には1986年以降のCBCPの司牧声明に加え、1991年第2フィリピン教会会議（Second Plenary Council of the Philippines; PCP-2）文書、及び1997年の『フィリピン人・カトリック信徒のための要理書』（Catechism for Filipino Catholics, CFC）を含める。これらの文書についてのいきさつは次章以降で述べるが、過去の司牧声明などを踏まえ、教会の社会理解をより詳細かつ包括的に論じようとした文書であり、特定の鍵となる言葉の用いられ方を手掛かりに言説をより深く分析するという方法において、司牧声明と並んで重要と考えられる。これらの文書において "EDSA" や "People Power" を検索し、それぞれの用いられ方を検討した結果、これらの言葉の用いられ方を巡り、以下の特徴が浮かび上がった。

(1)「フィリピンの優れた民主主義文化」として

　一般に「EDSA」「ピープルパワー」は、平和の文化、民主主義、成熟しつつある市民社会、といった観点から語られてきたが、CBCPも例外ではない。
　CBCPは「実に、真実な社会変革は暴力なしでも起こる」とし、「このことを、われわれフィリピン人はEDSAで示したのである」としている[52]。

> 1984年及び1986年において、多数のボランティアの市民グループが、自身に降りかかる危険をものとせず、民衆の意思をゆがめようと躍起になっていた無敵にも見える政府機構に立ち向かい、勇敢にも投票された票を守った。EDSA通りにおいて、今や語り草となっているピープルパワー革命において、普通の市民たちが歪んだ権威主義体制を無事終焉させ、失われていた民主的自由を非暴力の反乱によって回復した。そしてこれは、世界中で抑圧的な政府を終焉させようとする人々に共鳴をもたらした。[53]

---

52) PL1987b
53) PL1997f。PL1998a も参照。

それ以降、おびただしい数の非政府組織や住民組織が起こっており、社会経済分野や政治分野における民衆の参加と団結を表現している。[54]

CBCPはその背景に「フィリピン人の民主主義文化」というものを見ている。

> フィリピンにおける形式上の民主主義の成立と共に、われわれは選挙、三権分立、政府における代表制といった制度と共に、それらの価値観というものを有するようになった。1970年代及び80年代の軍事支配という痛ましい年月の間の民主制度の腐敗において、この新しい政権の最も厳しい怨嗟の対象となったのは、虚偽に満ちた「信任投票」という慣行における民主的価値観の愚弄であった。ご承知の通り、この怨嗟こそが1986年の不正に満ちた選挙に対して起こったピープルパワー蜂起において頂点に達したものである。それは、まさに真実な意味において、これらの年月の独裁政権によって打ち立てられた屈服の構造に対抗し民主的な価値観を再確立するものであった。[55]

またPCP-2文書によれば、

> われわれは、「ピープルパワー」という言葉に、判断決定への参加度の増大、政治と経済双方に渡る平等性の増大、民主主義の進展、参加の増大という意味を込めて用いている。[56]

その「補遺」において次のように言及されている。

---

54) PL1998a: Q. 41
55) PL1999a: Section 29
56) CBCP 1992: Conciliar Document 326

4 「EDSA」「ピープルパワー」論の構築

> 近年の政治史、正確には1986年のEDSAにおいて、自律（pagsasarili）、結束（pagkakaisa）、連帯（pakikisama）、隣人との関わり合いへの参加（pakikipagkapwa-tao）、英雄性（pagkabayani）といった健全なナショナリズムの諸価値をも、雄々しくも明らかにしてきた。[57]

とはいえ、

> 1986年にわれわれがなしたことは、未完の革命である。政治生活及び政治過程の改革は1986年のEDSAの出来事を補うのに必要な事柄である。[58]

そして非暴力の社会変革を達成するために、彼らは

> 様々な司牧的・社会的プログラムを通じて、貧しい人々を支援し彼らを抑圧する者を糾弾することによって、貧しい人々の側に立つようにと労するのである。[59]

このように、教会はある意味で「市民社会」に貢献するのに欠かせない全国大の開発NGOとしての自負と自覚を表明しているのである。

(2)「包括的人間発展／開発」の出発点として

同時に、CBCPはくり返し「包括的人間発展／開発」（total human development）

---

57) CBCP 1992: Appendix I 282-286
58) PL1997f: Section 46
59) PL1987b

の重要性を強調する[60]。これは第2バチカン公会議以降のカトリック教会の社会教説の1つの要となる概念であり、国民レベルにおける政治・社会の発展には人間が全面的に発展する必要があり、そのためには道徳的・霊的（キリスト教的）側面の発展も欠かせない、という考えである。そしてEDSAはその最も重要な事例と見られている。PCP-2教令第4項にはこうある。

> 1986年の経験、すなわち「EDSAの経験」として広く知られている、国家危機に際して暴力を阻止した祈りと大衆行動における連帯は、平和の道における回心、和解、そして平和のために労する人々であれと促し続けるような、ある種の宗教的側面を伴った歴史的出来事としての栄誉を受けるにふさわしい。[61]

この出来事は、CFCにおいては、「祈りと道徳的行為の相互的結合」と解釈されている[62]。

　PCP-2によれば、「判断決定への関与度の増大、政治と経済双方に渡る平等性の増大、民主主義の進展、参加の増大といった国民社会における『『ピープルパワー』ということばに集約できるようなことがらの並行的な進展』」は、「社会により深く関わる教会」において見られるものであり、その教会は「国民の生活上の問題により深く関わるのみならず、福音の霊性に一層深く根ざしている。つまりは一般信徒が強められて、国と教会の全面的な成員として活動している、ということである。」この「国の生活」と「福音の霊性」とい

---

60) これは「現代世界憲章」以降のバチカンの社会教説、及びこれを反映した1974年以降のアジア司教会議の活発な働きかけに呼応している。ちなみにhuman developmentは通常「人間開発」と訳される。しかし、教会における概念は、経済開発偏重を批判し、一人ひとりの人格を強調する議論でありかつ世界の完成を目指したある種の進歩思想でもあるため、「開発」の語はややニュアンスとしてなじみにくい。実際に日本のカトリック中央協議会においても経済の「開発」と人間尊重の「発展」という区別の仕方がされている。このため、両方のニュアンスを残すために併記とした。

61) CBCP 1992: Conciliar Document 234
62) CBCP 1997a: Article 1554

う2つの事柄は「別々に進展したことではなくひとつであり、信仰が文化に根ざしていることを示唆している」。[63]

CBCPの1997年の司牧声明の表現は特に印象的である。

> 1986年のEDSAで起こったことが、今日にも当てはまる。私たちは共通善のために共に筋を通さねばならないし、政治というものを国民的刷新の手段へと変革するために共に祈って共に行動しなくてはならない。[64]

この「刷新」(renewal)は当然のように「霊的刷新」を含む表現であり、ここでは政治が宗教的刷新、さらには教会の刷新の手段として考えられている。

(3) フィリピン人のキリスト教信仰の現れとして

教会は、フィリピン人を市民としてだけでなく「人口の大多数がカトリック／キリスト教徒である国民」とし、「EDSA」はそうした「国民的―宗教的」なアイデンティティの現れである、としている。

> わたしたちの神への信仰は私たちの歴史の主要な出来事において鍵となる役割を果たしてきた ── EDSAにおけるピープルパワーのような決定的に政治的な事柄においてもである。

そして「主の母マリア」は「私たち国民の愛すべき『母』」とも呼ばれる[65]。「EDSA」は1985年のフィリピンにおける聖母マリア記念年（Marian Year）の翌年に起こっている。「EDSA」において聖母マリアの像、そしてロザリオの祈りが顕著に見られていた。こうしたことを重視して、教会は聖母マリアを、

---

63) CBCP 1992: Appendix I 286-291
64) PL1997f: Section 48
65) PL1997f: Section 49

「国民の守護者」と定めている。

　「フィリピン人」と「カトリック信徒」を事実上同一視する教会指導者の姿勢は諸文書の随所に見られる[66]。そこでは、フィリピンにおけるナショナリズムの複雑な性格やフィリピン国内の霊性の多様性は脇に置かれる。例えばCFCはこう主張している。

> 　私たちフィリピン人は大変鋭敏かつ彩り豊かな宗教的経験の歴史をもってきました。キリスト教以前の時代に始まり、スペイン時代のキリスト教宣教の数世紀を経て、コモンウェルス期におけるアメリカのプロテスタントの流入、第二次世界大戦期の日本による占領、さらに去る第2バチカン公会議における「第2のペンテコステ〔聖霊降臨と教会の始まり〕」、そして「ピープルパワー」と今日の「キリスト教基礎共同体」に至り、さらに第2フィリピン教会会議（PCP-2）に至るのです。イエス・キリストに対する私たちの理解と愛は、私たちの、個人的あるいは国民史的な痛みと格闘、勝利と祝祭の経験に彩られてきました。私たちのイエスへの信仰はその母であり私たちの母かつ模範でもあるマリアへの深い献身に彩られています。これらの経験はすべて、私たちの人として、キリスト者として、フィリピン人として、国民としての固有のアイデンティティをある意味規定し、明示してきたのです。[67]

> 　……1986年EDSAの政治社会的な革命、自然災害の犠牲者に対する援助という自発的な応答、教会による1990（ママ）年の第2フィリピン教会会議の祝祭は、いずれもフィリピン人の間に育ちつつある団結の感覚、「ひとつの民である」という感覚を証しています。この深化しつつある国民的一致と国民的アイデンティティの感覚に支えられて、フィリピン人カ

---

66) ただし、教会は決して他宗教を認めていないのではなく、むしろ宗教的少数者の権利保護、また宗教間対話を積極的に進めており、さしあたり差別や敵対はここでの問題ではない。
67) CBCP 1997a: Article 31

4 「EDSA」「ピープルパワー」論の構築

トリック信徒は「神の家族」たるキリスト教共同体の成員としての自分達の力量、尊厳、責任を悟り、想定することができるのです。[68]

CFCは「EDSAの1986年革命のような通常でない出来事における、また1989年12月のクーデタの試みに対抗する際の道徳的動機の優先」を「高得点」と見なしており、これは、「日々の生活における道徳的なチャレンジにおいて、クリスチャン道徳の成長が、普通のフィリピン人の間で日々起こっていること」を反映するものである、としている[69]。

CFCではさらに、EDSAは悔悛の秘跡を模範的に象徴する、とも見なされる。

PCP-2は1986年のEDSAの経験は「引き続き私たちに、回心、和解、そして平和のために労する人々となるようにと呼びかける」(PCP II 教令第4項)としています。推薦されている手段としては、次の点を強調しています。「悔悛の秘跡は教会の生活においてことさら強調されねばならない」(PCP-2教令　第9項)[70]。

(4) 神の「奇跡」として

「EDSA」については、無敵と思われたマルコス政権が非暴力の民衆蜂起を契機に終焉を迎えたことを前に、多くの人が奇跡的な何かを感じ取っていた。だから教会人がこれを奇跡として語ることは自然かもしれない。とはいえ、

---

68) CBCP 1997a: Article 1383
69) CBCP 1997a: Article 795
70) CBCP 1997a: Article 1768。PCP-2自体においては、第4項は「第1条　一般原則」の中にあり、第9項は別の「第2条　礼拝」の項目の中にあり、上記CFCで結びつけられている両者、すなわち「EDSAの経験から来る平和の人となろうという呼びかけ」と「教会の悔悛の秘跡」は、本来別々の扱いであって、両者を直結するのは明らかな曲解である(CBCP 1992: 234-235)。PCP-2の位置づけについては5章で述べる。

第3章　政治・社会司牧の制度と主流教説の確立

司教の協議会が公にこれを「奇跡」と認めるのはまた別のレベルの問題である。以下のCBCPの声明の祈祷文に、この点は明らかに示されている。

> 私たちの主とその聖心、また聖母の汚れなき聖心が、私たちのために恵みの光と力を得てくださるように。そしてその光と力によって、私たちが直面しているこの決定的な瞬間において、神の下なる民、また国民として「信仰、正義、愛の業を行う」ことが出来ますように。神がこのことを成し遂げる力を与えてくださるように。というのも、「神なしでは、私たちは何も出来ない」からです。神が「EDSAにおける奇跡」を私たちのうちに、そして私たちを通してなしてくださったと信じるように、今 ── われらの大統領とともに ── 私たちは、神が束縛からの解放のみならず、欠乏や必要からの解放というこの新たな「奇跡」をなすことができる、と信じます。[71]

(5) 司教たちの「預言者的役割」行使の結果として

こうした言説上の文脈において、司教たちは、預言者的指導者として立ち現れる。つまり、フィリピン人は「神の民」であり、それ故彼らの預言者たる教会指導者は政治的な事柄について宣言することも含め、彼らを善導する道徳的権威を持つということになる。

> 教会指導者達の預言的な呼びかけによって動員された「ピープルパワー」の非暴力的な勢力が悲惨な非人道状況から私たちを解放したあの英雄的な日々から、いまや12年が過ぎた。(中略) 私たちは具体的なケースを示してきた。私たちは地方や国の政府高官と対話してきた。司牧者としての私たちの預言者的な役割は、詐欺的な手段で権力を得ようとする政府の不道徳性に関する、1986年EDSA直前の私たちの声明において頂点に

---

71) PL1986d

達した。この最も重要な声明が支えとなって数多くの私たちの民がその直後以降正義と真理を支持して動員されていったことを、愛すべき神に感謝している。[72]

(6)「EDSA」「ピープルパワー」言説に基づく活発な政治関与

　以上、1986年2月以降10年以上に渡り、教会当局は「EDSA」及び「ピープルパワー」の言説を形づくってきた。この間教会は常に活発に政治に関与してきた。例えば1992年の国政選挙に際して4つもの司牧声明を公表し、1987年憲法の改正反対の「祈祷集会」デモの動員に成功した。そうした中で教会は、1997年から1999年にかけて毎年、それぞれフィリピンの「政治」「経済」「文化」「霊性」に関する一連の司牧声明を発行した。その中でも「EDSA」「ピープルパワー」は要となる概念であり続けてきた。

5　1997-1998年：教会指導者層の政治論集大成

　1997年9月16日付で発行された「フィリピン政治に関する司牧的勧告」（以下「政治勧告」）は、いわば「1990年代末の社会に関する声明4部作」の「第1弾」であると共に、以上述べてきた1980年代以降のカトリック教会の政治関与に関する議論を総括するものである[73]。
　この勧告第4項にはこうある。

> CBCPが協議会として機能し始めた1945年以来、司牧書簡および声明の半分以上が政治問題に当てられてきた。1991年には第2フィリピン教会会議は、多くの時間及び最終報告書の多くのスペースを政治における教

---

72) PL1998i
73) PL1997f

会の役割に関する議論に割いた。どうして教会は、第二次世界大戦後、特に戒厳令期及び1986年の民主主義体制の回復後、異例なほど政治という主題について言明することに積極的だったのであろうか。

この箇所には、この文書に過去の議論を総括する意図が暗示されている。と共に、「政治問題に当てられ」た文書の数は数え方次第とはいえ、すでに確認した通り「司牧書簡及び声明の半分以上」は言い過ぎであろう。過去50数年というよりも、まさにこの文書が書かれた1990年代末という時点においてCBCPが政治への傾斜を高めていたが故にこそ、このような過度な強調をしてしまったのかもしれない。

この論考はやや大部に渡るので、全体を明示するために、立てられた項目を目次として示す。

序（1-6項）
A　政治状況（7-11項）
B　我々の政治文化（12-29項）
　序（12-14項）
　選挙前の活動（15-20項）
　選挙当日の活動（21-23項）
　選挙後（24-25項）
　結論（26-29項）
C　希望の兆し（30-37項）
D　政治における神の使命への呼びかけ（38-40項）
E　政治における教会の使命の基礎（41-42項）
　1　福音・神の国ゆえの教会の政治関与
　2　教会の統合的救済の務めには世俗領域も含む
　3　「救い」とは個人的・社会的罪（政治分野における罪も含む）からの救済
　4　教会には政治分野における「貧者優先」志向がある
　5　教会の通り道は人間の人格であり、人間は政治から影響を受ける

5　1997-1998 年：教会指導者層の政治論集大成

　　F　政治を導く道徳的・宗教的真理（43項）
　　　1　人間の尊厳と連帯こそ政治の至上原則
　　　2　公共善―政治活動の目標
　　　3　権威と権力―神が委託した奉仕
　　　4　政治共同体と教会の相互協力
　　G　政治における教会の特定の使命（44項）
　　　1　統合的発展のために政治を手段として用いる教会の権利・義務
　　　2　信徒の政治分野で公共善のために仕える務め
　　　3　政治生活における選択肢の多様性の保障
　　　4　政治の党派性の必要性と限界
　　H　政治変革のための司牧的行動（45項）
　　　1　要理教育と政治教育
　　　2　政府高官を選ぶ際のガイドライン
　　　3　健全な政治指導者育成の道筋作り
　　　4　新しい価値観への回心
　　　5　構造的変革を司牧行動の目標とすること
　　　6　市民社会への積極的参与
　　　7　政策提言
　　　8　効果的変革への組織化（特に選挙教育・選挙監視のために）
　　　9　現在の段階での憲法改正への反対
　結論　（46-49項）　聖母マリアへの言及で閉じる。

　さらに、これを踏まえ、1998年選挙に向けて、「政治についての要理問答」（以下「政治問答」）が1998年2月に発行されている（三部作で扱われた「政治」「経済」「文化」のうち、「政治」のみについて要理問答がつくられている点は、政治の重要性をうかがわせる）[74]。これは、序文によれば、第2バチカン公会議公文書の「現代世界憲章」、ヨハネ＝パウロ2世が1987年に発行した『真の開

---

74) PL1998a

発とは —— 人間不在の開発から人間尊重の発展へ』、1991年に発行した『新しい課題 —— 教会と社会の百年をふりかえって』、1994年発行（1997年改訂版）『カトリック教会のカテキズム（要理問答）』、及びCFC（1997年発行）を踏まえた上で、主にPCP-2及び上記の「政治勧告」に拠っている、としている。その項目と内容は以下の通りである。

序文
1998年5月11日国政選挙のための祈り（聖母マリアへの言及で閉じる）
1 一般概念（問1-7）
　政治とは、国家の目的、公共善、社会正義、社会発展の基本原理、政治共同体、政治を導く道徳・宗教原則。
2 政府・教会・政治の関係（問8-20）
　教会の政治における務め（mission）の土台、社会の抑圧構造克服のための教会の責務、教会の政治干渉の問題、「政教分離」の意味、政教の協力関係とその限界、政治秩序における教会の務め、教会の政府との「批判的協力」「批判的連帯」、人間の尊厳のための教会の貢献、市民政治権威への従順原則と市民的抵抗権、教会の多様な政体との共存、「統合的発展」と政治の結びつき。
3 司祭・修道士・一般信徒と政治（問21-27）
　一般信徒の「党派政治」参与と聖職者の「党派政治」参与禁止原則、その理由、一般信徒独自の政治における務め、一般信徒の政治関与に際する基本的な心得、「カトリック候補」「カトリック票」の否定（司教はどの候補も支持しない）及びその例外、教会による「政治の福音化」（evangelizing politics）成就への働き（政治に関する要理教育、ガイドライン提示、公平な選挙への貢献、選挙過程の改革を通じ構造改革をすることを政治分野における司牧行動の目標とすること、政策提言、市民社会への貢献、選挙監視のための社会センターなどの動員、福音に忠実な生活）。
4 フィリピンの政治—現状と刷新（問28-44）
　フィリピンにおいて教会が政治に深く関わる理由、政治文化の負の側

面、「親分子分関係による政治」、「個人的人気に基づく政治」、「見返りを提供する政治」、政治家のメンタリティの政治文化に与える悪影響、克服すべき「伝統政治（家）」、選挙過程の諸問題、選挙当日の不正、選挙直後の不正、民衆のあきらめが選挙不正の一因で自らその不正の実を刈り取る面がある、選挙における金銭授受の厳禁、なお希望の兆しも、候補のあるべき資質（神を愛し（maka-Diyos）、人々を愛し（maka-tao）、国を愛し（maka-bayan）、共通善を愛し（pro-common good）、自然を愛する（maka-kalikasan））、カトリック指導者の政治への積極関与の必要、選挙への効果的な参加の方法（啓蒙、政党への関与、選挙の平和実施への協力、「適切に形成された良心（properly formed conscience）」に基づいて賢明かつ誠実に投票すること）。

　これらの項目をみるだけでも、この章で既に述べられた諸論点がこの文書において包括的に述べられていること、そして、これらの文書がこの時期に公表されたこと、しかもそれが信徒向けに、改めて「要理問答」の装いをもって提示されたことがわかる。

6　政治関与から政治教育、そして要理教育へ

　カトリック教会の政治関与に関して、司牧声明をはじめとする公文書に見られる言説の特徴を分析してきた。ここから「権力と富を持つ教会が、どうして、どのような意味で「貧しい者たちの教会」たらんとしているのか」という問いの政治的重要性も明らかになる。ここには「貧しい者たちの教会」のあるべき姿を問うという「教会論」をめぐる問題が潜在している。この章までの論述ではこの点はまだ明らかにしていない。

　過去の研究において、政治社会の動向と教会論の間のつながりに関する研究はほとんどなされていない。まして教会論自体が教会の運営にもたらす影響、そしてそれが教会の政治関与、そして政治そのものの過程に及ぼす影響

を検討する研究は皆無といってよい。その解明のためには、カトリック教会の政治・社会関与の深まりとそれを支える言説を、教会全体の言説・活動の動態の中に、どう位置づけることができるのか、を問う必要がある。

ただし、教会の政治関与と教会観という、一見別々のものを結びつけるには、それを適切な形でつなぐ必要がある。おそらくこの点が、これまでの諸研究の中でそうした試みがあまりうまくなされてこなかったことの一因であるのかもしれない。

ここで、教会と社会を、宗教と社会実践の両面において結び合わせる結節点となるのは教会の信徒教育である「要理教育」（catechesis）、あるいはそのための教材「要理書（要理問答）（catechism）」である、と主張したい。教会指導層は「フィリピン国民共同体＝信仰共同体を司教層が牧者として導く」という基本的な図式のもと、「フィリピン人キリスト者」は「成熟」「刷新」の必要があるとしてきた。したがって、このための「成熟のための教導」つまり教育プログラムの導入が、政治・社会への教会の関与の文脈において重要性を持ってくる。既にみた通り実際に、教会指導層の政治的動員のための重要な道具として、1998年選挙の際にはフィリピンの政治や選挙に関する本格的な要理書が発行されており、要理教育と政治動員の間に少なからざる関係が伺われる。前項の「政治勧告」「政治問答」は、いずれも政治、特に選挙過程における教育の重要性を、「要理教育」という言葉で説明している。他方、「要理教育」はそもそも教会の宗教教育の中心であるため、当然ながら教会論・教会実践との結びつきが強い。要理教育は教会の政治社会論・実践と、教会論・教会実践、この二者を結ぶ位置にある。

しかも、カトリック教会の政治への関与が深まった1970年代末以降の時期は、CBCPの主導による要理教育刷新のプログラムが推進された時期とちょうど重なっている。教会の政治・社会への関与を論じる議論の中でこのことが指摘されることはほとんどなかった。この要理教育の重要性は、この20年余りのCBCPの発行物に占める要理教育関連教材の重要性に現れている。この時期のCBCPの言説と活動は、実際面からいえばこの政治関与と要理教育刷新プログラムの2つにほぼ集約されるといってよいほどである。したがっ

6　政治関与から政治教育、そして要理教育へ

て、カトリック教会の政治関与の背景としてその教会論及び社会観を第5章で取り上げる前段として、政治教育と教会教育の両方に橋渡しする要理教育刷新プログラムをめぐる教会の動きを見ることが適切であると考える。

　そういうわけで次章においては、1970年代末から政治関与と同時に本格化し、1997年のCFCの出版で1つのピークを迎えた要理教育刷新の言説と制度の確立、及びその活動計画と実態を見る。

第4章　要理教育刷新の展開

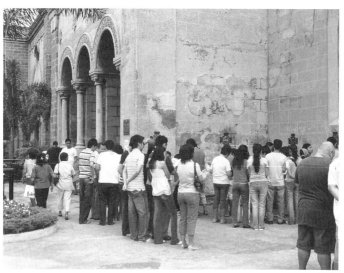

受難節の信心業「十字架の道行き」(Daan ng Crus)。ここでは教会の壁面にある番号のついた十字架を前に、対応する番号の式文を順番に朗読しながら、イエスの受難をたどりしのぶ。この日はほとんどの仕事が休みとなる聖木曜日で、いつもの喧騒が去った街の中、聖週間の休暇旅行に出かけずにマニラに残った人々の多くが、こうして祈りながら教会の廻りを巡る。
(マニラ市イントラムロス地区のマニラ大聖堂にて、2007年4月5日　筆者撮影)

この章では、教会の政治・社会関与の深まりと並んで1970年代後半から本格化した要理教育刷新プログラムの立案と実施、及びその中での教会改革ビジョンの形成について叙述する。

1　要理教育刷新プログラムの展開

(1) 背景

　教会における要理教育は、歴史的には、①庶民に対する宣教・教化、②通過儀礼（特に洗礼・結婚）の際の教理理解の確認、③主にエリートに対する学校教育のカリキュラムの一環、といった側面があった。

　キリスト教の宣教に関する教会内の議論との関わりで、要理教育には大雑把に言って2つの方法論がある。ひとつは庶民のただ中で地道に宣教し、信じた人たちの信仰の次世代への継承を支え、その中から社会において指導的な立場の者たちが現れることを期待する、という流れである。この場合、要理教育の優先順位は自然と①、②、③となる。現代カトリック教会の宣教に関する考え方はこれに沿っている。しかし、キリスト教の歴史の中では、明らかに別の発想、進め方もあった。やや戯画的に単純化して言えば、宣教地の拡大のためにまず現地人指導者層に近づいて改宗者を起こし、その権威を借りて臣民を宗教に帰伏させ、通過儀礼の社会慣習化を通じてその帰順を恒久化するというふうになる。人々はそのような仕組みが安定する中で、次第にキリスト教についての理解を深めていく。ここから読み取れる優先順位は③、②、①となる。

　現代フィリピンにおける教会指導者の要理教育に対するアプローチはどうか。第2章でふれた歴史を振り返れば、フィリピンのカトリック教会（修道会）は、初期における宣教地拡大がひと段落つくと、その宣教活動を現地人指導者層の子弟教育を中心とした要理教育に当ててきた。スペイン期の修道会立の高等教育機関（特にドミニコ会によるサント・トマス大学）の建設は、こうした優先順位を物語る。要理教育はこうした学校の中で行われてきた。並行して地方末端の修道士たちは、キリスト教の定着のため、現地の通過儀礼のキリスト教化に腐心し、次第に成果を挙げていったが、要理教育はそうした中での信徒互助組織や朗誦などの中に織り込まれ、聖職者の手を離れて土

1 要理教育刷新プログラムの展開

着化、独自化の道をたどっていった。教会はミサ聖祭における説教や告解の中で教えを伝えようとはしたが、要理教育を小教区で徹底しようとすることはほとんどなかった。教会は実体として、エリートに対する教育を優先し、庶民については十分な教育が行き届かないまま、通過儀礼や典礼を通じて教会に従うよう監督したのである。

アメリカ統治期以降も同様の構図が続いた。このことは、要理教育については教会が自ら人々の間に分け入って行うというよりも、むしろ何よりも学校で行わせるべきである、というあり方が目指されたことによく表れている。教会側は戦略的に、カトリックの私立学校においてエリート層の師弟に親カトリックの英才教育を施すことを通じて、独立戦争期のエリート層の反教会的な志向に対抗しようとした。同時に、アメリカが導入した公立の世俗的な学校教育が、カトリック教会にとっては新たな問題となった。特にアメリカから送られてきた教師たちの多くがプロテスタントであったことも教会を少なからず刺激し、当初は公立学校反対のキャンペーンを張り、人々がこれに同調しないとなると、次には公立学校における教会の宗教教育の権利を主張した。こうして、公立学校においてどういう条件で宗教教育を許容、認可、支援させるか、という問題が、要理教育普及を目指す方針の要となった。市川によれば、「カトリック側は宗教教育を拡充して司牧を強化することで、他宗派への改宗が抑制されることを期待していた」。つまりカトリックにとっての既得権益ないし権力基盤ともいうべきカトリック信者が国民の大多数を占める現状の固定化を目指したのである。これを教会が自ら人々を動員して行うというのではなく、公立学校の施設や学校に子どもたちが集まる機会を活用して行おうとしたものでもあった。そしてその背後には、宗教（カトリック）は道徳を涵養する公益性の高いものである、という主張があった。とはいえ、公立学校における宗教教育の実際の登録者数は、多い時でもカトリックとされる人々の4割に満たなかった[1]。他宗教や世俗主義の活動が一層広まる以前のこの時代にして既に、カトリック信徒は必ずしも皆が教会の主張に

---

1) 市川　1999: 136-137

同調していたのではなかったのである。

(2) 要理教育関連の司牧声明の主題の特徴

独立後のフィリピンにおける要理教育はどのような展開をたどったのであろうか。ここではまず、大戦後の教会の要理教育政策の流れを確認するために、表4-1で要理教育関連の司牧声明の題を年代順に列挙する。下線は公立学校における宗教教育に関する言及のあるものである。

表4-1 要理教育関連の司牧声明

1946年「<u>年次会合におけるマニラ管区の高位聖職者の合同書簡</u>」
1951年「<u>大聖年（1950-1951）を閉じるにあたってのフィリピン高位聖職者の合同声明</u>」
1953年「<u>公立学校における選択制宗教教育に関する合同声明</u>」「<u>語るべき時（公立学校における宗教教育に関する司牧書簡）</u>」
1955年「<u>カトリック教育に関する合同司牧書簡</u>」「宗教帰属に関する声明」
1959年「宣教年に関する声明」
1964年「フィリピンをキリストのために：新たなる福音宣教を立ち上げる時」
1965年「<u>宗教教育法に関する司牧声明</u>」
1971年「祈りと内的生活に関する合同司牧書簡」
1973年「福音宣教と開発についての司牧書簡」
1975年「キリスト教教育という使徒職についてのCBCP声明」
1977年「世界代表司教会議における主題『今日における要理教育』に関する方針」
1978年「正義のための教育」
(1980年「要理教育という働きのための基準とガイドライン」[2])
1985年「聖書使徒職に関する合同司牧書簡」
1986年「『ひとつのパン、ひとつの体、ひとつの民』（全国聖体年に関する司牧書簡）」
1987年「<u>ひとつの機会、ひとつの挑戦としての公立学校における宗教教育</u>」
1989年「『よいものを堅く守りなさい』（根本主義グループに関する司牧声明）」
1990年「信仰において成熟したフィリピン人キリスト者を形成するために（1990年全国要理年を宣言する司牧書簡）」
1998年「教会と政治についての要理問答」

---

[2] 厳密には司牧声明のカテゴリーではないが、それに準ずる公文書である（PL1980c）。

1　要理教育刷新プログラムの展開

　声明の数は1940年代が1、1950年代が6、1960年代が2、1970年代が5、1980年代が5、1990年代は2である。

　全21文書のうち、半数近い10文書が公立学校における宗教教育に触れている。一方でなお1987、1990年と引き続きこの主題が取り上げられていることから、この問題が長期的な主題であったことが理解される。

　ただし、そのうち8つは、第2バチカン公会議が終了する1965年以前である。また、要理教育関連文書が活発に出されている1970年代には公立学校における宗教教育に関する言及はなく（一般的に学校における宗教教育には触れている場合もある）、1980年代も1つのみであるという点から、1965年に「宗教教育法に関する司牧声明」が発行された時期を過渡期として、要理教育に関する方針の転換があったと考えられる。

　市川は理由として次の点を指摘している。「カトリック教会が望むような公立学校での宗教教育を推進する施策はマルコス政権からは期待できず、また教会にそうした施策を強要する力もなかった。こうしたなかで教会は、宗教教育の重点を、成人を対象とした社会教育へと移していった」[3]。筆者は一理あるとは考えるものの、これだけでは説明がやや不十分であると考える。というのも、教会が「公立学校の宗教教育に関する法制度の改変」という戦略を取り下げた理由としては理解できるが、要理教育の対象を子どもから成人に変えた理由の説明にはなっていないからである。むしろその理由ならば、これまでの子どもを対象として教える宗教教師というインフラを活用して、学校や小教区などでの子ども向け要理教育を拡充する、という方向に向かう方が自然である。1970年代に進められた要理教育刷新のデザインづくりを分析することは、教会の変化を知る手掛かりとなる[4]。

---

[3] 市川 1999: 151-155。引用は154ページ
[4] 以下主に Tacorda 1987; Mercado 1990; Legaspi 1986 に基づき、経緯を概観する。

(3) 要理教育の刷新：1970年代以降の新たな要理教育への取り組み

　カトリック教会は長らく、普通のフィリピン人／カトリック信徒は宗教への理解が不足している、と指摘してきた。また1960年代の第2バチカン公会議に伴う教会刷新論の中でもこの問題は重要な問題とされてきた[5]。とはいえこのような状況の「改善」（より多くの人々が教会により忠実になるという意味で）のために教会は長らく組織的な取り組みを行っていなかった。興味深いことに、要理教育刷新に関わってきたサルバトーレ・プツ神父は、1970年代の時点での要理教育の基本的な問題はフィリピンの教会の断裂状況にあり、全国レベルでの統一的な協力や指導、方向性の欠如のために、めいめいが要理教育をばらばらに実施していたことが最大の問題であった、と振り返っている[6]。CBCPが司牧状況及び要理教育の現状を具体的に調査し、働きかけを本格化させたのは、1970年代半ば以降であった。

　1971年にバチカンから『一般要理教育指導書』が発行されているが、CBCPの初めての公式の応答が「キリスト教教育という使徒職についてのCBCP声明」として公式に現れるのは、4年後の1975年、要理教育の国際大会が実施された年であった。また第4回世界代表司教会議において青少年の要理教育が取り上げられた1977年には、CBCPは「世界代表司教会議における主題『今日における要理教育』に関する方針」をもって応えた。

　こうした流れの中で、フィリピン国内においても、特に成人向けの要理教育への関心が徐々に醸成され、1976年には神言会のワークショップ報告『成人要理教育のフィリピン的なパターン』が公表されている。こうした中で1977年12月、CBCPの宗教教育委員会（ECERI；1988年以降、「要理教育・カトリック教育委員会」（ECCCE）に改称）が、要理教育の現状について初の全国的調査を行った結果、バチカンが発行した「一般要理教育指導書」が要理教育関係者の中ですらほとんど認知されていないことがわかり、バチカンの意向が

---

5) PL1964b
6) Putzu 1992: 26-27

1 要理教育刷新プログラムの展開

小教区レベルにまで浸透していなかったことが確認された。これを踏まえ、CBCPはECERIに要理関連の文書類の作成を要請し、ECERI委員長レガスピ司教（1983年より大司教、委員長在任1975-1987, 1995-2003）のリーダーシップの下、要理教育への本格的な取り組みの体制が整えられていった。現状の打開の第1段階として、『フィリピン全国要理教育指導書』（National Catechetical Directory of the Philippines, NCDP）の作成が必要、と判断した。また、ECERIは1978年より季刊誌 Docete を発刊している。この年にはCBCPの声明「正義のための教育」もECERIの手を経て作成され発行されている。

1979年、教皇ヨハネ・パウロ2世が使徒的勧告「要理教育」を公表、新教皇が前任者の要理教育重視の方向を積極的に継承する意志が明瞭に示されたことで、CBCPの要理教育に関する積極的な取り組みに拍車がかかった。1980年ECERIはCBCPの「要理教育という働きのための基準とガイドライン」を作成した。同年、「カトリック校に対する政府の補助金に関する方針ガイドライン」もECERIの手によって作成、公表されている。同時に教区や小教区が要理教育センターを立て、要理教育教師を育成するのを支援するようになった。

また海外における要理書の翻訳として、1978年にはアメリカで出された『キリストの教え』のタガログ語訳 Ang Aral ni Kristo, Isang Katesismong Katoliko（キリストの教え、カトリックの要理）が出版され、1982年にはブラカン教区によって『オランダ要理書』の解題付のタガログ語版 Bagong Langit, Bagong Lupa（Isang Itineraryo para sa Katesismong Kristiyano）（新しい天と新しい地（キリスト教要理のためのひとつの旅程））が続いた。

個人による要理教材の作成もいくつか見られるようになる。1976年にはボニファシオによる『十字架の道行き』のタガログ語訳 Via Crucis sa Diwang Pilipino（フィリピン人精神による『十字架の道行き』）の出版、1984年にはデ＝メサ神父による子ども向けのタガログ語の要理書、1986年にはセビリャ神父の要理書 People's Faith is People Power（庶民の信仰こそピープルパワー）が出版されているが、1990年代になるまでは活発であったとはいいがたい。

（4）『フィリピン全国要理教育指導書』（NCDP）から『フィリピン人・カトリック信徒のための要理書』（CFC）まで

　こうした中で、1978年1月、CBCPの全体会議でECERIにNCDPの作成が一任され、同年9月より翌1979年3月まで、そのアウトライン作りのための各地での一連の諮問会が行われた。この過程で作成されたアウトラインは1980年1月にCBCP全体会議にて承認され、これに基づいて6月にNCDPの第1原稿が締め切られた。同年9月より翌1981年末までの1年半、原稿の検討のためのミーティングを各地で開催し、これに基づく修正等を経て翌1982年5月に第1原稿が印刷・発行された。

　1982年7月にこれがCBCP全体会議にて承認され、全国の要理教育関係者等に、10月まで要望や意見を募った。翌1983年1月に第2原稿が完了、4月にはこれに関する全国ワークショップを開催し、それに基づき第3原稿作成を作成、7月のCBCP全体会議にて承認、10月にバチカンに提出された。翌1984年10月、教皇庁より「5年間の試用」の許可が下り、第1原稿発行後2年半を経て遂に正式に認可された。また、同年7月のCBCPの全体会議においてECERIの下にフィリピン全国要理事務局（National Catechetical Office of the Philippines, NCOP）を設立することが承認された。NCOPは常任スタッフを置き、『家族要理書』及び『聖母マリア・ハンドブック』の作成、セミナーの運営、機関誌Doceteの内容の拡充、視聴覚教材のレンタルサービス、「全国要理週間」の調整役、といった任務を負うこととなった。

　NCDPの作成後、その定着を目指し、また更なる要理教育推進のために、様々な企画が持たれることとなった。全国要理教育周知週間（National Catechetical Awareness Week）を毎年開催すると共に、1986年以降、マニラ市、ナガ市、セブ市において定期的に全国要理教育大会（National Catechetical Convention）を開催することとなった。また、こうした経緯の中で、当時の議長エスカレル司教（在任1988-1991年）の努力によって、フィリピン・カトリッ

1　要理教育刷新プログラムの展開

ク教育連盟（CEAP）との協力関係が確立するに至った[7]。1990年は「全国要理教育年」と定められ、その一連の諸行事のクライマックスとして全国要理教育大会が開催されるに至った[8]。

　また、これと関連して「聖書使徒職」即ち聖書普及の試みに関連の動きも出てきた。マニラにある全国カトリック聖書センターの他に、1978年に北部ルソン地方のビガンに聖書センターができたのを皮切りに、ダバオ（1985年）、マロロス（1986年）、セブ（1986年）、ルセナ（1987年）、イロイロ（1989年）の各地に聖書センターが設立されていった。1985年から10年間の「聖書をすべての家庭に」というプロジェクトも実施された。この時期「フィリピン聖書協会」においてプロテスタントと共にタガログ語、イロカノ語、パンガシナン語、セブアノ語、ヒリガイノン語、サマレニョ（ワライ＝ワライ）語の共同訳を完成させた。また、クラレチアン修道会はクリスチャン・コミュニティ聖書（Christian Community Bible）というフィリピン向けの英語聖書の翻訳を出版している[9]。

　NCDP作成の過程で、これに基づく要理教育教材も必要ではないか、との各地からの要請を受け、ECERIは1983年、「家庭要理書」（Family Catechism）と「フィリピンのための国民カトリック要理書」（National Catholic Catechism for the Philippines; NCCP）の作成に着手した。前者は比較的スムースに作成が進み1987年に発行された。また、「EDSA」以降、教会はフィリピン憲法の作成に影響を与えることに成功し、その第14条3項（3）は要理教育活動を公立学校内で実施することを認めている。「親または保護者による書面において表明された付帯的項目により、宗教は公立小学校およびハイスクールにて、通常教育時間内に、児童ないし被保護者が所属する宗教の宗教当局によって任命あるいは承認された教師によって、教育されることが許容される。ただしこれに

---

7) 1980年代まで、要理教育に関わるCBCPの委員会とカトリック学校の協議組織の間には積極的な連携が欠けていた。この点は、1970年代以降の要理教育刷新の動きが私立学校を舞台とした宗教教育と別の起源をもっていたことを暗示している。

8) Putzu 1992 :28-29

9) Almario 1989

対する政府からの追加的支出は認めない。」[10]

　他方NCCPは紆余曲折を経た。1984年6月には章分けと執筆分担を終え、1985年12月に完成する、との予定であったが、当時の政情不安から1986年2月の民主化政変への流れによって完全に中断されてしまった。1986年11月に作業が再開され、翌1987年1月に最初の2章のドラフトがCBCP全体会議で好評を得てCBCPがプロジェクト推進を後押ししたことで、1988年1月までの初稿の完成を目指すこととなった。結局初稿の前半は半年ほど遅れ、1989年7月に『カトリック信仰カテキズム　第1部：教理』(Catholic Faith Catechism, Part 1: Doctrine) として発行、翌1990年7月には『カトリック信仰カテキズム　第2部：道徳生活』(CFC, Part 2: Moral Life) が発行された。

　同時に1985年の司教代表会議で世界共通の要理書の発行の推薦決議があって以降、バチカンは『カトリック教会のカテキズム』(Catechism of the Catholic Church; CCC) の発行に精力を注いていた。NCCPのプロジェクトも、1992年に初版が発行されたこの標準要理書との整合性を持たせる必要が生じてきた。また、CCC（英語版）の出版及びタガログ語版の翻訳出版もECCCEの管轄であったため、これもあわせECCCEの負荷が増大することにもなった。また、1991年の第2フィリピン教会会議（PCP-2）に向けての準備が進められる中で、その決議文書（1992年にバチカンに承認された）を踏まえる必要も生じた。

　『カトリック信仰カテキズム　第3部：礼拝・秘跡』(CFC, Part 3: Worship/Sacraments) は第2部発行の2年半後1993年1月に発行された。ここでバチカンからの承認手続き問題、そしてそれと関連したCCCとの整合性の問題が生じ、1993年はこの調整作業に費やされた。

　1994年1月にCCC及びPCP-2を大幅に反映させた『最終草稿』がCBCP全体会議に提出された。4月には名称の『フィリピン人カトリック信徒のための要理書』(CFC) への変更及び内容の修正を加えてバチカンに提出、2年半の検討・調整期間を経て1996年10月にバチカンからの承認が下り、翌1997

---

10) 1987年憲法はフィリピン政府ウェブサイトに掲載されている。https://www.officialgazette.gov.ph/constitutions/1987-constitution/（2019年8月14日確認）

年1月にECCCEの議長であるレガスピ大司教がバチカンに赴いて最終的な承認を得、1997年7月にCFCは発行されることとなった。当初の計画より14年の年月が経過していた[11]。

このプロジェクトは10名ほどの多分野の執筆者の共同作業で進められたが、担当のロシュ神父の負担は大きく、彼の心臓の病などの事情も重なって[12]作業に思いがけない時間がかかってしまったということもあったという[13]。

(5) 経緯から浮かび上がるもの

まず、これが時期的に、CBCPにおける「穏健派」を軸とした主流派確立による政治的動員の本格化と機を一にしている点は明らかである。また、司教協議会が「ナショナルな」一貫した指導書や教材を作ろうとしたのに対して、小教区や地域や教会ごとの要望が多様でその調整に時間を要したこと、それと合わせて制度上の諸手続きのプロセスを経るために、結果として対応策に多少時間がかかった点も指摘できる。同時に、中央からの働きかけを待ってはじめてカテキズムの問題に取り掛かる地方の教区、小教区の教会の反応、しかも作業が緩慢な中で独自の要理教育プログラムの代案を提示したり教材を開発したりする主体性を発揮する様子も表面化せず、ECERI/ECCCE頼みにも見える[14]。さらに、バチカンとの関わりで手続きが複雑化し、加えてPCP-2の成果を踏まえる必要が生じるなどの偶発的な事情も重なったことでさらなる遅延が生じた。

特にフィリピンの状況にとって示唆的なことは、地方ごとの教区、小教区レベルと司教協議会のレベルでの要理教育に対する認識がかみ合っていない

---

11) CBCP 1997a: 5, 6 (Primer)
12) Putzu 1992: 30
13) Legaspi 1986; Guytingco 1995; Roche 1987
14) ただし、最終稿作成の段階になって突如、オプス・デイ(Opus Dei)のラトレ神父から異論が出され、きわめて保守的な教義論争を仕掛けてECERI側を当惑させる事態はあった。とはいえこれは「現場からの声」とは性格が違うように思える(Tacorda 1987)。

ということである。ECERI/ECCCEから見れば、教会の末端レベルの応答が消極的に見えることになる。しかし要理教育の現場の実情は必ずしもそうした「動員する側」の見方で割り切れるものではなかった。

2 要理教育を支える制度・組織

　要理教育プログラムの形成と並行して、それを方向づけ、動員・指導する組織が確立されていった。

　要理教育に直接携わるのは、カテキスト（catechist）と呼ばれる要理教育の教師である。彼らは小教区ごとに登録され、教区の要理教育ディレクターや、担当司祭を中心とする小教区や教区の司牧委員会の指導下に置かれる。本書の主要な対象時期である1990年代についてみると、要理教師の数は60,121人、カトリック人口の約1,000人に1人の割合であった。うち学校の宗教教師が常勤で約14,600人、非常勤で約33,500人、これに対し、小教区付の要理教師は約12,000人（信徒5,000人に1人の割合）であった[15]。要理教育センターの存在する小教区は約7割であった（3割の小教区には不在、ということになる）。要理教師は筆記試験及び実演試験を経て採用され、任職後一定の訓練を受ける[16]。要理教師を教育・訓練する教理形成・訓練機関は1993年現在で全国に40箇所、うち14箇所がマニラ首都圏に集中している。20箇所はECERIの活動が本格化した1978年以降にできたものであり、要理教育への関心の高まりに応じたものと見ることができる[17]。

　全国レベルで要理教育の働きを監督するのがECCCEである。マニラ市のCBCP本部内に一室を構え、レガスピ大司教が1993年以降2003年まで再び委員長を務めてきたが、ソクラテス・ビリェガス司教がそのあとを継いでいる。

---

15) NCOP/ECCCE 1996: 35
16) Wiegele 2005: 126-127
17) Putzu 1990: 3-9; "Catechetical Formation and Training Institutions in the Philippines" 1993: 29-30

2006年現在司教のメンバーは6名、秘書官2名[18]。また勧告委員会（Advisory Council）メンバーが各教会地域（Ecclesiastical Province）ごとに1名ずつで計16名であった[19]。そして筆者が2000年から2007年にかけての数回の訪問で接した限り、通常は担当の修道女が1名と1-3名の事務員が、十畳程度の事務室において季刊の*Docete*誌[20]をはじめとする出版物及び要理教育関係の資料を管理していた。

ECCCEは32の委員会・事務局のうちの1つであり、信徒育成庁ではなく、教義・宗教関連庁に分類されている。また、一般信徒の参加度の高い信徒委員会（信徒育成庁に属する）との関係は規定されておらず、実際の活動面での協力も限られている現状[21]とあわせて考えるとき、司教たちが要理教育という問題を、一般信徒の育成という観点というよりも正統教義の確立の視点を重視して取り扱っていることが伺われる。この点は、CFC作成の過程で特に教義上の整合性をめぐってバチカンとの折衝にかなり時間を当てていることからも明らかである。

3　要理教育の現場

では、要理教育はどのような現場で実施されることが想定され、また実施されてきているのだろうか。

要理教育を一般信徒の側から「教理についての教育を受ける場」として捉えるならば、主に、（1）ミサや行事への参加を通しての教育、（2）小教区教

---

18) http://www.eccceonline.org/commission/officers/index.htm を参照（2006年3月21日確認）。
19) Docete 2004: 41
20) 2005年8月にECCCEを訪問した際に入手可能だった最新号は、2004年4-6月号（第26巻117号）であった。
21) 試みにECCCE議長の2001-2006年の各年の年次報告を確認したところ、信徒委員会や信徒育成庁への言及は全く見られなかった。http://www.eccceonline.org/commission/report/annual/index.htm（2006年3月11日確認）

会による要理教育・実践、(3) 学校における宗教科目の任意選択制課内授業、(4) 信心業の活用、(5) 諸文書・メディアを通しての啓蒙、(6) 家庭を通しての信仰の継承、の6つの場が想定されている。そのうち教会の役割が性質上限定されており、実態の把握も容易ではない(6) を除く5つについて概観する。

(1) ミサや行事を通しての教育

　小教区教会は教会の基礎単位であり、位階制度の末端に置かれている小教区付司祭が信徒の司牧にあたる現場である。その活動の中心はミサ聖祭の執行を中核とした秘跡の実施であり、信徒に対する教会の動員は、基本的にこの秘跡への参加を軸とする。

　教会は、人々のミサへの参加、特にそこにおけるミサ式文や説教、及び時に司教やCBCPの司牧声明が朗読されることを通して、人々がキリスト教への理解を深め、キリスト教徒として成熟することを期待している。カトリックの秘跡の頂点、「いのちの糧」の与えられる聖体拝領の場であり、カトリック信徒のアイデンティティの要とされている[22]。また、ミサ典礼の刷新は第2バチカン公会議後に進められた典礼改革の要であり[23]、その改革は権威主義的構造から対等な平面的構造へ、また付属的装飾性を排した明瞭性、そして特に公会議まではラテン語であった式文の現地語化を始めとする「文化内化」(inculturation) により、神秘的シンボリズムよりもコミュニケーションの明瞭

---

22) CBCP 1997a: 415-449
23) 南山大学 1986: 7-34

3　要理教育の現場

さを優先する方向で進められてきた[24]。

　それでは、ミサの要理教育の場としての機能をどう評価すべきか。

　ミサの出席率は、1992年の教会の調査では信徒の18-20％とされる[25]。ミサの場で恒常的な教育効果を期待できる人々は限られ、元より宗教に熱心で要理教育の比較的進んだ人たちの割合が多いと想定される。逆に言えば、8割の人々にとってはミサが持つ教育効果はきわめて限定的であるだろう。他方でミサ典礼や説教がラテン語ではなく現地語や英語によるものとなり、式文の翻訳にも留意がなされ[26]、地場の音楽や聖歌の導入もイエズス会のホンティベロス神父などの積極的な努力もあって進められ[27]、これが年々発達するメディアによって、聖堂に常にいるわけではない周囲の人々にも広げられるようになってきている。2000年代に入るとショッピングモール内でのミサ執行のルールも整備され[28]、聖堂を持つモールや空きスペースでミサを行うモールも増えている。司祭が不在の場合のミサの式次第も整備され、信徒伝道者によって特に地方で行われるようになっている[29]。聖堂自体が多くの信徒にメッセージを伝えるメディアであるし、それがしばしば町の中心に、市場や役所と共に立っていること自体、そして日ごと週ごとにミサがそこでささげられ、多くの人々が集うこともメッセージである。拡声器が聖堂の内側だけでなく、外に向かっても取り付けられて聖堂周辺がミサの音響で満たされる。テレビでも国内外のミサが放映され、今やインターネットを通じて多くのプ

---

24) PCP-2は典礼の刷新も含めて積極的に「文化内化」について論じている（索引において"inculturation"は27項目）。しかし、CFCにおいては、「文化内化」の概念はあまり積極的に用いられず、より「伝統的」「普遍的」な形で礼拝論が展開されている（索引における"inculturation"は5項目のみ）。ここには、司教以外の参加者やオブザーバーの意見を積極的に取り込んで、一般信徒や現場レベルでのより現場志向の姿勢が反映されたPCP-2と、対してPCP-2への準拠を積極的にうたいつつもCBCPと神学の専門家の執筆、そしてバチカンとの折衝によって作成されたCFCとの相違が垣間見られる。

25) NCOP 1996; AORD 1995b

26) Diwa and Coronel 2002

27) Fay 2015

28) Sin 2002d

29) Diwa 2000a, 2000b

ログラムに接することができる。熱心でない人も含め、人々はカトリック的な所作や慣習に慣れ親しむことになる。つまり、コミットしている人は少数派でも、その外延に幾重にも情報の輪が広がっていることも無視できない。

そうした中でミサ中心の教会的活動に加え、教会暦に基づく伝統的祝祭、礼拝施設（小教区教会やコミュニティの礼拝堂・小聖堂（kapilya）を利用した記念式典や町祭りによって、多層的に「教会暦的な時間・空間イメージ」が社会の中に刻み込まれてきた。さらにバチカンやCBCPは、各地域の文脈と無関係に定めた「…年」「…週間」といった祝祭的な行事（及びこれについての啓蒙・宣伝活動）を上から一方的に重ねる。例えば2000年はキリスト降誕記念祝祭（ジュビリー）年とされ、1年を通じて特別行事・祝典行事に各教区が動員される状況となった。これらの聖なる記念スケジュールは平常の活動に彩りを与えると共に、ミサ典礼の執行を中心とした通常不可欠な業務の上にさらに上から義務とされる。

このため、教会刷新のためのより地道な努力は中断や延期や遅延を余儀なくされる。様々なカウンセリングなどを含む司牧的ケア、通常の慈善活動、小教区内の小グループの形成と教導、要理教育の取り組み、などの相談、指導の働きといった司牧上の基本的な事柄は多くの行事に紛れ、後回しにされやすいのである。つまり、教会からくる多くの宗教的発信の生むオーラがフィリピン社会に広く浸透してはいるが、そこでの教会の基本的な司牧はなかなか届いていかないということになる。

(2) 小教区における要理教育

小教区において要理教育は、その活動の中心たる秘跡への参加を支える重要な活動であるが、一般に洗礼や堅信礼などの通過儀礼の準備、及び児童向

けの初等教育としてなされるのが主流である[30]。近年はこれに加え、教会基礎共同体（BEC）などの教会内の自発的な集会組織における継続的な教会教育、聖書研究などの重要性が強調されている。CBCPの32委員会・事務局のうち6つ（ECCCE、信徒委員会、家族・生命委員会、聖書使徒職委員会、宣教委員会、青年委員会）が教会教育の促進を支援している。中心となるECCCEは教区レベルの要理教育センターを支援しつつ、指針や教材を提供している。1995年現在のカトリック人口57,023,484に対し、小教区数が2,408（小教区あたり23,681人の信者）、礼拝施設（司牧センター）数19,288（センター1つあたり2,956人の信者）、司祭数（含修道会士）6,654（司祭あたり8,570人の信者）、うち小教区直属の司祭が4,529（ひとりあたり12,590人の信者）[31]。以上に加え、既に挙げた要理教師についてのデータなどを加味しても、小教区の制度的な要理教育や司牧活動はごく一部にしか行き届かない。

　要理教育の教材については、マニラのカトリック書店などにある集会用の教材や学校の宗教のテキストを見た限り、英語の教材が圧倒的に多い。対して少数派のタガログ語の教材は2000年代にはいると改善がみられてきているが、最近までは概して質量とも比較的粗末で、しかも英語からの翻訳が多かった。タガログ語のオリジナルでも、教材の挿し絵には、聖書の登場人物はたいてい西洋人の顔をした人物が描かれ、カテキズムの対象であるはずの学ぶ子どもたちの姿も、西洋人の顔で描かれていることが多い[32]。CBCPは貧しい者たちの教会、またフィリピンに土着した教会を目指すことを主張してきたが、「宗教は外国から来たもの」という昔ながらのいわば「土着の理解」が継承されているかのような皮肉な状況が続いてきた。

---

30) 成人教育の重要性が再確認された1970年代以降においても、例えば1975年の世界司教代表会議における主題が「特に青少年に対する現代の要理教育」であるように、要理教育の中心は未成年者であり、またヨハネ・パウロ2世は『要理教育』において青少年に対する要理教育の優先性を確認し、学校における宗教教育が可能な場所であればあるほどそれを重んずべきである旨明記している（ヨハネ・パウロ2世1980: 48-55, 90-92）。
31) CBCP 1997b
32) 例えば *Katesismo ng Aral Kristiyano* 1-6; Guzman, *Katesismo ng Aral Kristiyano* などを参照。

近年信徒に読むよう勧められている聖書も、CBCPが企画したカトリック独自の翻訳よりもプロテスタントとの共同訳の方が入手しやすく安価である。また、CFCは英語版ののちにタガログ語をはじめとする現地語の版も次第に現れたものの、250ペソ（500円位）と庶民の日当並の値段であり、内容も難解である。より安価な英語の普及版が出版されたのは2005年である。

さらに要理教師指導のためのNCDPもまた、様々な問題を抱えてきた。1986年にはレガスピ大司教によって「1945年以来CBCPが公表してきた文書の中で最も重要なものだ」とすら言われている文書であるが、その同じ論文の中で大司教は「ほぼ発行後2年経ったにもかかわらず、受益者と目される当の人々の間であまり知られていない」と嘆いている。またこのNCDPの普及のためには担当者のジョセフ・ロシュ神父がひとりで、委員会はおろかチームすら組まれないまま孤軍奮闘している状況を問題視している。大司教は、NCDPは『全国カテキズム』が早期に発行されないと効果が上がらない、としてきたが、結局これがさらに10年以上待つ形となったのは、彼にとって不本意であったと共に、実際にもNCDPの意味と位置づけに障害をもたらしたことは想像に難くない。それを裏付けるかのように、NCDPは1990年代には絶版になっている[33]。その後改訂版が再び現れたのは2007年のことである[34]。

(3) 学校における「課業内選択制宗教教育」

アメリカ統治期以降、学校教育におけるカトリック教育の時間の確保は、長年、教会の念願であり努力目標であった。教会は1987年憲法において悲願の「課業内選択制宗教教育」を盛り込むことに成功した。同年のCBCPの司牧声明「ひとつの機会、ひとつの挑戦としての公立学校における宗教教育」

---

33) Legaspi 1986。タガログ語の翻訳が1995年に発行されているが、1999-2000年にマニラのカトリック関係の書店を廻って確認した限りでは、ECCCEの事務局のみに在庫があるという状況であり、アテネオ・デ・マニラ大学の図書館にすら見当たらなかったこともあり、少なくとも普及しているとは言いがたい。

34) CBCP 2007

3　要理教育の現場

には、抑えきれない喜びが溢れている。

　教会は学校での宗教教育を、家庭の宗教教育と結びつけて理解している。例えばNCDPは「伝統的なクリスチャン家庭の美徳の継承」の重要性を挙げ、これに対して「近代化に伴う世俗化＝家族主義の動揺」の脅威を強調する、という伝統主義的な教育観に立っている[35]。「『伝統的クリスチャン家庭』の親が自分たちの宗教を子どもに教育する権利」という考えがすなわち「親の宗教を学校で子どもに教えてもらう権利」に転嫁され、1987年憲法第14条3項(3)に規定された学校での「課業内選択制宗教教育」を推進する姿勢に反映される。これは、公立学校において、親の任意に登録した宗教の教育を一定の限度内において、学校の授業課内で受けられる制度である。ECCCEは、(1)親は自分の宗教を子供に「学校教育で教えてもらう権利」があり、(2)親の大多数はカトリックである、ゆえに、(3)大多数の子どもたちが学校でカトリック教育を受ける権利がある＝受けていて当然＝大多数の子どもたちがカトリック教育を学校で受けられるよう取り計らうのが政府の責務だ、という主張を掲げる[36]。

　しかし、現実には宗教教育の行われていない公立学校が多い。ECCCEの1988年の調査によれば、公立小学校における宗教教育の施行率はECCCEの基準では、十全（51%）、部分的（33%）、未施行（16%）、公立高校（ハイスクール、小学校卒業後4年制）では、十全（32%）、部分的（23%）、未施行（45%）となっている[37]。（ちなみに同調査において、宗教教育上の制約のないカトリック系私立学校の生徒数は、小学校332,630（小学生全体の3.33%）、高校622,795（高校生全体の17.04%）である。）

　これに対してECCCEは公立学校での宗教教育がカリキュラム上不遇なまま放置されていると不満を表明するのみならず、学校側が憲法の定めた親達の

---

[35] CBCP 1983a: 22-24, 29-31
[36] ECCCE 1993
[37] Putzu 1990a, 1990b。この調査は部分調査を基として類推したものであり、やや正確さを欠くことは調査報告にも述べられているが、基本的な傾向は十分に示されていると判断できる。

第 4 章　要理教育刷新の展開

図 4-1　公立学校における宗教教育の施行率

教育権を侵害していると非難している[38]。しかし憲法の「親の書面での請求に応じて宗教教育は任意でなされる」という規定を踏まえるとむしろ、多くの親が教会の言う「権利」を行使しようとしていないと考えられる。ちなみに「カリキュラム上の不遇」とは、教育省が宗教教育の時間を制限していること、また出席の難しい時間帯に最小限の時間しか割り当てられていない、ということなどが挙げられているが、市川は、そのインタビュー調査の中で、教会が公立学校の校長たちに働きかけてカリキュラム上の便宜を図らせるケースを観察しており、1990年に「実際に宗教教育のために正課の授業時間が削られるケースが見られた」という。これを踏まえると、ECCCE側の主張は割り引いて考える必要がある[39]。

そもそもこの制度を十全に実行に移すために教会側の資金的・人的準備（具体的には宗教教師の数とその人件費）自体が圧倒的に不足していることをECCCE自身が認めている。また、多くの家庭が宗教教育に「無理解」であり、さらに小教区司祭が学校での宗教教育にあまり期待していない、といった背景があることも指摘している[40]。ECCCEの調査報告者プツ神父は、この現状への対策として、「一般信徒」が自発的に資金負担をして充当するシミュレーションをしているが、そこではカトリック信徒に分類された人々、すなわちフィ

---

38) ECCCE 1993
39) 市川 1999: 191-192
40) Putzu 1990a: 5-6

3　要理教育の現場

リピン人口の80％以上の人々がみな等しく資金提供するという、現状の教会の動員実態と乖離したものとなっており、現実味に乏しい[41]。

カトリック系私立学校の大半はフィリピン・カトリック教育連盟（CEAP）に加盟している。このCEAPもECCCEも基本的にカトリック学校における要理教育の内容についての問題意識が希薄である。CEAPは機関誌 *Perspective* を発行しているが、その議論の中心は、マルコス体制下においては財政面での困難と政府の補助金の必要であり、民主化後は政治教育と平和教育の理念であって、青年の宗教観や実践の現状についての分析は少なく、特に現場レベルでの要理教育上の課題はほとんど取り上げていない。また、ECCCEは青年向けの要理教育全般についての関心を示してはいるが、機関誌 *Docete* の学校での要理教育についての現状分析も、カトリック校における要理教育は十全になされている、という前提で専ら公立校に関する問題のみを扱っている[42]。諸教区の問題を扱うCBCPの下部組織として、主に修道会立である私立学校の問題は管轄外とはいえる。

一般書店に在庫のある学校の宗教教育で用いられている教材は、カトリック書店で売られている小教区等で用いられるための一般向けの教材より、内容も分量も充実しており、しかもはっきりと新しい教会要理書（特にCFC）に準拠したものとなっている[43]。ただし英語のものが多く、特に学年が上がるにつれその傾向が強まり、ハイスクールに関してはほぼ英語のみである。

またフィリピンのカトリックの要理教育は、もともと学校での宗教教育の比重が著しく高かったのであり、その傾向は、教会指導者層の方針転換があったあともほとんど変化がない。同時に、ECCCEとCEAPの連携が最近になってやっと始まったことに示唆されるように、学校における宗教教育と教区・

---

41) Putzu 1990b: 34
42) Putzu 1990b: 27
43) 例えばハイスクールの宗教教材のひとつは、元デ＝ラ＝サール大学学長でエストラーダ政権期の教育長官ゴンザレスの編集になるものである。Phenix Publishing House出版のこの "Living with Christ" というシリーズは、2004年出版、4年プログラム、全8巻計6名の執筆者によるもので、全体で1200ページを超える。

小教区との連携が著しく欠けていることが、ECCCEの関係者からも指摘されている[44]。

(4) 信心業の活用

特定の信心業のために自発的に集まる人々の動きは、町祭りへの参加のような集団的なものもあるが、その場合も含め、個人の願掛けや祈願成就への感謝が動機の中心を占める。ある意味で個人的な性格を持っており、特にその動機や信仰理解については個別性がはなはだ大きい。

信心業がキリスト教徒としてのアイデンティティを強め、キリスト教理解につながる可能性については、ヨハネ=パウロ2世も「よく利用されるならば、キリストの神秘とそのメッセージの認識を深めさせる上に大いに役立つことのできる要素もあります」としており[45]、フィリピン教会の公文書も、この点について期待をこめて言及している[46]。また教会は信心業、特にフィリピンにおいて熱心に行われている聖母マリア信心について、多くの人々の崇敬を集める聖像への信心業が実践されている教会を聖堂として認定するなど、奨励する姿勢を示してもいる[47]。しかしCBCPは信心業を教会的に動員しようとしているとしても、その方向性は具体的なものとなっていない。

例えばマニラ首都圏パラニャケ市のバクララン教会における「我らが絶えざる御助けの聖母像」(Icon of Our Mother of Perpetual Help) への「ノベナの祈り」の信心業は水曜日の集会を中心としており、毎週10万人もの信者たちが集う。1948年にバクララン教会に導入されたこの信心業は、戦後のリパ市での聖母顕現の風評に触発された聖母信心の復興、ラジオとテレビによるバクララン

---

44) この連携不足については、小教区側が干渉を嫌うこと、他方青少年の宗教教育を学校に任せてしまい関わることに消極的な傾向が強いことが主要原因である、との指摘もある (Putzu 1990a: 6)。
45) ヨハネ・パウロ2世 1980: 70
46) CBCP 1992 (Conciliar Document): 64-65, CBCP 1997a: 437-438
47) Diocese of Antipolo 1990; Delos Reyes 1995

3　要理教育の現場

の信心業の報道などをきっかけに評判を呼び、人気が定着するに至った。この水曜日のノベナは確かに教会が主催しているものではあるが、主日ミサのある日曜日よりも水曜日に人が多く集まっている現状はきわめて示唆的である。ヘチャノバ修道士は、かつてミサがラテン語で、ノベナが現地語（タガログ語）で行われていたことが背景にあると述べている。結局教会側の再三の懸念の表明にもかかわらず水曜日に来訪する人々の方が多く、ついには、ミサに参加できない人たちのために聖餐式の中心である「聖体」をミサ聖祭以外で提供するという特別な慣行を認めるというところまで教会当局側が折れるに至った。1960年代の典礼刷新の中でのバチカンからの「過剰な聖母マリア信心の修正」の要請に対しても、教会は最小限の修正で乗り切った。こうしたいわば妥協のプロセスは、教会サイドが一方的に庶民の信心に配慮した結果でしかない。信心家たち（mga deboto）と教会の間で相互の積極的な交流・対話がなされた形跡はほとんど見られない。またバクラランは教会やその信心業と並んで、その周囲に広がる市（マーケット）ゆえによく知られており、この「お宮参り」の宗教的な意味づけは人によって様々で、一概にこれと定められない[48]。聖母崇敬について、教義や教会の規定にとらわれない信徒の自発的な活動が広がっている点について、いくつもの研究の中で言及されている[49]。

　CBCPにおいて信心業及び祝祭に関わるのは1委員会（文化委）のみである。

　後章で述べるように、近代カトリック教会の宣教観は概ね近代化論に基づく発展史観の傾向が強く、庶民レベルの様々な信仰実践をいわば「あるべき発展の前段階」と見る傾向がある[50]。このため、個々の神学者たちによる様々

---

[48] Hechanova 1998: 1-66。ちなみにバクラランのマーケットには近隣在住のイスラム教徒の売り子の姿も目立つ。
[49] Sapitula 2014; De la Cruz 2015
[50] Torpigliani 1984a

の考察[51]や現場の司牧者による実践[52]などからの提言はあるものの、なお教会は現状を位置づけかねている。一般論として信心業を人々の熱心な信心の表れとして肯定的に評価するとしても、具体的に信心業を重視した要理教育を展開することはごく限られていた[53]。こうした微妙さゆえに、司教たちは公的には信心業についてのあからさまな言及を避けることが多く、PCP-2やCFCにおいても、その詳細に立ち入ることを回避してきた。

(5) 諸文書・メディアを通しての啓蒙

　CBCPはメディアの積極利用に努めている。カトリック放送局ラジオ・ベリタスの活動があり、またそれ以上に重要なのが、メディア事務局を通じてのマスメディア向けの記者会見である。近年は公式ホームページなどのウェブメディアを活用した情報発信も定着してきた。教会の司牧声明もミサでの朗読においてだけでなく、一般のマスメディアを通じてその内容が広く報道される。司牧を中心的に担う司祭が絶対的に不足している現状の中で、不特定多数に対してメッセージを届けるのには効率のよい方法であろう。
　しかし、司牧声明は政治関連のものが他を圧倒しており、教会生活、信仰生活に関わるものは少ない。また、提言に関しても、結局政府に対するアピールや、またしばしば主語抜きで「…されるべきである」といった受動表現が用いられることが多く、具体的な提言というよりは時事評論に終わっている場合も多い。信徒として何を学び、どう判断して行動すべきなのかの判断が読み手に委ねられていることが多い。また文面は英語がほとんどで、しかも大多数の英語があまり得意でない人々、教会が言う「貧しい人たちの教会」には理解不能と思われるような難渋な表現が目立つ。「司牧声明」には「司

---

51) Beltran 1987; Dogillo 1978; Francisco 1988a, 1988b, 1989; Gelido 1978; Gorospe 1966, 1970, 1986a, 1997; Jacob 1976; Mercado 1979, 1982, 1990, 1992; Paguio 1991; Panganiban 1986; Pena 1987; Pinon 1981; Sevilla 1988; Villote 1986a, 1986b, 1986c; Villegas 1992
52) Villote 1981; Vitor 1998
53) Sevillia 1986; Valenzuela 1977; Verberne 1977

牧」つまり信徒のケアよりも、政治的なアピール、ないし社会の道徳指導者としての立場の表明の方に重点が置かれている。マスメディアを通じてデモや祈祷集会への参加を呼びかけがなされており、重要な政治的イシューにおいてこうした動員が様々なレベルで行われる。そして教会の政治動員関連の報道の頻度は近年特に高まっている[54]。その動員力はイシュー次第であり、教会の意向だけで大衆動員を意のままにできるわけではないが、1997年の改憲反対祈祷集会の場合のように、政治情勢と教会の動員の方向性が合うときには、100万人規模の動員がなされることもある。

　以上から、教会指導者層は、広い意味での要理教育への動員について、一般信徒が比較的積極的に関わる信心業と祝祭を活用できておらず、教会活動への信徒参加はまずまずではあるが今ひとつ進展せず、社会的動員は一定の効果を持つため政治的影響力は大きいものの人々の積極的応答を生むところまで進んでおらず、イベントとメディアを通しての政治的動員という間接的な方法に依存している、と整理できる。つまり要理教育の刷新が叫ばれ、多くの資源が投入されたが、その効果は要理教育の刷新、という目標の達成に向かっているのではなく、むしろ違った効果、特に現状維持的な効果を生んでいるようにすら見えるのである。

4　要理教育をめぐる緊張

　カトリック教会の要理教育に関する問題は、教会指導者側の視点から見た現場における「浸透度」と「距離」という観点以外から問題を立てることもできる。現代フィリピンの宗教に関する問題全般について昨今の動向を考えると、論点は必ずしも教会との関わりあるいは教会からの疎外だけではなく、むしろ同時に、教会指導者の意向とは独立したところで様々な宗教の（再）活

---

54) 筆者は1998年より現在まで新聞メディア（主にインターネット）を追う中で、ほぼ毎日数件の教会関連の記事を見つけている。

性化が起こり、独自の世界観と霊性生活を生み出していることこそが、社会的にもマスメディア的にも、そして学問の世界でも、はるかに注目度が高い。そしてこの宗教の活性化状況は、教会の要理教育との間に緊張関係を生じさせることとなる。

　ここでは、特に1970年代に独自の神学と信仰実践において注目された「格闘の神学」の系譜の運動、1980年代以降急速な勢力拡大を見せるカリスマ刷新運動、そして伝統を継承しつつ変容を遂げつつある町祭りや信心業、の3つの事例における「要理教育」問題を取り上げる。

(1) ミンダナオ＝スールー司牧協議会におけるキリスト教基礎共同体と要理教育

　1970年代の諸教会は、教会の「現代化」とマルコス戒厳令下の開発主義と人権侵害の只中で、新しい教会のあり方を模索していた。フィリピン南部のミンダナオ＝スールー地域は、イスラム分離独立運動とこれに対する大規模な政府の掃討作戦を抱えるため平和問題について一層深刻な状況下にあり、司教層のイニシャティブと小教区司祭、修道会、一般信徒の自発性が結びついて、ミンダナオ＝スールー司牧協議会（Mindanao-Sulu Pastoral Conference, MSPC）が持たれるに至った。MSPC自体は教区、小教区における教会刷新と包括的人間開発／発展に関するアイデアを交換する場であったが、常設の事務局を持ち、全国社会行動事務局（NASSA）の下部組織ミンダナオ＝スールー社会行動事務局（Mindanao-Sulu Secretariat for Social Action, MISSSA）と連携して、キリスト教基礎共同体（BCC）を土台に、草の根の教会形成による教会刷新と平和・人権の促進を目指した[55]。

　「草の根の教会形成」のために、特に新しい教会観と実践性・社会性の高い教育という土台が必要とされるようになった。教会の進歩派や急進派は、ブラジルのカトリックの教育学者パウロ・フレイレの影響を受け、既存のトッ

---

55) Kinne 1990: 43-66, 107-108

4　要理教育をめぐる緊張

プダウンで体系化された教理の教え込みに異議を唱え、根本的に既存のものでない教育を構想した。その要は、①現地語による簡明なコミュニケーション、②教条の教え込みでなく、対等に対話する参加型のスタイル、③生活問題の分かち合いから始まり、聖書をともに読み、生活に適応する聖書研究、④社会問題の（ネオ・マルクス主義的、従属論的な）構造分析の必要、⑤一般信徒指導者の積極的な養成とネットワーク作り、⑥BCC活動との有機的結合、などである。こうした中から独自の教材、ノウハウ、セミナー、ネットワークが積み重ねられていった。

　これらの自発的・内発的な活動の中で、バチカンやECERI/ECCCEの指導書、要理書などの外部からの権威的な教えが入り込む余地は少ない。ミンダナオで共産党勢力が急成長する中、MSPCやBCCの活動がマルコスにより「共産党の浸透」のレッテルを貼られて迫害を受け、司教たちも徐々に懐疑的になってこれに距離をとるようになる流れの中で、同時に内部に相互不信を抱えながら格闘していたミンダナオ＝スールーの教会にとって、NCDP作成への協力要請のような働きかけに積極的に答える必然性は少なかった。この点を裏付けるのが、MSPCでのカトリック教育機関における要理教育内容への根本的な疑義の提起であった。MSPCは、既に1977年の第3回会議の時点で「われわれが直面している問題は、カトリック学校の存続よりもむしろ、その存在理由そのものである」と言明しており、これを踏まえて1980年のMSPC第4回会議の準備チームはMSPCの事務局及び司教たちに対して提出した報告書の中に「教区はカトリック学校に対して、その存在理由を再吟味し、正義と愛に向かうキリスト教共同体建設におけるMSPCの目標の採用を促し手助けするように」との提案を出した。これに対して1980年の「ミンダナオ＝スールー・カトリック学校調整協議会」は、「カトリック学校はそもそもすでに教会の使命遂行に十分応えているではないか」と応酬する事態となった[56]。

　NCDPの作成において、地方の教区・小教区レベルの応答は緩慢で消極的な傾向があった旨指摘したが、以上の経緯から、部分的にはこうした独自の

---

56) Kinne 1990: 95-106

草の根教会教育の姿勢があったことが要因と推察される。キリスト教基礎共同体＝共同体組織（Basic Christian Community - Community Organization, BCC-CO）運動はミンダナオ＝スールーを越えて、1980年代前半には全国的なネットワークを形成しており、特にビサヤ諸島ネグロスの活動がよく知られている[57]。他方、こうした活動が特に積極的に立ち上げられることなく、伝統的な教会形成、すなわちミサ聖祭を中心とした基本的な行事と通過儀礼以外に、庶民生活において教会の存在が遠いものになっている教区も少なくなかった。こうした教区がNCDPへの協力に消極的だった場合については、むしろ要理教育ないし教会教育の優先順位が低かったことを示唆していると思われる[58]。

(2) カトリック・カリスマ刷新運動エル・シャダイにおける独自の要理プログラム

　1980年代以降のプロテスタント福音派に源を持つ「新生運動」は、新しい集会・礼拝スタイルと共に、新たな信徒訓練やカウンセリングの方法を導入した[59]。フィリピンにおいては、カトリックのカリスマ刷新運動が、プロテスタントのカリスマ派や福音派と競合、協調、相互利用関係を持ちつつ、大規模な追従者の動員に成功してきたが、その中でも特に1980年代初頭にマイク・ベラルデによって始められた「エル・シャダイ」はマニラの貧困層を中心に800-1000万人といわれる動員力を誇る一大勢力をなしている。
　エル・シャダイのカトリック・カリスマ刷新運動の中における特徴は、アメリカ・プロテスタントのメディアを活用した大衆伝道の手法に倣ったこと、特にラジオ、テレビの活用と、頻繁な大衆集会を積極的に取り入れたことである。また土着の諸霊のうごめく世界像を背景に、諸活動に参加すれば神の祝福を受け、霊的戦いにおける勝利と豊穣が保証されるとしている[60]。

---

57) オブライエン 1991（O'Brien 1987）; McCoy 1984
58) Putzu 1987f: 14-17
59) Aragon 2001
60) Wiegele 2005: 16-58

4　要理教育をめぐる緊張

　もともとベラルデ自身は「名ばかりのカトリック信徒」であったといい、カトリック信者をやめる気はなかったが、特にアメリカのプロテスタント・テレビ伝道者に感化されて活動を始めたため、一方ではカトリックに所属し続けるための制度上の手続きをとる努力を進め[61]、他方でその信仰理解（神学）は、カトリック的伝統（聖人崇敬、聖母マリア信心、ミサ聖祭の集会形式など）に対しきわめて批判的である点でプロテスタント福音派との共通性が多く、「カトリック教会に刷新をもたらす」ことを目指しているところも特徴的である[62]。

　こうした中で、一般信徒たちは悪霊を退散させ祝福を受けるためにエル・シャダイの放送を生活の中で流し続け、週毎に地域の集会と、可能な限りマニラ首都圏での大集会に積極的に参加する。司会者や説教者は多くの決まり文句を用い、「アーメン」「ハレルヤ」「主をほめよ」などの決まった応答が繰り返され、多くのポップな歌、熱烈な祈り、そして多くの人々による、エル・シャダイのおかげで素晴らしい経験をしたという「証」が披瀝される。公式のミサ典礼とは異なった、よりアメリカ・プロテスタント流の「大衆伝道集会」の流れに近い典礼スタイルが形成されていることが見て取れる[63]。

　1999年4月1日の聖木曜日に筆者はマニラ城壁都市内のマニラ大聖堂をはじめとする諸教会を散策し、聖週間（イエス・キリストの受難を想起する教会暦上の時期）の厳粛な信心業が行われる様を観察した。そののち、帰路の途中リサール公園に来た時、爆音で「ハレルヤ、イエスは生きている！」と踊り歌う大群衆を目にして立ち寄った。エル・シャダイの集会であった。「カトリック教会はキリストの受難を記念して十字架の道行きなどの信心業と共に厳粛に振舞っているのに、なぜあなたがたはイースター（キリストの復活を祝う記念日）の大音量の音楽でキリストの復活を今祝っているのか？」と尋ねると、スタッフの白い制服を着た婦人は「イエスは既に復活されたのですか

---

61) Wiegele 2005: 19; Gorospe-Jamon 1999: 93-96

62) Wiegele 2005: 50-51, 125-130

63) Wiegele 2005: 41-57; Gorospe-Jamon 1999: 97-116

ら！」とこともなげに答えた。こうした態度にも、カトリックにおけるエル・シャダイの特異性の一端が見て取れる。

　そうした人々の中からセミナーを受けた人たちが指導者として立てられ、彼らは週毎に本部のセミナーを受講する。この「弟子訓練」については正式にはカトリック司祭が監督する制度が確立されてはいる[64]が、実践レベルでこの「弟子」たちが参照しているのは指導者ベラルデの説教スタイルに他ならない。

　さらに、エル・シャダイの信徒たちの中には、こうした信仰理解を保持しつつ要理教師になる人々のケースも報告されている。そして、こうした人々が現場レベルで、要理教育のあり方をECCCEとは異なる方向に変えていく様子も観察されている[65]。

　エル・シャダイの貧しい一般信徒たちの多くは、一方では社会的地位の低さもあって公式の要理教育からは疎外されていることが多く、小教区教会よりもはるかに面倒見がよく共同体的な関係も強いエル・シャダイの信仰教育の中に深く浸されている。ECCCEはこうした「無教育」でないが教会の意向に沿うとは限らない信徒たちを理解する枠組みを提示していない。

(3) 町祭り（フィエスタ）における聖人神話の継承

　教会の要理教育が行き渡っていないからといって、人々の宗教性があたかも「空白」か何かでもあるかのように消極的に捉えることは適切ではない。むしろ、人々の間には「カトリック」「キリスト教」の「名」と、教会や聖人像といったものの「場」を自分たちの宗教感覚、生活感覚に沿う形で満たしてきた諸実践がある。

　そうした中で、教会が認定する要理教師が二重の役割を果たすケースについての報告がある。要理教師は小教区による試験に合格し、任命を受け、訓

---

64) Gorospe-Jamon 1999: 96
65) Wiegele 2005: 126-127

練を受け、要理教育センターの指導を背後に、学校や小教区の下で要理教育を、主に児童向けに行う正規の宗教教師である。しかし、デ＝ラ＝パスがルソン島ケソン州ルクバンで観察したところによれば、表向きではこうした活動をしている人々が、教会の意向とは別の信仰継承を行っているという[66]。

　年一度の町祭りは、町の中心にある小教区教会及び広場を舞台とし、町の名士一族が保有する聖人像を中心に営まれる。小教区司祭は聖人像のご利益を中心としたこの祭りが教理的に正統でないと理解しているが、これを黙認するより他ない[67]。この聖人像の由来をめぐっては、聖像の持ち主、これを担いで回る男たち、そしてこの聖像の世話をする女たちがそれぞれ別の伝承を保持し、継承している[68]。毎年聖像の世話をする女たちは熱心な信者でもあり、その多くが町の要理教師でもある。彼女たちはその自分たち特有の解釈による伝承を要理教育の場で教えている。これは時に公共要理と矛盾することになる[69]。これは１つの事例に過ぎないが、カトリック教会の要理教育（教師）が制度上行き渡っている場所であっても、教会の期待するような指導と信仰継承のプログラムが行われる保証がない現状をよく示している。

5　教会指導者層の要理教育に対する姿勢と動機

　カトリック教会の要理教育と教会の動員構造、そしてそこにみられる緊張関係の全体像の中で、なおその根底に、教会指導者側に要理教育こそが重要であるとの認識があることは、改めて確認する必要がある。1991年のPCP-2

---

66) De la Paz 2003
67) De la Paz 2003: 5-6。ここには聖像行進の際の飲酒についての言及があるが、マニラのキアポ教会（Quiapo Church）の黒ナザレ人像（Black Nazarene）の行進もまた参加する男性の飲酒慣行と激しい押し合い引き合いの儀礼、これに対する教会側の不興で知られている。
68) De la Paz 2003: 4-5
69) De la Paz 2003: 5

第 4 章　要理教育刷新の展開

においても、「刷新された要理形成こそ刷新された福音化の第 1 の要素である。要理教育を受けたフィリピン人は足りず、受けた人も十分要理形成されているとはいえない」と改めて指摘している[70]。そうした中で、具体的にCBCP、あるいはECCCEが想定しているのは、教区・小教区の指導の下「正統教理」を体系的に教える教師、できれば専門性の高い有給の教師が、「国民の多数派」を占めるはずの人々、特に学校に通う若い世代全体に届くだけの人数分確保されることである。そこに、要理教育の支障のない実施のためには、公立教育の課内授業制度が不可欠と考えてしまう理由も見いだされるだろう。また前にあげたような、「国民の 8 割を占める信徒」が「一人ひとり均等に負担すれば」学校における要理教育の費用が充当できるはず、というような非現実的な想定を公然と記してしまう発想も出てくるのだろう。

　フィリピン社会の草の根レベルでは、ある種の宗教復興、ないし霊性の再興の流れがある。他方で、社会の世俗化と人々の教会離れに危機感を持った教会の「再福音化」の動きもある。CBCPがカトリック・カリスマ刷新運動の受容・取り込み・動員と併せて要理教育の制度化に取り組んだのはそうした背景の中でのことであった。教会の動きは、社会の宗教をめぐる変化の流れの中で起こったこととして考える必要がある。では、教会は現代フィリピン社会とその宗教の動向をどのようにとらえているのだろうか。そしてその中でどう動こうと考えているのだろうか。

　第 2 章、第 3 章で見た教会の政治関与、そして本章で検討した要理教育刷新努力の背後には、教会指導者層の「フィリピン社会」に対する理解・解釈・態度、そしてその中で教会がどのように刷新されるのが望ましいかについての示唆がある。1980 年代以降教会が重点的に努力を傾けていることの意味を理解するためには、教会刷新に関する根本概念と実践、教会指導者のフィリピン社会に対する見方、及びこれに対する現実の社会の諸霊性のダイナミクスを踏まえ、その文脈の中に教会の戦略を位置づけてみる必要がある。

---

70) CBCP 1992（Conciliar Document）: 60

第5章　教会刷新ビジョンとフィリピン社会

聖木曜日、マニラ市の観光地、歓楽街であるエルミタの通りを進む、エルミタ教会（御守りの聖母大司教区聖堂（Archdiosesan Shrine of Nuestra Senora de Guia））の聖像の行列。ミサののち、司祭を先頭に、教会奉仕者が続き、イエスの亡骸の像が箱に入れられて担がれ、信徒たちがそのあとを続いて街を練り歩く。すべての店はこの日閉店しており、店員と思われる近所の人たちが物見遊山にぼんやりと眺めていた。
（マニラ市エルミタ地区デル・ピラール通りにて　2007年4月5日　筆者撮影）

1980年代以降同時並行的に行われてきた政治関与の枠組形成と要理教育刷新プログラムは、共に教会論的動機を帯びている。教会指導者層の姿勢を包括的に理解するには、「フィリピンにおける教会のあるべき姿」をめぐる教会の考え方の解明が不可欠である。本章では、教会自身が掲げる教会刷新のビジョン、その背後にあるフィリピン社会観を論じ、「草の根」の教会の姿や社会における諸霊性の実態と対比することで、その意味を探る。

1　教会論・宣教論の形成と実践

(1) 教会ネットワークの二重性

　教会の管轄地域区分を改めて上位から順に並べていくと、まず当該国の司教協議会のレベル、大司教区を中心としていくつかの教区をまとめた宣教区、司教1名〜数名で監督する（大司）教区、担当司祭の置かれている小教区の順番となり、準行政官僚制的な構造になっている。小教区は担当司祭と信徒代表からなる小教区司牧委員会（parish pastoral council）が基本的な運営責任を負う。また、コミュニティ・レベルの教会共同体として構想され実践されてきている教会基礎共同体（BEC）の活動を監督し、促進する立場にある。

　これと同時に重要なのは、小教区レベルの社会行動センターである。CBCPの社会行動・正義・平和全国事務局が、教区レベルの司牧センターや社会行動センターと協力して、地域レベルのBECや教会関連のNGOを支援する。よって、教会のいわば末端の活動として位置づけられているBECは、教会ヒエラルキーの傘下にあると同時に、コミュニティの独自の活動主体として全国レベルの教会・社会ネットワークにも支えられる仕組みになっている。社会動員のネットワークは整っており、例えば大規模災害時などには、政府は教会の緊急援助プログラムに大幅に依存するし、選挙監視においても教会関係のボランティアのネットワークは大きな役割を担う。この社会ネットワークは国家の公共的機能の弱さを補うような側面をもっている。

　宗教組織としての狭い意味でのヒエラルキー構造を持つ教会と、社会貢献する宗教コミュニティのネットワークという広い意味での教会。この両者が折り重なりつつ展開している実態こそが、教会の公共問題への関与を社会的に裏付けている。

(2) 二重の教会論・宣教論と制度の形成過程

　こうした教会の仕組み、そしてそれを支える神学は、どのようにフィリピンにおいて確立したかを、主にGirodano（1988）及びKinne（1990）に依拠して明らかにする。

　フィリピン・カトリック教会の伝統的な教会論は、聖職者中心主義的、位階制中心主義的、既得権益保守主義的なものであった。その活動は、元々典礼と要理の宣布を中心とした活動に慈善事業が付随し、さらに修道会の様々な「カリスマ」に基づく諸分野での社会的な諸活動がこれに加わっていた。修道会は、その存在意義としての「カリスマ」（神から与えられた団体や個人に固有のユニークな長所とそれを活用して神と人々に貢献する責務）の内容を不断に問う必要があり、そのため宣教と社会活動の関連という問題に幾分敏感ではあった。それに対して教区・小教区付の在俗聖職者は、典礼や秘跡の執行がその活動の中心に置かれており、それに対して慈善は付随的で司祭個人の資質と意思次第、というように、優先順位が比較的明瞭であるため、典礼や宣教と社会関与を積極的に結びつけた教会論・宣教論を構想する必然性に乏しかった。

　この点に重大な変化をもたらしたのが第2バチカン公会議であった。教会論と社会との関連で重要なのは「教会憲章」と「現代世界憲章」である。「教会憲章」は一般に「教会」を「ヒエラルキーを中心にした完成された聖なる社会」と見る見方を取り下げ、信者の群れつまり「神の民」である、と再定義した。また聖職者を「統治者」というより「奉仕者」とし、信徒の現代教会・社会における役割を積極的に評価した。同時に、聖職者の「キリストの代理者」としての指導的役割を再確認してもいる。教会は信仰者の共同体であって、信徒は重要な役割を担うという理解と、他方で聖職者は信徒と区別された特別な指導的役割があるという理解、この2つをどう調停するか。その点が同文書においては明瞭とはいえず、しばしば論争の種となってきた[1]。

---

1) 南山大学1986: 47-98

第5章　教会刷新ビジョンとフィリピン社会

　他方「現代世界憲章」は、教会のミッション（宣教＝使命）を人類全体の解放におき、「教会は人類社会の魂または酵母として存在し、それをキリストにおいて刷新して神の家族に変質させる使命を持っている」と論じる[2]。この「神の家族に変質させる」が必ずしも改宗させることとは限らず、むしろ人間の尊厳をどう回復させるかという問題に帰着していることが多い。このため、教会憲章の「神の民」（教会）と現代世界憲章の「神の家族」（人類社会）とはどうつながるのか、という問いが生じてきた。それは「教会が宣教すること」と「人類社会の変革に指導的役割を果たすこと」との関係に関する問いである。

　そしてカトリックが多数派のフィリピンにおいては、信徒と国民がかなり重なることもあり、「神の民」と「神の家族」の曖昧さは意識されないことが多く、それだけ宣教と社会関与の間の「区別」よりも「関係」に関心が集中するかたちで教会論・宣教論上の様々な立場が形成されやすい。教会論・宣教論についてはそれまで保守的な傾向の強かったフィリピンの教会も、第2バチカン公会議の衝撃、及び社会変動の中での特に末端の司祭、信徒指導者、神学者、神学生などの新たな変革努力によって、1960年代以降、変化の兆しを見せるようになった。第2バチカン公会議以前にも様々な社会改革の試みがなされていたが、教会論は第2バチカン公会議を契機に急進化する可能性に開かれていった。

　同時に、教会指導者の中には「フィリピン社会はアメリカ統治以降の資本主義・自由主義・近代化の流れに伴って著しく世俗化が進んでしまった」という問題意識が長らく共有されていた[3]。そうした考えは、20世紀初頭以降の教会公文書類における、ヨーロッパの宗教状況を背景とした「世俗化論」の影響をも反映していた。教会の社会的影響力が後退することへの懸念も重なり、教会刷新への機運が熟成されていった。

　第2バチカン公会議後、教皇パウロ6世（在位1963-1978年）のもと新たな

---

2) 南山大学 1986: 353
3) Bulatao 1965 (1992): 15

1 教会論・宣教論の形成と実践

教会論や宣教論が積極的に提起されてきた。特に現代世界憲章を意識して書かれたと思われる1967年の教皇の回勅『諸国民の進歩』は、発展途上国の苦境を背景として、霊性を含めた包括的な開発に参加することを教会の使命として押し出した。また使徒的勧告『福音宣教』においては、福音宣教を「人類の刷新」の視点から、人類の進歩と関わらせつつ「文化の福音化」と「福音の宣明」として捉える視点を提起した。これらの教書は聖職者と一般信徒がともに力を合わせ、福音宣教と社会変革を統合したあり方を追求することを目指す教会論・宣教論の試みであった。これを受ける形で、世界のカトリック教会は、宣教活動、要理教育、教会形成について、新しい方向性を模索することになった[4]。

他方フィリピン国内でも、ラテンアメリカの解放の神学[5]にも触発されつつ、独自に「格闘の神学」と称する神学が生まれてきた。解放の霊性と草の根からの教会・コミュニティ形成を掲げ、キリスト教基礎共同体（BCC）形成に向けて活動を進めていたが、この運動は、特に共産党や社会主義との関係をめぐり、また非暴力主義と暴力の限定的容認の問題をもめぐって、フィリピン左派政治における民族民主主義（National Democrats、共産党との共闘、暴力容認の立場）対社会民主主義（Social Democrats、反マルクス主義で、より非暴力的な立場）のイデオロギー闘争に巻き込まれた結果、両方の派閥に分かれての対立を抱え込んだ[6]。これらの試みは、第2バチカン公会議以降顕著になっ

---

[4] Paul VI 1995 (1967), 1993 (1975)
[5] 乗 1998: 118-143; マシア 1985。ラテンアメリカの場合はフィリピンより早い時期の資本主義化の進展と右派対左派の対立などを背景に、ヨーロッパの革新的な教会・社会運動の影響も受けつつ、20世紀のかなり早い時期から独自の神学・実践の動きが国際的に形成されてきており、それを踏まえていた。これに対しフィリピンでは聖職者や信徒の一部が、第2バチカン公会議以降の刷新の動きに触発されて実践を積み、その中でラテンアメリカの解放の神学も取り込んでいった、という事情があった。大土地所有制やカトリックの多数派性、アメリカ資本の影響力を始め共通と思われる社会背景が、両者の神学を近づけ、1970年代には代表的なラテンアメリカの解放の神学者のフィリピン訪問もあった（Zulueta 2003）。
[6] 野村 2003 (1981)

た教会形成と社会関与の間の緊張関係を、現場レベルで統合することで応えようとする試みであった。1970年代には、こうした様々な新たな教会論の登場、及び政治社会変動のもとで、教会は創造的混乱の中におかれることになった。

(3) フィリピン教会の「主流派」形成：政治関与と教会論のねじれ

　では教会論と社会関与は、主流派が形成されていく中でどう組み合されていったのだろうか。第2章の議論を振り返ると、バチカンの意向、特に教理と教会ヒエラルキーの明瞭化志向を受けた「穏健派」と、社会民主主義の線で社会＝教会改革を志向していた「進歩派」が、民族民主主義に拠って立つ「急進派」を疎外する形で主流派が形成された。この流れの中での重大な争点のひとつが、一般信徒層のリーダーシップの強化と、小教区・教区を超えた（つまり所属小教区・教区の担当聖職者による直接の監督を受けない）独自の協力ネットワークの是非であり、司教団は最終的に教会形成に関しては、一般信徒の自発的役割に制限を加え、聖職者の監督権を保証する、保守穏健路線を確立した。ちょうどほぼ同時期に、教会の社会関与に関しては、一方で親共産主義・暴力容認の路線の排除による左派の活動主義を牽制する動きがあり、他方で特に1983年8月のアキーノ元上院議員暗殺以降、教会は政治過程に対し一挙に積極関与に転じ、1986年2月の「二月革命」以降も更なる政治・社会関与に向かっていった。つまり、司教たちの主流路線は、「教会形成に関する保守・穏健路線」と「政治・社会関与に関する積極的な路線」を結びつけたものであった、ということである。この点をどう見るべきか。

　政治関与に関する「保守―穏健―進歩―急進」の立場の幅は、「親マルコス」と「容共」を両端にしつつフィリピン政治社会の将来に関するビジョンを争ったものであった。それに対し、教会論に関する保守から急進までの立場の幅は、「聖職者至上主義」と「草の根の教会」を両端としつつ今後のあるべき教会の姿について主導権を争ったものである。

　つまり政治関与では、

1 教会論・宣教論の形成と実践

「現政権容認―政権批判―<u>非暴力的改革・政権交代</u>―革命路線容認」
教会論では、
「聖職者主義―<u>信徒の参加促進</u>―信徒リーダーシップ促進―位階制相対化」
となり、下線の立場が主流となったのである。

両者のスペクトルが重なり合う立場（例えば「保守派」は「現政権容認」かつ「聖職者主義」の組み合わせになりやすい、など）を取る人々が多いが、それはマルコス体制（とこれに対する唯一明瞭な反マルコスの全国運動たる共産党を中心とした運動）の存在の大きさを考えるとき、自然な成り行きであった。ところが実際に教会指導者層の主流となった立場は「<u>政治関与論・進歩</u>（非暴力的改革・政権交代）―<u>教会論・穏健</u>（信徒の参加促進）」というずれた形であった。これは、1970年代後半以降、カリスマ的な指導力でカトリック教会に一定の方向を示してきたマニラ大司教・シン枢機卿の立場と奇しくも重なるものであった。そしてこのように素直につながるのではなくねじれているところに、自覚的であれ無自覚であれ、ある種の機に敏い政治的戦略性を垣間見ることができる。

形成された主流派の特徴の意味するところをよりよく理解するために、ここで「政治関与論―教会論」の類型について、いくつかの事例を見ながら概観したい。

①「急進派」の事例　デ＝ラ＝トーレの教会論＝社会論
　彼は、植民地支配や資本主義によってゆがめられた社会構造・支配を打破し、虐げられた人々を解放する革命的な志向こそが、キリスト教の中心的な課題であると主張する。議論の始点はカトリック教会ではなく、むしろ庶民、及び「庶民の姿に身をやつし解放をもたらしたキリスト」であり、信仰者がいるべき第一義的な場所は「民衆の只中」であって、教会はこれに奉仕する限りにおいてキリストに忠実であると理解される。現実に存在する教会は、彼をはじめとする急進派にとっては、絶対的なものではなくなっている。また、この革命的な志向のゆえ、教会の主流の原則的非暴力主義や反共産主義に固執する理由もない。暴力も共産主

義者も民衆の具体的な戦いの中で生じる現実であって、その中でどう不正な構造を打破し人々の解放を目指すかこそが、中心的な課題となっている。

ただし、デ＝ラ＝トーレは1974年の投獄後、教会や修道会による囚人支援の働きに支えられる経験を通して、制度的教会の人権侵害に対する闘いにおける有効性を体験し、幾分その議論は軟化した。また貧しい人々の只中で、そして獄中で多くの苦しみの中で生きる人々と接することで、インテリが前衛として革命を主導することを批判し、急進派（キリスト教民族民主主義者 Christian National Democrats）は前衛を自負する前に、庶民の苦しみの中からの声に虚心に耳を傾けることから始めるべき、と主張するようになった[7]。

②「進歩派」の事例　クラベール司教の教会論＝社会論

クラベール司教は特に人権擁護、信徒の教会での積極的な役割への支持、非暴力論などで教会内において重要な役割を果たしてきた。その土台にあるのは「教会憲章」でいう「神の民の共同体としての教会」という理解である。進歩派においても社会不正や構造的な暴力に対する強い問題意識があるが、その目標は、こうした構造の打破による解放、というよりも、神がひとりひとりの人格を尊厳あるものとしたということを基点に、人権に重点を置いた理解に拠っている。また、キリストを「非暴力的に平和と連帯と解放のための使命を遂行した解放者」と考える視点から、これにつき従う信仰者の共同体内の相互協力、連帯を重視する。同時に、こうしたひとりひとりを重んじる観点から始まりつつも、「人々が連帯して人権を促進し、それによって平和構築すること」と「キリスト者が連帯して教会形成を促進し、それによって教会が刷新されること」が重ね併せに追求されている。

---

7) デ・ラ・トーレ 1986

1 教会論・宣教論の形成と実践

クラベールはこの人権論＝キリスト論＝教会論的な理解を基に非暴力を考えるため、その教会論、及び非暴力論は社会変革の手段ではなくむしろ原理である。したがって教会や暴力が、急進派のように「革命」など他のイデオロギー的な目的の手段とされる、ということを容認しない。そしてそのような危機に際して暴力を容認するような方向に信徒たちが進んでいく場合には、暴力を排除するためであれば、高位聖職者による強硬な対応もやむなし、とする。特にマルコス政権下における政府側の教会進歩派・急進派に対する「共産主義者」のレッテル張り、他方でフィリピン共産党の側からの教会勢力への浸透と利用の試み、さらに反政府的な市民運動の中での民族民主主義と社会民主主義のイデオロギー闘争といった状況に促されて、進歩派と急進派の間の特に暴力をめぐる相違点・争点が前面に押し出され、両者の溝は決定的に埋めがたいものとなっていった[8]。

③「穏健派」の事例　シン枢機卿[9]

　シン枢機卿は、1980年代以降のカトリック教会において多大な影響力を発揮してきた。シンは基本的に、教会を指導者たる大司教の視点から見下ろすヒエラルキー的な教会論を採っている。また教会の指導者たちが社会の道徳的指導者であることを前提として政治・社会についての議論を進めてきた。「キリスト教国フィリピン」の政治を含めたすべてをキリスト教化するべきだ、という発想が、彼の教会論＝社会論の出発点となっている。それ故、すでにキリスト教国であるフィリピンをラディカルに変革すべきとは考えない。また、現代カトリック教会の標準である原則的非暴力主義の線に立っている。

シン枢機卿はすべてのことを、教会の宗教的、道徳的、社会的権威の強化

8）クラベールの教会論＝社会論（特に1986年以前の議論）についてはClaver 1977, 1978, 1980, 1981b, 1981c, 1985, 1986
9）宮脇2008a

第5章　教会刷新ビジョンとフィリピン社会

と活性化のための手段として活用する、というプラグマティズムに立っている。その政治的な手腕も、一般信徒の多方面での活発な活動を奨励する姿も、「貧しい者たちの教会」を推奨する姿勢もそこにつながってくる。元々聖母への熱心な信心を別にすれば、正統教理の許容範囲で動く、という以上のイデオロギー的、神学的な強いこだわりを持たないように見える。だから政府に対しても、教会内の諸勢力に対しても、反政府運動に対しても、是々非々で臨む姿勢を持っており、教会内ではデ＝ラ＝トーレともクラベールとも対話できる柔軟さを備えているところが彼の政治性の一端として重要であり、また彼が教会の主流派形成の中心人物となることができた要因のひとつともいえるだろう[10]。そしてこのプラグマティズムに基づいた彼の判断として考えると、教会観を穏健なものとして維持しつつ、進歩派との連携の中で、また急進派聖職者との対話維持の中で、マルコス期後半以降は政治への関与を深めていったという点も理解しやすくなる。

　シン枢機卿の「政治への積極関与」と「教会論の保守性」という組み合わせは重要な点であると思われるので、ここでは具体的な事例を挙げる。アキーノ暗殺直後の1983年9月のマニラ大司教の司牧書簡「私たちの地に正義と平和を求める祈り」において、シンは祈るよう強く求めている。

> 正午ごとに毎日、私たちはみな仕事の手を休めて、少なくとも5分、私たちの国と人々のために祈る時間を取るべきです。私たちは再び平和を経験し正義を味わえるようにと聖母マリアのとりなしを求めて「天使祝詞」を唱えるべきです。それから私たちは、ミサ典礼文から特別に選んでおいた祈りを唱えるべきです。そして「聖霊がベニグノ・アキーノ上院議員暗殺のケースを取り扱う真相究明委員会メンバーの知性を照らし、心を開き、意思を強めてくださるように」との執り成しをするべきです。（中略）　職場、学校、家庭にいるすべての人々に、ラジオ・ベリタス放

---

10) シン枢機卿の教会論＝政治論については極めて多くの文献があるが、代表的なものとして、Dumol 1989; Sin 1982b, 1983a, 1983b, 1983c, 1988a, 2001a; Cerbo 1999a, 1999b

送をつけてくださるように促します。この放送が、フィリピンの正義と平和のための私たちの合同祈祷を導きます。[11]

　興味深いのは、ここでは、社会行動に向けての祈りの手順や式文が教会によってあらかじめ決められており、「職場、学校、家庭にいるすべての人々」がそこに参加するようにと求められている点である。この点がさらにはっきりと表れるのは、同年11月の司牧書簡「国民的平和と和解のための祈り」に掲載された式文である。司祭が祈りを開始し、続いてひとつひとつの祈りの項目を読みあげ、司祭以外の全員は祈りの文ひとつが終わるごとに「主よ、私たちの祈りを聞いてください」と応え続ける。そして最後は司祭の祈りで終わる。一部引用すると次の通りである。

　　司祭　私たちは圧倒的な諸問題、そして様々な解決の提案によって彩られた日々を生きています。識別と光が正義と平和の民にもたらされるよう祈りましょう
　　応答　主よ。私たちの祈りを聞いてください。
　　司会　すべての物事が過ぎ去っていく時代において、私たちの心と労働を永続的な価値に向けさせてください。私たちは主に祈ります。
　　応答　主よ。私たちの祈りを聞いてください。
　　司会　大いなる変動と混乱の時代において、神の力と知恵により頼む平静さをお与えください。私たちは主に祈ります。
　　応答　主よ、私たちの祈りを聞いてください。
　　司会　私たちが誤導せず、誤導されないよう謙遜さと識別力をと願います。私たちは主に祈ります。
　　応答　主よ、私たちの祈りを聞いてください。
　　司会　（略）
　　応答　主よ、私たちの祈りを聞いてください。

---

11) Cerbo 1999a: 62-63

第 5 章　教会刷新ビジョンとフィリピン社会

司会　（略）
応答　主よ、私たちの祈りを聞いてください。
司祭　完全な平和の神よ、暴力と凶暴さはあなたと何の関わりもありません。互いに平和を保っている者たち同士が、互いを結びつける善意にしっかり留まり続けることができますように。敵である者が憎しみを捨てて和解できますように。私たちの主キリストを通して祈ります。
応答　アーメン。[12]

　カトリック典礼文のひとつの特徴でもあるのだが、大司教区が式文を定め、司祭が主要部を唱え、信徒たちはこの一方的に定められ唱えられた祈りを「<u>私たちの祈り</u>」と繰り返してただ唱えるように求められる。政治情勢も含め「私たちが何を祈るのかは教会が決める」と言うかのようである。シン枢機卿に代表される教会指導者層の多くは、このスタイルをそのまま政治関与に持ち込んでいる。

　1986年大統領選挙の際にも、シン枢機卿は司牧書簡において、「すべてのフィリピン人」にむかって「1月29日から2月6日にかけて各小教区で実施される公正で平和な選挙のための祈祷集会及び「暁のミサ」9日間の連続ミサに参加しましょう」と呼びかけている[13]。

　「進歩派」は1980年代初頭に「穏健派」の主流化に協力していくことになったが、その非暴力主義を貫くため、政治的な目的のための教会利用を許さないための妥協であった。また「穏健派」特にシン枢機卿のリーダーシップによる政治へのより積極的な関与が、この妥協の結び目となった。シンは1973年にマニラ大司教となって以降、大胆さと柔軟さを兼ね備えた独特のカリスマでマルコス政権と対峙してきた。また特に1976年に枢機卿となり、またCBCPの議長の地位に就任して以来、積極的にフィリピン・カトリック教会

---

12) Cerbo 1999a: 64-65
13) Cerbo 1999a: 113

1 教会論・宣教論の形成と実践

の顔としてその指導性を発揮してきた。そして「ひとつの教会」たるカトリックの司教協議会にとって「一致」のアピールは、ある意味至上命題でもあり、マルコス大統領のような手ごわい相手を前に、一致してリーダーシップを発揮する必要もあったため、シン枢機卿の存在が目立つことは都合がよい面もあった[14]。こうしてシン枢機卿のカリスマと教会の当時の必要がかみ合ったことも、教会論をあまり進歩的なものに進めることなく、政治関与を突出させた形でまとまることができた、ひとつの要因と考えることができる。

(4)「主流派」の覇権、対する反発、そして模索へ：第2フィリピン教会会議への道

しかしこのことは、教会刷新と政治・社会関与の統合に課題をもたらすことになる。バチカンがフィリピンの司教たちの政治関与に難色を示していたことに照らすと、フィリピンの教会が、教会刷新に関しては公共要理の受容と魂の救済を優先する、ヨハネ＝パウロ2世下のバチカンの保守的な教会論にあわせつつも、政治関与についてはバチカンから見て過剰であったことがわかる[15]。これと対照的に、教会内外から、聖職者主導の政治関与についての懸念、そして積極的な政治・社会関与にふさわしい教会刷新の要求が強まることになる[16]。

一方には、政治や社会の改革に消極的になったアキノ政権を司教層がなおも支え続ける状況があり、教会の進歩派の中には不満が強く存在していた。他方でCBCPの中には教会に共産主義者が浸透することへの懸念が高まっていた。1987年には、CBCP傘下にありつつ自立性が高く、容共・容暴力的な

[14) この点は、CBCPや進歩派の司教有志が1970年代後半期に出し続けたいくつかの司牧声明類に現れている。この「一致」の確保への志向の強さは、「ひとつの聖なる公同の使徒的な教会（Unam Sanctam Catholicam et Apostolicam Ecclesiam）」であることを任ずる教会の基本的な宿命でもあるのかもしれない。

15) Torpigliani 1983

16) Youngblood 1989; Wostyn 1995

第5章　教会刷新ビジョンとフィリピン社会

傾向がなお残存していたNASSAに対して、CBCPは共産主義者との関連、特に資金面でのつながりについての調査を行った。その結果を踏まえ、容共的とされていたバコロド司教フォルティッチ（在位1967-1989年）に代わって進歩派だが反共・非暴力の立場が明らかなクラベール司教を長とし、司教の監督権限を強化する改組を行った。シン枢機卿は「共産主義者が高度に浸透していたから」と説明したが、NASSAの長年の財務担当者はこの疑惑を全面否定し、「貧しい人々との関わりを築いた人たちに共産主義者のレッテルを貼り付ける右翼の宣伝文句に、シンはすっかり乗せられている」と応酬した。特にこの時期はアキーノが人権侵害の温床であった自警団組織を「治安維持のため」に容認することで、教会の社会活動家を共産主義者呼ばわりすることが横行し、弾圧が再び深刻化していた時期にあたっていた。結果的に司教たちは、配下の司祭、修道会士、一般信徒ワーカーに対する人権侵害を支持する側につく構図となってしまった[17]。このことが、当時横行した「活動家司祭」の保守的な辺境地域などへの左遷と見られる人事異動とあいまって、草の根の急進的な教会の運動を妨害し、同時に司教層主流の教会内の勢力の強化につながっていったが[18]、同時にこうした動向に対する教会内の不満、CBCPに対する改革への要求の声も無視できないものとなっていった。

　こうした状況のもと、民主化の中の教会にふさわしい、より一貫性のある教会のあり方を求めて、1988年以降、第2フィリピン教会会議（PCP-2）に向けての準備がすすめられることになった。ここでPCP-2開催に至る過程をたどる。

　CBCPの裏方としてPCP-2の準備全般にあたったアチュテギ神父によると、CBCPは1980年代初頭に教会会議の構想を持ち始め、1987年に具体化、1988年7月のCBCP全体会議にて開催が決定したという。開催の理由として挙げられている事柄としては、世界教会全体の変化へのフィリピン教会の対応、他方フィリピンの教会と社会の現状の変化を踏まえた会合の必要性、という

---

17) Youngblood 1989
18) この点について、バコロド教区のケースについては後述。

ことであった。興味深いのは「世界教会全体の変化」として、20年以上前の「第2バチカン公会議」(1962-1965) と数年前の「新教会法典」(1983) が併置されていることである。前者は伝統と刷新の新たな組み合わせによる、大胆な変革の可能性に開かれた文書群であり、他方教皇がヨハネ＝パウロ2世になってから発布された後者は、教会の中に秩序と伝統を定着させるためという、より保守的な意図をもって作られたものであり、特に聖職者の権威を制度的に改めて保障する性格のものである。この二者が教会会議開催の根拠とされることに、教会の改革がなかなか進まないことへの進歩派や急進派の鬱積する不満に配慮しつつ、秩序を再確立させようという意図が見える。それは、1986年民主化「革命」によって再度想起させられた、19世紀独立戦争以来の「未完の革命」という問題意識と通じるものでもある。

　クルス大司教を長とする調整委員会が1988年に発足し、まずは教会内のニーズを探るために広範なアンケート調査を実施した。質問票は司教、司祭から神学者、一般信徒団体の指導者、小教区関連の諸団体、さらにBECに至るまでの様々な立場の2704名に送付された。これに応じて特に社会活動に従事している団体は各々独自に人々を募ってさらに7000名ほどに調査を実施し、調整委員会に結果を送り返した。

　調整委員会では、これを踏まえて重要課題を次のように整理した。中核的な目標を「教会と社会の刷新」とし、課題を7つの主題（キリスト教生活、宗教的課題、社会的課題、教会と社会、一般信徒、修道会士、司祭）に分類し、それぞれの主題ごとに担当の司教を割り当て、彼らを中心に数名の各分野の専門家を配した委員会を設立した。各委員会は方針書を作成・改訂し、最終の第3版全体が1990年7月のCBCP全体会議に提出された。これらを踏まえた改訂・全体報告書が1988年7月以降毎回、年2度のCBCP全体会議に先立って、1990年7月まで司教たちに提示された。度重なるCBCP全体会議での意見を踏まえて方針書の第4版が作成され、教会各方面に配布された。これに対する意見や要望を踏まえる形で方針書の最終版が、PCP-2の参加者の議事に委ねられることとなった。

　PCP-2の参加総数は479名、うち司教が96名、小教区司祭が181名で合わ

せて過半数を占めたと同時に、修道会士21名、神学校長24名、カトリック大学長12名、そして一般信徒が146名（ただしオブザーバー資格で、発言権はあるが議決権はない）を占める、前例のない会議となった。会議は1991年1月20日から2月17日までに及んだ。

PCP-2は最終的に「会議文書」及び「行動計画書」の2つの文書を作成した。「会議文書」は方針書最終版、及び当日の議論を踏まえ以下の4部構成とし、さらに「決議書」を加えたものとなった。

（1）私たちの世界—フィリピン：光と影
（2）刷新された教会のイメージを構想する
（3）刷新された統合的宣教
（4）弟子たちの共同体：刷新のための働き人たち

会議前に上記の通り多くの手続きを経て出されたはずの会議文書の原案が、会場から出た多くの議論、異論を踏まえて大幅に改定された点も画期的であった。決議数は初版の600から、最終案においては132に絞られた。この決議書の作成に会議の多くの部分が費やされた。

会議終了後、専門家による用語の統一・調整を経て4月にバチカンに提出、1年後に司教代表会議にて承認を得て、1992年7月22日に公文書として発行された[19]。

このように経緯を辿ってみると、最終的に同じCBCPの名で公表された公文書といってもCBCPの司牧声明やCBCPの委員会が作成した文書（例えばNCDPやCFC）と異なっている。PCP-2文書には、CBCPの意向とは別の視点、発想、見解がかなり踏まえられている。そして、こうした経緯でできた文書を教会改革の土台に置こうとしたCBCPは、当時それなりに、自分たちの理念や方向性で一方的に指導するあり方ではなく、教会全体の意向を積極的に踏まえた方針づくりを目指していた、ということができる。

会議自体がいわば「神の民」としての教会の実践のテストケースの様相を呈した。だからこそ、PCP-2文書においてもまた、教会の将来構想を基礎づ

---

19) 以上の経緯はAchutegui 1992; Villegas 1992に依った。

ける「教会論」が重要な位置を占めることとなった。そしてこの PCP-2 の教会論が、現在に至るフィリピン・カトリック教会の教会及び社会をめぐる議論および実践をめぐる協調、葛藤、矛盾などの重要な参照点となっていったのである。

(5) PCP-2 の教会論

PCP-2 の教会論は「共同体における弟子たるあり方」(Discipleship in Community) という題で総括され、7 つの観点から取り扱われている[20]。

最初の 2 つは人々の関わり方に関するもので、①「交流（communion）―多様性・一致・尊厳・対等性（項目89-97）」そして②「参加（98-101）」である。ここでは一般信徒の積極的な参加が促されている。

その中で、大目標として③「使命（mission）遂行の共同体（102-115）」が掲げられる。そして、伝統的な④「祭司的、預言者的、王的な民（116-121）」という教会の基本的なあり方を確認した上で、特に⑤「貧しい者たちの教会（122-136）」という志向を採る、としている。この 3 つの大目標のうち、項目数からみて、「使命遂行（あるいは弟子）の共同体」と「貧しい者たちの教会」という 2 つが、教会のあるべき姿として特に重視されていることがわかる。

続いて、教会の基本的なあり方として⑥「教会基礎共同体（刷新の表現）(137-140)」という具体的な姿、及び⑦「過ぎ越しの巡礼（141-144）」という自己イメージが示されているが、目指される具体的な形としての「教会基礎共同体」に中心が置かれている。

ここではまず具体的な形としての「教会基礎共同体」について、その理念、受容と実践を見る。次に教会の中心的な目標としての「弟子たちの共同体」及び「貧しい者たちの教会」について、両者の概念の含意とその後の展開について確認する。

---

20) CBCP 1992 (Conciliar Document): 35-54

第5章　教会刷新ビジョンとフィリピン社会

a. 教会基礎共同体とその課題

　PCP-2の1つの柱は、「教会基礎共同体」(BEC)の形成であった。もともと「解放の神学」等の教会論の影響下で、「キリスト教基礎共同体」(BCC)の実践があり、CBCPもこのモデルを一応受容していたが、制度的教会及びその要理の確立を目指す方針に合わせた修正的取り込みが試みられたのがBECである。後述するが1980年代においては、特にビサヤ地方のBCC活動家の中にこうした取り込みに対する不信感、特に草の根の教会運動が持つ政治性を中和して、一見草の根風でありつつ、実はトップダウンの要理と典礼を中心とした保守的な組織を普及させようとしているのではないか、という懸念が表明されていた。一方ではこの保守化が進んだ面もありつつ、他方では、PCP-2において急進派の主張もかなり取り込む形でBECのビジョンが確立することになった。したがって、このBEC戦略は当初より既に、内側に異なる流れの間の緊張をはらんだものであった。

　BECモデルの特徴をよく表しているのが、ECCCEの機関紙 *Docete* に発表されたケベド大司教（のちに枢機卿）[21]のBECにおける要理教育形成に関する論考である[22]。ケベドは、教会の要理教育形成は草の根の人々の生活の必要と結びつけられるべきであって、従来の教室型の教育には限界があるのであり、信徒の要理教師を積極的にリクルートすべきである、と主張している。これは従来の要理教育モデルと異なり、一見するとBCCモデルと極めて近いものに見える。ところが他方で、要理教師の育成については、小教区司祭及び教区司教の監督下での指導・訓練の必要が繰り返し強調される。このいわば「上から管理された草の根の教会共同体」という折衷形態が、BECモデルの基本的な特徴と言ってよいであろう。

　PCP-2文書の中で紹介されているBECの分類として、アテネオ・デ・マニラ大学・教会社会問題研究所による、礼拝的BEC→開発的BEC→変革的

---

[21] 当時はヌエバ・セゴビア大司教（在任1986-1998年）、その後コタバト大司教（在任1998-2018年）、2014年より枢機卿。
[22] Quevedo 1991a: 2-7

1　教会論・宣教論の形成と実践

BEC、という3段階モデルがある。これはBECをBCCよりも広い範囲で定義した上で、分類すると共に発展段階を設定して方向性を示したものである。礼拝的BECとは、ミサへの一般信徒の司会、聖書朗読などの奉仕に参加するグループである。開発的BECとはこれに加えて生活改善のための協同組合的な団体を形成している教会グループを指す。これらに対して、変革的BECとは、礼拝共同体、生活共同体としての土台を踏まえつつ、人権や平和のための活動への取り組みとそのための対外的な協力関係の構築が進んだものを指す。いずれも、生活に根差した率直な分かち合いを伴う聖書の学習を定期的に行い、これを土台として形成されることが理想とされている。そして社会の「構造的な問題」への理解が深められることが期待されている。ただしこの「構造」が従属論的な理解によるものかどうか、また社会不正の構造を目前にしてどのような戦略が許容されるのか、といった問題については触れられない。このため、この変革BECこそが、貧しい人々の主体的参加、及びその尊厳と生活の自立と相互扶助につながるとされているものの、PCP-2も含め教会の公文書において具体的な姿が明らかにされることはない。この点で1970年代にミンダナオ＝スールーで注目されたBCC運動の方向性の大胆さと明確さとは印象が異なってくる。CBCP全体として、BECを盛り立てよう、という方向性以上の具体的なビジョンは見えない[23]。

　ICSIが提起している発展モデルを指標としたBECの定着度はどのようになっているのか。1994年NASSA-JPによるBECの現状の調査では、BECが1つでも存在する小教区は全国の30.40％であった。ルソン地方16％、ビサヤ地方40％、ミンダナオ地方59％と地域差が大きく、そうした小教区の中の平均BEC数も64、ルソン地方では23、ビサヤ地方39、ミンダナオ地方120であり、小教区の人口規模が平均1万数千人であること、BECの規模が数十名であることを考えれば、ミンダナオはともかく、特に首都マニラ周辺を含むルソン地方ではBECの存在は8割がたの小教区では全く見られず、残りの2割の小教区でも1割前後の人々が関わっているに過ぎなかったということにな

---

23) CBCP 1992 (Conciliar Document): 52-53

第5章　教会刷新ビジョンとフィリピン社会

る。さらに、上記の発展モデルに基づく分類によっても、最も完成した形の「変革BEC」とされるものはさらにその3分の1程度とされている[24]。

b.「弟子たちの共同体」と「貧しい者たちの教会」の緊張関係

　PCP-2に関する解説書の中でバカニ司教は、PCP-2の教会観を要約して、「フィリピンの教会は宣教的な弟子たちの共同体である。また、特別な仕方で貧しい者たちの教会でもある」とし、「貧しい者たちの教会」を「弟子たちの共同体」と並列し、むしろそちらの方を強調する形をとっている[25]。これは一方では、先ほどのPCP-2の二大目標が「使命遂行の共同体」と「貧しい者たちの教会」であるという分析と符合している。しかし同時に、PCP-2の教会論全体が「共同体における弟子たるあり方」と題されている以上、教会の「弟子たちの共同体」としてのあり方こそが「貧しい者たちの教会」の上位概念であり、「貧しさ」よりもまず「キリストに従うこと」の方が優先される位置づけとなっている。

　バカニは政治や教会に関する実践教理の問題に関して積極的に発言し、シン枢機卿の下で信徒向けに標準的な啓蒙書を著し続けてきた[26]。いわば司教たち、特にマニラ大司教区の中の標準的な議論の代弁者である。とすれば、PCP-2という全教会的な会議と、バカニをはじめとする司教を中心とする教会指導者層との間に、微妙な認識の相違があるのではと予想される。

　つまり、一方において「初代教会への回帰」を掲げて大胆に教会のアイデンティティの再建を目指して教会内の幅広い出自の人々の参加を受け、多くの修正を繰り返した末に生まれたのがPCP-2であり、この会議が体現した「キリストの弟子たちが積極的に参加・貢献する集い」たるところに立ってこそ、貧しい者たちとの一致を目指したビジョンがある。ところが実際司教たちは正統教理への帰依と教会形成への参加を幾分相対化した上で、「貧しい者

---

24) Claver 1996
25) Bacani 1993a: 34
26) Bacani 1985, 1987a, 1987b, 1988a, 1992a, 1993a, 1993b, 1995, 1997

たち」つまり庶民大衆の側に自らを置くことを並存させた。微妙なずれがここに浮かび上がる。司教の主流にとって、教会と庶民はとにかく一致しているはずで、それも大事ということだろう。

　この点を明らかにするために、今度はCBCPの司牧声明に戻って、これら2つの概念の扱いを確認すると、「弟子たちの共同体」という言葉の使用頻度は「貧しい者たちの教会」に比べると極めて少なく、1997年に一度の用例があるに過ぎない。他方「教会共同体（ecclesial communities）」という語は、1985年以降、1986年、1987年、1991年、1997年（3回）、1998年（2回）と頻出しており、教会の訓練（discipleship）に関しては、司教による司牧的なものよりも、各々の教会共同体の中で自発的に展開することが期待されているとも読める。しかしもしそうであれば、教会会議において強調された「弟子」概念が司教たちの理解の中では「教会」概念に回収されているということになる。PCP-2においてひとりひとりが刷新され、共同体が刷新され、そして国が刷新される、という個から全体に広がる教会論であったものが、司牧声明においてはその主導性が教会共同体に移されていることになる。そしてその教会共同体は、教会基礎共同体（BEC）についてみた通り、聖職者の監督のもとにある。

　他方「貧しい者たちの教会」は、1971年に初めて現れた後、飛んで1985年、1991年、1993年、1997年（2回）に現れている。そしてそれらの文書において「貧しい者たちの教会」というアイデンティティの強調は、経済や社会問題よりも政治問題に還元され、特にすぐれた指導者を選ぶこと、すなわち選挙に結びつけられている。実際に「貧しい者たち」に触れた司牧声明を調べると、少なくとも7つにおいて選挙への言及がある。また、貧者の優先（(preferential) option for the poor）は1982年以降、1980年代に4、1990年代には11の文書で用いられる重要な概念である。以上のように、教会が政治に関与する正当性の根拠が、この「貧しい者たち」と教会の「必然化された」関わりにかなり強く置かれていることがわかる。貧しい者たちこそが標準的な国民である、カトリック教会は彼らの教会である、それ故に教会は彼らの代弁者・道徳的指導者としての発言権を持つ、そして彼らは教会の指導に沿った

選挙民として投票すべきである、ということになる。教会の社会におけるこのような「指導性」に言及する文書は枚挙にいとまがない。

以上から、信徒の強い影響のもとで作られたPCP-2のビジョンと司教たちの意識との差が伺われる。司教達は教会内の訓練・教育よりも、直接的な社会関与、しかも選挙などの政治に関わることに結びついた事柄に高い関心を示していると言える。

c. 教会論の中に立ち現れる「フィリピン社会論」

「貧しい者たちの教会」と「弟子たちの共同体」の2つには緊張関係がある。前者がほぼ無条件に社会的多数者を指し、ある意味で幼児洗礼を受けカトリックとされる多数派のフィリピン人の平均的な姿と重なるのに対し、後者が信仰的コミットメントという強い条件を課すからである。例えば司牧声明の中で、「信仰者であるあなたがたは、キリストにある洗礼のゆえなる使徒職に属する社会及び政治分野においても、同様に責任をとるべきである」[27]とあるが、洗礼を受けたことと「使徒職」が媒介なく結びつけられ、しかもこれが政治・社会的活動に向けて活動を促すものとなっている。この両者の緊張関係を認識した上で弟子たちの共同体形成努力によって統合する努力はPCP-2では目指されていたが、CBCPの司牧声明には見られない。

このように、フィリピン社会とその成員が教会と同一視されている以上、「教会とフィリピン社会との関わり」という論点は自然に浮かび上がる。こうした教会論が社会論に展開していく志向は司牧声明にも見て取れる。以下の論点はすでに分析した「EDSA」の言説とも重なる。

まず、もともとフィリピンは「アジアで唯一のキリスト教国」であり、「神の子らにふさわしい国を築き上げる共同の務め」に従事しているとされている[28]。よって、フィリピン人は、聖書の神の選民「契約の民」[29]になぞらえて

---

27) PL1991c
28) PL1986a
29) PL1986c

1　教会論・宣教論の形成と実践

語られる。またカトリック独特の、特に人々の間で幅広く受容されている聖母マリア崇敬を重視する立場から、その国民としてのアイデンティティは、聖母を「私たちの国の守護聖人」「フィリピン民族の母にして守護者」[30]と位置づけることで表現されることも少なくない。聖母崇敬を受け入れないイスラム教徒やプロテスタントなどに対して無頓着なこのような表現も見られる。

> すべての信仰ある人々、すべてのキリスト教徒、我らがイスラム教徒の兄弟姉妹、神の前における祈りの力を信じるすべての人々に、私たちは求めます。天にいます父に、その御子イエス・キリストを通して、聖母マリアの汚れなき御心と一致して捧げられる、この祈りと懺悔の「新しい十字軍(クルセード)」に加わってくださるようにと[31]。

また逆に「教会刷新の必要」を「国民統合・発展の必要」と同一視する発言もみられる。「市民として、私たちは新たなフィリピンに向かう信仰の巡礼の旅路にあるのです」[32]。選挙の監視体制の整備についてはこう述べる。

> こうした進展において、私たちは神の霊の刷新の息吹を感じることができます。私たちは刷新された政治体制に向けての格闘を信仰の格闘と見ます。私たちが今おかれている大変お粗末な状況は個人として、また民族（a people）としての回心への呼びかけです……。回心した民からこそ、刷新された（政治）指導者という神の贈り物が起こってくるのです。[33]

こうしてCBCPの教会（刷新）観は、政治・社会関与に対する強い傾斜を前提とした形で形成されていることが伺える。この背後には、教会の社会に

---

30) PL1991b
31) PL1986d。イスラム教徒に「十字軍」に加わるよう呼びかけてしまうという感覚も示唆的である。
32) PL1991c
33) PL1992a

第5章　教会刷新ビジョンとフィリピン社会

対する独自の理解様式、アプローチが存在する。では、教会指導者層は、フィリピンの社会をどのように理解しているのだろうか。

2　教会の「フィリピン文化論」

　教会の刷新努力と関連づけられた政治・社会への関与の言説の中では、「フィリピン」という「国（nation）」のレベルで問題を設定しようとする傾向が目立つ。司教たちは司牧単位として地域教会（Local Church）を語るとき、各々の管轄である教区のレベルを指す以上に「フィリピンの教会」という単位の重要性を確認してきた。EDSA大聖堂が「国民聖堂（national shrine）」と呼ばれたのはそのひとつの表れでもある。また、教会の社会活動の国政への関与志向、国民的な行事（特にフィリピン独立、戒厳令公布、アキノ暗殺などを記念する行事）への積極的な参加、さらには、政教共同の活動、特に国民祈りの日集会や、福祉事業の肩代わり、聖職者等の教会人の行政への関与など、積極的な政治的取り組みの中に、教会の「国民意識」ともいうべきものが浮かび上がる。教会にとって「フィリピン」とは何であるのか、という問いが重要なものとして浮上するゆえんである。この点を、CBCPの諸文書における「フィリピン人の価値観」（Filipino Values）論に基づいた「フィリピン文化」（Philippine Culture）論を抽出することで明らかにしたい。

(1)「フィリピン人の価値観」とカトリシズムとの関わり

　フィリピン研究においては地域研究一般と同様、歴史・社会的諸現象の説明の基礎として、「価値観」の問題は頻繁に論じられてきた。フィリピン人の生活基盤、親族関係、社会構成を、「フィリピン人の価値観」を軸として解き明かし、これをフィリピンの政治・経済上の課題を解明する基礎条件とする、というアプローチである。この「フィリピン人の価値観」は1960-1970年代にまとまった形で現れて論争を引き起こしてきた。近年これに代わるモデル

2 教会の「フィリピン文化論」

が主流となっているにもかかわらず、フィリピン社会について語られる際にはなお大いに参照されるアプローチである[34]。

a.「フィリピン人の価値観」

研究の一潮流としての「フィリピン人の価値観」とは、アテネオ・デ・マニラ大学付属フィリピン文化研究所初代所長のイエズス会士フランク・リンチの指導下で1950年代以降行われた広範な社会調査を元に、同研究所を中心に積み重ねられてきた、フィリピン人一般に通底するとされる価値観とその構造・機能に関する一連の議論のことである。一般的には、リンチ、デ＝グスマン共編『フィリピンの価値観についての4つの論考』、ラセリス＝ホルンシュタイナー著『フィリピンのある町における権力のダイナミクス』などがその代表的な著作とされる[35]。日本語では、同研究所元所長のメアリー・ラセリスが邦訳出版のために編集した『フィリピン人のこころ』という論集に良くまとめられている[36]。さらにアメリカのミシガン大学やイエール大学などのフィリピン研究もこの流れと関わっており、ランデ『指導者、派閥、党派―フィリピン政治の構造』[37]がこの分野の代表的な著作とされる。以下、上記の文献、特に『フィリピン人のこころ』に掲載されている「タガログの社会組織」「フィリピン農村における社会階層」「平地フィリピンにおけるレシプロシティ」[38]を参照して、その内容を簡単に紹介する。

フィリピン社会の社会関係の基本は双系親族制である。その基本は核家族であり、核家族の周辺に置かれている親族・友人関係においては当該個人との間に選択的に関係が形成される点が重要であり、そのさらに周辺により大

---

34) 宮脇 2006
35) Lynch and de Guzman II 1973; Hollnsteiner 1973
36) ホルンシュタイナー 1977
37) Lande 1965
38) 出典は以下のとおりである（翻訳には恐らくラセリス＝ホルンシュタイナーによる編集が多少加わっている）。（Hollnsteiner 1967）（Lynch 1975b）（Hollnsteiner, "Reciprocity in the Lowland Philippines",（Lynch and de Guzman 1973）

きな社会が広がっている[39]。こうした社会関係の中で、フィリピン社会は、強者と弱者の二階級社会であり続けてきた、と規定され、強者と弱者に働く「パトロン・クライアント関係」つまり、双務的だが非対称的（不平等的）な関係が、政治社会的なダイナミクスとして、また政治・経済に介在するパーソナリズム（そして公益の軽視）の源泉として論じられる[40]。

また人間関係におけるレシプロシティ（reciprocity, 双務的関係）が重要とされ、特に一方的な恩義を受け、十分な返礼を行えない際に「ウタン・ナ・ロオブ（utang na loob, 内的負債）」という恩義感情が生まれ、これゆえに、恩義のある相手のために、時には公益を犠牲にしても恩義に報いる行動をとり、これが汚職等の源泉となることもある、とする[41]。

社会関係全体は、基本的に衝突を避け、「パキキサマ（pakikisama, 付き合い）」を促進する親和的な特徴を持つとされる。「円滑な人間関係（smooth interpersonal relationship, SIR）」が重んじられ、直接対決を避けるべく間に立つ人を立てて交渉を行う傾向を持ち、社会規範に反することで生じる圧力による制裁感（を回避しようとする情動）たる「ヒヤ（hiya, 恥）」に敏感で、互いの「アモル・プロピオ（amor propio, 体面）」を保とうと努力する、とされている[42]。

b.「フィリピン人の価値観」への批判

こうした「フィリピン人の価値観」論に対しては、当初より様々な批判が展開されてきた。初期の批判の代表はホカノ（Landa Jocano）である。ホカノはこれらの論が、フィリピン人の融和的な側面に過剰に注目しており、特に社会階層間の少なからざる緊張関係を考慮に入れていない点を強く批判した。確かに論考の中には、スペインへの抵抗を示したフィリピン革命とその英雄とされた人々、それから歴史上繰り返された反乱などについては全く論じら

---

[39] ホルンシュタイナー 1977: 55-78
[40] リンチ「フィリピン農村における社会階層」（ホルンシュタイナー 1977: 55-78）
[41] ホルンシュタイナー 1977: 95-129
[42] Lynch "Social Acceptance Reconsidered"（Lynch and de Guzman 1973: 1-68）

2 教会の「フィリピン文化論」

れていない[43]。こうした批判を受けて、リンチ自身は、自身の「社会的受容」論文がもともとはアメリカ人宣教師向けの講義から出ており、アメリカ人との比較を前提とし、フィリピン人の価値観のうちより長期的かつ幅広く、相対的に強く現れている傾向としての社会関係の円滑さを挙げたのであり、元々制約のある議論であると弁明している[44]。

1940年代から1950年代初頭の中部ルソン地域における「フクの反乱」を詳細に検討したカークフリートは、20世紀前半の人口の増加、国家権力の介入の増大、資本主義の浸透の下、地主階級が小作に対し、これまで「父親的温情」と共に与えてきた生存水準の生活保障を取りやめたことに対し、小作階級が義憤を高め、やがて反乱に至った過程を描いている[45]。カークフリートの研究は、政治・経済・社会変動に伴う階級間の社会関係とそこに働く規範機能の変化、そして「円滑」でない社会関係を明らかにしている。ラセリス＝ホルンシュタイナーが「共産主義者にあおられた一部の不逞分子の非行に過ぎない」と片付けたこのフクの反乱に注目することで、カークフリートは従来の「フィリピン人の価値観」論に再考を迫る視点を提示することができたといえる。

また、リンチの議論は、いわば、アメリカ人との対比の形で、アメリカ人にフィリピン人の特徴を説明するところから始まっていながら、結局のところ「フィリピン人の価値観」なるものをやや超歴史的なまでに本質論化している（essentialize）という問題を抱えている。この点に関しては、特にイレートが、この論のいわば同盟者であるアメリカのフィリピン政治史・政治文化研究の背後にある「オリエンタリズム」を激しく批判する形で論じている[46]。イレートは既にその初期作において、フィリピンのルソン島において「筋を曲げないこと」（katuwiran）が不可欠な場合には、穏便さを重んじる社会規範を破ることもやぶさかではないという価値観もあり、いざというときは命が

---

43) ホルンシュタイナー 1977: 74
44) Lynch "Social Acceptance Reconsidered"
45) Kerkvliet 1977: 1-25
46) Ileto 2001（イレート 2004）

けで筋を通そうとする民衆的伝統が存在したことを挙げていた[47]。

　さらに、フィリピンには、文化的にも、社会的にも、階層的にもかなりの多様性が存在するのに、これを看過したまま「国民文化」を半ば無前提的に論じることの問題が指摘できる。無論フィリピン全体に共通ないし通底する文化特性の存在を否定する必要はないが、文化論はしばしば本質論的な議論、つまりフィリピン人というものはこういうものなのだ、と決めつけてしまうことに陥ってしまう。歴史・経済・社会的な背景及び変動のダイナミクスを軽視したまま、定性的・静態的な議論に陥る傾向を避けられない。こうした「フィリピン人イメージ」は「抽象化・理想化された欧米」と対比した「アジア的停滞の確認」に陥ってしまいやすい。そうなると文化理解が内在性に乏しいため、フィリピン文化なるものの積極的な固有性が明らかにされなくなってしまう。

c.「フィリピン人の価値観」とカトリシズム

　しかし、こうした諸問題の指摘にもかかわらず、この「国民文化」の語りが執拗に保持され続けている現実があり、特にマスメディアや論壇において、「フィリピン人の価値観」は常識としての力を保持している。その背後に何があるのか。

　学界や学校教育やメディア、そして人々の民族アイデンティティを探求することも重要である。と同時に、重要でありつつ看過されることが多いのがカトリック教会である。フィリピンの国民社会は政教分離原則と民主制度の下、言論や思想の世俗性が一定程度確立している。かつてスペインによる植民地支配下で政教一致の下権勢を誇った教会ではあっても、今ではたとえその国民の多くをその傘下に治めているにしても、一見すると教会が言説上のヘゲモニーを握っているようには見えない。そのため、普段の議論においては、教会の重要性は看過されやすい。

　そもそも、「カトリック」ないし「キリスト教」は、「フィリピン」「フィリ

---

47) Ileto 1979: 9（イレート 2005: 18）

2 教会の「フィリピン文化論」

ピン人」と極めて密接に結びついて考えられてきている。今に至るまで頻繁に繰り返し言及されてきた「フィリピンはアジアで唯一のキリスト教国」という決まり文句は、教会のプロパガンダにとどまらず、多くの人々の生活実感を伴った認識でもある。スペインによる政教一致の植民地支配によって導入されたカトリックは、その後の19世紀後半の独立運動・革命期、政教分離を導入したアメリカ統治期、そして独立期と100年以上の歴史の荒波を超え、なお人口の80％以上を占め続けている。言語、人種、文化面での多様性を有し、また植民地以前の歴史が黎明の彼方にかすんでしまっているフィリピンにおいて、歴史の紆余曲折を超えつつ確立してきたカトリシズムは、良くも悪くも「国民的」に共有されてきた数少ない歴史的文化である。「フィリピン文化論」が成立するならば、カトリシズムをより深く理解することはこれに欠かせない。

ところが、「国民文化」の中身を吟味しようとすると、フィリピンを語るのに欠かせないカトリックの内実に関する問いには、曖昧な答えしか聞かれないことが多い。カトリックないしキリスト教信仰が「国民の（発展の）ために重要」といった議論があふれている。しかし、その重要性の中身が説明されることはめったにない。このような状況の背後に何があるのか。

この点は、まさに先の「フィリピン人の価値観」を論じてきた流れと結びついている。それを代表するのが、現在でもしばしば参照されているリンチの「フィリピンのフォーク・カトリシズム」論である[48]。リンチはフィリピンにおけるカトリシズムの実践の諸項目を教会の正統教理に照らして公式のものと非公式のものに分け、非公式の「民衆カトリシズム」を教会からみた許容範囲に合わせて「黙認」「不許可」「非難」に三分して分析することで、「フィリピン的なカトリシズム」の特徴を明らかにしようとしている。しかし、公式か非公式か、認めるか認めないかは教会当局者の側の問題であり、人々の信心の側の問題ではない。リンチの議論においては、教会神学的視点が一方

---

48) リンチ「フィリピンのフォーク・カトリシズム」（ホルンシュタイナー 1977: 131-152; Lynch 1984a: 197-207）

的に社会の宗教実践に向かって投影されており、人々の側の多様な宗教実践の側から捉えようとする視点が欠けている。

　他方、人々の宗教的態度を心理学的に説明しようと努めたのがブラタオの「二段重ねのキリスト教（Split-level Christianity）」であるが、これは、人々の信心が「表面」だけキリスト教で、より本音の生活世界はまるで別の原理が働いており、この２つが同居し、相互交渉せずに張り合わせてある病的な状態にある、とする議論である[49]。しかし、ここでも、あくまでその「異なる二者」の分別は、カトリックの教理的に正統かそうでないか、という公式のカトリック教理の基準から行われている。このため、その「２つ」が本当に２つの異なる原理から生じているものなのか、両者は本当に別々なものが病的に張り合わされているのかについて、人々の内側からの検証に欠けている。むしろこの面従腹背的なものは、特にポストコロニアルな権力状況ではきわめて平凡な現象である。そこで看過されているのは、教会の存在こそが監視する霊的権力であり、人々の「二段重ね」の態度はそのまなざしの下で生きる人たちの日常の中での面従腹背なのかもしれないという視点である。カトリシズムやフィリピン人の価値観の独自性ないし「異常性」とそれほど関わりがあるとは言えない、むしろもっと前面で描かれてしかるべき教会の権力性こそが、ここでは不可視になっている。その大前提こそ、目に見える形で捉えなおされるべきものである。

　こうして、フィリピンは表面だけキリスト教であるに過ぎない、カトリシズムはフィリピン文化にとって表面を飾るものでしかなく、せいぜい周辺的な役割を果たすのみであった、という議論に至る。カトリシズムこそがナショナル・アイデンティティの要である、と言っておきながら、具体的に論じようとすると、人々の信心の側からではなく、外側から評論のように難癖をつけ、内在的に解明することを避ける、という姿勢こそ、まさに「二段重ねの文化論」とでも言うべきものである。

　ここでひとつの問題が浮かび上がる。カトリック教会、特にその指導者層

---

49) Bulatao "Split-Level Christianity"（Bulatao 1992: 22-31）

2　教会の「フィリピン文化論」

は、この「カトリシズム」をめぐる「二段重ね」の言説とどのような関わりがあるのか、という問題である。それは、教会が全国のネットワークを通じて「国民」と結びつきを持ち、他方で多くの影響力のある研究・教育機関を通じて学会・言論界と結びつきを持っていることとどう結びつくのだろうか。

(2) カトリック教会と「フィリピン人の価値観」

　この「フィリピン人の価値観」論は、教会自身が社会変動の中で、自らの新たなアイデンティティと社会的役割を模索する過程の中で形作られていった面が強い。一方で「アジア唯一のキリスト教国」で民主制度を誇るはずのフィリピンの1960年代以降の政治・経済状況の停滞の理由について、他方で「この国は本質的にカトリックであるということ」故に「共産主義はフィリピンには決してなじまない」という点について、教会の立場に調和する説明が目指された。そしてこれを踏まえて、教会の預言者的・指導者的・道徳的役割を確認・確立するための実践神学的な理論構築が進められていった。

　「フィリピン人の価値観」の系譜の中心にいたフランク・リンチ初代所長はイエズス会士であり、フィリピン文化研究所はイエズス会のアテネオ・デ・マニラ大学に付属している[50]。イエズス会、そしてその学問上の牙城であるアテネオ・デ・マニラ大学はフィリピンにおける教会や聖職者の社会問題への関与に先駆的な役割を果たしてきた。しかし、特に1972年9月以降の戒厳令下、教会内の社会関与に積極的な人々は、特に反政府運動の最大勢力であった共産党との関係、教会刷新についての見解、及び非暴力か暴力容認かといった点をめぐる対立を抱えるに至った。その中で、イエズス会は、クラベール司教及びキャロル神父の指導の下、非暴力かつ共産党との非協力の路線で学術研究と教会実践を積み重ねた。すでに述べたとおり、教会の主流派が形成

---

[50] 社会学者であるリンチ神父やメアリー・ラセリス女史といった所員に加え、同じくアテネオ・デ・マニラに属する社会学者ジョン・キャロル神父や心理学者ブラタオ神父などの聖職者＝学者も、この研究分野に関わってきた。

されていく中で、こうした進歩派的な潮流と、教会刷新の穏健化（つまり聖職者の権威の確認と一般信徒の教会関与の限定）の方向がつなぎ合わされていった[51]。

　CBCPは、1986年の民主化政変に至る過程でこの路線を共有し、教会と政治・社会に関する諸課題に関して、しばしば彼らに調査を依頼してきた。よって、CBCPの公文書には、これらの文化論の成果が、「社会科学者」の成果としてしばしば採用されている。ただし、イエズス会系の研究の中には、リンチやブラタオのアプローチだけでなく、もっと現場性が強く、先学の定性的な分析方法に批判的なキャロルのようなアプローチもある。ここで重要なのは、クラベールやキャロルのような進歩派的な研究者がCBCPの声明を支えてきた面がありつつも、要となる議論はリンチやブラタオの系譜の延長上にあるということである。このことが特に顕著に表れているのが、1983年の『フィリピン全国要理教育指導書（NCDP）』、1991年の『第2回フィリピン教会会議文書（PCP-2）』、1997年の『フィリピン人カトリック信徒のための要理書（CFC）』、1999年の「フィリピン文化についての司牧的勧告」である。以下特に、NCDPの歴史観と「司牧的勧告」の文化観の特徴を検討する。

(3)「フィリピン文化」形成の歴史と教会の関与に関する解釈

　カトリック教会の公文書には教会史に関する記述は多くはないが、そこでの歴史解釈が、教会指導者たちのフィリピンにおけるカトリシズムについての理解の基盤となっていることがわかる。

　教会指導者層の歴史理解をまとまった形で記しているのは1983年のNCDPである。これによると、宣教師の努力によりキリスト教は浸透し、「敬虔な家族中心の農村社会」が成立したという。そこでは「通常の日々の生活は信仰を呼び覚まさせるものに数限りないほど満たされていた…（教理を学ぶ）方法論は秩序だって論理的であり、同時に経験に即していた。その明瞭な教えに

---

51) Kroeger 1985: 262

2　教会の「フィリピン文化論」

おいては教理中心で演繹的であった…が同時に、頻繁な意義深い祝祭を通じて経験的でもあり、それらはフィリピン人の生活にとって重要な祝祭でもあって、教会、家族、コミュニティといった社会構造を巻き込み、それゆえにキリスト教の価値とライフスタイルの促進を助けた」[52]。しかしやがて「フィリピン人の生活はより複雑になった。世俗化を伴う近代化が到来し、宗教活動はもはや人格及びコミュニティの価値の形成において唯一支配的な影響力ではなくなった。今日ではもはや、平均的なフィリピン人の家族は"宣教と教理教育の第一にして主要な学びの場"としての機能をほとんど果たしていない」としている[53]。

　ここにあるのは、スペインの統治、特にそこでの宣教の結果形成された社会が、キリスト教信仰と宣教の観点からみると、信仰の論理が生活の隅々まで貫徹したいわば理想的な社会であった、という見方である。そしてその理想郷から近代化によって転落してしまった堕落の歴史がフィリピンの近代化・世俗化の歴史である[54]。

　もちろん、CBCPは例えばフィリピン革命100周年に際して、スペイン支配の圧制からの解放を目指した革命に対し高い評価を与えており、スペイン支配期を単純に称賛していると理解することはできない[55]。しかし、フィリピン人意識とカトリック意識が重複されている現状の上に教会の権威が成り立っている以上、そうした教会の権威の正当性を主張するために、その歴史的起源の神聖視がなされている、と理解できる。そして、それは神聖であるがゆえに根本的な再吟味の余地がない。

（4）教会を映す鏡としての「フィリピン文化論」

　では、この歴史観を踏まえた教会の「フィリピン文化論」はどのようなも

---

[52] CBCP 1983a: 136
[53] CBCP 1983a: 136-137
[54] Legaspi 1992d: XCIII
[55] PL1998f

第5章　教会刷新ビジョンとフィリピン社会

のか。

　ここでは特に、教会の「フィリピン文化論」の集大成である1999年の「フィリピン文化についての司牧的勧告」に注目する[56]。

a.「フィリピン文化についての司牧的勧告」

　「勧告」は三部から構成されている。序論のあと（第1-5項）、「第1部：フィリピン文化」（第6-34項）、「第2部：教会と諸文化」（第35-69項）、「第3部：フィリピンの教会とフィリピン文化（ただし、「文化」は単数形）」（第70-73項）からなる。

　序論において、まずフィリピン文化の多様性に触れ、そしてはたして「フィリピン文化」なるものが存在するのか、と問うているが、結局この点はあまり論じないままでクリアしてしまう。ここで言うところの文化の多様性は結局、多言語性や地方意識、また社会階層の違いなどによって位置づけられることなく（むしろ、社会構造は全国共通である、とされてしまう）、むしろキリスト教／イスラム教／山岳民族といういわば外来のインパクトの経験の違いに基づく分類を強調し、しかもその基層にあるとされる文化を「前スペイン的特徴」として1つにくくってしまっている。つまり、もともとの文化は全体的に共通であった、という暗黙の前提で議論しているのである。フィリピン内の諸文化の「相違よりも共通性のほうがより明らかである」という前提から「フィリピン文化」を語りうる、として議論を展開している（第4項）。

　NCDP以来、この「勧告」の第1部に至るまで一貫している「フィリピン文化」の理解は、「家族中心」（family-oriented）という点の強調である（第11-13項）。第2に、影響力（lakas）を行使する上司や地主など（amo）といった権力者（malakas）が力（lakas）を行使するようになると共に弱者の最低限の保護を行うこと（awa）を期待され、これに対し従属する者の側は恩義感情（utang na loob）を抱く、という社会関係が描かれる（第14-18項）。第二に、広く社会関係の中で対面的な相互の働きかけ、互酬関係、相互の信頼が重視され、恩

---

[56] PL1999a

2　教会の「フィリピン文化論」

義感情（utang-na-loob）、恥（hiya）、仲間付き合いの重視（pakikisama）によって人々の間の関係が円滑に進むような文化的作用が働く、とする（第19-20項）。そして最後に特に危機的な状況において強い宗教性が発揮される点、神への畏れ（takot sa Diyos）が美徳とされる点が指摘されている（第21項）。そして、これらを「固有の文化」とみなした上で、社会の文脈次第で良くも悪くも機能するとし（第22項）、こうした文化特性は残念ながら今の社会の中では、「親分─子分関係」（patron-client relations）、「足の引っ張り合い」（crab mentality）、ナショナリズムに反する「地方主義」、法よりも人間関係が重視される（汚職など）など「ネガティブ」に働く面が強い（第23-27項）が、それでも、1986年の「ピープルパワー蜂起」以降の「民主主義」「市民主義」「人権」の文化などとして「ポジティブ」に働く可能性もあるという（第28-34項）。

　第2部では一般的な神学的考察、特に「十字架と復活の福音」の「文化内在化」（inculturation）の理論を展開し、第3部においては、文化の「ポジティブな面」に向けて教会が貢献することで、教会は「本当にフィリピン人の教会」（第70項3）となり、「フィリピン社会を一層キリスト教化」すべきである（第70項5）としている。では、そのために教会は何をするのかという問いに対しては、教会基礎共同体（BEC）における、一般信徒レベルの比較的小さな共同体形成を通じた働きを進めることが重要だとしている。とはいえこのBECの性質と取り組みについては、あくまで理念レベルで語られ、具体的に解き明かされていない（第70項8）。この「刷新」の行く末については、具体性のないBECと、すべてをよきに計らってくださる神に委ねられている。

b.「フィリピン文化論」に依ることからくる問題

　多少宗教や道徳の問題に比重を移してはいるものの、以上の議論は、前述の「フィリピン人の価値観」論と大いに重なっている。特に注目すべきは、上記の価値観はタガログ語こそ用いられているものの極めて一般論的な「価値観」であり、かつこうした価値観論に基づく文化の説明が、ほとんどの場合、タガログ語の単語をキーワードにしつつ、英語を用いてなされている点である。外国、特に旧植民地宗主国のアメリカから見た、あるいはアメリ

第5章　教会刷新ビジョンとフィリピン社会

人のまなざしを持つ人に向かって説明するかのような語り方をしている。キーワードとしてのタガログ語はその文脈の中で、そこだけ英語ではないエキゾチックで特異・新奇なものとして引用され、あたかも「現地人特有のもの」を伝えているかのように響かされている。

　また「パトロン＝クライアント関係」という言葉で表される権力関係は、社会関係がつくられる歴史的な過程の中で具体的な形をとるものであるのに、この文化論ではまるでそう定まっているかのように描かれている。この権力関係は太古より、植民地支配以前からずっと続いているかのような見方である。その結果、植民地的遺制としての権力構造の残存や社会経済的な変化に伴う社会構造や動態の変容、その中での価値観の変化、といったことは考えの外にある。そのため、政治社会関係はひたすら人と人との対面的な関係の連鎖のモデルで捉えられ、人間関係の中での道徳の問題が強調されると共に、背後にある政治制度・政治構造及びそれらの形成・変容の過程に関わる問題が軽視される。また、そうして歴史的経緯を軽視することで、教会が歴史的に植民者的な性質を持っていたこと、それが社会関係や宗教への態度に与えた影響も検討されない。

　この点でさらに問題となるのは、この教会版「フィリピン文化論」もまた、「円滑な社会関係を中心的な価値とする現状維持的な文化」という理解をしていることである。このため、過去のあらゆる局面、様々な地域で、権力に対する抵抗や面従腹背や駆け引きなど、極めて多様かつ複雑な対応がなされてきたフィリピンの歴史的現実を説明できない。「円滑な人間関係」や「パトロン・クライアント関係」は、社会学的調査によって現実の社会機能に関する一定の有効性を持った解釈とは認められるにしても、歴史的実態と必ずしも整合していない。

　こういう定性的な説明の仕方は、社会の緊張関係や不和、暴力、変動を説明するのに向かない[57]。そもそも教会が「信仰の産物」として高く評価した1986年2月の民主化政変における「ピープルパワー」は、戦略性のみならず

---

57) Carroll 2006: 1-14

203

2　教会の「フィリピン文化論」

正義感とコスモロジーの複雑な絡み合い、そこから生まれる変化を引き起こす力の作用を踏まえてはじめて把握されうるものであろう[58]。総じて言えば、この1960年代的な古典的な機能主義を引き継いだ議論では、フィリピンにおける社会、文化の実態をごく限定的にしか把握できない。

c. 教会の実態を映す影として

　これは教会の単なる時代錯誤の問題ではない。むしろ「フィリピン人の価値観」は社会の現実以上に、皮肉にも、教会自身のうちに抱え持った、日々直面せざるを得ない現実の姿を、良くも悪くも反映している。

　家族こそがフィリピン人の生活において中心的な重要性を持つという考えは、カトリック教会の価値観と合致する。教会は「家族こそがすべての社会生活の土台である」と理解しているからである。聖職者の聖性も、そのかけがえのないものを犠牲にして、もっと高い宗教的な奉仕を優先する、というところに土台があるが、ここでは家族主義と独身聖職者主義は相補関係にあることになってはいるものの、両者がどういう建設的な関係を持つことで家族中心主義の陥穽と独身聖職者主義の困難を乗り越えられるのかは、家族に関する社会教説の中でもほとんど言及がない。それぞれがほぼ別々に論じられている。家族親族の利害を公共の利益を犠牲にしても追求してしまうような家族中心主義の問題は、カトリシズムの持つこうした特徴とどこか響きあう。フィリピンの教会においてもそれを批判するだけで、どう乗り越えるのか、聖職者がどう協力できるのか、という議論が見られない[59]。

　また、権力者と庶民の間に介在する不平等な社会関係は、教会のヒエラルキー的な性格と似ている。かつて300年以上に及ぶスペインの支配下において、世俗権力の支配のヒエラルキーと教会のヒエラルキーは絡み合い、競合しつつ、並行性を持って強めあう側面を持ってきたし[60]、アメリカ統治期を経

---

[58] 清水 1991
[59] 教皇庁　正義と平和評議会（2009）　第5章「家庭 —— 社会の生きた細胞」181-215
[60] 池端 1987: 13-54

第5章　教会刷新ビジョンとフィリピン社会

て独立後も、教会は「多数派宗教」として特権的な政治・社会的地位を占め続けてきた[61]。フィリピンにおける社会・文化・価値観の歪みを教会が真剣に論じようとするなら、歴史の当事者としての教会自身についての厳しい再吟味は避けられない。そして教会内部からもそうした立場からの教会と社会に関する反省的な振り返りが、様々な現場でなされてきたはずだった。ところが教会指導者層の多くは聖俗の一線を引き、社会から聖なる距離感を持った場に身を置いて、そこから社会問題に対して提言するというところに陥っている。それは当事者性の放棄と言わざるを得ない[62]。

カトリシズムはいまやフィリピンにおいて「普通の人間（common tao）」として生きる基本条件となっており、そのことが人々に対する強い順応圧力を生んでいる面も無視できない。よきにつけ悪しきにつけ、フィリピンでキリスト教について語ろうとするとき、フィリピンが今このような現状であることとキリスト教を切り離すことは難しい。

またフィリピンの教会は80にも及ぶ教区[63]に分割され、司教はバチカン以外からの直接の介入を受けない点で地方主義的であり、フィリピン社会の「地方主義」「民族主義の弱さ」とも類似性を持っている。

司教や司祭が不祥事を起こした場合の説明責任と教会法上の処罰がしばしば曖昧にされ、ほとぼりが醒めるまで別の地方や外国に避難させる慣行が通

---

61) この点は、大統領府に聖堂があり、大統領府付の常駐司祭が日々ミサを捧げ、国民の祭日には特別ミサが捧げられること、聖職者が今もって地方の名士として遇されることが多いことなどに象徴される。
62) と共にこれは、超越（俗なる世間のあり方と異なる神、そしてその神の超越性を反映すべき教会、信者、という強調点）と内在（人々のただなかで、苦しむ衆生を救わんとするキリスト、その姿に倣って小さき者たちと共に生きるべき教会、信者）の共存、というキリスト教会が常に抱えてきた葛藤の反映とみることもできる。
63) CBCPのウェブサイトによる。本書の研究対象の時期である1990年代末の数字である。2019年3月現在では少し増えて85。

2 教会の「フィリピン文化論」

例化しているが[64]、これもまた「法的・道徳的正義が権威や社会関係によってあいまいにされるフィリピン社会」という描写が教会にも当てはまるのでは、と考えさせる。社会活動家司祭や熱心な一般信徒たちの中にはこういう姿勢の持つ問題性に敏感な人々も確かに存在するが、教会指導者の主流は、自らの問題と責任を直視する努力を回避したまま、道徳指導者として社会を評論することに力を注いできた。

教会が今なお用い続ける「フィリピン文化論」は、単にフィリピン社会の姿を描こうとしたのではなく、教会が内部に抱える固有の問題を等閑視したまま、教会の「外」にある「フィリピン社会」を描こうとした結果、思いがけず自らの影をそこに投影してしまっているともいえる。

最近のフィリピン地域研究では、既に挙げたポストコロニアル批評[65]や制度論的政治研究[66]に見られる「権力作用と文化変容の相互関係と戦略性」に主眼を置く研究が大きな注目を集めている。また、国レベルで文化を考えるあり方を相対化する研究が増えており、文化人類学を中心として、参与観察に基づく地域社会内の世界認識と諸勢力の緊張を伴う社会力学を組み合わせた研究成果が積極的に発表されてきている[67]。その中でカトリック教会は学問の潮流を踏まえ切れていない。しかもその新しい学問潮流の一角に、アテネオ・デ・マニラ大学をはじめとする教会系の高等教育・研究機関も積極的に参加してきている以上、教会もこうした動向を全く知らない、ということは考えにくい。教会がなお古い議論を維持しているのには必然性があることが予想される。

---

64) Rufo 2013: 1-52。2002-2003年に続けて露見した、アンティポロ教区のヤルン司教の隠し妻、隠し子騒動、ノバリチェス教区のバカニ司教の秘書に対するセクシャル・ハラスメント疑惑に関しては、ヤルン司教の場合は研究を理由に、バカニ司教の場合は母親の看病を理由に、いずれもアメリカに渡り、一定の時期が過ぎたあとバチカンからの裁定が下り(ヤルン司教は引退、バカニ司教は担当教区を持たない形での復職)、バカニ司教はほとぼりの冷める中で帰国している。経緯については6章を参照。

65) Ileto 1979, 1998; Rafael 1988, 2000

66) Sidel 1999; 川中 2000a, 2000b; Abinales 1996, 1998; Abinales and Amoroso 2005

67) Cannell 1999; 川田 2003; Bautista 2010; 東 2011

3 教会による「フィリピン教会＝社会観」の覇権の限界

　「フィリピン社会とその霊性」を教会の位置づけとあわせてどう理解するかは、多分に解釈の視点次第という面があり、安易にその是非を決し難い面があるが、基本的ないくつかの問題を検討することで、見取り図を得ることはできる。

　第一に、「フィリピン」という単位での一般化の是非である。一般化というものに限界があるのは当然として、この場合どの程度の有効性があるのかが問題である。第二に、様々な宗教運動と教会との関係である。特に、カトリックとされている人々の中に見られる宗教運動のダイナミクスが教会とどう関わるかである。第三に、人々のカトリシズムの多様性と教会の多様性がきしみあう中で、教会が提示している政治的シンボリズムが両者の関係にどのように影響しているかである。

(1)「フィリピン社会」と「フィリピン人の宗教性」を語ることの含意

　「フィリピン」にはスペインによる植民地支配以前に国家や国民社会の原型と呼ぶべき政治的なまとまりは存在せず、「国民」はむしろ植民地支配の枠組の下で実体化してきた[68]。したがって、フィリピンという「国」を考えるということは、その歴史的形成過程を検討し、そこからつくられた国民社会の構造を捉えようとすることになる。同時に、フィリピン国内の諸社会に共通に存在する特徴を捉えようとするなら、地方レベルの研究から積み上げていくのが自然であろう。たとえいわゆる「マレー世界」「海のアジア」の人的交流から生じた類縁性を受け入れ、「フィリピン人」特にいわゆる「低地キリスト教社会」の実体性をある程度まで承認するとしても[69]、そこからいきなりフィリピン人やフィリピン社会の一般的な特徴を総体的に捉えることには実証的

---

68) Constantino 1975; Abinales and Amoroso 2005
69) Ileto 1979: 24-25（イレート 2005: 44-46）

に大きな問題がある[70]。

　これは2つのことを意味する。1つは、「フィリピン人固有のもの」といわれる性質には、その背後にその形成の歴史というまの動態があるのであり、この点を看過してアプリオリには捉えられないということである。特に宗教性については、カトリック教会の植民地主義的傾向を伴った宣教と、これに対する社会の側の戦略性を伴う抵抗／服従の歴史の積み重ねを見過ごしたまま論じることは出来ない。また現代における教会のネットワークと人々の宗教運動との相関関係をも見る必要がある。

　もう1つは、特に双系親族制という共通性を強調した「フィリピン文化論」における一般化された議論は、社会内の機能分化や価値観の多様性を看過し、諸社会間の言語・社会経済状況・地勢・社会慣行などの多様性を覆い隠してしまう点である。双系親族制社会自体がそもそもそうした多様性を包含する傾向があることをも見過ごしている。特に地方ごとの差異、諸宗教運動の多様性などを踏まえる必要がある。裏返せば、教会はこうした繊細な理解努力を大切にせず、むしろ予断に依拠してきた。

(2) 社会の諸宗教運動における霊性、社会組織、社会関与、社会観

　教会内外の様々な宗教運動の霊性、社会組織、社会関与、社会観から教会指導者の姿勢を見た場合に、何が見えてくるのだろうか。宗教運動については前章で要理教育との関係で論じており、やや重複するが、ここでは宗教運動がどのように社会を見て、関係を築きながら自己形成してきたのか、またそれが教会指導者層のあり方とどう関わるのか、という観点を中心に、いくつかの事例を検討する。

---

[70] 宮原2015。そもそも「国民／民族（nation）」の本質自体近代的なものであるとする議論もまた、現在では一定の影響力を持っているという点を含みおきたい。東南アジア研究とのかかわりにおいては、特にAnderson 1991（アンダーソン1997）参照。

第5章　教会刷新ビジョンとフィリピン社会

a.「草の根」の教会刷新の苦闘と挫折

　第2バチカン公会議に触発された聖職者たちの中に、1960年代後半の社会運動の高揚の中で、教会刷新を社会変革と密に結びつける運動が強まった。1967年には司教協議会の協賛で全国農村開発会議が主催され、「教会は村に入る」を標語に掲げた。この会議は教会が、特に農村の貧困問題と本格的に取り組む重要なきっかけとなった。さらに、司教たちの承認の下、全国社会行動事務局（NASSA）が創設され、ルソン、ビサヤ、そしてここで取り上げるミンダナオ＝スールーの3つの区域に分かれて活動することとなった[71]。同時にラテンアメリカの解放の神学が流入、解放の神学者がフィリピンを訪問して開催したいくつかのセミナーを契機に、その思想は少なからざる影響を与えることになる。さらに、当時の様々な社会改革運動からの影響もあり、特に共産党が主導する民族民主戦線には「民族解放のためのキリスト者」が参加し、冷戦の文脈の中で、政府や教会内の保守派との間に緊張を高めていった[72]。

　1972年の戒厳令以降、マルコス政権による開発主義・軍備増強の下での人権侵害の増大、貧富差の拡大という状況下で、教会刷新と社会変革を目指す運動が様々な形で形成されていった。よく知られているのは、ビサヤ諸島の特にネグロスにおける、フォルティッチ司教の指導下、コロンバン修道会の積極的な関与の下でのBCC-COを軸とした社会改革・教会刷新の運動、及びMSPC-MISSSAとその指導下でのBCC-CO運動である[73]。一方でスペインからの独立戦争やアメリカ期の社会運動、フク団反乱、共産党など抗議運動の歴史の蓄積があり、他方でマルコスによる農地改革が比較的早く進んできたルソンよりも、それ以外の地域の教会の中から社会変革のイニシャティブをとろうとする動きが起こってきたのである。ここでは特にMSPCの事例を取り上げる。

---

71) Youngblood 1990: 76
72) Youngblood 1990: 79-82
73) オブライエン 1991; Kinne 1990

3 教会による「フィリピン教会=社会観」の覇権の限界

　ミンダナオ=スールー司牧協議会（MSPC）は、1971年、ミンダナオ=スールーの司教たちの主導で、教会刷新のための、司教、司祭、修道士、一般信徒の、小教区や教区を越えた意見交換の場として始められた。1971年に第1回協議会がダバオ市で14の教区等の参加で始まり、1974年に第2回がカガヤン・デ・オロ市で、1977年に第3回がオサミス市で1980年に第4回がパグディアン市で行われた。その間に、事務局の常設化、ミンダナオ=スールーという単位の確立、CBCP傘下のMISSSAとの連携強化と活動の統合（1978年）が行われ、信徒指導者の育成と、BCCモデルによる新しい教会形成の支援を行った。特に他地域との相互交流も含めたBCC形成及び信徒指導者育成のセミナーを活発に行ってきた。

　BCCにおいては、地域の有志が自発的に集まり、日常生活の問題について意見交換をしながら、福音書を中心に聖書を共に学んでディスカッションし、生活の問題にひきつけて適用し、コミュニティにおける課題への具体的な取り組み（相互扶助、小規模共同金融、平和活動、教会活動、土地紛争に関する支援、教会の協力要請など）について計画を練り、実行に移した。ミンダナオ=スールー地域では、教会内の一致した努力によって、厳しい社会情勢の下、このBCC活動が急速に拡大していった[74]。

　第2バチカン公会議、及びパウロ六世の開発主義的傾向を踏まえて、BCCにも「カトリック教会は前近代的、中世的な社会を現代的に進化させる」という発想が導入されたと共に、BCCのモデルは草の根型であり、かつ解放の神学やパウロ・フレイレ流の「良心覚醒」（Conscientization）[75]の影響を受けていることもあって、教会と社会において、民衆がいかに覚醒し、資本主義的あるいは封建的な「構造的罪」を草の根レベルからどう克服するか、という発想に基づく。そこから、文化に関する霊性も庶民的であろうとする方向が生まれてくるようになる。オサミス市にある宗教文化研究センターのロベッ

---

74) Kinne 1990: 67-93
75) フレイレのポルトガル語の原意から日本語では「意識化」と訳されるのが普通だが、フィリピンで用いられる英訳の語感は「良心」のほうに近いと思われる（フレイレ 1979: 1)。

トは、教会当局者が「専門主義のイデオロギー」「啓蒙主義的偏見」に毒されて、自分たちこそ他者よりも真に宗教的であるとする庇護者的態度に出てしまう点を指摘する。「「庶民の宗教性」（popular religiosity）という言葉は、世界のどこかにそうではない宗教性が存在しているのだと明らかに思い込んでいる人が作り出した言葉である」[76]。

MSPCは特に2つの問題に直面することになった。1つは既に述べた通り、共産主義者との接点の増大と浸透、マルコス政権によるBCCを共産主義勢力の隠れ蓑と糾弾するネガティブ・キャンペーン、そうした中での教会指導者層のBCCへの不信感の増大である。そしてもう1つの問題は、教会論の本質に関わることであった。

BCC-COモデルは、一般信徒の集会を形成し、指導者を民主的に選出して育成し、BCC指導者が小教区や教区の垣根を越えたネットワークを形成して支え合いつつ、BCCを起点に地域共同体の再生・活性化を図るものであった。そして、これを支えるMSPC-MISSSAも、教区の範囲を超えた「地域」に準ずる広がりの中で、単なる交流・啓蒙の暫定的な場を超えて一層実体化する方向に進み始めた[77]。

しかし、この点が司教層の不安を高めることになる。1つは聖職者のアイデンティティと役割に関する問題である。聖職者の「奉仕」の役割を一方的に強調した場合に、聖職者の「権威」はどうすれば確保できるか。これと関連してもう1つは、司教の管轄権の問題があった。MSPCが立ち上げられた時の司教の理解は、MSPCはあくまで意見交換の場として立てられ、それ以上の恒常的な構造をもたないはずであった。しかし、実際にはBCC相互間の協力関係との関わりが強まり、事務局の恒常化と準地域化に至り、これらの「下からの」教会活動を「完全に傘下に治められない」ことへの不安を表明する司教が現れた[78]。MSPC事務局のメンバーは信徒と司祭が中心で司教は少な

---

76) Kinne 1990: 74
77) Kinne 1990: 47-50
78) Kinne 1990: 50-52

く、多数決による決定の場合司教には歯止めがかけられない仕組みになっていたことも、やがて問題視されるようになった[79]。最終的には共産主義の浸透をめぐる問題、平和主義をめぐる路線対立の問題の深刻化と相まって、司教たちとMSPC事務局の間の相互不信は決定的なものとなった。ミンダナオ＝スールーの司教たちは1982年にMSPC事務局と決別し、MISSSAはMSPC事務局と断絶させられた[80]。同年旧MSPC側は司教の支援なしでミンダナオ超教派司牧協議会（Mindanao Interfaith Pastoral Conference, MIPC）を開催、これに対し1983年には司教主導の第5回MSPCがコタバト市で開催されることになった。MIPCは後ろ盾を失い、司教主導のMSPCは一般信徒の自発的参加が著しく減退した[81]。こうしてMSPC運動は勢いを失ったのである。

共産主義問題と教会の権威に関する問題、2つの要因のうちどちらがこの決別の主因となったかは単純に決しがたい。しかし、この経緯が結果として、草の根の教会形成の動きと教会指導者層との対立を明らかにしたことは否定できない。

民主化後1980年代後半には、こうした司教主導型の流れを受けた教会共同体の形が教会基礎共同体（BEC）の名のもとに推進されることになるが、この波はネグロスにも及ぶことになる。BCC活動の推進に尽力したフォルティッチ司教はCBCPの中で孤立し、やがてネグロスにおいては1989年のフォルティッチの引退と新しい保守派のグレゴリオ司教（バコロド司教在位1989-2000年）の就任を経て、BCC活動に指導的役割を果たしてきた司祭たちの配置転

---

79) Kinne 1990: 53-54
80) Kinne 1990: 56。ただし、MSPC側が無用にマルコス政権の人権を軽視した治安政策の犠牲となるのを避ける意図から、司教たちは、追放、解散等の強い措置を避けた。
81) Kinne 1990: 179-185

換が組織的に進められることになった[82]。ネグロスのBCCについては、教会の資金面での支援が断ち切られてメンバーのカンパでまかなうこととなり、またこれまで小教区信徒による選挙で選出されてきた小教区の司牧委員会（大多数がBCC推進派）に代わり、新しい小教区司祭が自ら委員を任命、また委員会が外部監査を加えて運営していた小教区会計も司祭自らの管理下に移されたという[83]。より広くみればBCC活動の中には、一定程度聖職者の指導を受け入れつつ、従来の活動を育み続けているケースもあるが、CBCPのお墨付きを受けて推奨されているBEC運動は全体としては、かつてのBCC運動のようなインパクトを社会にも教会にも与えているとはいえない。

b. 拡大するエル・シャダイ

1970年代以降、福音主義プロテスタントのいわゆる新生運動と、これに触発されたカトリック・カリスマ刷新運動が興隆し、大規模な集会に人々を動員するに至った[84]。福音主義諸教会の急成長が報告されており、また、カトリック内部でも、代表的には「エル・シャダイ」が800-1000万人もの動員力を誇っていると報じられている。この「エル・シャダイ」は、一方では司教の監督指導のもとで活動する立場をとり、教会の諸活動の下働きや裏方、ミサへの参加などカトリック教会の生活に深く根ざしつつ、他方では一般信徒である指導者マイク・ベラルデのもと司教達の政治志向とは異なる行動・主張をとり、選挙などにおいて教会の意向に必ずしも沿わない人物（特にエストラダ前大統領）のために組織票を動員してきた。このことは教会に深刻な課

---

82) ヴァリトール 1988: 44-52; Moreno 2006: 207-211。ネグロス以外でもこうしたことは報告されている。例えば、マニラの活動家司祭ロベルト・レイエス司祭については、その積極的かつ物議を醸してきた政治的活動主義を理由として、最初2003年にはマニラ首都圏ケソン市のフィリピン大学内の社会活動の活発な小教区から同市内の保守的な小教区へ、そして2005年には「サバティカル」を与える、という形で事実上の懲罰が加えられた（PDI 2005-12-23）。
83) 平井 2005: 196-214
84) Aragon 2001

3　教会による「フィリピン教会＝社会観」の覇権の限界

題を投げかけている[85]。

　このエル・シャダイの信徒動員はラジオをその機軸においているという点で際立っている。もともと宗教放送局として始まったこの運動は、聴取者から「ラジオを聞いた結果奇跡が起こった」といった手紙が殺到し、近隣で記念集会を行ったところ支持者が大挙して押しかけたところから定期集会が持たれ、これを核として急成長を遂げた。1990年代後半にはラジオ、テレビの複数のネットワークをもち、マニラ首都圏で週末ごとに大集会を行ってこれを生放送するようになった。エル・シャダイの信徒たちはメンバーとして登録すると共に、祈祷課題と献金の入った封筒を定期的に本部に提出する。エル・シャダイは祝福を受け続けるために収入の10分の1を捧げることを信徒たちに勧めているが、これを教会にではなく、エル・シャダイに捧げさせている。信徒数の多い場所には説教師や祈祷師を派遣し、毎週集会を開き、随時カウンセリングや悪魔払いを行う。

　1980年代後半以降のエル・シャダイの急成長に対し、これをプロテスタントの福音派やカリスマ派に庶民が流れていくことへの防波堤として歓迎した人々もいたが、多くの教会指導者たちは警戒するようになった。1993年にはCBCPはベラルデを審問し、プロテスタント色の強かったエル・シャダイは、それ以降カトリックの運動としての立場を鮮明に打ち出すことになる。エル・シャダイ自身、カトリック・カリスマ刷新運動の団体として各教区での登録を進めており、また霊的顧問としてバカニ司教の監督を受けている。これにより、メンバーの献金等による収入の一部が各地の教区に分けられるようになっている。支部（1995年現在全国に約1300）の活動についても、所属小教区の認可と登録を進める努力を払っており、この場合も収入の一部は定期的に小教区に献金される[86]。

　エル・シャダイの活動はヒエラルキー構造をもっており、末端の支部の上に地方／都市調整事務局があり、その上に全国レベルの活動を教区レベルご

---

85) 基本的なデータは Mercado 2001; Gorospe-Jamon 1999; Wiegele 2005 を参照した。
86) Gorospe-Jamon 1999: 94

とに統括して調整する全国教区宣教調整員がおかれている。本部はマニラ首都圏のマカティ市アモルソロにある。

　その活動構成をみると、4つの部門に分かれている。中心となるのは「弟子・宣教者部門」と「メディア事業部門」である。前者はエル・シャダイの宣教師、指導者の育成部門で、定期的に教育を行うが、カトリック教会から派遣された司祭がこれを監督する。これに対して、「メディア事業部門」はベラルデ自身が直接管轄している。形式的に見ると指導者の養成を教会が監督する形になっているが、エル・シャダイのロールモデルはベラルデその人のパフォーマンスであり、それを支えるのが傘下のメディアである[87]。

　ウィーグルはその著書の中で、エル・シャダイ運動はメディアを活動の中軸に据えることによって、カトリック教会に帰属し続けつつこれに深入りせず、むしろ批判的な距離をとることが可能になっている、と指摘している[88]。前章で述べた通り、エル・シャダイの教会理解は既存の権威体制や運営に対して極めて批判的であり、教理理解もかなり異なる。カトリック教会の公称信徒数の1割以上を占め、なおかつ教会が今ひとつ届ききれていない貧困層を大規模に動員するエル・シャダイは、教会から見れば、内部にありながら異分子的で自立的な組織原理をもって動く不穏な集団でもある。

c．自律する祝祭

　フィリピンにおいては、地域ごとの聖人の祝祭や巡礼地を有した民衆カトリシズムが独特の強さを持ち、これが教理的にも実践的にも制度的な教会とかなり自立した形で存在していることが知られている。いくつかの現地調査報告が明らかにしているのは、コミュニティ・レベルの信心業と町祭り、及び地方や全国レベルの信心業に関わる祝祭が、教会のヒエラルキーの手を離れ、しばしば教会の反対に直面しつつも、独自の祝祭の伝統を守り、受け継ぎ、発展させている点である。国民の多くが、カトリックかつフィリピン人

---

87) Gorospe-Jamon 1999: 95-97
88) Wiegele 2005: 57-58

3 教会による「フィリピン教会＝社会観」の覇権の限界

として、幼児洗礼を受けている市民であることが当たり前になってしまっている。そのため庶民の側からも、たとえどのような信条・信念をもってもフィリピン人であり続けられるのと同様に、カトリックとしてもまた自分たちの仕方で自由に振舞って構わない、と認識する。

　前章で触れたルクバンの場合、フィエスタを巡っては、像の所有者、像の衣類を担当する女性たち、当日像を運んで行列する男たち、そして「所有地と小作人を持つという像自身」の三者が緊張関係を持ちつつ共存する構図の中で、小教区司祭は、それぞれが固有の慣習を維持していることに対して、ほとんど介入ができないという[89]。

　また、川田はビサヤ地方バンタヤン島において観察した事例を紹介している。この地域では、住民に親しまれてきた「海軍の聖母」聖像にまつわる民間の祭りに司祭が介入し、その結果この祭りは「古い行事だから」[90]という理由で取りやめになり、個人所有であった聖像が小聖堂に祀られるべく貸与され、祝祭自体はこの小聖堂の町祭りの慣行の中に取り入れられた。その後、司祭がこの小聖堂に対して、もっと教会からの申し出に応じるべきだ、といった圧力をかけた。この町祭りに教会がさらに介入するようになったことに、小聖堂地域の人々は態度を硬化させた。人々はセブ大司教のビダル枢機卿に担当司祭の更迭を求める嘆願書を提出するに至り、九日連続の祈祷集会（ノベナの祈り）の間ミサが行われないという事態となった。この状況に対して司祭側は妥協案を提示、結局のところノベナの最終日には司祭がミサを行うことを人々に認めさせ、代わりに司祭も漁船の海上行列に参加、聖像を乗せる船に同船することに同意して、一応妥結した。それでも、そのあとも地元社

---

89) De la Paz 2003: 4-8
90) 川田は明瞭に記していないが、この点はカトリック教会全体の典礼刷新及び聖書運動との関係があると推察される。「海軍の聖母」は、かつてスペインがオランダと会戦を交えた際に、この聖母像をつけた軍艦一隻が残り、「異端者」を追い出して「カトリック信仰を守った」という故事にちなむもので、言い換えれば教会の正統教理の中心、したがって典礼刷新の軸でもある「聖書と伝承」とは関係がないということになる。よってバチカンの意向に合わせようと努めている教会当局者からすれば、克服されるべき「過去の習慣」だったのだと思われる。

会の様々な利害関係も絡んでしこりを残すことになったという[91]。

　前章で触れたバクラランのケースのように、人々が慣習的に自分たちの信心業を行う権利があると確信していて、その舞台（の一部）として聖堂（教会堂）が用いられているため、教会側がそうした教会からかなり自立した慣行を受容するよりほかないことも多い。

　また、町祭りは地域や国家にとって、重要な文化資源として認識されるようになっており、1960年代に政府による地域の祭りの活性化への働きかけをきっかけに、民族性と地域特性を強調した祭りの再興や創造が進められており、観光産業の発展による資本主義化も絡め、教会の意向と全く別の形で盛り上がりを見せてきた[92]。特に有名な祝祭は観光的な雰囲気が強まり、これに呼応するようにその儀礼も劇的かつ華美なものとなる傾向を帯びているが、教会もこれに対して時に嘆いてみたりはするものの、積極的に対処しようとせずに済ませてきた。例えばセブのシヌログ（サント＝ニーニョ）祭りの場合、元々は熱心な信徒が祈祷の際に始めた踊りが起源だったものが、今やダンス・フェスティバルと化し、創始者たちを大いに嘆かせている[93]。マニラ市キアポの黒ナザレ人祭りも、像を担ぐ男性たちが気付に飲酒するなどの慣行が問題となっているが、教会当局はこれに対し苦言を呈することはできても介入する術を持たないようである。上記ルクバンのケースについても、デ＝ラ＝パスは、フィエスタの観光化が進んでいることを考えると重層的な理解が必要で、もはや宗教的な文脈だけでは説明しきれない、としている[94]。

　また、最近までフィリピン・デイリー・インクワイラー紙に日曜日ごとのコラム"Purely Personal"において各地の信心業や町祭りに関する記事を執筆し続けていたジョセフィン・ダランのように、「正統的なカトリック信徒」として積極的に活動しながら、同時にこうした民間信心を積極的に評価し、紹介している人々もいる。彼女は様々な教会関係者及び信心業の諸団体との接点

91）川田 2003：23-51
92）Alcedo 2016
93）Bautista 2010; Sun 2005-01-10
94）De la Paz 2003: 8

3　教会による「フィリピン教会＝社会観」の覇権の限界

が多く、教会の熱心な信徒であるが、時折教会の正統教理から逸脱した記述が見られる[95]。教会の民間信心に対するアンビバレントな態度はこうした状況と対応しているとみてよいであろう。

　こうした方向は、第2バチカン公会議以降の祝祭を正統教義や聖書と調和する形に整理、統制する教会の方針が必ずしもうまくいっていないことを表している。例えば「黒ナザレ人祭り」は2007年からは近隣の競技場を会場にマニラ大司教によるミサから始める、といったスケジュールを含めた教会当局の介入が強まっている。しかし2009年の祭りでは、信心家たちが大司教の制止を無視し、ミサの終了を待たずに動き始めて大きな混乱が起こった[96]。それ以降今に至るまで、祭りの主催者、大司教関係者、熱心な庶民の信徒の一部との間で調整が続けられてきた[97]。

d.　教会への懐疑・無関心

　教会に対する批判は様々な立場から表明されてきた。ひとつにはハイメ・リチャウコらに見られる神智学的ないしニューエイジ的な汎神論的神秘主義の立場からの批判がある。超常的・霊的存在に対する世間の関心の高さから、教会側からの明瞭な反論があるにもかかわらず、幅広く共感ないし理解が寄せられている[98]。また、風水や占星術も教会からの再三の批判にもかかわらず

---

95) 例えば聖人たちの中には死後煉獄に行ったものもおり、その煉獄にいる聖人たちに向かって祈っても助けが得られる、という記事などである（PDI 1998-11-01）。
96) Malaya 2009-01-10
97) PDI 2016-01-09
98) 心霊術の専門家としてフィリピンでよく知られており、フィリピン・デイリー・インクワイラー紙における連載コーナー "Inner Awareness" を持っていた。かれは自身が超能力や霊の世界を信じながらカトリックであることに問題はない、とし、この点に関して批判を繰り返す教会を、非合理的であると論難してきた。キリスト教会は聖書の時代からの伝統を受けて霊媒や占い、魔術に対しては伝統的に極めて否定的であり、カトリック教会の現状の立場もこれを受けたものであって、むしろ心霊術士が公然と自分はカトリックであって、教会の指導者の方がおかしい、と主張しても社会問題にもスキャンダルにもならない点のほうが興味深い。

218

新聞などマスメディアの定番でもあり、日常生活に定着している[99]。

　政治・社会活動家たちの多くは、時に教会と共闘するが、その宗教については必ずしも関心を示さず、むしろ教会の「活動の不徹底性」や逆に「政教分離の軽視」に対する不信感を持続的に持っている。教会の社会活動に対する不満が、1980年代後半以降のNGO・市民運動団体急増の一因でもあったとの指摘もある。

　「習俗としてのカトリシズムを生きる人々」をKBLクリスチャン（Kasal（結婚）、Binyag（幼児洗礼）、Libing（葬儀））と揶揄する言い習わし[100]が暗示するのは、教会行事に積極的に関わろうとしない人々の存在である。ただし、民間の調査において宗教行事への参加に関する数字が実勢よりも著しく高くなるのは[101]、人々の中になお、ミサなどの行事に本来は参加するのが望ましい、という規範が定着していることの表れであろう。

e. 通過儀礼としての典礼を支配する教会

　こうした規範は、人々の生活に欠かせない通過儀礼の認可・不認可の権限を、究極的には教会が握り続けていることと無関係ではない。一方で教会は、その支配的な影響力を保つために、社会の昔ながらの共同体的な美風を好意的に取り上げることで、社会の中に働いている保守的な働きに依存し、社会全体に対しては「皆さんの教会」として友好的に振る舞い、敵対的な態度をとることを回避する。しかし他方で、これらの社会を調和・維持させる働き

---

99) 筆者自身、熱心なカトリックを自称する知人との会話で、占星術についての話になり、教会がこれを批判していると指摘した上でもなお、問題はないはずだ、と持論を譲らないという興味深い経験をした。

100) マルコス元大統領の与党「新社会運動」（Kilusang Bagong Lipunan, KBL）にかけたしゃれ。

101) 1991年のSocial Weather Stationsの調査によると、平均して63%もの人々がミサなどの「宗教的礼拝集会（religious service）」に週1度以上集っている、という（Abad 1994: 7）。この報告に対して、ある神父は「その通りなら、教会に入りきれなくなるはず」と一笑に付した。すでに述べた通り、カトリック教会自体は、ミサ出席を、一般信徒の2割弱と見ている。

3　教会による「フィリピン教会＝社会観」の覇権の限界

をなす通過儀礼の一部において、不届きものを時々見せしめにすることで、権威が教会にあることを示そうとしてきた。カトリック教会は、実はこの「KBLクリスチャン」との相互依存関係、しかも教会側がさりげなく権威を行使して主導権を誇示する非対称的な相互依存関係（ないし互酬関係）にその存立基盤を少なからず依拠している。しかし、人々からすれば、その地で生まれ育っている自分たちが、社会で認められた通過儀礼を受けるのは当然の権利と理解されているから、教会からの拒絶は違和感をもって受け止められやすい。

　この問題は典型的には、教会が実際に陪餐停止（ミサで司祭が信徒に配る「キリストの御聖体」の配餐を拒絶すること）や葬儀ミサの拒否などを行う場合に表面化する。

(a) フリーメーソン会員の葬儀拒否

　18世紀に教皇教書がフリーメーソンを弾劾したヨーロッパの歴史はいうまでもなく、19世紀の独立運動以降の反教会的なエリート層とその運動におけるフリーメーソンの影響力もあり、フィリピンのカトリック教会は長らくフリーメーソン会員に対し徹底して敵対的な態度を保持してきた。しかし、もともと彼らに対する秘蹟供与の拒否は厳密に行われてきたわけではなかった。それ以上に近年は、親教会的なタイプのフリーメーソンの存在も教会側に認識されるようになり、再三の調査と協議、話し合いを重ね、多少の条件をつけた上でカトリック教徒もフリーメーソン会員であることができる旨確認している[102]。さらに1983年教会法典もフリーメーソンに言及していない。他方、近年のカトリック教会の保守化傾向を牽引してきたバチカンの教理聖省が同じ1983年に出した「フリーメーソン団体に対する教会戒規」はフリーメーソンに対し伝統的な厳しい立場を保持している。そうした中でフリーメーソンに対するフィリピン教会の立場はあいまいなままであった。ところが近年、教会側が会員の「終油の秘蹟」（臨終前に塗油によって祝福を受けること）や葬

---

102) Testera 1983b: 588–595

儀などを拒絶するケースが目立つようになってきた。

　2000年7月に国軍のマナヤオ将軍が、「終油の秘蹟」をカバナトゥアン教区の教会当局に拒否された。当局側は、これを教会法に則った措置と説明している[103]。これを皮切りに、教会のフリーメーソン会員に対する典礼参加の拒絶のケースが時々報道されるようになった。2001年2月にはイザベラ州サンホセ市において、ガルシア下院議員が結婚式の証人となることを拒否されたが、議員は署名をしないまま、証人席で式に参加した。また、当地では会員の医師が葬儀の執行を教会に拒否されている。フリーメーソン側からは、個々の事例によって教会の対応は様々である、との説明があったが、当地の司教は、フリーメーソン会員に対し、聖体拝領、カトリック団体への参加、終油、結婚式や洗礼の証人となることを禁じる司牧声明を既に出していた。この声明もまた、19世紀の教書や近年の教理聖省の指針を根拠に、「教会法に則っている」としている[104]。

　2004年8月には、戦死したバルヨット空軍将校がアギナルド基地付の神父に、会員であることを理由に葬儀における祝祷を拒絶されており、フィリピン独立教会の司祭が代わりに祝祷を行った。記事はヌエバ・エシハ州におけるもうひとつのケースも挙げて、司祭とカトリック教会を非難している[105]。

　ここで衝突しているのは、恐らく2つの「権利」であると思われる。それは、一方は教会当局者側の司牧監督の権利である。そして他方は、例えばフリーメーソンであるにしても何にしても、いわば普通の人間（common tao）として、この地の慣習であるカトリックの典礼を、他の普通の人たちと同じように受ける権利がある（だから教会が特定の人を排除するのは不当だ）という考えである。

---

103) PDI 2000-07-06
104) MT 2001-02-15; PDI 2001-02-16
105) KB 2004-08-17

3　教会による「フィリピン教会＝社会観」の覇権の限界

(b) 家族・人口政策と陪餐停止

　カトリック教会の政治関与が、少なからず政府の人口抑制政策や家族計画政策の関連法案の制定過程に向けられていることは既に見た。教会は主に、政治的影響力と大衆動員を組み合わせて国会議員に圧力をかけてきたが、政府の政策に同調する信徒に対しても、教会が厳しい対応をすることが近年は目立っている。特に避妊手術をした女性を陪餐停止とする方針が波紋を呼んできた。2006年2月20日、21日のマニラ・スタンダード紙はこの問題について大きな特集を組んだ。以下内容を紹介する。

　最近CBCPは、一連の教会基礎共同体（BEC）向けのセミナー（日曜毎の全8回シリーズ）を全国で開催、これを通じて「避妊具（避妊リングなど）や家族計画に関する人工的な方法（コンドームやピルなど）を用いるカトリック信徒たちは教会の教えに反しているのだから、聖体、洗礼、堅信、結婚式、葬儀を拒絶される」旨徹底的に教え込む「衝撃と畏怖」（shock and awe）政策を採っている。担当者は「教会は、その教えを信徒たちの内に染み込ませることができるようになるためにも、信徒たちに対して、子どもに対するように衝撃を与え、脅し、訓練する必要がある、と信じているのです」と述べている。

　司祭たちは、町の衛生事務所で「子宮内避妊器具」を受けた女性のリストを入手し、これをもとに当該女性を審問し、器具の除去を受け入れない場合は陪餐停止とする決定を行った。ブキドノンのあるケースでは48名のそうした女性のうち少なくとも34名が司教の要求に応じたという。

　また北スリガオ州タガナアン町長が、殺害されたときBECの登録証を持たず、またセミナーを受けていなかった、という理由で「彼はプロテスタントだ」とされ、葬儀を教会で行うことを拒絶された（ただし家族が主催した葬儀においてカトリックの司祭がミサの司式を行っている ── このあたりが問題の微妙さを思わせる）。この事態は、周辺地域一帯に大きな衝撃をもたらし、州知事からバランガイ（最小の行政単位）長に至るまで全員がこのセミナーに登録することになった。

　さらに、熱心な信徒たちや地域の指導者たちが、政府の保健センターで近

代的な家族計画方法を学んだ人たちのリストを入手しチェックするなど、暴走気味の行動に出ていることもあり、各方面での懸念と批判が強まっているという[106]。

にもかかわらず、ミンダナオでの最近の調査報告によって、人口問題の解決のために政府の対策を要望する声が非常に多いことが明らかになった。CBCPの関係者はこれに大いに衝撃を受けているという。また、教会の脅迫的な手法に対しても、家族計画政策の当局者はその政策遂行の方針を変更することはなかった。ミンダナオの司教たちは「フィリピン家族計画組織」に対して、再度の協議を実施し、共同でミンダナオにおける人口政策に関する世論の再調査を行う旨要求している。とはいえ、彼らは政策的には劣勢に立たされている感もあるという。

また、上記セミナーの担当者は、8回連続のセミナーに、特にマニラ首都圏、セブ市、ダバオ市などの都市在住の参加者を募るのが困難であるという。担当者の理解としては、彼女らは多忙であり、また頻繁に移動するので参加が難しいのだ、ということである（ただし誘いを断るのに遠まわしに言うのは日本だけでなく、フィリピンも同様である）。しかし「今やBECの登録証は全国に認知されており、引越し先でも通用するから、結婚する際などはその登録証を提示すればよい」という[107]。

ここでは、かつて庶民生活の只中からの教会を目指していたはずの「キリスト教基礎共同体（BCC）」が、今や「教会基礎共同体（BEC）」の名の下で、教会が上から、人々が教会に忠実になるよう監督する手段としての性格を持つようになったケースが伺われる。しかし、カトリシズムがなお社会の土台であり続け、その通過儀礼が人々の暮らしの中でなお不可欠のものとされている「キリスト教社会」の中であっても、家族計画に関する世論の関心は高い。また教会の反対にもかかわらず闇中絶や婚前・婚外妊娠が増大し[108]、避

---

106) MS 2006-02-20
107) MS 2006-02-21
108) 非公式の調査では、2008年には推計で56万人もの人々が人工妊娠中絶を受けたという（Collantes 2018：2）

3 教会による「フィリピン教会＝社会観」の覇権の限界

妊法が次第に浸透している現状もある。人々はこれらの問題に関して、必ずしも教会の「道徳的リーダーシップ」に期待しているとは限らない。

f. 地方ごとの状況の違い・社会的多様性

フィリピンにおいて地方ごとの状況の違いは、都市と地方、ルソン／ビサヤ諸島／ミンダナオといった対比の形で語られることが多い。それも含めて、あらゆることを「フィリピン」という国、「フィリピン人」という国民の共通の事柄として語ろうとする考え方は、マスメディアや教育を通じて一定の影響力を持っている。この視点からの言説はしばしばマニラの視点を反映しており、教会当局の発信する声明等はこうした言説を参照している。しかし、時に地方ごとに事情を考えることが安易に無視されてしまう。また特に、めまぐるしい都市化を経験するマニラと変化の乏しい農村社会の対比という決まり文句が現れるが、これは都市的な偏見であろう。この見方では、意外に変化の乏しい都市貧困層の生活世界、及び産業構造の変化や資本主義経済の一層の浸透によってこの数十年で大きな変化を遂げた多くの農村社会の人々の実感といった側面は意識的、無意識的に切り捨てられてしまう。

植民地支配が確立し、そのもとで民族運動が独自の長い伝統をもち、教会がその間で支配者かつ民衆の宗教という両義性をもったルソン、長期に渡り一応スペインのもとにありつつ植民地支配の確立が遅れ、教会の活動と社会運動が近代の資本主義化の進展と共に形成されてきたビサヤ地方、20世紀の移民と共に教会が本格的に地域に入り、イスラム教徒による独立闘争とこれに対する政府の弾圧という状況下で平和運動と人権活動にコミットするようになったミンダナオ。すでに見たBEC活動の比率からしても、この三者の教会活動、社会活動への対し方、その根底にある姿勢の違いは大きく、これを一律に述べることの有効性は明らかに限られている。

国内外の移民・出稼ぎの増大と、それに伴う地域ごとの様々な霊性や世界中の様々な宗教運動の交流の増大も、はっきり認められる。特に都市の文脈においては、国民的ネットワークに媒介された新たな宗教的公共空間の形成

という側面があることは看過できない[109]。とはいえ、それは必ずしも「国民が共有する霊性」を生むとは限らない。

　フィリピンの諸社会はいわゆる双系親族制社会の性格を強く保持している。そこにおいては、一方では対面的な社会関係の連鎖としての柔構造のネットワークを大切にしつつ、上位権力やその覇権と柔軟に付き合っていくような態度がなお強い。こうした社会の中にも、近年はいわゆる「共有される公共空間」的なものが立ち現れてきているとは言えるのかもしれない。国語であるフィリピン語の普及度の着実な高まりはそれをよく表している[110]。ただ、たとえそうでも、人々はそのような「公共空間」に対して「国民」や「市民」としての帰属意識を強く持つ、というよりは、むしろそのような空間を闘技の場（アリーナ）とし、これまで通りの親族・擬似親族関係（kamag-anak）や知人・友人関係（kakilala, kaibigan）を中心としつつ放射状に広がる対面的関係の連鎖の輪の中に自らの居場所を確保しつつ生活戦略を立てて日々を生きようとしている[111]。

　国民的空間を定性的に捉えようとすることの限界と関連するのは、「民衆」（people,(common) tao）「大衆」（masses, masa）「貧しい者たち」（the poor, mga mahirap, mga dukha）をどう理解するかという問題である。これらの概念は、カトリック教会（左右を問わず）、及び知識人層のかなり広い範囲で、国民的実態として、例えば「フィリピンの民衆全般において」「フィリピンの貧しい人たちは皆」といったふうに一般的、本質論的に捉えられる傾向が強い。しかし、これらの言葉によって表せるのは、それらのカテゴリーに入る人々の範囲くらいである。逆に、フィリピン国民社会において貧困が蔓延し、庶民が政治の

---

109) ウィーグルは現地調査先のマニラ首都圏、マカティ市とマニラ市の境の「バンドン＝シナグ」において、出稼ぎの地で帰依した宗派の教えを積極的に教える人々の姿を描いている。彼女の研究対象であるエル・シャダイ自身も世界中に支部を持って活動している（Wiegele 2005:130-134）。CBCPも、第3章で触れたとおり移民問題に対して委員会を設けており、海外のフィリピン人に対しても働きかけをしている。
110) 日下 2013; PDI 2016-09-10
111) 島薗 2015

3　教会による「フィリピン教会＝社会観」の覇権の限界

主流から様々の形で疎外されてきたことを考え合わせると、民主主義政治（特に選挙との関連で）の文脈において、「民衆」とはどういう人たちで誰の味方か、「貧しい者たち」は何を考え、期待し、どう行動するのか、といった議論は、実際のところ、しばしば現実を脇に置いたまま、諸勢力の覇権闘争の概念道具として戦略的に用いられてきたことの方が重要ではないか[112]。

したがって、「貧しい者たちの教会」を掲げたカトリック教会が、「貧しい者たち」の動員をめぐる論争に否応なしに巻き込まれていったのは、ある意味必然でもあったのかもしれない。そして、この点の矛盾がやがてきわめてあからさまな形で露呈することになる。

加えて、ここでも、言語の問題を指摘することもできる。教会の中で「貧しい者たちのための教会」（こちらのほうが正直な表現に思えるが）ではなく「貧しい者たちの教会」になるのだ、と議論が展開したときの言語はほぼ英語だった。Church for the PoorかChurch of the Poorか、という議論である。現地語による表現は散発的には行われてきているが、例えばSimbahan ng mga mahihirap/dukha（フィリピン語／タガログ語）といった言い方が使われるケース（Torque 1994）は少ない。これは標語としても認知されていない。フィリピン語でこう表現した場合、人々は貧困地域にあるみすぼらしい教会のことを思い浮かべる。あの壮麗な大聖堂で絢爛たるミサを華やかな式服で行う司教たちを連想することは到底あり得ない。このChurch of the Poorという概念自体、インテリの議論の中ではキャッチーなフレーズではあっても、英語を苦手とすることが多い当の貧困層にとって、なんともピンと来ない言葉なのである。貧しい者たちの存在が今ひとつ見えてこない中で「貧しい者たちの教会」とい

---

112) ポピュリストの政治家たち、伝統的エリート層、地方ボス、左翼、それぞれに、大衆ないし一般住民を動員するための論理ないし決まり文句を持っている。神学研究や高位聖職者の発言、CBCPの声明などの中には「貧しい者たちの教会」というスローガンを掲げたことをもって、教会が貧しい人たちの真の救済者になったかのように語る言葉があふれている。しかし、教会が「貧しい者たち」に焦点を当てたというだけでは、この大衆動員をめぐる「政治」に加わったという以上の意味はなく、言葉通り貧困層を大切にしたことにはならない。

う言葉が声高に語り続けることは、とても政治的なことだろう。

(3) カトリック教会の社会観とフィリピン社会の宗教的戦略性

　カトリック教会の政治・社会関与、そしてこれと並行して展開した要理教育刷新の動きの背後には、教会論、特に教会刷新のビジョンがあり、さらにその前提として、フィリピン社会についての独自の見方、及び社会に対する教会の責任意識ないし使命感が存在していることを明らかにしてきた。また、これに対して、教会が、自身の歴史的位置の問題性を看過しており（あるいは自ら歴史的に生み出した構造的課題を社会に転嫁し）、かつフィリピン社会を恣意的に概念化し、特にその多様性を軽視する傾向が顕著である点を確認した[113]。

　では、もし教会の言説体系と歴史・社会状況の間に明らかな乖離があるとして、それは単純な誤解なのかといえば、そうではない。ここには、教会指導者層が気づくと気づかないとにかかわらず、教会を政治関与へと向かわせ続ける論理上の回路が存在している。

　カトリック教会がフィリピン社会を「キリスト教国」だが「成熟がなお必要」で、その成熟のための指導的役割を教会が担う、という図式が構築されている。そしてこれに対応して、人々の側が「フィリピン」を「キリスト教社会」と考え、かつ教会の「指導」を積極的に拒絶しない限りは、この図式は保たれ続ける。既に見たとおり、多くの人々の霊性は、自分たちがキリスト教徒である、という共通の言い方のもとに築かれているが、教会の存在と働きに関しては、生活上・道徳上の様々な必要を支えてくれる限りにおいて歓迎してきた。そうでない教会の主張や活動については必ずしも同調はしな

113）正統教理を遵奉し、司教たちの意向に積極的に応答・協力し、その歩みを支えている人々も少なからずいる。こうした「成熟した信徒」は、教会指導者達の下す社会の霊性に関する「未熟なキリスト者」という批判的評論・診断に最も馴染んでいる聞き手でありつつ、しかもこれに最もこれに当てはまらず、かつ信徒として、指導的立場の側に身を置ききれず、聖職者にも、教会と距離のある多くの庶民にも同一化できない。

3 教会による「フィリピン教会=社会観」の覇権の限界

いだろうが、それでも同床異夢のまま「キリスト教社会」という言説は維持されていく。

カトリック教会が選挙制度や平和問題、災害救援といった問題に積極的に取り組んでいる反面、要理教育のプログラムやさらに教会刷新全般の進展が緩慢である点は、まさにこの人々の姿勢と合致するともいえる。教会は、本来の中核的課題なのに「多数派」の支持を得にくい教会の「弟子たちの共同体」としての再編、つまり教会の働きに積極的に責任を持って参加するように人々をひとりひとり説得するようなことには、結局十分に力を入れないで来た。こうして社会の諸霊性と教会の姿勢の間にある種の並行性、つまり一見宗教を前面に出していながら、実際は別の力点があり、そのために相手を利用しようとする姿が見出せる。教会の「変革」への試みは、「キリスト教社会」の宗教社会的な構図の「維持」につながっている。それは、カトリック教会の権威が、一方では世界教会のフィリピンでの展開として、外から、上からの権威に支えられていると同時に、フィリピンの中での活動においては「みなさまの教会」として人々から容認・支持されているところにある。教会指導者の意思を人々の暮らしに貫徹させることも、人々の意向を最大限尊重することも、どちらも徹底的に進めるということができない以上、むしろどっちつかずのところを作り出し、そこに身を置くことで、教会指導者たちは社会の中での地位を保持してきた。それがEDSA以降の教会主流派が見出した答えであったとも言える。だからこそ、そのあと一連の体系性のある文書を次々と生み出すこともできたのではないか。

しかし、人々の霊性との同床異夢的な共存構造の矛盾に対する１つの「くさび」が存在した。それが「貧しい者たちの教会」というビジョンである。BECを軸としたこのビジョンは、いわば社会活動に積極的な進歩派及び急進派、積極的な活動を繰り広げるカリスマ運動の求めるところであり、そうした流れを取り込もうとする教会指導者層はその点については折り合ったのであった。

表現として、教会と「貧しい者たち」を同一化するという虚構がそこにはあり、これが問題を潜在させることになった。その中で、「貧しい者たちの教

会」という言葉は、実際に教会が庶民を積極的に取り込む具体的な方策・資源・実践を積極的に持たないまま、政治関与の度合いを高めていく根拠として用いられるようになった。この動員原理と実態の乖離が大きな政治変動と結びつく時、動員する教会と動員されるはずの庶民との乖離が、剥き出しになって現れることとなるのである。1998年にエストラーダが大統領に就任すると共に、教会の政治関与が抱える矛盾は目に見えやすい形で露呈することとなったのである。

第6章　矛盾の露呈

マカティ市アヤラに次ぐマニラ首都圏のビジネス街であるオルティガス地区に建つのがこのEDSA大聖堂である。1986年2月の「ピープルパワー革命」を記念して建てられたこの教会には、二度のピープルパワー政変を記念するレリーフや説明盤が多数置かれている。この教会は実業家の土地の寄進によって建てられ、その上の聖母像の目が細く華人風に見えると指摘されることも、教会が民主化後の経済成長における受益者層の政治的な動きと結びついていることを感じさせる。(2007年5月27日　筆者撮影)

カトリック教会は、国民の多数派の代表として、また特に「貧しい者たちの教会」として道徳的権威と正統性を主張し、それを根拠に「フィリピン社会の司牧者」として政治に積極的に関わってきたが、その主張と実際の間には様々の矛盾が隠されていた。それは、教会の政治への関与がひとつの頂点に達すると共に、極めて劇的な形で露呈することになった。それがエストラーダ大統領の放逐の過程、及びそれに続く政治変動である。

1 フィリピン・カトリック教会がエストラーダ大統領辞任要求に至るまで

(1) エストラーダ当選まで

　1998年大統領選挙に立候補したジョセフ・エストラーダ副大統領に対する多くの司教たちの見方は芳しいものではなかった。俳優としての経歴をバックに、貧者の味方としてのイメージを携え絶大な人気を誇るエストラーダ[1]に対し、特にそのマルコス派の出自、「不道徳」なライフスタイル、プロの政治家としての資質不足などを巡り、メディアや知識人層などの中に懸念を表明する声が強く[2]、司教たちもそうした声にあわせて様々に発言した。2つの司牧声明は「大統領の適性」を焦点としており、その項目のうちのいくつかは、明らかにエストラーダの大統領候補としての資質を問うものであった[3]。特にマニラ大司教シン枢機卿は、エストラーダに対する懸念をはっきりと繰り返し表明した[4]。

　ただし、ポピュリスト的な志向をもつ新しいタイプの候補であるエストラーダに対して、社会活動家の一部の中には、貧困対策の推進を期待する声が聞かれた。エストラーダ陣営はそうした声を積極的に政権・政策に取り込むこ

---

1) エストラーダのキャンペーン標語「貧しい者たちのためのエラップ（Erap para sa Mahirap）」はある意味で教会の標語「貧しい者たちの教会（Church of the Poor）」と対比できよう。両者の使用言語の違い、そしてエストラーダが貧困層の圧倒的な支持を背景に当選した事実とあわせて考えると興味深い。政権に対するその後の評価として、日下はマニラ首都圏における継続的な臨地調査によって、エストラーダがその失脚後も日下の言う「大衆圏」において根強い信頼を得続けていることを、人々の声を紹介しつつ論じている（日下 2013: 131-135, 140-144, 154-167）他方で太田はエストラーダ時代の貧困対策を分析し、体系性とビジョンの欠如及び大統領の縁故主義の蔓延を指摘している（太田 2018: 57-66）。

2) 日下 2013: 146

3) PL1997f, 1998c; PDI 1998-05-11

4) PDI 1998-03-30, 1998-04-24

1　フィリピン・カトリック教会がエストラーダ大統領辞任要求に至るまで

とで応えた[5]。また富裕層に関しても、ルシオ・タンやエドゥアルド・"ダンディン"・コファンコらの財閥トップなどエストラーダを取り巻く人々と、これに懸念を示すマカティ・ビジネスクラブなどの人々に分かれた。

　他方、選挙における組織票を期待する大統領候補や政党にとって、団結力や組織力、大規模な動員を誇る新興宗教グループは極めて魅力的であった。組織票を取りまとめることで知られるイグレシア・ニ・クリストをはじめ、カトリック・カリスマ運動のエル・シャダイやプロテスタント福音派のジーザス・イズ・ロード教会の集会に大統領候補が頻繁に訪問し、支持を競った。最終的にはジーザス・イズ・ロード教会は与党候補のデ＝ベネシアを、イグレシア・ニ・クリストとエル・シャダイはエストラーダを支持した、と言われている[6]。

　1998年5月の大統領選挙においてエストラーダは圧勝した。シン枢機卿は早期にエストラーダの勝利を認める発言をし、両者の「蜜月」についての報道も流れた[7]。エストラーダは政策目標や組閣などを発表、その中で「霊的アドバイザー」（Spiritual Adviser）の導入を公表した。その中にはエル・シャダイの指導者マイク・ベラルデ、セブ大司教ビダル枢機卿（在位1981-2010年、1985年以降枢機卿）、カトリック・カリスマ刷新運動の指導者のひとりラミレス神父が含まれていた。加えて、教育大臣にデ・ラ・サール大学学長のゴンザレスが任命された[8]。

　カトリック教会指導層は概してエストラーダに対し懐疑的であったが、中にはエストラーダに期待を寄せる人々も少なくなかった。1998年6月のエストラーダの大統領就任前後の時期には、政策上の諸課題への姿勢について、教会側から肯定的に評価する声が挙がった。特に彼が国会議員の裁量が広く他の用途への流用が長らく問題となってきた開発資金、いわゆる「ポークバレル」への反対を表明し、さらに貧困対策、農村開発優先政策を打ち出した

---

5) 例えば農地改革大臣オラシオ・モラレスはフィリピン農村復興運動の指導者であった。
6) PDI 1998-04-27, 1998-05-04, 1998-05-06
7) PDI 1998-05-14, 1998-05-15; Philstar 1998-05-15
8) ラミレス神父については、例えばPDI 1999-03-21（Sunday Magazine）を参照。

ことは、教会関係者の広範な支持を受けた[9]。エストラーダ自身が「宗教熱心」であることも話題となり、またすでに知られていた夫人の信心深さと合わせて教会側はある程度エストラーダに好印象を持った[10]。他方で、エストラーダはマルコス元大統領の遺体を国民英雄墓地に埋葬することを提案したが強い反対が起こり、結局最終的には撤回することとなった[11]。この問題における教会指導者層の態度は「和解」と「赦し」を強調する態度と、「独裁者」マルコスに対する断罪の間で微妙な揺れを見せた[12]。

しかし、1998年7月には、早くも教会から政府に対する不満が表明され始める。

(2) 全面対立に至る過程 ── 1998年7月から2000年10月まで

a. 米軍滞在協定をめぐる緊張

タンをはじめとする親マルコスの流れを汲む財界の取り巻きと大統領との関係への懸念（クローニー問題）[13]、米軍滞在協定（VFA）への反対[14]、違法賭博「フエテン」の合法化計画への反対[15]などが次々と挙げられた。また翌1999年1月には、新憲法下での初の死刑執行予定との報に、教会は強い反対を表明した。にもかかわらず、結局死刑は執行された。これについては教会内外で賛否両論が続出し、教会指導者層も議論が高揚することで対立が強まりすぎないように配慮することに重きを置くに至った[16]。5月にはシン枢機卿は大統

---

9) PDI 1998-05-23, 1998-05-26, 1998-06-10; MB1998-06-08
10) PDI 1998-06-25, 1998-07-07, 1998-08-02
11) マルコスの遺体は結局ドゥテルテ政権期の2017年に国民英雄墓地に葬られた（PDI 2017-08-08）。
12) PDI 1998-05-28, 1998-06-05, 1998-06-06, 1998-06-09, 1998-06-27, 1998-06-28, 1998-07-14
13) PDI 1998-07-16, 1998-07-19, 1998-07-29; Philstar 1998-07-20
14) PDI 1998-07-14, 1998-07-15, 1998-07-19a, 1998-07-27; Philstar 1998-07-14; PL1998h
15) PDI 1998-07-24; PL1993g
16) PDI 1999-01-07, 1999-01-07a, 1999-01-12; Philstar 1999-01-14; PL1999f

領府から表彰を受けた。表彰まではVFA問題に沈黙していた枢機卿は、その後反対を明言した(結局同月末VFAは国会で承認されている)。このVFAに関しては政府との間で緊張したやり取りが交わされている[17]。1999年6月、大統領はマルコス元大統領のスイス銀行隠し口座の捜査を指示したものの、すぐにうやむやになり、これに対しても教会内部で不満が表明された[18]。

b. 最初の大きな衝突

1999年中頃までに、カトリック教会と政府の間の緊張関係はより明確なものとなっていく。CBCPは7月、ハイ・アライやオンライン・ビンゴなどの賭博の合法化政策への抗議を表明した[19]。8月には大統領と4名のCBCP代表者との会談が行われ、特に憲法改正問題、クローニー問題、マルコス資産問題、表現の自由の問題、死刑問題について意見交換を行った[20]。8月以降、離婚、中絶、同性婚を認める4法案への反対運動も始まり、最終的にそれらの法案は不成立となった[21]。

両者の緊張関係の最初のピークは8月であった。大統領から憲法改正案が出され、これに反発したCBCPは20日に大規模デモをマニラ首都圏の商業地区マカティで実施した。他方で同日、カトリック信徒団体エル・シャダイがマニラ市内のルネタ公園で創始者であるベラルデの誕生パーティーを行い、これに大統領が参加した[22]。会場のスペースや集会の性格の違いもあるが、数だけをみればベラルデの集会の方がはるかに大規模で(フィリピン・スター紙の報道では、マカティ集会は約5万人、ルネタ集会は約120万人)、司教層はエル・シャダイに影響力を見せつけられる形となり、またエストラーダへの支持の

---

17) PDI 1999-03-10, 1999-04-29, 1999-05-13, 1999-05-13a, 1999-05-14, 1999-05-18, 1999-05-20
18) PDI 1999-07-06
19) CBCP 1999-07-01
20) CBCP 1999-08-13
21) PDI 1999-09-24; Today 1999-10-05
22) CBCP 1999-08-16, 1999-08-19, 1999-08-20

根強さが目に見える形で明らかにされてしまった[23]。

　ここからCBCPの集会を妨害する形となったベラルデに対する教会指導者層の反発が生じ、エル・シャダイに対する教会からの圧力が強まった。しかしエル・シャダイは、信徒団体の管轄者、かつエストラーダにも近かったバカニ司教らに守られたこともあり、またエル・シャダイ側も時折和解姿勢をみせたこともあって、CBCPは断固たる対応をとらなかった[24]。こうして大統領は庶民の広範な支持を確認し、自信を深めた。政教関係の緊張を通じて、教会内の微妙な緊張関係が改めて浮き彫りとなった。

　9月21日のマルコス戒厳令発令記念日には、再びCBCP主催の反憲法改正デモが実施されることとなったが、再びエル・シャダイの「祈祷集会」が「偶然」その日に予定されており、教会内外の圧力を撥ね退けて同日開催したため、エル・シャダイを間に挟んだ政教間の緊張関係が高まった[25]。

　同時に「道徳問題」をめぐる緊張も高まっていった。10月7日にはエストラーダ就任以降の映画の性表現規制の緩みへの反発からCBCPは声明を公表、政府の映画・テレビ検査格付委員を務めていた神父が辞任し、11月8日CBCPは信徒委員会と共に「ポルノおよび暴力への抗議行進」を主催した[26]。後にCBCPは独自の映画の格付機関を2000年6月に、またインターネットプロバイダーを2000年1月に設立することとなった[27]。同10月9日、シン枢機卿は「反家族的」な4法案に抗議する「祈祷集会」を開催した[28]。

　さらにマカオのカジノ経営者スタンリー・ホーのマニラでの事業展開計画に大統領の歓迎を表明したことを受け、シン枢機卿及びCBCPは10月11日、

---

23) Philstar 1999-08-21
24) PDI 1999-08-24, 1999-08-26, 1999-08-27, 1999-09-09, 1999-09-12, 1999-09-23, 1999-09-25; Philstar 1999-09-20, 1999-09-14; CBCP 1999-08-25
25) CBCP 1999-09-06, 1999-09-14, 1999-09-21, 1999-09-22; PDI 1999-09-17, 1999-09-22; Philstar 1999-08-25, 1999-11-10
26) PDI 1999-10-01, 1999-10-14, 1999-11-08a; Sun 1999-11-06; CBCP 1999-07-12, 1999-11-05
27) MB 2000-06-17; PDI 2000-07-16, 2000-02-09; CBCP 2000-01-24
28) CBCP 1999-10-08

1 フィリピン・カトリック教会がエストラーダ大統領辞任要求に至るまで

反対声明を公表した[29]。2000年1月にはホーのカジノ船がマニラ湾に停泊し、マニラ大司教区は強硬な反対姿勢をとった。これによってカジノ船は営業停止に追い込まれた[30]。1999年10月20日にはCBCPは死刑制度廃止へのアピールを公表し、25日の死刑執行にCBCPは反発し、大統領良心委員会委員を務めていたサン・パブロ司教サン・ディエゴが辞任する事態となった[31]。

c. 緊張の緩和

1999年11月以降の数ヶ月、政教間の直接の衝突はいったん和らぐ。この時期に大きな争点がいったん収まり、カトリック教会が教会暦の新年である待降節の始まりと共に西暦2000年「大聖年」の祝祭が本格的に始まったことが大きい[32]。そうした中でも、11月、CBCPは紛争が激化する政府と左翼ゲリラやモロ・イスラム解放戦線（MILF）との間の和解を呼びかけ[33]、ごみ処理地問題の未解決が続く状況に懸念表明し[34]、12月には「ココナツ課徴金基金」[35]のマルコス・クローニー寄りの解決に抗議を表明、2000年2月にはマルコス家の不正取得財産の処分をめぐる政府の妥協案の提示に抗議している[36]。他方で3月、大統領は西暦2000年を記念して当年の死刑執行延期を決定し、CBCPはこれを賞賛している[37]。

d. ミンダナオ和平をめぐる対立、大統領に対する辞任要求運動の始まり

2000年3月、親エストラーダ派のエンリレ上院議員が、政府打倒の運動に

---

29) PDI 1999-10-12; CBCP 1999-10-13
30) PDI 2000-01-04; MB 2000-01-05, 2000-01-12, 2000-01-26
31) CBCP 1999-10-21, 1999-10-26, 1999-10-28
32) PDI 2000-01-10
33) PDI 1999-11-17; CBCP 1999-11-25
34) PDI 1999-11-23
35) ココナツ課徴金については、パレーニョ2005（Parreno 2003）、特に4章; MB 2000-02-18。
36) PDI 1999-12-23。
37) PDI 2000-03-13; CBCP 2000-03-25

教会が関わっていると発言、これに対してCBCPは全面否定し、再び緊張感が高まり始めた[38]。同月、ミンダナオ島におけるイスラム系反政府勢力MILFと政府軍の衝突が激化し、これに対してミンダナオの司教から懸念表明が相次いだにもかかわらず[39]、大統領は大規模な掃討作戦を伴う強硬姿勢を貫いた。同月イスラム系反政府武装集団のアブ・サヤフによる誘拐事件が起こった。4月には司教―ウラマー・フォーラムが停戦を呼びかけ、これ以降CBCPは再三停戦を呼びかけ続けるようになった[40]。

　4月にはエストラーダ大統領の辞任を求める「抗議の沈黙運動」が活発化してくる。CBCPは直接の関与を否定したものの、政権に対する「批判的連帯」を表明しつつも、信徒のこの運動への参加を容認した[41]。エル・シャダイは8日、この運動の「抗議の騒音デモ」の期間中に「祈祷と平静のための国民の日」を主催したが、CBCPはこれに対して一応の支持を表明している[42]。CBCP自身は14日に「大聖年・貧しい者たちのための国民巡礼・断食日」を主催、「国民的不満の存在」に言及し、大統領に対して批判に耳を傾けるように訴えた。これに対して、同日大統領の「霊的アドバイザー」のラミレス神父は、「大統領は決して不道徳ではないし、昔の飲酒癖や愛人づくりを今更あげつらっても仕方がないではないか」と反論している[43]。5月1日の「労働の日」における「大聖年ミサ」において、シン枢機卿は大統領に対し労働者の賃上げにもっと積極的に取り組むようアピールしている[44]。

e. 紛争の激化、政教間の対立の深刻化、大統領辞任要求の広がり

　同月3日、CBCPは6段階の停戦案を提示、12日にはミンダナオの和平の

---

38) CBCP 2000-03-09
39) CBCP 2000-03-30
40) PDI 2000-04-17; CBCP 2000-04-27
41) CBCP 2000-04-06
42) MB 2000-04-08
43) CBCP 2000-04-12; PDI 2000-04-14
44) PDI 2000-05-02

ための「祈りの日」を行った。誘拐、爆破事件、人質問題などのテロが未解決であることを受けて、シン枢機卿は「リーダーシップ不在、という見方が広がっている」との見解を表明、CBCPもこれに同調し「明確な方向性と共通の行動コース」を政府に求めている[45]。こうした働きかけを受け、6月、ビダル枢機卿の取り計らいで大統領はミンダナオの司教たちと会談した。司教たちは難民の救護と停戦を訴え、これに対し大統領は強硬姿勢の必要を説明するに留まった[46]。教皇庁大使の平和アピールに対して、政府高官が内政干渉を理由に国外退去させよと非難し、これに対してシン枢機卿が14日、「平和の人に対してどうして攻撃するのか」と反論する事態となった[47]。加えてポルノ女優がミンダナオの兵士の慰問に派遣されているとの報道があり、CBCPは懸念を表明している[48]。

　2000年6月7日、全国修道会管区長協会（AMRSP）は全国の修道会士約15000名宛に、「エストラーダ政権が決定的に能力と道徳において正統性を失った場合、大統領を追放する必要があり、最悪の場合は暴力の行使も排除しない」旨記した声明を出した[49]。同月12日シン枢機卿は「貧困に抗するジュビリー集会」のミサにおいて政府の縁故主義と腐敗を非難、人々に「負債感情」（utang na loob）に流されて汚職に手を染めないよう強く促した。他の指導者たちからは大統領を名指しで非難する声もあった[50]。

　7月にはCBCPは5項目のミンダナオ和平案を発表した[51]。この頃政府軍はMILFの拠点キャンプ・アブバカルを占領、これに対しMILFはジハードを呼びかけゲリラ戦術に転換し、これに対してCBCPは継続して和平を訴えている[52]。同月24日にはエストラーダ大統領の施政方針演説が国会で行われ、こ

---

45) CBCP 2000-05-03, 2000-05-08, 2000-06-06
46) ABS 2000-06-15; CBCP 2000-06-15
47) PDI 2000-06-15; CBCP 2000-06-15a
48) CBCP 2000-06-26
49) PDI 2000-06-10
50) PDI 2000-06-13; Philstar 2000-06-13
51) PL2000g; CBCP 2000-07-06
52) CBCP 2000-07-17; MB 2000-07-21

第6章　矛盾の露呈

れに対する抗議デモ（参加した修道会士もいた）が強硬に排除されたこと対し、CBCPは翌日批判的な声明を出した[53]。8月5日にはCBCPは「平和のための祈祷集会」を主催し、マニラでの教会主導の平和運動においてはアキーノ元大統領も参加した。シン枢機卿とアキーノは共にここで「EDSAのような奇跡」が起こるようにと祈った[54]。ベラルデも恒例のリサール公園で行う盛大な誕生日パーティーに代えて、「平和・統一・進歩のためのペソ：ミンダナオのための平和活動プロジェクト」を主催している[55]。

9月14日には、人質をとって立てこもっていたアブ＝サヤフ・ゲリラに対してCBCP（常設委員会）が軍の総攻撃を容認すると受け止められる声明を発したが、シン枢機卿はこれに反対を表明した。しかし政府軍が実際に総攻撃をかけメディアを制限すると、CBCPは改めて疑念を提起、交渉による解決を主張するようになった[56]。また戦闘の中での人権侵害に対する抗議を声明、さらにミンダナオ復興のための政府組織、ミンダナオ調整委員会にイスラム教徒の代表を含めるべきである、と注文をつけた[57]。

他方、6月には国家警察が違法賭博フエテンの取り締まりキャンペーンに取り掛かったのに対し、CBCPは、徹底的取り組みを要望していたが[58]、8月12日、政府の運営するフィリピン娯楽ゲーム公社（PAGCOR）がインターネット賭博ゲームを始めたことに対し、CBCPは抗議声明を出した。同時に、教会が信徒たちに賭博に関わらないようにさせることに成功していない点への反省をも表明している[59]。9月18日にはCBCPは、PAGCORが承認した「ビンゴ2ボール」という賭博に対して抗議の声明を発している[60]。

8月には、翌年の選挙に有名俳優が立候補を検討しているとの情報に対し、

---

53) PDI 2000-07-26
54) MB 2000-08-05; PDI 2000-08-06
55) MB 2000-08-05; ABS 2000-08-19
56) PDI 2000-09-15; ABS 2000-09-16; Philstar 2000-09-16; CBCP 2000-09-19
57) MB 2000-09-03
58) CBCP 2000-06-26a
59) PDI 2000-08-13
60) MT 2000-09-19

1　フィリピン・カトリック教会がエストラーダ大統領辞任要求に至るまで

CBCPは「俳優が政治家になること自体は結構だが、政治家としての適性が必要であり、さもないと『パーソナリティの政治』が蔓延する恐れがある」と言明している[61]。9月8日の聖母マリア生誕2015周年記念集会にて、シン枢機卿は「引き続く腐敗、暴力、貧困、不正の中で希望と信仰を失わないように」とアピールした。この集会にもアキーノが参加している[62]。シン枢機卿は9月21日の戒厳令発令記念日を「平和と自由のための国民祈祷日」とし、カトリックとプロテスタントの教会指導者有志が主催する「腐敗とクローニーイズムへの全国抗議行動」への支持を表明している[63]。

f．スキャンダルの発覚、シン枢機卿主導の辞任要求の高揚

　こうした中で、エストラーダ政権を根底から揺るがす決定的な事件が起こる。

　2000年10月4日、シンソン南イロコス州知事が、エストラーダ大統領が違法賭博フエテンの組織の管理をシンソンに任せ、その上納金を取っていたことなどを暴露した。これに対しシン枢機卿は7日、シンソン氏の保護と支援を表明、9日にシンソンがエストラーダに違法賭博の収益から800万ドル以上、たばこ税から270万ドルもの資金を提供したと暴露したのを受け、11日には枢機卿は、大統領は道徳的な支配権を失った、として即時辞任を求めた[64]。CBCPはこれに対して12日、やや慎重ながらも同意し、合法的にこのスキャンダルを扱うべき旨、声明に発表、他の教区やAMRSPもこれに続いた[65]。同日、副大統領グロリア・マカパガル＝アロヨはこれを受け、社会福祉大臣の職を辞した。18日、野党グループが下院においてエストラーダに対する弾劾訴訟を提起、大統領の辞任を求める数千人の抗議デモも起こった。CBCPは23日、経済の停滞によってエストラーダ政権は崩壊するであろう、との声

---

61) Philstar 2000-08-28
62) MB 2000-09-09; PDI 2000-09-09
63) PDI 2000-09-14
64) 一連の経緯の整理として、(Doronila 2001a) がある。
65) Philstar 2000-10-14, 2000-10-15; CBCP 2000-10-13, 2000-10-18

第6章　矛盾の露呈

明を発した[66]。

(3) 教会の政治関与のイシュー

　以上の経緯を振り返り、教会の政治関与の論点を簡潔に整理する。論点は主に、大統領の適性、マルコス・クローニーへの肩入れ、法制上の問題、モラル問題（賭博問題、性風俗問題）、庶民の生活上の問題、和平問題などある。
　まず大統領の適性問題であるが、司教たちは大統領の宗教熱心や貧困問題解決の強調といった側面を一応評価しつつも、時期を経るにつれ、エストラーダ大統領の政治スタイルを「パーソナリティの政治」の蔓延とし、その適性に重大な疑義を示している。
　マルコス・クローニーへの肩入れについては、マルコス元大統領関係者の不透明な動き、及びコファンコやタンをはじめとするクローニーとされる人々に偏った経済・財政政策への批判が徐々に強まり、政権内に腐敗が蔓延している、という状況認識を確立していく。
　法制上の問題については、憲法改正、対米駐留軍協定、死刑制度、家族関連法案が主な争点となっているが、いずれも既に民主化後のフィリピンにおいて教会が重要な論点としてきた問題であり、特に死刑制度と家族関連法案の問題は、教会の長年の懸案、かつ政府との主要な対立点であり続けてきた。
　モラル問題については、特に合法・違法を問わず賭博に対する厳しい批判、及びマスメディアや映画における性や暴力の描写に対する監視強化の要求、というこれも教会の伝統的な道徳的強調点と重なっている。
　庶民の生活上の問題としてこの時期に教会の関与が目立つのは、ごみ処理所問題と労働者の賃上げ問題くらいであり、いずれもさほど積極的に取り上げていない。教会の政治関与には「貧しい者たちの教会」としての庶民の日常生活の代弁者としての側面は見えにくい。
　和平問題は、マルコス政権期以降の司教たちの中心的な関心事のひとつで

---

66) CBCP 2000-10-23

あった。特にエストラーダ政権期には、ミンダナオにおける政府のMILF及びアブ・サヤフに対する強硬策と、これに伴う大規模な国内難民の発生、人権侵害といった問題を取り上げ、これらに対し善処を求めた。

　教会指導者層は、特に2000年に入ってから大統領の正当性そのものを本格的に問い続けてきた。教会の政治への発言や大衆動員に対する政府の反発は基本的に「憲法は政教分離を定めているのだから教会は政治に干渉するな」というもので、特に1999年8月の憲法改正問題以降繰り返して論じられてきた。これに対して教会側の政治関与の正当化の論理は、教会が宣教する「福音」とは、そもそも霊的なことと社会的なことの両方を包括する総合的なものであり、民主制度を守るためにも教会の関与が不可欠であって、教会には国民を道徳的に指導する権利と責任がある、というものであった。

2　エストラーダ放逐と教会 ── 教会版「EDSA」の「再現」

　エストラーダ退陣に至る過程における教会の政治関与はどのような展開をたどったのであろうか。また、これを支える教会の論理はどのようなものであったのだろうか。

(1)「EDSA2」に至る過程における教会の主導性

　エストラーダ大統領の違法賭博収益の着服及びたばこ税の横領疑惑をルイス・シンソンが公にした時、最初に大統領の即時退陣（訴追手続きの開始ではなく）を求めたのは他ならぬマニラ大司教シン枢機卿であった。このシン枢機卿が例外ではなかったことを示すように、数日後にはCBCPもこれに続いた。その後の展開においても、教会指導者層は明らかに、既に大統領の資質

のなさに明快な結論が出たものとして行動した[67]。

　教会は活発に人々を動員し、CBCPはメディア事務局を通じて、状況の展開に対して積極的にコメントを出し続けた。11月2日には数十名の代議士がエストラーダの与党を離脱、貿易大臣及び5名の経済顧問もこれに続いた。12月7日上院における弾劾裁判が開始、検察側がエストラーダの用いた偽名であると主張する「ホセ・ベラルデ」の署名のある小切手の吟味がなされた。検察側は、この小切手は彼の愛人に豪邸を購入するために用いられたと主張した。11日、シンソン側の証人が、エストラーダの私設秘書に非合法賭博収益の分配金10万ドルを支払ったことを証言した。22日、銀行の副頭取は、エストラーダが1000万ドル引き出しの際に偽名で署名したという目撃証言をした。

　翌2001年に入り、状況は大きく展開する。1月14日、シン枢機卿は司牧声明を発行、大統領を辞任に追い込むために全力で戦うよう訴えた。16日、上院は銀行側が提出した二番目の資料の開封を11対10で否決し、上院議長アキリノ・ピメンテルはこれに抗議して、弾劾裁判の裁判長を辞任した。17日、下院議員で構成された検察側も辞任し、裁判は無期限延期となった。この行き詰まりを受けて抗議の動きが広がる中、シン枢機卿は人々にEDSA大聖堂に集って大規模デモを起こすように呼びかけた。そしてこの枢機卿の積極的な行動はかつてのピープルパワーを想起させ、この政変の基本的な特徴のひとつとして理解されるようになった[68]。19日にはレイエス陸軍司令官、メルカド国防長官らトップ将校たちが辞職、反エストラーダ抗議運動に加わった。20日、約75,000名の抗議運動参加者が大統領官邸に迫り、エストラーダの辞職を要求するに至り、これを受けてエストラーダは官邸を去った。こうして副大統領アロヨはあの「EDSA」「ピープルパワー」政変のシンボルとして建

---

67) 単純な比較は出来ないとはいえ、アロヨ政権における2005年に発覚した選挙不正疑惑に対する教会指導層の慎重な対応と比べると、この点は一層明らかであろう。
68) PDI 2001-01-15. 当時の「EDSA2」の報道写真の多くがEDSA大聖堂周辺で撮られていることは象徴的である。

2 エストラーダ放逐と教会 ── 教会版「EDSA」の「再現」

立されていたEDSA大聖堂で宣誓を行い、大統領に就任したのである[69]。

(2) EDSA2という教会の言説

　教会関係者の積極的な辞任要求において、大統領が「統治する道徳的な支配権を失った」(lost moral ascendancy to govern) という共通の表現がみられる[70]。
　2000年11月にはCBCPはエストラーダに4つの選択肢を提示している。「(1) 大統領の自発的辞任 ── すべての司教たちは、エストラーダ大統領が自分の意志で辞任するならばそれが良い、と言うであろう。(2) 強制的辞任 ── 司教たちの大多数は、もし大統領が自発的に辞任しない場合は、大統領を辞任に追い込むべく、大衆行動を含めたあらゆる平和的で合法的な手段を行使すべきと言うであろう。(3) 弾劾 ── エストラーダ大統領を退任させる方法として、弾劾の手続きを進めるほうが良い、という司教も幾人かはいる。(4) 弾劾プラス強制的辞任 ── 司教の大多数は弾劾と辞任両方を支持することに特に矛盾を感じていない」[71]。当時のCBCP議長のケベド大司教によれば、「教会と政府は公共善のために共に働かなければならない。エストラーダ大統領はこの点で失敗した。したがって教会は、政府の大統領以外の人々に、良心に従い、公共善のために ── 政党への忠誠ではなく、もちろんあるメディア・レポートが言うような『何百万』という他の理由づけによるのでもなく ── 行動するよう呼びかける」[72]。司教たちは、自分たちにはこの「失敗した」大統領の辞任を要求する「道徳的な権利」がある、ということを自明視している。そして、司教たちの躊躇のない明瞭な辞任要求は「市民社会」や政治

---

69) 経緯全体については、Doronila 2001; 川中 2001。
70) 多くの新聞等の記事に現れるが、例えば (MT 2000-10-12)。
71) CBCP 2000-11-17
72) CBCP 2000-11-17

家の積極的な応答を促す形となり、状況の展開に拍車をかけた[73]。

その直後、ある説教の中で、マニラ大司教シン枢機卿は信徒たちにロザリオの祈りを捧げるように要請した。以下の引用は、枢機卿が大統領の辞任という政治的な事柄を、大統領自身の霊的覚醒と結びつけていることを示している。そして1986年の「EDSA」のときと同様に、枢機卿は彼の「牧する群れ」(flock)を祈りへと、特にロザリオの祈りへと導こうとしている。

> 私は、私たちの学生たちに学校でも家でも祈るように、と励まします。オフィス勤めの人たちに、昼食休みや仕事の後ロザリオの祈りを共にしよう、と励まします。私たちの一般信徒には、早朝のロザリオ行進を復興することを励まします。それはこの地に癒しをもたらし、それによって私たちの大統領と私たちの市民たちが、この地に平和を回復するために必要な犠牲をする備えをするようになるためです。私たち各々の部屋でひっそりとだけでなく、特に私たちは家族として、共同体として、ロザリオの祈りをしましょう。共に祈る国民は、やがて癒される国民です。共に祈る家族は、これからも一緒でいることができるのです(中略)。神が大統領を啓蒙してくださるように祈りましょう。それによって大統領ができるだけ早く辞任し、私たちが、道徳と主への畏れに基づいて私たちの国を立て上げる業に再び取り掛かれますように、と。[74]

そして、弾劾裁判が中断に至った時、CBCP議長はこれを極めて「聖書的」な語法で糾弾した。

---

73) 他の団体等がシン枢機卿を受けて辞任要求をはじめたことについては、MT 2000-10-12。ただし、もうひとりの枢機卿であり、1986年政変時のCBCP議長であったビダル・セブ大司教(Ricardo Cardinal Vidal)が、2000-2001年の政変に至る過程においてはエストラーダに同情的で、明確な辞任要求を避けていた点は注目される(Philstar 2000-11-20)

74) CBCP 2000-11-27。「ロザリオの祈り」がカトリック固有の信心業である点も考え合わせて興味深い。

2　エストラーダ放逐と教会 ── 教会版「EDSA」の「再現」

　　11名の上院議員が道徳的真理を隠匿するように票を投じた時、彼らは自
　　身と上院、またフィリピンの民主主義的手続きというものに不名誉と悪
　　名をもたらしたのである。彼らは伝統政治の悪、そして弾劾裁判の実り
　　のなさを確かなものとした。彼らは、規則が真理を圧倒し、真理が規則
　　に従属し、規則が真理の主となったことを証明した。この道徳的に糾弾
　　に価する状況は、かの有名なイエスと律法主義者の間の安息日に関する
　　論争を想起させる。イエスは律法主義者に対抗して「安息日は人間のた
　　めにあるのであり、人間が安息日のためにあるのではない」そして「安
　　息日においても、主は変わることなく主であるのだ」と仰せになったの
　　だ。

　そしてこのことが国とその政治文化に及ぼす損害を列挙したのち、彼はこう結論付ける。「現実的には、選択肢はただひとつのみ。すなわち、大統領は国のために地位を明け渡さねばならない。」[75]

　そしてエストラーダの事実上の放逐の直後に、CBCPの公式ウェブサイトが掲載したニュースの出だしがこうである。「<u>マニラ大司教ハイメ・L・シン枢機卿はフィリピン国民を導いて</u>、今日の午後の無原罪懐胎大聖堂（マニラ大司教座聖堂のこと）におけるミサ聖祭において、「第2回ピープルパワー」(Second People Power) において現わされた神の恵みへの感謝を捧げた」（下線は筆者）。このニュースは、この「第2回ピープルパワー」がCBCPの「教会刷新に関する司牧懇談会」のスケジュールと重なっていることに触れており、またその開会ミサは「EDSA2」の感謝ミサを兼ねることになったこと、また新たに就任した「グロリア・マカパガル＝アロヨ大統領、コラソン・C・アキーノ前大統領、外交使節団、政府高官、修道会士、そして一般信徒も居合わせた」ことを指摘している。記事はさらにこう続ける。

---

75) CBCP 2001-01-19

説教において、枢機卿は、独裁者を追放した1986年のEDSAでの平和的な革命と2001年の「第2回ピープルパワー」の並行性を指摘した。
　枢機卿は次のように述べた。「1986年のEDSAには、回心と神への献身と回復を表す［フィリピンの］マリア年が先立っていました。2001年のEDSAには、二千年期大聖年（つまり西暦2000年）が先立っていたのです。恵みの年です。これは私たちの喜びの時、平和の時、触れ、癒す時なのです。」
　「この2つの革命は、もし、私たち神の民が主に立ち返り、祈り、悔悛の業を行うならば、神は私たちの祈りを聞き、私たちの尊厳を回復し、私たちの地を癒す、ということを教えているのです」
（中略）
　マニラ大司教は、「先週土曜日の勝利は新大統領の勝利のみならず、平和を愛するフィリピン人の勝利だけでもなく、また1つの勢力の他の勢力に対する勝利でもなく、これは何にもまして、神の恵みの勝利なのです」と強調した。
（以上、下線は筆者による）

　この報告によれば、枢機卿は教会が政治に深く関与する必要があると説明し、次のように述べた。「フィリピン人の生活の様々な側面のうち、キリストの贖罪を最も必要としているのは政治です。フィリピンにおける政治は洗礼を授けられ、宣教され、腐敗の道具ではなく聖化の道具とならなくてはなりません……。もし主を胸のうちに宿している私たちの民が本当にキリスト教的な仕方で政治を実行しようとするならば、フィリピンは諸国の中でも最良の国民となるでしょう。」
　また露骨な政治への干渉にすら思えるのは以下の点である。「グロリア・マカパガル＝アロヨ大統領に向けて、枢機卿は、彼女がカトリック教会に常に属してきており、これからも教会の教えに常に忠実であると信頼している、と言明した。」マカパガル＝アロヨは次のように応答したと報告されている。

2　エストラーダ放逐と教会 ── 教会版「EDSA」の「再現」

　EDSAにおける2つの平和的な革命についてのシン枢機卿の観察に共鳴し、大統領は「神は一度ならず二度も奇跡を与えてくださった」と確認し、「神は平和という賜物 ── 私たちの国と経済を再建する今一度の機会をお与えになった」と付加した（中略）。結びに大統領は、引き続き「教会の父たち」に導きを請い求め、「幼子の如き柔和さと謙遜をもって」忠告や批判を受けるつもりである、と言明した。[76]

　ここでの教会指導者の言動に戻れば、出来事のタイミングは摂理的であり、この摂理こそ政治指導者を含む「信徒たち」を導くとされている。またこの出来事は「ピープルパワー」の再現 ── すなわち神からの贈り物であり、再度教会が活発に政治に関与する権利を要求するもの ── であると規定される。枢機卿は大統領に、父なるカトリック教会の忠実な子たるよう求め、大統領は幼子の如き柔和さと謙遜をもって臨む、と応答した[77]。これは、教会の「ピープルパワー」「EDSA」の巧みに構成された言説が覇権的な位置を、一時的にではあれ占めたことを示している。

(3)「再現」としての「EDSA2」

　1986年の「EDSA」と2001年にエストラーダ大統領を事実上放逐した「EDSA2」には共通点はある。これらの「ピープルパワー革命」が教会主導であったこと、ビジネスセクターの支持を得たこと、「中間層的」性格が比較的濃厚であること、しかしそれよりも広範な層の「不正への怒り」の爆発ともいうべきものを形にしたものであったことなどであり、また結果として「腐敗した」とされた大統領が追い出された点、大統領が権力保持のために不正操作と見られる工作を行った点、などを挙げることができる。しかし、これ

---

[76] CBCP 2001-01-22
[77] これに対し大統領側なりの動機や打算は当然予想される。特に2005年の選挙操作疑惑の発覚以降この点はかなり露骨に見え隠れするようになった。

らを別にすると、両者の間には根本的な相違点が多い。

　EDSA2が起こったのは権威主義体制ではなく民主的な政体の下でのことであり、政治活動の自由も基本的に認められていた。再選をねらって選挙に打って出た当時のマルコスの場合と異なり、エストラーダには当時なお数年の任期が残っていた。確かにエストラーダにとって不利となった証言文書の続きの文書開封が否決されたのは、エストラーダ派による多数派工作の結果であると見られており、この腐敗を暴露したとも言える出来事が報じられたことで大規模な抗議運動が起こりEDSA2に至ったとは言える。しかし大規模な選挙への不正な介入が明らかであったマルコスとは異なり、エストラーダに対する弾劾裁判は、手続き上は一応正当な過程をたどっている途中であった。

　特にEDSA1の切迫状況と比べると、EDSA2を同じ次元で論じることができるのか、大いに疑問である。EDSA2においてデモ参加者の側には自らの生命を賭する感じはなかったが[78]、1986年のEDSAにおいて強い宗教的な犠牲の精神を喚起したのはむしろ暴力的に弾圧される危険への覚悟であったのであり、死と隣り合わせであってこそ、この出来事が国民的なレベルで聖なるものと理解されたのである。また、1986年に広範に見られた聖像を担いで街頭に繰り出す人々の姿は、2001年においてはほとんど観察されていない。加えて、EDSA2は市民運動による手はずが整えられており、かつて1986年に群集が軍の戦車と対峙した時のような、先が見えず祈らざるを得ない、という切迫した感覚には乏しかった[79]。EDSA2の時には、デモ参加者にとって「EDSA革命に参加する」のにおあつらえ向きの象徴的な場所であるEDSA大聖堂が

---

78) ただし、実際には軍のクーデタというオプションも検討されていたことが明らかになっており、流血の事態となる可能性は実際には存在した。ただ、人々の側にそうした認識が1986年ほどあったとは到底思えない。

79) EDSA2の雰囲気を伝えるものとして、以下の2つの写真集を参照。両者併せて、教会のプレゼンスに関するものを除けば、大衆行動の中で示されている宗教的なシンボルは2箇所のみ（(People Power 2　2001: 138-139) にはロザリオを掲げた手が写されている。(EDSA2　2001: 111) には抗議デモのろうそくが十字架型に配列されている写真がある）に表れている。これは1986年政変の記念写真集（Mercado 1986）と明らかな対照をなしている。

2 エストラーダ放逐と教会 ── 教会版「EDSA」の「再現」

既に存在していた。携帯電話で連絡を取り合う人々の姿が、かつてカトリック教会主催のラジオ・ベリタスの情報をもとに人が動いた1986年の群衆との相違を際立たせていた[80]。食べ物を分かち合い祈りの輪を共にする姿が印象的だったEDSA 1に対して、極めて対照的な物理的豊穣感がEDSA 2を彩っていた。

以上のようにみるならば、EDSA 2においては、EDSA 1との<u>実際の状況や運動の類似</u>よりもむしろ、異なる状況や運動において「EDSA」や「ピープルパワー」という<u>シンボルが流用された</u>という側面の方が重要ではないか。EDSA 2は、かのEDSA 1の「リプレイ」に参加・出演できるというある種の視聴者参加番組のような面があったのではないか。

実際のところ「EDSA 2」という表現自体は教会起源ではなく、市民社会運動の中から生じたものであり、以上の点は教会のみならず、ある程度まで「市民社会」全体に当てはまることであるとも言える。ただし「市民社会」については、こうした観点でのみ捉えるのは不十分である。EDSA 2の新たな特徴を、別の観点、例えば民主体制の下での新しい創造的な民主的政治動員の表れと見る見方もありうる。この点は、EDSA 1のような「聖母マリアによる」「奇跡」よりはむしろ、「市民社会の新たな活動性の表れ」としてEDSA 2を理解する仕方である[81]。特に1月20日、デモがEDSA大聖堂から大統領官邸へと向かったとき、暴力を恐れたシン枢機卿が強く反対したにもかかわらず、事態が収まることがなかったことは象徴的である[82]。とは言え、それでもなお

---

80) EDSA 2における携帯電話メールの果たした役割を、携帯メールという媒体の特殊性に着目して考察したエッセイとして（Rafael 2003）を参照。また、EDSA 2における携帯メールの役割についての新聞メディア等での議論を批判的に分析し、これを踏まえつつ、テレビやラジオなどのメディアとの対照で携帯メールの役割についてEDSA 2及び"EDSA 3"の参加者に対して行ったアンケート調査をもとに分析した研究として、以下のものがある。"Chapter 6: The Cellphone and EDSA 2"（Pertierra and Ugarte 2002: 101-124）。ただし、現在のスマートフォンとは異なり、当時はカメラやインターネット、SNSが活用される以前であり、あくまで携帯メール（text）のやり取りであった。
81) フィリピンにおける民主化後の「市民社会」の姿については、五十嵐 2004, 2011。
82) Carroll, 2001b: 9

「EDSA」や「ピープルパワー」ということばが使われている以上、そこにはなお「道徳＝宗教上の緊急性」や「奇跡」の概念の残響があり、特に道徳的指導者としての教会が「預言者的」役割を果たし、それ故に積極的なアクターとして、意識的にせよ無意識にせよEDSAを「リプレイ」した、という側面を看過できない。

3 「EDSA3」と教会の挫折

(1)「EDSA3」

「EDSA2」において、自らを「神の民」（教会／キリスト教徒／フィリピン人の3つを曖昧に合わせたもの）の上に立つ「預言者的な声」と宣言した教会指導者層は、自らを国民の道徳的保証人・代表者として再度姿を顕わにしたことになる。こうして「EDSA2」という名づけは部分的には、教会のEDSAについての「道徳的刷新の定着」という解釈の「成功」を象徴していた。だから教会は引き続き、政治社会において道徳的な権威をもって、活発に発言し行動してよいのだ、ということの確認がなされたかのようであった。しかしその正統性は早くも4月末には、親エストラーダの大衆という教会にとって困惑極まりない存在が大挙してEDSA大聖堂へと押しかけることで動揺したのである。

もし政治秩序を超法規的に変えるための大衆の政治的圧力の示威行動を「ピープルパワー」と呼べるとすれば、EDSA2の後に生じた、親エストラーダ派が動員した貧困層を中心とした群集によるEDSA大聖堂の占拠などの示威行動もまた「EDSA3」といった名前で正当化される余地が生じる。そうであれば、もし群衆が正義を訴えて政権を打倒しようと動いた場合、特にそれが、教会が重んじているはずの「貧しい人たち」によって起こされた場合にこれを「ピープルパワー」と呼びうるのであれば、その運動がもし教会の承

3 「EDSA3」と教会の挫折

認した「ピープルパワー」を否認するようなものであったとしても、なお「ピープルパワー」としての正統性を帯び続けるのではないか。ましてそちらの方がより人数が多く、もっと貧しい庶民によるものである場合、どちらの方が正統性があるのかわからなくなるのではないか。これまで「上から」社会エリートや教会によって正邪を判定されてきた「ピープルパワー」「EDSA」の「道徳的正当性」なるものは、ここで問い直しを迫られることになった。

a. 親エストラーダ派による「EDSA3」

　4月4日、エストラーダは在職期間中にリベート及び分配金として8200万ドルを着服したかどで告発され、16日には反汚職法廷が2つの訴件に関し逮捕状を取り、25日に元大統領は逮捕された。これに対し26日、親エストラーダ派の群衆がEDSA大聖堂を占拠するデモが起こり、28日にはそのデモ集団は大統領官邸に向かった。EDSA2デモを主宰した市民社会グループはこれを阻止するために、官邸前のメンディオラ橋に集結し、シン枢機卿もEDSA大聖堂に対する「冒涜」への怒りを表明するために青い服を着るよう、そしてメンディオラ橋のEDSA2勢力を支えるよう呼びかけた。5月1日にはついにデモ隊は大統領官邸に突入し、6名の死者を出した上で鎮圧されることとなった。

b. 2つの「物語」の対峙

　この一連の流れをめぐり、2つの語り（ナラティブ）が対峙することになった[83]。

　ひとつはこの示威行動の主催者側及び参加者たちの物語である。これは当時、Malaya紙やDaily Tribune紙など一部エストラーダ寄りのメディアによって報じられ、また日下がのちにマニラ首都圏のスラムでインタビュー調査をもとに明らかにしたものである。彼らは自分たちの運動をピープルパワー、またEDSA3と呼んだ。このデモは庶民の支持する大統領を豊かな者たちが踏み

---

83) 日下 2013: 113-175

にじった不当な政変に対する正義の叫びであると共に、EDSA大聖堂で行われた集会もある種の祝祭性を持つものと主張された。

　これに対して教会寄り・EDSA2寄りの物語が対峙した。事件の舞台となったEDSA大聖堂について、教会はかつて「神聖な場所」「すべての人々のための祈りの場」として公共的でありつつ、さらに聖母の大聖堂というカトリックの場でもあるものとして作られた神聖な場としていたのだが、今回の事件を巡って、この場所を、教会の「私有財産」とし「許可なしに入ってはならない」と断じた。そして聖堂に集った群集を金で雇われた暴徒、「不法占拠者」とし、彼らの示威活動を「聖堂の神聖を冒涜する」活動として、官憲にデモの排除を依頼したのである[84]。聖堂の回復後、シン枢機卿は聖堂と共に「フィリピン国民全体を再聖別」する儀式を行った。そして教会は、今後EDSA大聖堂では「政治的な集会は一切行わない」と宣言した[85]。

　これら2つの物語のうち後者がマスメディアにおいて主流の言説とはなったが、それでもなお、一連の事態を振り返る中で、EDSA3を「エストラーダ派が金で動員した一握りの暴徒集団の仕業」と言うだけでは片付かない問いを残すことになった。

　聖堂は「EDSA革命」を記念して建てられたものであり、これまで繰り返し政治的な動員に積極的に用いられてきた[86]。しかしこの群集による占拠は「民衆」による政治的動員ではあったが教会の意向に反しており、教会は対応を余儀なくされた。

c.「貧しい者たちの教会」というキャッチフレーズの破たん

　同時に、これらの動員の形態と構成が問題となった。「EDSA2」は比較的富裕な人々が中心であった。「携帯メール革命」と呼ばれるように、携帯電話やポケベルで呼び合わせて集まった人々を核としており、貧困層の支持は限

---

84) Philstar 2001-04-27; PDI 2001-04-28
85) Philstar 2001-05-11
86) Claudio 2013: 27-57

3 「EDSA3」と教会の挫折

定的だった。それに対し「EDSA3」は、エストラーダ派が動員をかけたにせよ、参加者は貧困層が中心で、エル・シャダイの支持者なども多く現れた[87]。こうした中で、「貧しい者たちの教会」であるはずの教会は結局、豊かな人たちの運動にコミットし、その反面「貧しい人々の運動」を、教会を汚す汚らわしい存在として退ける形となった。そもそも、「市民社会」の一部が強調し、教会指導者層にも共有された「金で買われた (bayaran) 無知な人たち」というような侮蔑的なEDSA3理解は、かつてのスペインやアメリカの植民地支配時代の民衆的抵抗に対する支配者たちからのレッテル、例えば「貧しく無知な者たち」(pobres y ignorantes) といった侮蔑の言葉をすら想起させる。

こうしていわば公共宗教としての正統性を誇っていた「貧しい者たちの教会」だったはずの教会は、自らの公共的性格の重要な部分を無造作に否定して、豊かな方の側に立つ形となり、また貧しい人たちとの折り合い方を心得ていない態度を示す形となって、霊性と公共性の両方の面において、その国民を代表し指導するという正統性を自ら傷つける結果となった。またEDSA3にはエル・シャダイの人々も多数参加しており、教会内の分裂の深刻さをも露呈した[88]。キャロル神父はこう記している。

> 明らかに、社会から疎外されたと感じている多くの人々は、エストラーダと自らを結びつけて考えた。恐らくその賭博癖や女癖、飲酒癖までも含めて、自分たちがこうでありたいというあり方の象徴としてである。貧しい人たちはシン枢機卿に対しては同じように自分たちと結びつけて考えることはできなかった。そしてエストラーダ追放の恨みはシン枢機卿に向けられることとなった。当時都市貧困世帯層の中に送り出されて生活していたイエズス会修練者は、受入家族がテレビを見ていて、シン枢機卿が映ると呪い始める者たちがいた、と報告している。パヤタス地域の小聖堂の近くに住む女性は教会に行く人たちに向かって「シン枢機

---

87) 日下 2013: 142-143
88) PDI 2001-05-11

卿、死に値する罪！（Cardinal Sin, mortal sin!）」と叫んでいたという。[89]

　教会自身、その貧困層との関わりの不十分さを謝罪することになった[90]。
　カトリック教会は「多数派宗教」としての政治的影響力というメリットを維持するためにそのような言説上の操作を行ってきていたのであり、「多数派」の「カトリック」の「大衆」の少なからざる部分が教会に反旗を翻す形になったことで、その矛盾が象徴的に表面化してしまった。その結果、民主主義の概念と「ピープルパワー」の理解について、言説上の覇権をめぐる政治的対立・亀裂が深まることになった。

(2) 増大するスキャンダル

　エストラーダ期以降の教会を巡る状況の推移は、政教関係における教会の実力と矛盾をあらわにしたのみならず、同時に教会自体の内部に抱える諸問題をも浮き彫りにしていった。これらの諸問題は必ずしも教会の課題を包括的に明らかにしているわけではないが、教会の抱える問題の一端を象徴的に示している。
　問題は、まず一部教会関係者に蔓延する贅沢なライフスタイルの露呈、という形を取った。2000年9月、ゴンザレス教育省長官が教育省の経費で、豪華なワゴン車を公用車として購入したことが露見し、公立学校の教師たちからの辞任要求が高まった。これに対しフィリピン・カトリック教育連盟はこれを「大型のワゴン車が贅沢だと感じるかどうかは文化の違いの問題であり、われわれカトリック教育界の文化からすれば必要性を疑問視すること自体理解できない」とし、10月5日にはCBCPもゴンザレスを擁護した。ゴンザレスが学長を務めたデ・ラサール大学も擁護の姿勢をとった。こうして、教会系高等教育関係者の文化が庶民感覚から乖離していること、しかもそのこと

---

89) Carroll 2001b: 9
90) Philstar 2001-04-29; CDN 2001-05-07; Today 2001-05-08; PDI 2001-05-06, 2001-05-12

3 「EDSA3」と教会の挫折

に無自覚で鈍感であることが、極めて露骨に示されたのである。

　教会の資金問題も繰り返し浮上した。2000年10月、カトリック系のNGOがフィリピン娯楽ゲーム公社からの寄付を受け取っていた、との報告が発表された。賭博全般を批判していたはずの教会は「偽善的」と批判された。シン枢機卿は「たとえ悪魔が金をあげるといったとしても、受け取って貧しい者のために使えば問題ない」と強弁した。同時に25日にはCBCPは引き続き賭博と戦うと表明している。賭博や政治腐敗を批判しつつ、教会の運営資金を、部分的に政府の公的支出や地元の実力者・資本家の寄付に依存し続ける、という実態は、繰り返し問題とされ、教会側もそのたび問題の存在を認めつつ、有効な手立てを打つこともなく現在に至っている。

　教会の資産運用・事業運営上の不始末も露呈している。「健全なインターネット・プロバイダ」として立ち上げたはずのCBCBNetは、事業を依頼した業者が不明朗な運営をした挙句、資産を持ち逃げして行方不明となり、CBCPは経営責任の一端を問われることとなった[91]。また、セブ大司教区において、聖職者退職後の積立保険運用資金を投資した企業の経営状況が悪化して問題化した[92]。また、昨今教会の聖像・聖画の盗難も続発しており、人々の宗教に対する態度の変化、教会関連物品の闇販売ルートの発達の指摘と同時に、教会の資産管理の粗雑さが、教会内部からも問題視されるようになってきている。

　そして、最近最も深刻な問題となったのが、聖職者による一連の性的なスキャンダルである。アメリカを中心に世界中の教会に激震をもたらした聖職者による性暴力の告発や訴訟の続発に対し、フィリピンの司教たちは謝罪すると共に、フィリピンでは重大な事態にはなっていないと強調した[93]。しかし次第に国内でもカトリック司祭の強姦、幼児虐待、隠し妻などのケース、及びこれらを組織的に隠蔽していたという疑惑が次々と露呈した[94]。これに対す

---

91) MT 2002-05-20
92) CDN 2003-04-10
93) PDI 2001-03-23; MB 2001-03-24
94) PDI 2002-04-03; ABS 2001-04-03; Sun 2002-03-31, 2003-09-19

る教会の対応は後手に回っており、自己弁護に終始することが多かったこともあり、教会に対する疑惑と不信を増幅させている。これまで各地で聖職者の性的虐待事件や愛人作りなどの問題が発生した際、教会が明確な対処規程を持たないまま、場当たりな対応をするのみで、問題を起こした司祭をひそかに配属転換させるなどで曖昧に済ませ、そのために配置転換先で同様の問題を繰り返した場合もある、という事実も明るみに出た。その結果、CBCPはこの問題を後回しにし続けることはできなくなり、2003年9月にガイドラインが発行された[95]。特に聖職者によるミサ補助役などの青少年への性的虐待事件の続発は、本来教会奉仕に熱心だったはずの青少年とその家族を裏切る形をとった分、教会の正統性に深刻な打撃を与えているのではないかと考えられる。長らくあいまいな対応をしてきた教会の姿勢の中にも被害者の痛みに対する鈍感さと「代わりはいくらでもいる」という甘えが垣間見える。

そして既に触れたとおり、2002-2003年には、マニラ首都圏の2人の前途有望な司教が相次いで性的なスキャンダルによって地位を失った。マニラ補佐司教クリソストモ・ヤルンは、マニラ大司教区サン・カルロス神学校で指導的な役割を果たしていた優秀な若手神学者であったが、2002年12月に突如理由が明かされないまま辞任し、翌月に「隠し妻」との間に既に子どもをもうけていることが明らかとなったため司教職を停職となり、アメリカのカトリック系大学に逃れて研究に従事することとなった[96]。また、多数の著作を持つと共にエル・シャダイの担当司教として、またエストラーダ政権のアドバイザーとして大きな影響力を持っていた、マニラから独立したばかりのカロオカン教区のテオドロ・バカニ司教は、元秘書からセクシャル・ハラスメントの告発を受けた。司教は「不適切な愛情表現があった」と認めたがハラスメントは否定、病気の親族の見舞いを口実に渡米した。その間にバチカンの裁定が下り、カロオカン教区司教の地位は解かれたが、引き続きマニラ大司

---

95) CBCP 2003a, 2003b; Sun 2002-04-26
96) MB 2002-12-08; PDI 2003-01-30, 2003-02-06; Philstar 2003-01-31; Newsbreak 2003-02-17

3 「EDSA3」と教会の挫折

教区在住で無任所の司教の地位を保つこととなった[97]。引き続き教会論や教会の社会関与に関する発言、出版を続けている。いずれにせよ、高位聖職者たる司教まで巻き込んだ一連のスキャンダルは、司祭の適任性の問題、リクルート上の問題、神学校における教育の問題、神学校内の同性愛の問題、配属先における司祭の生活状況の問題、女性司祭や結婚司祭に今後道を開くかどうかの問題など、多くの問題を再提起させると共に、対処が後手に回る現状をも明らかにしてきた。

2001年にはPCP-2の10周年を迎えた。教会内においてもその達成度についての評価は厳しいものがあった。PCP-2が将来に向けて掲げた目標はほとんど達成できていない、というのが大方の意見であった[98]。そして2011年の20周年においても同様の評価のままである[99]。フィリピン・カトリック教会がその反省を活かしてダイナミックな宗教として再生するのか、それともこれまでの流れのまま既得権益を守る消極的な対応を維持するのか、教会は将来に向けて、厳しい決断を求められ続けている。

---

97) PDI 2003-06-08; MB 2003-06-10; Philstar 2003-06-10, 2003-11-26; Sun 2003-11-29
98) CBCP自体、「PCP-2の処方箋の多くは実行に移されなかったが、そこには様々な理由がある。とはいえ、根本的な原因は我々の心の頑なさと回心しようとしない心である。」としている（MT 2001-03-28; CBCP 2001）。
99) Dionisio 2011; Genilo 2015

第7章 「公共宗教」の模索

マカパガル＝アロヨ大統領（当時）の改憲への動きに反対するカトリック教会主催のデモに参加する、白衣の信徒団体エル・シャダイのワーカーたち。宗教や政治をめぐる司教たちとの衝突ののち、エル・シャダイは教会への協力姿勢を様々な機会に示しつつ、独自の活動を維持発展させるようになっていった。この集会でも会場整理や集会半ばのクリスマス讃美コンサートイベントの司会、終了後の片づけなどを引き受け、デモ終了後にエル・シャダイ自身の集会を同じ会場で開催していた。
(2006年12月16日　マニラ市キリノ大競技場（Quirino Grandstand）にて、筆者撮影）

1　教会の政治関与 ── 背景、過程とそのひとつの帰結

　我々はこれまで、フィリピンにおけるカトリック教会がどのように政治に関与してきたかを、歴史的背景と経緯、教会刷新との関連、背後にある社会観、そして多数派教会を運営する模索の中で作り上げられてきた主流派路線の盛衰を見てきた。ここで全体をもう一度簡潔に振り返る。

　第1章は、宗教復興の文脈の中で新たに生じてきた「公共性」に関する議論と宗教との関わり、特に民主化などの政治変動の過程に積極的に参与する「公共宗教」の議論を取り上げ、そのような形でたち現れる宗教について、歴史的アイデンティティが軽視されやすいという問題を挙げた。フィリピンにおけるカトリック教会が「公共宗教」のカテゴリーに極めて典型的に当てはまりやすいにもかかわらず、そうした視点からの研究が乏しいこと、また学際的な方法があまり取り入れられていないため分析が偏りやすいこと、そして歴史問題に関しては、カトリック教会が「公共宗教」たり得る背後にポストコロニアルな問題がある点が看過されてきたことを挙げた。そして特に、フィリピン地域研究の立場から、カトリック教会の政治関与の言説を包括的に分析する必要、また同時進行し背景をなす教会刷新の展開と論理を重ね合わせる必要を指摘した。

　第2章は、まず教会の植民地史的な成立経緯、特にスペイン期のカトリック国家確立過程と、アメリカ統治期の政教分離体制への適応の特徴をたどり、この2つの組み合わせが歴史的規定要因として看過できないことを確認した。その上で、1960年代から本格化した教会の政治・社会関与の模索が、1980年代前半の主流派形成と積極的政治関与に至り、1986年の民主化政変で主導的な役割を担うに至った経緯をたどった。そしてこの経緯が教会刷新のビジョンを模索していた教会指導者にとって決定的に魅力的であったゆえに、教会刷新のビジョン形成を、政治への積極参加と調和する方向で推し進めるような行き方になっていったことを確認した。

　第3章は、まず、カトリック司教協議会（CBCP）の機構が国民政治への積極参加に向けて整備されていることを確認している。その重要な根拠となっ

た論理、特に1986年政変をめぐる言説を分析し、教会指導者層の政治関与が「キリスト教国フィリピン」の人々に対する「司牧」といういわば教会論と社会論の接合点を根拠としていたことを明らかにした。

　第4章は、政治関与の拡大と並行して同時期に進行したCBCP主導の要理教育プログラム刷新とその実施状況について分析している。この要理教育プログラムが教会刷新の一貫であり要とみなされている点を踏まえ、そのプログラム形成の過程、実施の現場と実施形態、機構、実施状況（特にその緩慢さ）について整理した。同時に要理教育プログラムと齟齬をきたすような教会教育実践の現場の事例をいくつか挙げ、そこから読み取れる問題を整理した。

　第5章は、まず政治・社会関与論及び要理教育プログラム実施の背後にある「教会論」の形成過程を取り上げ、第2バチカン公会議以降の「教会刷新」と「社会変革」という二大使命の優先順位と相関関係が教会の新たなアイデンティティの模索と深く関わってきたこと、1980年代のCBCPにおける主流派形成は、その点で政治への参画が突出した形でなされ、これに対する内部からの教会刷新の要求から1991年の第2フィリピン教会会議に至ったが、そこで提起された「貧しい者たちの教会」と「弟子の共同体」という2つのビジョンの関係と意味をめぐってなお鮮明な教会論を描ききれないまま、積極的な政治関与が継続されていった点を指摘した。以上の経緯を踏まえ、教会の「社会司牧としての政治関与」が積極的に進められる背景として、公文書に見られる教会のフィリピン社会・文化に対する理解、及びその背景として存在する知識社会学的問題を取り上げ、そこから教会が「フィリピン社会」とその宗教性や文化について停滞的・固定的に解釈していることと「変革の指導者」たる司教たちの指導性を必然としていることが対応関係にあることを指摘した。その上で、教会内、また社会において、こうした解釈を下から突き崩す論理と実践が生じていることを示した。こうしてカトリック教会の教会論＝社会論＝政治関与の三者が、「EDSAの神話」による「保証」を支えにし、教会の一致を求める切実な要請と結びついている反面、極めて不確かで矛盾した基盤に立っていることを論じた。

第7章 「公共宗教」の模索

　第6章は、エストラーダ政権期の教会の政治関与の過程をたどることで、この「EDSAの神話」を支えに政治関与の言説体系を構築し、活発に政治的働きかけを積み重ねてきたCBCPの政治・社会関与におけるクライマックスと共に生じた破綻を描き出した。すなわち、まず教会が積極的に加担した「ピープルパワー・EDSAの再演」たる「EDSA2」の成功を素描した。次いで、貧困層を中心にし、教会の政治的公共空間の要であったEDSA大聖堂を占拠して「民衆の祝祭」として行われた親エストラーダ派のデモである「EDSA3」がその「ピープルパワー」の矛盾をあからさまに衝いたことを述べた。そして、これに対する教会の混乱とエリート主義的な本音の表面化を指摘した。

2　政教関係の研究を深めるために

　本書は政教関係について、公共宗教論、教会研究、政治研究のはざまにこぼれ落ちてしまいやすい論点を、フィリピン地域研究を通じて明らかにしようとするものであった。本書は、これらの分野に対してどのように答え、どのように問い、今後の研究のためにどのような可能性を開こうとしているのか。その点についていくつか論じる。

(1)「公共宗教」の政治参加における宗教的社会観の重要性

　「公共宗教」論に対して、本書は次のように応答している。政治・経済・社会、様々な領域における政府・企業・共同体などの営みの限界が深刻に現れる中、「公共領域」の充実が求められる状況において、社会の側から宗教の政治的な問題への関与が期待されるという側面が確かにある。このことは、フィリピンのカトリック教会の政治への関与においてもある程度言える。そしてこの場合、一定の歴史的正統性と社会的インフラストラクチャーを兼ね備えた宗教への期待が現れてくることになるが、フィリピンのカトリック教会も、

まさにこれに符合する。

　しかし、「公共宗教」について重要なのはそれだけではない。宗教の側の主体性とダイナミックス次第では、当該宗教が政治関与の論理と方法を整備し、機を見て過去の成功例の「再演」に向けて舵を切る可能性がある、という点も看過できない。フィリピン・カトリック教会の2001年1月の「EDSAの再演」へと至る経緯は、まさにそういう流れであった。そのダイナミックスは、単に政治的アクターとしてのいわゆる合理的選択の結果という以上に、その宗教自体が社会に対して「公共性」の自己利益に資する形での援用を行うことで自らの超越的正統性を世間に確認させ、市民社会の代弁者かつ「国民共同体」の司祭的・預言者的な超越的指導者として振舞うことによって生み出されている。そうすることで、この宗教のソトとウチ、「公共」の垣根をあいまいにし、半ば同化することで「宣教」の使命を推進しようとする、そうした宗教的動因による面が少なからず働く。これは特に、その宗教に一定の凝集性と教理の統一性があり、また国民の大多数が傘下にあるとされるフィリピンのような場合に特に注意すべき点である。これまでの「公共宗教」論においては宗教の扱いが客体としての扱いに留まりやすく、こうした政治関与の主体としての教会のあり方は十分に述べられてこなかった。

(2) 教会の教会論と社会論の間にある緊張関係の政治性

　教会研究に関しては、特に現代カトリック教会の「現代化」における教会刷新論と社会変革ビジョンの間の緊張関係の検討が不可欠であることを、まず指摘することができる。本書においてフィリピンの事例を挙げて検討した通り、教会の政治関与は、教会刷新のみならず社会変革への関与とも関わりがあるし、また両者の構造的関係やバランスによって教会の実際のあり方が左右されることになると考えられる。また、教会倫理が現場で実際にどういう意味や効果を持つかを考察するためには、実践倫理的な検討だけでなく、必ず教会論の観点からの現状分析が必要となる点についても、本書における道徳や倫理の政治的な意味や状況性に関する考察によく示されている。

特に現代フィリピン・カトリック教会は、歴史的に形成された「多数派」の原理と既得権益に強く依存しつつ、その歪みを問題とせず、この「過去の遺産」を公共領域に積極的に関与するための正統性の根拠としてきた。それは確かに、民主化以降の脆弱な政治制度・慣行・行政機構を背後に、ダイナミックだがやや混沌とした市民社会形成に苦闘するフィリピンの「公共領域」を支える屋台骨として貢献してきたこととも結びつく。しかし同時にこれらを政治的資源として利用する方向に向かってしまった結果、教会の司牧の脆弱さを改めて印象づけると共に、民主体制の不安定化にも加担してしまった。

　長い歴史を持つフィリピンのカトリック教会のこのような問題は、決していわゆる「悔い改め」や「刷新」についての声明を発行するといった付け焼刃で解決するものではない。教会の政治関与の時代の象徴であったシン枢機卿が2005年6月に亡くなり、ロサレス枢機卿（在任2003-2011年、枢機卿2006年-）の中継ぎを経て、新世代のタグレ枢機卿（在任2011年-、枢機卿2013年-）がマニラ大司教として活発な活動を展開している今、教会の政治関与と教会刷新の経緯を改めて振り返り、教会の原点を見つめなおすことが求められている。

(3) 国民国家の政治を解明する研究の問題性

　フィリピン政治研究に関しては、単に教会を政治的アクターとして分析することの限界をまずは指摘できるが、それにとどまらない。フィリピンをめぐる学問が、今かつての欧米、特にアメリカ一辺倒の学であったことをやめて、強い民族主義的発露から研究される志向が強まっている現在のフィリピン研究の状況に一定の共感を示しつつも、なおこうした傾向に対する一定の懸念を示す必要があると考える。

　言語・文化・宗教的に多様性を抱え込み、かつグローバルな人的交流の流れの中に深く身を浸しているフィリピンという国とその人々に関しては、国単位で提起される政治言説やイデオロギーがもつある種の覇権性とその限界について、いっそう深い研究が求められている。民族主義は必然的に、ある

種の画一性と国民の定性的理解に結びつく志向を持っている。この困難な時代に、国全体が一致団結する、という夢が極めて魅惑的な政治的ビジョンであろうことは痛感させられるところであり、これを回避することはできないであろう。しかし現実には、こうした志向の持つ魅惑的な支配力に対し、人々は同時に違和感をも覚え、これを適宜利用し、再解釈し、換骨奪胎しつつ生きていくのではないか。こうした視点こそ、近年のグラムシ的な「覇権論」の再興とそのポストコロニアルな研究における適用から、フィリピン政治研究への貢献となるのではないかと思われる。

3 「ピープルパワー」のその後をめぐって

　現在の政治状況との関連で、「民主化後」の政治・経済上の不安定という文脈とそこでの「公共宗教」の役割の関係、という視点から、さらなる検討が必要であると思われる。民主化後のアキーノ政権は続発するクーデタ未遂や自然災害、政権内外の政治闘争の中で、民主主義体制自体の存立基盤の弱さに苦しんだ。カトリック教会は民主化体制の確立と現政権の無策・保守化に対する批判の狭間で、微妙な態度をとり続けることになった。

　2005年にはアロヨ政権が選挙操作疑惑等によって国民の信任を損ない、その政治基盤を弱めたが、憲法に基づく弾劾裁判の正統性は既に前任のエストラーダ政権のときに傷ついている。他方大衆行動による大統領の放逐も、EDSA 2、EDSA 3の経緯から国民の間には懸念が大きい。しかも、大統領の辞任要求を突きつけていた勢力の中心は、エストラーダ派、マルコス家やその取り巻きなど様々な疑惑と結びつけられた人々であり、その正統性にも疑念が付きまとった。

　こうした状況の下で、CBCPは定例の全体会議の後、アロヨ政権の責任を追及しつつ、積極的には辞任を要求しない、という声明を出した。そしてこのCBCPの声明は、通例をはるかに超えるメディアの大きな反響を生んだ。カリスマに富んだシン枢機卿亡き後、教会の影響力の後退を予想するメディ

アの声が上がっていた矢先のことだけに、この教会の姿勢の変化とマスメディアの引き続く注目の高さという状況は、新たな「公共宗教」の役割を暗示するものであった。

　もう少し踏み込んで捉えるならば、「EDSA」的デモ動員に過剰に依拠しない市民的公共性の可能性のようなものにすら、示唆を与えているのかもしれない。それは政権の維持や交代への志向が強い形で動員されやすい「ピープルパワー」（People Power）ならぬ人々の生活の必要により密着した「民衆の力」（People's Power）だろうか。

　その後アロヨ大統領が生き残りをかけてCBCPの全体会合への訪問とつけ届け、福祉機関を通じての教会系の援助機関に資金が回るような予算措置など、教会に積極的なアプローチをかけ、教会側もこれにかなり乗ってしまった。司教たちの中に親アロヨ勢力が生まれた。アロヨ大統領が引き続くスキャンダルとその中での巧みな生き残り策によって民主政治への不信を増大させていく中で、その不信と不人気に教会も一蓮托生となった面があった。

　民主主義政治と大統領制への信頼を回復させた次のベニグノ・アキーノ3世大統領のもとで、アロヨ政権からの資金供与をめぐってCBCP関係者が国会で参考人質疑を受けたことはその帰結であった。母親である元大統領の葬儀をきっかけに政治の浄化・改革を掲げ、ピープルパワーの黄色のシンボルカラーを前面に出し、行政改革を進めたアキーノは、同時に教会の強硬な反対の中で性と生殖に関する法制（リプロダクティブ・ヘルス法）を推進することで、いわば「教会なしのピープルパワー」という新しい時代の政教関係、民主政治のあり方を示したとも言える。そして2019年の現時点でのドゥテルテ大統領は対照的に、「黄色い輩」（dilawan）を諸悪の根源とする「ピープルパワー以後」の政治を展開している。そのドゥテルテが繰り返す教会に対する罵倒は、一方で彼がかつて司祭から受けた性的虐待をはじめとする教会への恨みや、他方で彼の政治スタイルを反映している面もある。

　これらをもって教会の政治的影響力の後退を語るのはやさしい。しかし、ドゥテルテが頻繁に教会を問題にすればするほど、その避けがたい、無視しきれない教会の重要性も強調されてしまう。多数派教会であるフィリピン・

3 「ピープルパワー」のその後をめぐって

カトリック教会の政治関与は、国民社会とのねじれた関係をなおはらむがゆえに、引き続き大きな問題であり続けている。

フィリピン・カトリック司教協議会（CBCP）の司牧声明類（1940-2001）

2019年時点で、CBCPの司牧声明類は以下のサイトにまとめられている。
　新サイト http://cbcponline.net/list-of-pastoral-statements/
　旧サイト（2017年6月分まで掲載）https://cbcpwebsite.com/documents.html

本書の分析は、本書のもととなった博士論文の執筆時のリスト作成の方法に基づき、
　CBCP, *Pastoral Letters 1945-1995*, 1996a.
　CBCP, *CBCP on the Threshold of the Next Millennium*, 1999.
に掲載されたものに、その後CBCPの過去のウェブサイトに追加された司牧声明の2006年の時点でのデータを用いている。時期は分析の対象となった2001年1月までである。

　上記ウェブサイトにはそれ以降の司牧声明類も掲載されている。本書では主に、1999年1月分までは上記2冊に掲載されたものを扱い、それ以降はウェブサイトに公表されたものを参照した。下記のリストはCBCPの旧サイトのデータも含めた複数の資料をクロスチェックした上で作成したものである。

　ちなみに1998年に調査を始めてからの経験から記すと、フィリピン・カトリック司教協議会は、内部の関係者への周知のみで新しいサイトを立ち上げ、旧サイトに移行について示さずに放置することを何度も繰り返してきた。またCBCPのサイトとニュースのサイトが途中で周知なく別々になったりもした。司牧声明はニュース記事として配信される最近のものを除き、CBCP自身のウェブサイトに掲載されているが、CBCPのニュースサイト（CBCP News）にはCBCPウェブサイト（CBCP Online）へのリンクが見当たらず、まして新ウェブサイトへの移動についての通知もない。今後の研究の際もウェブサイトの移行について注意が必要と思われる。この辺りも、本文で指摘した「信徒にアクセスするための司牧声明だというのにアクセスが悪い」というブラックジョーク的な状況を皮肉にもよく表している。

　ただし、司牧声明のデータについては初期には欠落、リンク切れ、編集の甚だしい不統一などが散見されたが近年はそれも正されており、こうして作成されたデータはそのまま引き継がれてきている。またCBCPは現在公式Facebookページを持っており、これがそうした分かりにくさの緩和につながることも期待される。

1940年の声明は司教団発足以前の共同司牧書簡、1945～1965年の声明はCBCPの前身であるカトリック福祉機構（Catholic Welfare Organization（CWO））によるものである。

**を付したものは1999年1月分までのうち（CBCP 1996a）（CBCP1999）に掲載されておらず、CBCPの公式ウェブサイトには掲載されているものである。これらはドラフトや有志の声明などであり、数も限られている。本文において文書数を数える際にはカウントしていないが、テキストの分析に際して適宜参照している。

PL1940.　Carta Pastoral Colectiva Del Episcopado Filipino Sobre El Comunismo Ateo, July 24, 1940

PL1945.　Joint Letter of the Archbishops, Bishops and Prefects Apostolic of the Philippines to the Catholic Episcopate of the United States of America; July 19, 1945.

PL1946.　Joint Pastoral Letter of the Hierarchy of the Province of Manila on the Occasion of the Annual Meetings; October 16, 1946.

PL1948a.　Joint Pastoral Letter of the Catholic Hierarchy of the Philippines on the Dominical Rest; January 20, 1948.
PL1948b.　Statement of the Ecclesiastical Hierarchy of the Philippines on the Social Principles; January 20, 1948.

PL1949a.　Joint Pastoral Letter of the Hierarchy of the Philippines on the Virtue of Justice; January 22, 1949.
PL1949b.　Social Justice; A Joint Pastoral Letter of the Catholic Bishops of the Philippines; May 21, 1949.

PL1950a.　Joint Statement of the Catholic Hierarchy of the Philippines on the Book "The Pride of the Malay Race"; January 6, 1950.
PL1950b.　Carta Pastoral de la Jerarquia Eclesiastica de Filipinas Sobre la Lectura de un Libro Prohibido; January 24, 1950.

PL1951a.　Joint Statement of the Philippine Catholic Hierarchy on Electoral Right of Catholics;

フィリピン・カトリック司教協議会（CBCP）の司牧声明類（1940-2001）

October 2, 1951.

PL1951b.　Joint Statement of the Philippine Hierarchy at the Close of the Holy Year (1950-1951); December 6, 1951.

PL1951c.　Statement on Vocational Education; January 1951.

PL1952.　Joint Pastoral Letter on Forthcoming Plenary Council; November 29, 1952.

PL1953a.　Unity, the Prime Witness of God (Pastoral Letter Issued at the Close of the First Plenary Council); January 25, 1953.

PL1953b.　Joint Statement Concerning Optional Religious Instruction in Public Schools; January 29, 1953.

PL1953c.　A Time to Speak (Pastoral Letter on Religious Instruction in Public Schools); February 18, 1953.

PL1953d.　Joint Pastoral Letter on Elections; September 12, 1953.（スペイン語版：Carta Pastoral Colectiva del Episcopado Catolico de Filipinas sobre las elections）

PL1954a.　Statement of the Philippine Hierarchy on Masonry; January 14, 1954.

PL1954b.　Joint Pastoral Letter of the Philippine Hierarchy on the Marian Year; April 9, 1954.

PL1954c.　Statement of the Administrative Council of the Catholic Welfare Organization (CWO) on the Accusations of Being Communists; July 6, 1954.

PL1954d.　Joint Statement of the Catholic Hierarchy on the YMCA; August 15, 1954.

**PL1954e.　Carta Pastoral Sobre la Modesta Femenina Cristiana y Los Concersos de Belleza; Por el Emmo. Y Rvdmo.; Dr. D. Enrique Pla y Deniel; Cardenal Arzobispo de Toledo, Primado de España; August 22, 1954.

**PL1954f.　Modesty in Dress

PL1955a.　Joint Pastoral Letter on Catholic Education; April 10, 1955.

PL1955b.　Statement of the Administrative Council of the Catholic Welfare Organization on Adherence to Religion; June 18, 1955.

PL1955c.　Statement of the Administrative Council of the Catholic Welfare Organization on the Persecution in Argentina; June 24, 1955.

PL1955d.　Circular Letter of the Administrative Council of the Catholic Welfare Organization on Elections; November 1, 1955.

**PL1955e. Pre-Election Statement of the Catholic Hierarchy of the Philippines; November 1, 1955.

PL1956a. Bishops Successors of the Apostles; Pastoral Letter; February 2, 1956.

PL1956b. Carta de la Comisión Episcopal de Filipinas Acerca del Segundo Congreso Eucarístico Nacional para Conmemorar el Centenario del Establecimiento de la Fiesta del Sagrado Corazón de Jesús; February 11, 1956.

PL1956c. Statement of the Catholic Hierarchy of the Philippines on the U. S. T. Strike; March 13, 1956.

PL1956d. Statement of the Philippine Hierarchy on the Novels of Dr. Jose Rizal; Noli Me Tangere and El Filibusterismo; April 21, 1956.

PL1957a. Statement of the Philippine Hierarchy on Juvenile Delinquency; July 26, 1957.

PL1957b. Joint Statement of the Catholic Hierarchy of the Philippines on the Eve of the National Elections of 1957; October 11, 1957.

**PL1957c. Draft of a Statement of the Philippine Hierarchy on the Feast of the Most Holy Rosary ("LA NAVAL"), October 7, 1957

**PL1957d. Preliminary Draft of the Episcopal Statement on Social Action

PL1959a. Statement of the Philippine Hierarchy on the Nationalization of Schools; January 28, 1959.

PL1959b. Statement of the Catholic Hierarchy of the Philippines on Mission Year; May 17, 1959.

PL1959c. Statement of the Catholic Hierarchy of the Philippines on Nationalism; December 3, 1959.

PL1961. Statement of the Catholic Hierarchy on Liturgical Revival; August 6, 1961.

PL1962. Bishops' Pastoral Letter on the Ecumenical Council; February 9, 1962.

PL1964a. Joint Pastoral Letter on the Fourth Centenary of the Evangelization of the Philippines; February 2, 1964.

PL1964b. The Philippines for Christ: Time to Launch a New Evangelization; A Joint Pastoral Letter of the Philippine Hierarchy; December 8, 1964.

フィリピン・カトリック司教協議会（CBCP）の司牧声明類（1940-2001）

PL1965a. Joint Statement of the Catholic Hierarchy on the Religious Instruction Bill; June 6, 1965.

PL1965b. Statement of the Philippine Hierarchy on the Formation of Our Foreign Mission Society

PL1967a. Joint Pastoral Letter of the Philippine Hierarchy on Social Action and Rural Development; January 8, 1967.

PL1967b. Joint Pastoral Exhortation of the Philippine Catholic Hierarchy on the Nineteenth Centennial of the Martyrdom of St. Peter and St. Paul; June 2, 1967.

PL1968a. Pastoral Statement on the "Year of Social Action"

PL1968b. Pastoral Letter on the Encyclical Letter Humane Vitae

PL1969a. Statement of the Catholic Bishops on Public Policy regarding Population Growth Control; July 4, 1969

PL1969b. Bishops and Moral Leadership – A Pastoral Statement of the Catholic Bishops' Conference of the Philippines; July 5, 1969

PL1969c. Statement of the Catholic Bishops' Conference of the Philippines on Priestly Celibacy; July 10, 1969

PL1970a. For a Non-Partisan Constitutional Convention; An appeal of the Catholic Bishops of the Philippines to the Members of Congress; January 25, 1970

PL1970b. Statement on Civic Responsibility; July 9, 1970

PL1970c. Joint Pastoral Letter of the Catholic Hierarchy of the Philippines on the Visit of the Holy Father; September 22, 1970

PL1971a. To the People of God in the Philippines on their Deliberations at the Annual Bishops' Conference of the Philippines; February 20, 1971

PL1971b. An Appeal for the East Pakistan Refugees; July 8, 1971

PL1971c. Joint Pastoral Letter of the Catholic Bishops' of the Philippines on Prayer and the Interior Life; July 8, 1971

**PL1971d. Press Statement: Urgent Appeal for Electoral Reforms

**PL1971e. A Pastoral Appeal

PL1972a. Statement of Drug Abuse; Joint Pastoral Letter of the Bishops of the Philippines on the Occasion of their Semi-Annual Meeting; January 29, 1972

PL1972b. Statement of the CBCP Administrative Council on Martial Law; September 26, 1972

PL1973a. On Plebiscite; January 14, 1973

**PL1973b. To the People of God; February 1, 1973

PL1973c. Pastoral Letter of the Catholic Hierarchy to the Priests of the Philippines; June 10, 1973

PL1973d. Pastoral Letter of the Catholic Hierarchy of the Philippines on Evangelization and Development; July 4, 1973

PL1973e. Moral Norms for Catholic Hospitals and Catholics in Health Service; Pastoral Letter; December 8, 1973

PL1973f. Pastoral Letter of the Catholic Hierarchy on Population Problem and Family Life; December 8, 1973

PL1975a. CBCP Statement on the Referendum-Plebiscite; Lenten Pastoral Letter of the Catholic Bishops' Conference of the Philippines on Alay Kapwa 1975; January 31, 1975

PL1975b. Statement of the Catholic Bishops' Conference of the Philippines on the Referendum of February 27, 1975; January 31, 1975

PL1975c. Ang Mahal na Birhen; Mary in Philippine Life Today; A Pastoral Letter on the Blessed Virgin Mary; February 2, 1975

PL1975d. Message to Our Beloved Catholic People of the Philippines on the Occasion of Pope's Day, 1975; June 1975

PL1975e. "Because I was a Stranger and You Made me Welcome"; Letter of Appeal for War Refugees of Vietnam and Cambodia; May 18, 1975

PL1976a. Statement on the Doctrine of the Church on Christian Marriage; January 30, 1976

PL1976b. The Catholic Bishops' Conference of the Philippines on the Apostolate of Christian Education; January 31, 1976

PL1976c. Joint Pastoral Letter on Christian Marriage and Family Life; May 1, 1976

PL1976d. CBCP Statement on the Referendum-Plebiscite; September 28, 1976

PL1977a. The Bond of Love in Proclaiming the Good News; A Joint Pastoral Letter to Our People; January 29, 1977

フィリピン・カトリック司教協議会（CBCP）の司牧声明類（1940-2001）

PL1977b. CBCP Position Paper on the Synod Theme "Catechetics in our Time"; With Special Reference to Catechetics for Children and Adults; July 13, 1977

PL1977c. On the Holy Father Pastoral Letter of the Philippine Hierarchy; September 8, 1977

PL1978a. An Open Letter on the Elections for the Batasang Pambansa on April 7, 1978; July 10, 1978

PL1978b. Education for Justice; A Pastoral Letter of the Catholic Bishops' Conference of the Philippines; September 14, 1978

PL1979a. "Thou Shalt not Kill"; A Joint Pastoral Letter of the Philippine Hierarchy on the Life of the Unborn Child; January 29, 1979

PL1979b. I was a Stranger... ; Message of the Philippine Bishops on Migration Sunday; August 19, 1979

PL1979c. Exhortation against Violence – A Joint Pastoral Letter of the Philippine Hierarchy; October 7, 1979

PL1980a. Papal Visit and Beatification of Lorenzo Ruiz; February 11, 1980

PL1980b. Statement of the Catholic Bishops' Conference of the Philippines on Refugees; July 6, 1980

**PL1980c. Norms and Guidelines for the Ministry of Catechesis

PL1982a. A Church Sent; A Joint Pastoral Letter of the Catholic Hierarchy of the Philippines; February 17, 1982

PL1982b. A Statement Concerning Current Issues that Affect Church-State Relationships; November 29, 1982

**PL1982c. Joint Pastoral Letter on the Church's Mission of Peace

PL1983a. A Dialogue for Peace; Joint Pastoral Letter of the Catholic Bishops' Conference of the Philippines; February 20, 1983

PL1983b. Pastoral Guidelines for Priests, Religious and Lay Workers in the Task of Social Justice; July 12, 1983

PL1983c. Message to the People of God; August 7, 1983

PL1983d. Reconciliation Today; A Statement of the Catholic Bishops' Conference of the

277

Philippines; November 27, 1983

PL1984a. The 1984 Plebiscite and Elections; A Statement of the Administrative Council; January 8, 1984

PL1984b. Let there be Life; Joint Pastoral Letter on the Sacredness of Human Life and Its Defenses; July 11, 1984

PL1984c. Proclamation of a Marian Year for the Philippines; September 8, 1984

PL1984d. Declaration by the Catholic Bishops' Conference of the Philippines on the Agrava Board Reports; 1984

PL1985a. The Marian Year 1985: A Pilgrimage of Hope with our Blessed Mother; Pastoral Exhortation on the Marian Year, 1985; February 2, 1985

PL1985b. The Biblical Apostolate; A Joint Pastoral Letter of the Philippine Hierarchy; February 24, 1985

PL1985c. Message to the People of God on Terrorism; July 8, 1985

PL1985d. We Hear the Lord's Cry: An Appeal; July 9, 1985

PL1985e. Joint Pastoral Letter on the Marian Year; August 6, 1985

**PL1985f. Man, our Way (The Human Person in Philippine Society); Draft of the CBCP Pastoral Letter on Social Transformation

PL1986a. "We must Obey God rather than Men"; Joint Pastoral Exhortation of the Catholic Bishops' Conference of the Philippines on the Snap Elections; January 25, 1986

PL1986b. Post-Election Statement; February 13

PL1986c. Pastoral Exhortation on the Constitutional Commission and its Work; "Unless the Lord build the house, they labor in pain who built it." (Ps. 127:1); May 18, 1986

PL1986d. One Hundred Days of Prayer and Penance for National Reconciliation, Unity and Peace; 22 August 1986 to 29 November 1986; A Pastoral Letter Addressed to Priests and their Pastoral Collaborators, to Religious Families, to the Faithful of the Catholic Church and to all our Brother and Sister Filipinos; August 6, 1986

**PL1986e. Draft: Official Proclamation of the National Eucharistic Year; 8 December 1986 to 8 December 1987; November 1, 1986

PL1986f. A Covenant towards Peace; A Pastoral Letter of the Catholic Bishops' Conference of the Philippines on the Ratification of the 1986 Constitution of the Philippines; November 21, 1986

フィリピン・カトリック司教協議会（CBCP）の司牧声明類（1940-2001）

PL1986g.　"One Bread, One Body, One People"; A Pastoral Letter on the National Eucharistic Year; November 23, 1986

PL1987a.　Statement of the Catholic Bishops' Conference of the Philippines on the Mendiola Incident; January 26, 1987

PL1987b.　The Fruit of Justice is Peace; A Pastoral Statement of the Catholic Bishops' Conference of the Philippines; January 26, 1987

PL1987c.　Thirsting for Justice; A Pastoral Exhortation on Agrarian Reform; July 14, 1987

PL1987d.　Religious Instruction in Public Schools, An Opportunity and a Challenge; Pastoral Letter of the Catholic Bishops' Conference of the Philippines; July 15, 1987

**PL1987e.　Statement of Support; August 29, 1987

PL1987f.　A Call to Prayer; A Call for Self-Examination; A Call for United Action; Statement of the CBCP Administrative Council; September 4, 1987

PL1988a.　What is Happening to our Beautiful Land; A Pastoral Letter on Ecology; January 29, 1988

PL1988b.　Pastoral Letter of the Catholic Bishops' Conference of the Philippines on the Occasion of National Migration Day; First Sunday of Lent, February 21, 1988.

PL1988c.　To Live in Memory of Him: One Body, One People – A Pastoral Letter on the Eucharist; March 21, 1988

PL1988d.　Solidarity for Peace; July 12, 1988

PL1989a.　Hold Fast to What is Good: A Pastoral Statement on Fundamentalist Groups; January 27, 1989

PL1989b.　The Manipulative Use of Human Rights Violations; A Message of the Catholic Bishops' Conference of the Philippines; 11 July 1989

PL1989c.　"Thou Shalt Not Steal" – A Joint Pastoral Letter of the Catholic Bishops' Conference of the Philippines; July 11, 1989

PL1990a.　To Form Filipino Christians Mature in their Faith; A Pastoral Letter of the Catholic Bishops' Conference of the Philippines; Announcing 1990 as National Catechetical Year; January 31, 1990.

PL1990b.　"Seek Peace, Pursue It"; A Pastoral Letter of the Catholic Bishops' Conference of the

Philippines; January 31, 1990.

PL1990c. Guiding Principles of the Catholic Bishops' Conference of the Philippines on Population Control; July 10, 1990.

**PL1990d. Statement of Bishop Jesus Varela (Chairman) on the Church/Government Dialogue on Family Planning Statement; To all Editors, Station Managers/News Editors; August 16, 1990.

PL1990e. CBCP Statement on the Foreign Debt Problem; September 19, 1990.

PL1990f. Love is Life; A Pastoral Letter on the Population Control Activities of the Philippine Government and Planned Parenthood Associations; (Short Version for Pulpit Use); October 7, 1990.

PL1991a. Statement of the Catholic Bishops' Conference of the Philippines on the Plight of the Poor; July 21, 1991.

PL1991b. Pastoral Letter on Preparing for the 1992 Elections; July 22, 1991.

PL1991c. Renewing the Political Order; Pastoral Guidelines on Choosing Candidates for the 1992 Elections; November 28, 1991.

PL1992a. Decision at the Crossroads; January 31, 1992.

PL1992b. Pre-election Statement of the Catholic Bishops' Conference of the Philippines; May 5, 1992.

PL1992c. CBCP Statement on the Non-Restoration of the Death Penalty; July 24, 1992.

PL1993a. In the Compassion of Jesus; A Pastoral Letter on AIDS; January 23, 1993.

PL1993b. Pastoral Statement of the CBCP on Kidnapping; January 25, 1993.

PL1993c. Pastoral Statement of the CBCP on Peace-Building; January 25, 1993.

PL1993d. 1993 – Year of the World's Indigenous Peoples; January 24, 1993

PL1993e. Peace in Our Times; A Pastoral Letter of the Catholic Bishops' Conference of the Philippines; July 12, 1993.

PL1993f. Save the Family and Live; A Pastoral Letter of the Catholic Bishops' Conference of the Philippines on the Family; July 13, 1993.

**PL1993g. Make Yourselves a New Heart and a New Spirit – A Joint Pastoral Letter on Gambling

PL1994a. "As the Father Sent Me, So Am I Sending You." (Jn 20:21); To the Young People of the

フィリピン・カトリック司教協議会（CBCP）の司牧声明類（1940-2001）

Philippines; January 30, 1994.

PL1994b. Pastoral Statement on Taxation and the Expanded Value-Added Tax Law (R. A. 7716); July 10, 1994.

PL1994c. Pastoral Statement on the Cairo International Conference on Population and Development; July 10, 1994.

PL1994d. Statement on Father Cirilo Nacorda and the Abbu Sayyaf; July 10, 1994.

PL1994e. Open Letter to the Senate for Deferment of GATT Approval; November 26, 1994.

PL1994f. "Go... Make Disciples!" – A Pastoral Letter on the Fourth Centenary of the Archdioceses of Manila, Cebu, Caceres, Nueva Segovia; January 29, 1994

PL1995a. "Do Everything in the Name of the Lord Jesus" (Col. 3:17); A Call to Christian Participation in the Elections; April 9, 1995.

PL1995b. The CBCP Statement on the Lahar Victims of the Mt. Pinatubo Eruption; December 1, 1995.

PL1995c. Elections 1995 – A Challenge to the Young – A Pastoral Letter of the Catholic Bishops' Conference of the Philippines; January 16, 1995

PL1995d. "I Will Make a Suitable Companion for Him"(Gen. 2:18) – Pastoral Statement on the Forthcoming Fourth World Conference on Women in Beijing; 9 July 1995

PL1995e. "Comfort My People, Comfort Them"(Isaias 40:1) – A Pastoral Letter on Filipino Migrant Workers; July 10, 1995

PL1996a. Statement on the Proposed Magna Carta of Students; January 27, 1996.

PL1996b. Development – The Fruit of Justice and Peace (on the Expanded Value-Added Tax, Gambling and Criminality); January 28, 1996.

PL1996c. An Open Letter on the Mindanao Peace Process; July 8, 1996

PL1997a. Journeying Towards the Third Millenium; "Walking in the New Life with Christ"; January 22, 1997. (タガログ語版：Maglakbay Tayo Tungo sa Ikatlong Milenyo; "Tahakin natin ang Bagong Buhay kaisa ni Kristo"; January 22, 1997.)

PL1997b. The Advent Season before the Great Jubilee; January 22, 1997.

PL1997c. Pastoral Statement on Charter Change; March 20, 1997.

PL1997d. Choose Life; A Pastoral Letter on the Drug Crisis; July 10, 1997.

PL1997e. "I was Homeless and You Took Me In" (Matthew 25:35); A Pastoral Statement on the

Homeless; July 10, 1997.

PL1997f. Pastoral Exhortation on Philippine Politics; September 16, 1997.

PL1997g. Statement on the Killing of Bishop Benjamin D. De Jesus, OMI, Apostolic Vicar of Jolo, Sulu

PL1997h. Statement of Solidarity with Cardinal Sin; May 13, 1997.

PL1998a. Catechism on the Church and Politics; Catholic Bishops' Conference of the Philippines' Prayer for the National Elections of May 11, 1998; January 31, 1998.

PL1998b. CBCP Statements on the Kidnappings of Church Personnel in Mindanao; January 31, 1998.

PL1998c. Pastoral Exhortation on the 1998 Elections; January 31, 1998. (タガログ語版: Tagubiling Pastoral Para Sa Halalang 1998; Enero 31, 1998.)

PL1998d. "Welcoming Them for My Sake" (MT. 18:5); Pastoral Letter on the Exploitation of Children; January 31, 1998.

PL1998e. A Statement of Concern on the Mining Act of 1995; February 28, 1998.

PL1998f. Pastoral Exhortation Addressed to the People of God on the Philippine Centennial Celebration; March 16, 1998.

PL1998g. Pastoral Exhortation on the Philippine Economy; July 10, 1998. (Pastoral Exhortation on the Philippine Economy (short version); July 12, 1998.)

PL1998h. Pastoral Statement on the Visiting Forces Agreement (VFA); July 13, 1998.

PL1998i. A Pastoral Letter on Human Rights; December 1, 1998.

PL1999a. Pastoral Exhortation on Philippine Culture; January 25, 1999.

PL1999b. Indigenous Peoples and the Church Journeying Towards the Great Jubilee; January 28, 1999.

PL1999c. A Letter on the Occasion of the Visit of the Relics of St. Therese of Lisieux; July 10, 1999.

PL1999d. Pastoral Letter on Filipino Spirituality (short version); July 10, 1999. (タガログ語版: Buod ng Sulat-Pastoral Ukol sa Pilipinong Landas ng Pagpapakabanal; July 10, 1999.)

PL1999e. "Blessed are the Pure of Heart!" (Mt 5:28); Pastoral Letter on Pornography; July 12, 1999

PL1999f. Life or Death?; A Primer Calling for Commitment to Life and the Abolition of the Death Penalty.

PL2000a. Building a Culture of Peace by Respecting Life and Human Rights; January 26, 2000.

PL2000b. Open your Hearts to the Lord; A Pastoral Exhortation of the Catholic Bishops' Conference of the Philippines for the Great Jubilee Year 2000; January 26, 2000.

PL2000c. "That They May Have Life, and Have It Abundantly" (Jn 10:10); Pastoral Statement on the Defense of Life and Family; January 26, 2000.

PL2000d. A Statement on the Toxic Contamination of Former US Military Bases; July 2, 2000.

PL2000e. "Missions" and the Church in the Philippines; A Pastoral Letter on the Church's Mission in the New Millennium; July 5, 2000.

PL2000f. Water is Life; July 5, 2000.

PL2000g. An Urgent Appeal for Peace in Mindanao; July 6, 2000.

PL2001 'Behold I Make All Things New' (Rev 21:5): Message of the National Pastoral Consultation On Church Renewal; January 27, 2001.

参考文献・資料一覧

外国語文献

Abad, Ricardo G. (1994) *Filipino Religiosity: Some International Comparisons* (*Social Weather Bulletin* 94(1-2)), Social Weather Stations.
—— (1995) *Varieties of Filipino Religiosity* (SWS Occasional Paper). Social Weather Stations, 1995.
—— (2001) "Religion in the Philippines" *Philippine Studies* 49(3): 337-367.
Abad, Ricardo G., and David John P. de los Reyes, SJ. (1994) *What do Filipinos Associate with Religiosity?* (*Social Weather Bulletin* 94(7-8)), Quezon City, Social Weather Stations.
Abinales. Patricio N. ed. (1996) *The Revolution Falters: The Left in Philippine Politics after 1986*. Southeast Asia Program Publications, Cornell University.
Abinales. Patricio N. (1998) *Images of State Power: Essays on Philippine Politics from the Margins*, University of the Philippines Press.
Abinales, Patricio and Donna J. Amoroso (2005 (Revised edition 2017)) *State and Society in the Philippines*, Rowman and Littlefield Publishers.
Abbott, William, SJ ed. (1983) *For Faith and Service: Towards the Integral Formation of Filipino Priests and Religious – Contributions from the Annual Conventions of Men Formators in the Philippines, 1974-1982*, National Coordinating Board of Formators.
Achutegui, Pedro S. de, SJ (1974) "The Mother of Jesus", *Philippine Studies* 22: 225-242.
—— (1979), "A Synod within a Quadricentennial", *Philippine Studies* 27: 349-374.
—— (1987), "A Statistical Profile of the Catholic Church in the Philippines", *Landas* 1(1): 40-71.
—— (1990) "Pre-Plenary Council Statistical Profile of the Catholic Church in the Philippines", *Landas* 4(2): 182-221.
—— (1991a) *121 Questions and Answers on the Second Plenary Council of the Philippines*, Cardinal Bea Institute, Ateneo de Manila University, Quezon City.
—— (1991b) "The Second Plenary Council of the Philippines: A Brief Account", *Landas* 5(2): 201-7.
—— (1992) "The Preparation and Celebration of PCP II: A Historical Overview", *Docete* 15(70): 2-11. (Also in *PCP-II Review* 1(3): 2-6)
—— (1993) "The Decrees of PCP II as Submitted to Rome and as Approved", *Landas* 7(1): 14-37.
Acuna, Jasmin E. (1991) *Survey Data on Religion and Morality* (*Social Weather Bulletin* 91(22)), Social Weather Stations.
Ador, Joel C. (1987) "Response to Parish Needs", *Life Today* 43(5): 18-19.
Aguilar, Jr., Filomeno V. (1998) *Clash of Spirits: The History of Power and Sugar Planter Hegemony on a Visayan Island, Quezon City*, Ateneo de Manila University Press.

――(2017) "Horacio de la Costa, Foreign Missionaries, and the Quest for Filipinization: The Church in the Age of Decolonization", *Philippine Studies* 65(3): 267-314.

Aguilos, Ramon, MSEM (2002) "The Patron and the Protégé: A Story of Two Bishops", *Boletin Eclesiastico de Filipinas* 78(828): 78-93.

Aguirre, Alfonso J. (1986) "A Political Sociology of the February Affair", *Impact* 21(6): 10-14.

――(1987) "Applying 'Appropriate Theology' to a Deeply Troubled Nation – An Excerpt from Christ Layman", *Ministry Today* 3(4): 8-29.

Alcedo, Patrick, Sally Ann Ness, Hendrik M. J. Maier, eds. (2016) *Religious Festivals in Contemporary Southeast Asia*, Ateneo de Manila University Press.

Alimbuyong, Isidro, MSP, and Gabriel Delfino (1994) "Spanish Missions in the Philippines: A Cursory View through the Centuries", *Diwa* 19(2): 97-105.

Almario, Jr., (Bishop) Cirilo (1989) "The Biblical Apostolate in the Philippines", *Docete* 12(58): 2-6.

AMRSP Semi-Annual Convention (1984) "On Boycott of the May 14 Elections", *Life Forum* 16(1): 2-3.

Anderson, Benedict (1998) "Hard to Imagine", in Anderson (1998) *The Spectre of Comparisons: Nationalism, Southeast Asia and the World*, Verso: 235-262（邦訳：「想像することの難しさ」、アンダーソン、ベネディクト（2005）『比較の亡霊：ナショナリズム・東南アジア・世界』（糟谷啓介・高地薫他訳）、作品社、373-419ページ）

――(2007) *Under Three Flags: Anarchism and the Anti-Colonial Imagination*, Verso.（邦訳：アンダーソン、ベネディクト（2012）『三つの旗のもとに――アナーキズムと反植民地主義的想像力』（山本信人訳）NTT出版）

Anderson, Gerald H., ed. (1969), *Studies in Philippine Church History*, Ithaca, Cornell University Press.

Aniceto, Oaciano B. (Bishop)(1986)"The Church's Solidarity with the Struggle of Faith of the Filipino", *Ministry Today* 2(2): 27-31.

Ante, Jose D., OMI (1988)"Catholic Education: A Service to the Country", *Perspective* 8(3): 13-14.

――(1990) "Catholic Education Association of the Philippines: in the Year 2000", *Perspective* 10(2): 24-28.

Antolinez, Jesus Ma. Merino, OP (1980) "Populations and Religions within the Philippines", *Life Today* 36(11): 26-28.

Aragon, Averell U. (2001) "The Philippine Council of Evangelical Churches", Kwantes (2001b): 369-389.

Archdiocesan Office for Research and Development (AORD) (1983a) *Guidelines of the Catholic Charismatic Renewal Movement in the Archdiocese of Manila*.

――(1983b) *The Archdiocese of Manila: A Handbook of General Information and General Directory*.

――(1993) "Pastoral Priorities of Parishes in the Archdiocese of Manila", *AORD Reports*: 1-15

――(1994) "Twenty-Year Statistical Profile of the Clergy Population in the Archdiocese of Manila",

AORD Reports: 1–4.

—— (1995a), "Some Characteristics of the Economy and Polity of Parish Pastoral Councils in the Archdiocese of Manila and their Implication on their Effectiveness", *AORD Reports* 13(1): 1–7.

—— (1995b), "Sunday Mass Attendance in the Archdiocese of Manila: A Comparison of Two Surveys", *AORD Reports* 13(3): 1–16.

—— (1998a) "The Profile of the Manila Clergy: A Descriptive Study", *AORD Reports* 1(2): 1–8.

—— (Valentino San Pascual) (1998b) "The Response of the Clergy of Manila to the On-Going Formation for Priests as Manifested in their Attendance to the Archdiocesan Renewal Program", *AORD Reports* 1(2): 9–13.

—— (2001a) "The Lights and Shadows in the Ten-Year Implementation of the National Pastoral Plan of PCP II in the Archdiocese of Manila", *AORD Reports* 4(1): 1–27.

—— (2001b) "Statistical Situationer of the Catholic Church in the Philippines: 1987–1998", *AORD Reports* 4(2): 1–23.

—— (2001c) *The Directory 2001 of the Archdiocese of Manila*.

—— (2002a) "Statistical Trends in the Archdiocese of Manila: 1976–2000 (First of Four Parts), *AORD Reports* 5(1): 1–5.

—— (2002b) "Statistical Trends in the Archdiocese of Manila: Apostolate Workforce – 1976–2000 (Second of Four Parts), *AORD Reports* 5(2): 1–10.

—— (2002c) "Statistical Trends in the Archdiocese of Manila: Religiosity in the Practice of Sacraments – 1976–2000 (Third of Four Parts), *AORD Reports* 5(1): 1–10.

Archdiocese of Manila (1979) *The Fourth Synod – Archdiocese of Manila: Acts and Statutes*.

—— (1991) *Katesismo sa Pagboto: Sa Pagtataguyod ng Parish Pastoral Council for responsible Voting*. (投票についての要理「責任ある投票のための小教区司牧評議会」のために)

—— (2003) *The Christian Family: Good News for the Third Millennium (CFGN) – Homily Guides Lenten and Easter Seasons 2003*.

Arevalo, Catalino G., SJ (1988) "After Vatican II: Theological Reflection in the Church in the Philippines 1965–1987", *Landas* 2(1): 11–24.

—— (1993 (1994)) "A Life in the Service of the Church in the Philippines and of Asia: Interview with Fr. Catalino G. Arevalo SJ, Manila", *Impressum* 95: 7–51.

Arguillas, Pedro ed. (1997) *AMRSP 25th Year Souvenir Book*, Association of Major Religious Superiors in the Philippines.

Arroyo, Dennis M. (1996) "An Economic Revolution Led by the Church?", *Intersect* 11(3): 8–11.

Arzobispado de Manila (1990) "Celebration of Masses in Private Houses", *Boletin Eclesiastico de Filipinas* 66(726–7): 322–3.

"Assessment of the Church Role in Philippine Revolt" (1986), *Impact* 21(6): 15–17.

Auza, Bernardito (1987) "Dissent in the Church Today: Concern or Rebellion?", *Philippiniana Sacra*

22(65): 175–241.

—— (1993) "The Catechism of the Catholic Church: History and the Reasons behind its Project", *Philippiniana Sacra* 28(82): 87–107.

Bacani, Jr., Teodoro C., DD (1977) "Content in Adult Catechesis", *Diwa* 2(1): 22–28.

—— (1985/1986) *Mary and the Filipino*, Makati City (Metro Manila), Society of St. Paul.

—— (1987a) *Church and Politics*, Claretian Publications, Quezon City.

—— (1987b) *The Eucharist and the Filipino*, Salesiana Publishers, Makati City.

—— (1987c) "Constitutional Provision on Catechesis", *Life Today* 43(9): 25–26.

—— (1988a) *The Filipino Laity: Called to be Holy*, LB Traders, Makati City.

—— (1988b) "Cory and the Bishops of the Philippines", *Ministry Today* 4(1): 38–45.

—— (1991) "Where Jesuits Have Hesitated to Tread", *Intersect* 5(1): 4–5, 19.

—— (1992a) *Church in Politics*, Bacani's Press.

—— (1992b)"PCP-II, One Year After", *PCP-II Review* 1(1): 4–6.

—— (1993a) *Towards The Third Millennium: The PCP-II Vision* (second edition).

—— (1993b) *Creating a Future: Evangelization towards the Third Millennium*, Gift of God Publications, Manila.

—— (1995) *Discipleship for Filipinos*, Manila, Gift of God Publications.

—— (1997) *Church in the World Today*, Gift of God Publications, Manila.

Bacatan, Fr. Jose (1977) "Basic Christian Communities: The Ipil Experience", *Philippine Priests' Forum* 9(4): 37–39.

Balon, Jess (2000) "The Joint Jubilee Congress on Catechesis and Catholic Education: An Overview", *Docete* 23(101): 21–24.

Barretto-Lapitan, Giselle (1997) "The Church and Philippines 1998", *Intersect* 12(4): 25, 26.

Battung, Mary Rosario, RGS, Liberato C. Bautista, Ma. Sophia Lizares-Bodegon, and Alice G. Guillermo, eds. (1988) *Religion and Society: Towards a Theology of Struggle Book 1*, Manila, Forum for Interdisciplinary Endeavors and Studies.

Bautista, Felix B. (1987) *Cardinal Sin and the Miracle of Asia*, Manila, Vera-Reyes, Inc.

Bautista, Julius (2010) *Figuring Catholicism: An Ethnohistory of the Santo Niño de Cebu*, Ateneo de Manila University Press.

Bautista, Purificacion G., RC (1972) "The Cursillo Movement: Its Impact on Philippine Society", *Asian Studies* 10(2): 232–244.

BCC-CO National Secretariat (1986) "Ecclesiology of the BCCs", Ministry Today 2(4): 38–60.

Belita, Jaime A., CM, ed. (1991) *And God Said: Hala! – Studies in Popular Religiosity in the Philippines*, Manila, De la Salle University Press.

—— (1993) "The Santo Nino and the Nazareno: The Inculturation of Christ in Filipino Popular Religion", *East Asian Pastoral Review* 30(3–4): 244–259.

Beltran, Benigno P., SVD (1984) "Prolegomena to Christology in the Philippines", *Diwa* 9(1): 1-29.

—— (1987) *The Christology of the Inarticulate: An Inquiry into the Filipino Understanding of Jesus the Christ*, Manila, Divine Word Publications.

—— (1998) "The End is Nigh: Militant Millenarianism and Revolutionary Eschatology in the Philippines", *Diwa* 23(1): 17-41.

Beltran, H. S., and Stella Marie Tirol (1985) "Destroying Divisions, Building Bridges: Interview with Cardinal Sin", *Diliman Review* 33(2): 25-29.

Beltran, Rodolfo F. (1992) "The Church-State Controversy on Religious Toleration", *Philippiniana Sacra* 27(80): 255-278.

Bennagen, Ponciano (1985-86) "People's Power toward a Just and Democratic Philippine Society", *Ang Makatao* 4-5: 27-31.

—— (1986) "People's Power as an Evolutionary Process towards Social Transformation", *Ministry Today* 2(2): 20-23.

Bernas, Joaquin G., SJ (1991) *Safeguarding Freedom: Church-State Relations in Public Policy Formation* (*Pulso* Monograph No. 6), Quezon City, Institute on Church and Social Issues.

—— (2003) *A Living Constitution: The Abbreviated Estrada Presidency*, Quezon City, Ateneo de Manila University Press.

Bernier, Paul, SSS, and Manuel G. Gabriel, eds. (1993) *Journeying with the Spirit: A Commentary on PCP-II*, Quezon City, Claretian Publications.

Blanco, Jose C., SJ (1986) "Revolution through Active Non-Violence (The Philippine Experience)", *Impact* 21(6): 18-22.

Bodegon Ma. Sophia L. (1986)"The Lady of EDSA", *Ministry Today* 2(2): 44-45.

Bolasco, Mario V. (1985) *Christianity and the Philippine Liberation Movement* (*BCC-CO Notes* 5(3)), Quezon City, BCC-CO Inter-Regional Secretariat.

—— (1986) "The Church and National Liberation", *Kasarinlan* 2(1): 3-12.

—— (1994) *Point of Departure: Essays on Christianity, Power and Social Change*, Manila, St. Scholastica's College.

Bonoan, Raul J., SJ (1986) "Paideia, Humanitas, Magpakatao: Values for National Reconstruction", *Perspective* 6(4): 18-25.

Borromeo, Roberto T. (1993) "Responding to the Challenges of PCP II: Strategies for Schools", *Perspective* 13(4): 28-31.

Brunner, Paul, SJ (1984) "Radio Veritas – The Station of Truth, the Station that Cares", *Life Forum* 16(1): 12-23.

—— (1987) "The Message of the Poster", *Life Today* 43(9): 24.

—— (1994) *The Liberator: Christian Initiation for Adults based on PCP II*, Catechists' Foundation of the Philippines.

Bulatao, Jaime C. (1965 (1992)) A Social-Psychological View of the Philippine Church, Bulatao 1992:12–21.

―― (1966 (1992)) "Split-Level Christianity", Bulatao 1992: 22–31.

―― (1992) *Phenomena and Their Interpretation: Landmark Essays 1957–1989*, Quezon City, Ateneo de Manila University Press.

Bunuan, Maria Ignazia S., SFCC (1997) *Gentle Woman: Mary to the Filipinos*, Pasay City (Metro Manila), Paulines Publishing House.

Butalid, Ted, SJ (1982) *People's Movements: The Philippine Experience* (Human Society 17), Manila, Human Development Research and Documentation.

Cajilig, Vicente, OP (2001) "Editorial – Prayer: Our Cry to God (Post-Election Reflection)", *Boletin Eclesiastico de Filipinas* 77(825): 496–7.

Camba, Erme (Bishop) (1986) "The Spirituality for Filipinos in a Changing Society", *Ministry Today* 2(2): 32–38.

Cannell, Fenella (1999) *Power and Intimacy in the Christian Philippines*, Quezon City, Ateneo de Manila University Press.

Canonigo, Gregorio (1985) "Towards a Catechesis in the Light of Contextual Theology", *Philippiniana Sacra* 20(58): 3–41.

Carino, Feliciano V. (1986) "Illusion and Reality", *Ministry Today* 2(2): 11–20.

Carroll, John J. SJ (1984) *The Church: A Political Force? (Philippine Context)* (Human Society 25), Manila, Human Development Research and Documentation.

―― (1985) *The Philippine Bishops: Pastors or Politicos?* (Human Society 37), Manila, Human Development Research and Documentation.

―― ed. (1986a) *Serving God or Caesar?: Documents on the Philippine Church and the February Revolution*, special edition of *Pulso* vol. 1, no. 4.

―― (1986b) "Liberation of the Philippines – February 22–25, 1986", *Impact* 21(6): 5–7.

―― (1988) "The Philippines: Church at the Crossroads", Gannon, Thomas M., ed. *World Catholicism in Transition*, Macmillan Publishing, New York: 347–361.

―― (1989) "Truth and Consequences", *Intersect* 3(8): 3, 18.

―― (1991) "The Jesuit Social Apostolate in the Philippines: Testing the Limits of Reform", *Intersect* 5(1): 1–3, 16–18.

―― (1992) "Requiem for the Church as a Political Force?", *Intersect* 6(9): 3–5, 19.

―― (1993) "Filipinos: Poor Because Catholic?", *Intersect* 7(2): 6–7, 13.

―― (1994) "The Catholic Church: Part of the Solution?", *Intersect* 8(9): 17–19.

―― (1996) "A Nation's Moral Center", *Intersect* 11(3): 6, 7, 22.

―― (1997a) "A Man Who Never Gave Up", *Intersect* 12(8): 17, 18.

―― (1997b) "The 1998 Elections: Whither the Churches and Civil Society?", *Intersect* 12(12): 3–5.

—— (1999) *Forgiving or Forgetting?: Churches and the transition to democracy in the Philippines*, Institute of Church and Social Issues.

—— (2001a) "The Church, State and People Power", *Intersect* 16(2): 8–11.

—— (2001b) "A Wall of Separation? The Philippine Church after May Day", *Intersect* 16(7): 8–10.

—— (2006) *Engaging Society: The Sociologist in a War Zone*, Ateneo de Manila University Press.

—— (2014) *Engaging Society II: Musings of an Oxymoron*, Ateneo de Manila University Press.

Carter, Roman, OP, "Social Concern Here and Everywhere", *Boletin Eclesiastico de Filipinas* 65(712–3), 1989, pp. 126–7.

Carunungan, Salvador B. (2003) "An Appeal for Catechists", *Docete* 25(112): 41.

Casal, Ma. Stella L., Diosnel Centurion, SVD, and Ely D. Gomez (1988) *Communication Roles of the Roman Catholic Church in the February 1986 Philippine Revolution*, Los Banos (Laguna, Philippines), Institute of Development Communication (University of the Philippines at Los Banos College).

Casper, Gretchen (1989) "The Changing Politicization of the Philippine Roman Catholic Church, 1972–1988", *Pilipinas* 13: 43–55.

Castro, Antonio F. B. de (2002) "Is Dialogue Possible? A Response", *Landas* 16(2): 305–311.

Castro, Loreta N. (1989) "Efforts toward the Promotion of Human Rights of Some Philippine Catholic Colleges and Universities", *Perspective* 9(3): 29–33.

"Catechetical Formation and Training Institutions in the Philippines" (1993), *Docete* 15(72): 29–30.

Catechism of the Catholic Church (Definitive Edition), (1999 (1997) Manila, ECCCE (Word & Life Publications).

"Catholic Media in the Philippines"(1984), *Life Forum* 16(2): 20–24.

Catholic Bishops' Conference of the Philippines (CBCP) (1983a) ECCCE) *Maturing in Christian Faith: National Catechetical Directory for the Philippines*.

—— (1983b) *1983 Catholic Directory of the Philippines*

—— (1986) *1986 Catholic Directory of the Philippines*

—— (1987) "Religious Instruction in Public Schools", *Life Today* 43(9): 27–29.

—— (1989) (National Coordinating Office, Second Plenary Council of the Philippines) *Primer on the Second Plenary Council of the Philippines*.

—— (1992) *Acts and Deeds of the Second Plenary Council of the Philippines, 20 January – 17 February 1991*.

—— (1993a) *In the State of Mission – Towards a Renewed Integral Evangelization: National Pastoral Plan – Second Plenary Council of the Philippines*.

—— (1993b) *1993 Catholic Directory of the Philippines*.

—— (1996a) *Pastoral Letters 1945–1995*.

—— (1996b) *Anamnesis*.

—— (1996c) "Reports of the Different Commissions", *Boletin Eclesiastico de Filipinas* 72(797), pp. 574–

615.

—— (1997a) *Catechism for Filipino Catholics* (CFC).

—— (1997b) (Research Office) *1985 to 1995 Statistical Profile of the Catholic Church in the Philippines.*

—— (1998a) *A Summary of the CFC*, ECCCE/Word of Life Publications.

—— (1998b) *The 1998 Catholic Directory of the Philippines.*

—— (1999) *CBCP on the Threshold of the Next Millennium.*

—— (2001) *Church Renewal: Proceedings and Addresses of the National Pastoral Consultation on Church Renewal.*

—— (2002) *The 2002 Catholic Directory of the Philippines*, Quezon City, Claretian Publications.

—— (2003a) (Commission on Clergy) "Pastoral Care of Victims and Offenders: Handling Cases of Sexual Abuse and Misconduct by the Clergy", *Boletin Eclesiastico de Filipinas* 79(836): 347-371.

—— (2003b) *Pastoral Guidelines on Sexual Abuses and Misconduct by the Clergy.*

—— (2007) *National Catechetical Directory for the Philippines.*

—— (2012) *The 2012-2013 Catholic Directory of the Philippines*, Quezon City, Claretian Publications.

Cerbo, Nestor C., ed. (1999a) *On the Way of Truth: A Compilation of Pastoral Letters including Pastoral Appeals, Exhortations, Instructions, Guidelines, Messages, Reflections and Statements during the 25 years of His Eminence Jaime L. Cardinal Sin, DD as Archbishop of Manila, March 18, 1974 – March 18, 1999*, AORD.

—— ed. (1999b) *Along the Right Path: A Compilation of Normative Circulars covering Constitutions, Decrees, Directives, Guidelines, Instructions, Norms, Policies, Procedures, Rules and Regulations during the 25 years of His Eminence Jaime L. Cardinal Sin, DD as Archbishop of Manila, March 18, 1974 – March 18, 1999*, AORD.

"Challenges of a Catechist" (1989), *Life Today* 45(4-5): 21-22.

"The Changing Filipino Family" (1980), *Life Today* 36(8): 20-27.

Chow, Paul Chin Hong, STD (1996) "Evangelization: The Raison d'etre of Basic Ecclesial Communities", *Unitas* 69(1): 21-44.

Chupungco, Anscar, OSB and Others (2003a) "The Filipino Catholics and Their Life of Worship and Prayer (Part One)", *Docete* 25(112): 11-18.

—— (2003b) "The Filipino Catholics and Their Life of Worship and Prayer (Part Two)", *Docete* 25(113): 8-12.

Cinches, (Bishop) Miguel C., SDV (1980) "Pastoral Letter: On Parents' Catechism", *Boletin Eclesiastico de Filipinas* 54 (606-7): 223-227.

Clad, James(1987) "Politics of the Cloth: Priests of 'peaceful revolution' committed to new role" in *Far Eastern Economic Review*, June 18: 42-45.

Clamor, Ana Maria O. (1992) "A Clergy Girding for the Elections", *Intersect* 6(1): 14-16.

Clark, Francis X. (2002) "In the Service of the Church – LST: From Inception to the Present", *Landas*

16(1): 134-144.

Claudio, Lisandro E. (2013) *Taming People's Power: The EDSA Revolutions and their Contradictions*, Ateneo de Manila University Press.

Claussen, Heather L. (2001) *Unconventional Sisterhood: Feminist Catholic Nuns in the Philippines*, University of Michigan.

Claver, Francisco F., SJ (1977) "Proclaiming Liberty to Captives", *Philippine Studies* 25: 215-236.

―― (1978) *The Stones Will Cry Out: Grassroots Pastorals*, Maryknoll (New York), Orbis Books.

―― (1979) "The Mindanao-Sulu Pastoral Conference: The Pains of Growth", *Philippine Priests' Forum* 11(4): 15-19.

―― (1980) "The Philippine Church as an Authentic Ecclesial Community", *Philippine Priests' Forum* 12(2): 29-39.

―― (1981a) "Philippine Jesuit Priest Slain", *Impact* 16(9): 298-301.

―― (1981b) "A People that Does the Faith", *Impact* 16(12): 416-418.

―― (1981c) "Situation Facing Mindanao Church", *Impact* 16(12): 429-431.

―― (1985) "Revolution, the Church and Non-Violence", *Impact* 20(9): 34-37.

―― (1986) "Church Power and the Revolution (Episcopal Reflections)", *East Asian Pastoral Review* 23(2): 104-110.

―― (1989a) "Pastoral Letters on Human Rights and Graft and Corruption: Going Beyond Condemnation", *Intersect* 3(8): 2-5, 17-18.

―― (1989b) "An Anthropological Pastoral Perspective on 'Sollicitudo Rei Socialis'", *CBCP Monitor* 10(2): 4-9.

―― (1990) *Faith and Politics: The Church in the Political Arena* (PULSO Monograph No. 5), Quezon City, Institute on Church and Social Issues (Ateneo de Manila University).

―― (1991a) "PCP-II: Assessing Imponderables", *Impact* 26(6): 11-12.

―― (1991b) "PCP-II: Building a Church of Solidarity", *Impact* 26(7): 12-13.

―― (1992a) "Our World – The Philippines: Lights and Shadows", *PCP-II Review* 1(3): 7-8.

―― (1992b) "The Church and State: Shattering Persistent Myths", *Intersect* 6(2): 3-4.

―― (1992c) "Non Partisan but Active", *Intersect* 6(5): 8-9.

―― (1993) "Ramos and the Catholic Church's Love and Hate Affair", *Intersect* 7(8): 8-9.

―― (1995) "50 Years of the CBCP", *Intersect* 9(12): 29-30.

―― (1996) "The BECs After the PCP-II", in CBCP 1996b: 217-230.

Claver, Francisco F., SJ, Vicente Cullen and Renato Ocampo (1981) "A People that Does the Faith", *Impact* 16(12): 416-418.

Cleofe, M. C. V., SGBP (2003) *Manual para sa Bukluran sa Santo Rosaryo* (聖なるロザリオの集会のためのマニュアル), Makati (Metro Manila), Word & Life Publications.

Clymer, Kenton J. (1980) "The Episcopalian Missionary Encounter with Roman Catholicism in the

Philippines, 1901-1916", *Philippine Studies* 28: 86-97.

Code of Canon Law, The (1983) (in English Translation, prepared by the Cannon Law Society of Great Britain and Ireland), London, Collins Liturgical Publications, (Original in Latin, *Codex Iuris Canonici*, 1983).

Collantes, Christianne F. (2018) *Reproductive Dillemmas in Metro Manila – Faith Intimacy and Globalization*, Palgrave.

Concepcion, Ricky (1992) "The Bishops and the New Politics", *Intersect* 6(4-5): 14-15, 26.

Congregation for the Doctrine of the Faith (1984) *Instruction on Certain Aspects of the "Theology of Liberation"*, Pasay City (Metro Manila), Daughters of St. Paul.

―― (1986) *Instruction on Christian Freedom and Liberation*, Daughters of St. Paul.

Connolly, Michael J., SJ (1992) *Church Lands and Peasant Unrest in the Philippines: Agrarian Conflict in 20th Century Luzon*, Quezon City, Ateneo de Manila University Press.

Constantino, Renato (1975) *The Philippines: A Past Revisited*, Tala Publishing, Quezon City,. (邦訳：コンスタンティーノ、レナト (1978)『フィリピン民衆の歴史 I』(池端雪浦・永野善子訳)、『同 II』(鶴見良行他訳)、井村文化事業社)

―― (1992?) *The Sin of Some Fathers: Church-State Relations*, Quezon City, Karrel Inc.

Coquia, Jorge R. (1989) *Church and State: Law and Relations in the Philippines* (Third Edition), Manila, Rex Book Store.

Cornelio, Jayeel Serrano (2016) *Being Catholic in the Contemporary Philippines – Young People Reinterpreting Religion*, Routledge.

Coronel, Hernando M., and Edwin E. Mercado (2001) *Parish Councils: In the Service of the Church*, Manila, Reyes Publishing.

Cruz, Oscar V., DD (1992) "Agenda Towards Renewal: Resolutions Approved by the Council", *PCP-II Review* 1(3): 22-32.

―― (1999) *"Mabuhay!" Catechism*, Manila, ALD Publications.

Culibao, Mayet (1994) "Church and Labor: Scattered Efforts", *Intersect* 8(2): 7-8, 15.

―― (1996) "BECs in Taguig: Integrating Faith and Life", *Intersect* 11(3): 4, 5, 23.

―― (1997) "Priest on the Run", *Intersect* 12(2): 7, 8, 22.

Curaming, Lilian M., FMM (2002) "Is Dialogue Possible? A Response", *Landas* 16(2): 297-304.

Dacayanan, Felicidad (1985-86) "Power of the Powerless", *Ang Makatao* 4-5: 50-54.

Dangalio, Ma. Corazon (1985) "Systematic Catechesis in the Archdiocese of Manila", *Life Today* 41(11): 19-20.

Daquipa, Fr. Simeon (1977) "The BCC in the Tagbilaran Diocese", *Philippine Priests' Forum* 9(4): 40-43.

David, Randy (Randolf) (1998) *Public Lives: Essays on Selfhood and Social Solidarity*, Pasig City (Metro Manila), Anvil Publishing.

Decasa, George (1978) "Popular Piety", *Philippine Priests' Forum* 10(1): 33–37.

De Castro, Antonio Francisco B. (2015) "Between Madrid and Rome: The Philippine Church in Transition", Pilario and Vibar 2015: 17–87.

De la Costa, Horacio SJ. (1961) *The Jesuits in the Philippines, 1581–1768*, Harvard University.

—— (1978) "Church and State under the Patronato Real", De la Costa and Schumacher 1978: 1–13.

—— (1988) "The Catholic School and the National Community", *Perspective* 8(3): 39–41.

——, SJ and Antonio B. Lambino, SJ, *On Faith and Justice (Loyola Papers 5)*, Quezon City, Loyola School of Theology, 1984.

De la Costa, Horacio, SJ and John Schumacher, SJ (1978) *Church and State: Philippine Experience (Loyola Papers 3)*, Quezon City, Loyola School of Theology.

—— (1982) *The Filipino Clergy: Historical Studies and Future Perspectives (Loyola Papers 12)*, Quezon City, Loyola School of Theology.

De la Cruz, Deirdre (2015) *Mother Figured: Marian Apparitions and the Making of a Filipino Universal*, University of Chicago Press.

De la Paz (2003) "Poon at Panata: The Reconstruction of Faith in Lucban, Quezon", paper presented at 3rd National Philippine Studies Conference, 5–6 December, 2003 at Philippine Social Science Center.

De la Torre, Edicio, IPD (1985–86) "Popular Democracy", *Ang Makatao* 4–5: 18–26.

—— (1986?) *The Philippines: Christians and the Politics of Liberation*, London, Catholic Institute for International Relations.

Delos Reyes, Felelizabeth "Aloma" M., ed. (1995) *Walking towards the Splendour of God … A Directory of Shrines*, Muntinlupa City (Metro Manila), Association of Shrine Rectors and Promoters of Pilgrimages in the Philippines.

Diocese of Antipolo, (1990) "Decrees Concerning the Associations Youth Marian Crusade – Anointed of Mary and Hinirang ni Maria", *Boletin Eclesiastico de Filipinas* 66(728–9): 421–6.

Dionisio, Eleanor R. (2011) *Becoming a Church of the Poor: Philippine Catholicism after the Second Plenary Council*, Ateneo de Manila University Press.

Diwa, Genaro O. (2000a) *Ang Handa Mong Piging para sa Amin: Isang Rituwal para sa mga Laikong Tagapaglingkod sa Pakikinabang*（私たちのためにあなたが備えられた宴：聖体拝領の信徒奉仕者のための典礼）, Manila, Archdiocesan Liturgical Commission (Archdiocese of Manila).

—— (2000b) *Sunday Celebration in the Absence of a Priest (English and Tagalog)*, Manila, Archdiocesan Liturgical Commission (Archdiocese of Manila).

Diwa, Genaro O., and Hernando M. Coronel (2002) *The Order of the Mass in 7 Philippine Languages*, Manila, Reyes Publishing.

"Docete: 100 Issues Young" (2000), *Docete* 22(100): 24–30.

Doeppers, Daniel F. (1977) "Changing Patterns of Aglipayan Adherence in the Philippines, 1918–

1970", *Philippine Studies* 25: 265-277.

Dogillo, Benjamin E. (1978) "From Filipino Religiosity to Faith", *Philippine Priests' Forum* 10(1): 38-45.

Doronila, Amando (2001a) *The Fall of Joseph Estrada: The Inside Story*, Pasig City (Metro Manila), Anvil Publishing (with Philippine Daily Inquirer).

―― ed. (2001b) *Between Fires: Fifteen Perspectives on the Estrada Crisis*, Pasig City (Metro Manila), Anvil Publishing (with Philippine Daily Inquirer).

Dumol, Vijan (1989) *A Cry ... A Song: Selected Writings of Jaime Cardinal L. Sin*, Vibal Publishing Hous Inc., Quezon City.

EDSA 2 – A Nation in Revolt (2001), Anvil, Pasig City.

Elesterio, Fernando G., "Unionism: The Case against Catholic Schools", *Perspective* 4(2), 1984, pp. 11-12.

Elwood, Douglas J. (1981) "The Popular Filipino Christ", *Diwa* 6(1): 7-21.

Elwood, Douglas J., and Patricia L. Magdamo (1971) *Christ in Philippine Context*, Quezon City, New Day Publishers.

Episcopal Commission on Catechesis and Catholic Education, CBCP (ECCCE) (1989) *The Shape of Religious Education in the Philippines Today (Part II)*.

―― (1993) "Position Paper on Religious Instruction in Public Schools", *Boletin Eclesiastico de Filipinas* 69(762-3): 388-398.

―― (2000a) "Annual Report to the CBCP General Assembly", *Docete* 23(101): 45-46.

―― (2000b) "ECCCE's Summary Report on the Main Activities and Events in the Period 1990-2000", *Docete* 23(102-3): 62-3.

―― (2001) "Annual Report on Activities Carried out in the Period July 2000 – June 2001", *Docete* 24(105): 43-47.

―― (2001-2) "The Catechetical Situation in the Philippines at the Beginning of the Third Millennium: A Report Prepared by The Episcopal Commission on Catechesis and Catholic Education and Submitted to the Vatican through the CBCP", *Docete* 24(107-8): 66-71.

―― (2002a) "ECCCE's Annual Report July 2001 – June 2002", *Docete* 25(110): 43-46.

―― (2002b) "ECCCE's Annual Report July 2002 – June 2003", *Docete* 25(113): 35-38.

Episcopal Commission on Education and Religious Instruction, CBCP (ECERI) (1987) *The Filipino Growing in Faith – A Religious Education Program for Family Catechesis: Facilitator's Manual*, Manila, Doctrinal Research Foundation.

Escaler, Federico, SJ. (1981)"Situation Facing Mindanao Church", *Impact* 16(12): 429-431.

―― (1983) "Roots of Our Social Unrest and Their Implications on the Church's Ministry", *CBCP Monitor* 4(5): 20-24.

Evangelista, Oscar L. (1968) "Religious Problems in the Philippines and the American Catholic

Church, 1898-1907", *Asian Studies* 6(5): 248-262.

Fabros, Wilfredo (1988) *The Church and Its Social Involvement in the Philippines, 1930-1972*, Quezon City, Ateneo de Manila University Press.

Fay, Terence J. SJ. (2015) "Decolonization of the Filipino Church after Vatican II", *History Research* 5(1): 28-44.

Felipe, Virgilio, T. J. Suerte (1987) *Cardinal Sin and the February Revolution*, Manila, TJ Publication.

—— (2001) "Liturgical Inculturation: From Vere Dignum to Utang na Loob", *Boletin Eclesiastico de Filipinas* 77(823): 242-257.

Fernandez, Jesus, SJ (1980) *The Church of the Philippines on the Threshold of the 80's*, Metro Manila, National Bookstore (Philippine Priests Incorporated).

Fernandez, Pablo, OP (1988) *History of the Church in the Philippines (1521-1898)*, San Juan (Metro Manila), Life Today Publications.

Ferrer, Miriam Coronel (1985-86) "People's Power and the Battle for Supremacy", *Ang Makatao* 4-5: 32-44.

—— ed. (1997) *Civil Society Making Civil Society (Philippine Democracy Agenda: Volume 3)*, Quezon City, The Third World Studies Center.

Fitzpatrick, Mary T., FCJ (1995) *Bishop Francisco F. Claver, SJ 1972-1990 On the Local Church*, Manila, De la Salle University Press.

Fortich, (Bishop) Antonio Y. (1986)"18th NASSA National Convention Statement – Justice and Development: The Key to Survival and Nation Building", *Ministry Today* 2(3): 67-68.

Fortunado-Sanchez, Esmeralda (2002)"The Experience of a Member of El Shaddai-DWXI-PPFI: A Phenomenological Study", *Unitas* 75(1): 46-60.

"Forum: What is Catholic Education?"(1993), *Perspective* 13(1): 162-165.

Francisco, Jose Mario C., SJ (1988a)"Two Currents in Filipino Christianity", *Landas* 2(1): 25-64.

—— (1988b) "Two Currents in Filipino Christianity II", *Landas* 2(2): 165-193.

—— (1989) "Two Currents in Filipino Christianity III", *Landas* 3(1): 3-16.

—— (2014) "People of God, People of the Nation: Official Catholic Discourse on Nation and Nationalism", *Philippine Studies* 62(3-4): 341-75.

Frannery, Austin, OP, ed. (1998 (1975/1984) *Vatican Council II: The Conciliar and Post Conciliar Documents (New Revised Edition; Vatican Collection Volume 1)*, Paulines Publishing House, Pasay City, 1998.

Fuentes, Jose M. (1987) "Faith and Justice Today in the Philippine Context", *Landas* 1(2): 228-239.

Gabriel, Manuel (1977) "Basic Christian Communities: The Proper Setting for Adult Catechesis", *Diwa* 2(1): 29-35.

—— (1984) *UP Diliman – A BCC Experience* (BCC Series 1), Quezon City, Lay Formation Institute.

Gabriel, Manuel, and Emmanuel S. de Guzman (1984) *Inter-BCC Dialogue – A Philippine Experience*

(BCC Series 2), Quezon City, Lay Formation Institute.

Gabriel, Pedro B. (1984) "Christianity and Filipino Identity", *Unitas* 57(1): 5-21.

Garcia, Excelso, OP (1985) *Manual for Parish Priests According to the 1983 Codex Iuris Canonici*, Manila, University of Santo Tomas.

Garcia, Laurentino (1980) "Popular Religiosity in Tagalog Literature", *Life Today* 36(11): 18-21.

Gaspar, Carlos (Karl) M. (1985) *The Local Church and Militant Lay Participation: The MSPC Experience* (BCC-CO Notes No. 7), Quezon City, BCC-CO Inter-Regional Secretariat.

—— (1979) "The Growth and Development of MSPC", *Philippine Priests' Forum* 11(4): 23-26.

Gealogo, Francis A. (1993) "50 Years of the CEAP", *Perspective* 13(1): 20-32.

Gelido, Manny (1978) "Two Popular Religious Practices: Faith Healing and Ecstatic Preaching", *Philippine Priests' Forum* 10(1): 14-22.

Genilo, Eric Marcelo O., Agnes M. Brazal, Daniel Franklin E. Pilario eds. (2015) *The Second Plenary Council of the Philippines: Quo Vadis?*, Ateneo de Manila University Press.

Giordano, Pasquale T., S. J. (1988) *Awakening to Mission: The Philippine Catholic Church 1965-1981*, Quezon City, Ateneo de Manila University Press.

Gomez, Fausto B., OP (1980) "The Christian Family: Its Significance and Mission Today", *Life Today* 36(8): 15-18.

—— (1981) "The Situation of the Philippine Catholic Church: Present and Prospects", *Boletin Eclesiastico de Filipinas* 55(614-5): 51-60.

—— (1986) "Some Notes on the Philippine Revolution, the Involvement of the Church, and Politics", *Philippiniana Sacra* 21(61): 101-114.

—— (1986) "Paths of Liberation towards Freedom", *Philippiniana Sacra* 21(62): 173-211.

—— (1990) "The Meaning of Justice, Peace and the Preferential Option for the Poor", *Philippiniana Sacra* 25(75): 353-366.

—— (1993) "PCP II: The Social Concerns of the Religious", *Boletin Eclesisastico de Filipinas* 69(760-761): 325-338.

Gonzalez, Andrew, FSC (1993) "Some Unholy Thoughts about Catholic Education in the Philippines", *Perspective* 13(1): 166-171.

Gonzalez, Javier, (1997) OP, *Canon Law: The Code, CBCP Norms, Interpretations*, Metro Manila, Life Today Publications.

—— (2003) "Lay Pastoral and Social Apostolate Ministers", *Boletin Eclesiastico de Filipinas* 79(836): 372-387.

Gordoncillo, Onesimo, DD, (1991) "Catechesis in the Philippines: Its Goals, Its State, Its Problems, Its Joys", *Boletin Eclesiastico de Filipinas* 67(738-9): 259-268.

—— (1992) "Forming Ecclesial Basic Communities", *Boletin Eclesiastico de Filipinas* 68(752-3): 458-462.

Gorospe, Vitaliano R., SJ (1966) "Christian Renewal of Filipino Values", *Philippine Studies* 14(2): 191–227.
—— (1970) "Christian Koinonia and Some Philippine Cultural Forces", *Philippine Studies* 18(1): 52–82.
—— (1982) "...An Asian (Philippines) and Christian Concept of God", *Life Forum* 14(2): 6–23.
—— (1986a) "Local Forms of Prayer: Overall Summary", *Ministry Today* 2(1): 12–19.
—— (1986b) "Overall Sumary", *Ministry Today* 2(1): 13–19.
—— (1987) "Remembering EDSA: A Filipino-Christian Reflection", *Ministry Today* 3(1): 47–52.
—— (1988) "Power and Responsibility: A Filipino Christian Perspective", *Philippine Studies* 36: 75–87.
—— (1997) *Forming the Filipino Social Conscience (2nd Edition)*, Makati City, Bookmark.
Gorospe-Jamon, Grace (1999) "The El-Shaddai Prayer Movement: Political Socialization in a Religious Context", *Philippine Political Science Journal* 20(43): 83–126.
Gresh, Ted, ed. (1976) *New Ministry in the Church: A Philippine Perspective*, Quezon City, Lay Formation Institute.
—— (1976) "Basic Christian Communities in Manila", *Philippine Priests' Forum* 8(3): 39–45.
—— ed. (1977) *Basic Christian Community in the Philippines*, Quezon City, Lay Formation Institute.
Gutierrez, (Bishop) Dinualdo D. (1993) "PCP-II and Mindanao: A Case Study", *PCP-II Review* 2(2): 2–4.
Guytingco, Cristina, SPC (1995) "The ECERI/ECCCE Golden Jubilee, 1945–1995", *DOCETE* 18(83): 3–5.
Guzman, Marciano (n.a.) *Katesismo ng Aral Kristiyano* (キリスト教の教えの要理).
Hardy, Richard P. (1984) *Ating Mga Kapatid* (私たちのきょうだい)*: A Spirituality of the CBCP*, Quezon City, Maryhill School of Theology.
Hechanova, Luis G., CSsR (1985) "Theology of Liberation in the Philippines: An Interview with Redemptorist Fr. Louie G. Hechanova", *Life Today* 41(4–5): 28–31.
—— (1998) *The Baclaran Story*, Quezon City, Claretian Publications.
Hedman, Eva-Lotta (2006) *In the Name of Civil Society: From Free Election Movements to People Power in the Philippines*, University of Hawaii Press.
Hidalgo, Caloy (1986) "CEAP's 'Revolutionary' Role Underscored", *Perspective* 6(1): 14.
Hollnsteiner, Mary Racelis (1967) "Tagalog Social Organization", Antonio G. Mammuud ed., Brown Heritage: Essays on Philippine Cultural Tradition and Literature, Ateneo de Manila University: 134–148.
—— (1973) *The Dynamics of Power in a Philippine Municipality*, University of the Philippines.
—— (1973) "Reciprocity in the Lowland Philippines", Lynch and de Guzman 1973
Hornedo, Florentino H. (1992) "The Filipino Speaks with and about God", *Unitas* 65(2): 209–225.
Ileto, Reynaldo Clemena (1979) *Pasyon and Revolution: Popular Movements in the Philippines, 1840–*

1910, Quezon City, Ateneo de Manila University Press.（邦訳：イレート（2005）『キリスト受難詩と革命』（清水展・永野善子監修、川田牧人・宮脇聡史・高野邦夫訳）法政大学出版局）

―― (1998a) *Filipinos and their Revolution: Event, Discourse, and Historiography*, Quezon City, Ateneo de Manila University Press.

―― (1998b) "Rural Life in a Time of Revolution", in (Ileto 1998a: 79–98).

―― (1998c) "The "Unfinished Revolution" in Political Discourse" in (Ileto 1998a: 177–201).

―― (2001) "Orientalism and the Study of Philippine Politics", in *Philippine Political Science Journal* 22(45): 1–32.（邦訳：イレート「オリエンタリズムとフィリピン政治研究」イレート他（2005）『フィリピン歴史研究と植民地言説』（永野善子訳）、めこん、第3章74-123ページ。）

―― (2017) "Horacio de la Costa, SJ, the Filipino Historian, and the Unfinished Revolution" in Reyes (2017).

Intengan, Romeo J., SJ (1992) "Faith and Politics. Church and State: Church Teaching and the Philippine Context", in Villegas, Socrates B., ed., *The Way of the Shepherd – Studies in Theology offered to His Eminence Jaime Cardinal L. Sin, D. D. on the 25th Anniversary of his Episcopal Ordination*, Makati, Salesiana Publications: 205–238.

Inter-BEC Consultations: How Far Have We Gone? (1988) Manila, B. E. C. Service Office.

Jacob, Sr. Wilfredis, SSpS (1976) "Toward a Theology of the Devotion to the Black Nazarene in Quiapo", *Philippine Priests' Forum* 8(2): 44–52.

Javellana, Rene B., SJ, ed. (1994) *Morality, Religion and the Filipino: Essays in Honor of Vitaliano R. Gorospe, SJ*, Quezon City, Ateneo de Manila University Press.

Jocano, F. Landa (1967) "Filipino Catholicism: A Case Study in Religious Change", *Asian Studies* 5(1): 42–64.

―― (1978) "Folk Catholicism: Urban Catholicism", in Enriquez, Virgilio, *Readings in Filipino Personality*.

John XXIII, Pope (1993 (1963)) *Pacem in Terris: Encyclical Letter of His Holiness Pope John XXIII on His Program for World Peace*, Pasay City (Metro Manila), Daughters of St. Paul.（邦訳：教皇ヨハネ23世（1963）『回章「パーチェム・イン・テリス」――地上の平和――』（岳野慶作訳）、サンパウロ、1963）

John Paul II, Pope (1986) "To the Philippine Bishops", *Impact* 21(10-11): 10–11.

"The Joint Jubilee Congress on Catechesis and Catholic Education" (2000) *Docete* 23(102-3): 32–46.

Joint Jubilee Congress on Catechesis and Catholic Education in the Philippines (2000) "The Congress Covenant – Towards a New Springtime of Christian Life", *Docete* 23(102-3): 79–80.

Juco, Estelita G. (1986) "The Role of Media in the Four-Day Revolution", *Impact* 21(6): 26–28.

Justice and Peace Coordinators, AMRSP (1986) "Letter to the Catholic Bishops' Conference of the Philippines", *Ministry Today* 2(3): 63–66.

Kalaw-Tirol, Lorna, and Sheila S. Coronel, eds. (1992) *1992 & Beyond: Forces and Issues in Philippine*

Elections, Philippine Center for Investigative Journalism and the Ateneo Center for Social Policy and Public Affairs.

Katesismo ng Aral Kristiyano（キリスト教の要理）(n.a.) 1-6, Paulines, Manila.

Katesismo ng Unang Komunyon（初聖体の要理）(2001) Quezon City, Mother of Life Center.

Kerkvliet, Benedict (1977) *The Huk Rebellion: A Study of Peasant Revolt in the Philippines*, University of California.

Kinne, Warren (1990) *The Splintered Staff: Structural Deadlock in the Mindanao Church*, Quezon City, Claretian Publications.

Kroeger, James H., MM (1985) *Human Promotion as an Integral Dimension of the Church's Mission of Evangelization: A Philippine Experience and Perspective Since Vatican II – 1965-1984*, (Dissertatio ad Doctoratum in Facultate Missiologiae), Pontificia Universitas Gregoriana, Roma.

—— (1987) "Evangelization in the Philippine Church: 1965-85", *Philippine Studies* 35: 3-30.

Kwantes, Anne C., ed. (2001a) *A Century of Bible Christians in the Philippines*, Mandaluyong (Metro Manila), OMF Literature.

—— (2001b) *Chapters in Philippine Church History*, Mandaluyong (Metro Manila), OMF Literature.

Labayen, Julio X., OCD (1977) Adult Catechesis in the Pastoral Mission of the Church", *Diwa* 2(1): 3-11.

Lande, Carl H. (1965) *Leaders, Factions, and Parties: The Structure of Philippine Politics*, New Heaven, Yale University Southeast Asian Studies.

Lagdameo, Angel N. (1993) "The First Diocesan Synod of Dumaguete along the Path of the Second Plenary Council of the Philippines", *PCP-II Review* 2(2): 4-9.

Lambino, Antonio (1976) "The Gospel, Human Rights, and the Church in the Philippines Today", *Philippine Studies* 24: 99-103.

Lambino, Antonio B., Edmundo M. Martinez, and C. G. Arevalo (1984) *Towards "Doing Theology" in the Philippine Context (Loyola Papers 9)*, Quezon City, Loyola School of Theology.

Lambino, Antonio B., SJ, Edicio de la Torre, and Segundo Galilea (1987) *Colloquium: Christian Praxis and Spirituality in the Philippine Context Today* (*Ministry Today* 3(2-3)), Manila, Communication Foundation for Asia.

Lardizabal, Ricardo P. (1989) "Writers, Evangelization and Catholic Book-Publishing", *Perspective* 9(1): 34-35.

LaRousse, William J., MM (2002) "Is Dialogue Possible? Muslims and Christians in Mindanao", *Landas* 16(2): 273-296.

Lavesores, Benjamin A., SGD (1986) "Escalante Massacre: The Church Can't Remain Neutral", *Impact* 21(1-2): 10.

Ledesma, (Bishop) Antonio J., SJ (2002) "A Church of the Poor?", *Intersect* 17(2): 18-22.

Legaspi, Leonardo Z. (Archbishop), OP, DD (1982)"Evangelization and Catechesis", *Boletin Eclesiastico de Filipinas* 56(636-7): 684-692.

—— (1986) "The Growth of the Catechetical Ministry in the Philippines", *Docete* 9(46): 2-7.

—— (1987) "The Catechetical Situation in the Philippines Today", *Life Today* 43(9): 16-21.

—— (1991) "Norms Governing the Presence and Activities of the Neo-Catechumenal Way in the Archdiocese of Caceres", *Boletin Eclesiastico de Filipinas* 67(738-9): 284-286.

—— (1992a) "On Priestly Formation", *Boletin Eclesiastico de Filipinas* 68(748-9): 144-167.

—— (1992) "The Kairos of the PCP II Implimentation Stage", *Boletin Eclesiastico de Filipinas* 68(754-5): 527-533.

—— (1992b) "Envisioning a Church Renewed", *PCP-II Review* 1(3): 8-11.

—— (1992c) "The Responsibility of the University in Promoting Political Maturity", *Unitas* 65(1): 5-17.

—— (1992d) "Message of the Council to the People of God in the Philippines", in CBCP 1992.

—— (1993) "The Archdiocesan Pastoral Plan of Caceres: A Share and Stake in the Renewed Church Envisioned for the Philippines", *PCP-II Review* 2(2): 9-12.

—— (1996) "Role of the Church in Social Transformation: 1946-1996 and Implications for the Future", in *Boletin Eclesiastico de Filipinas* 72(796): 474-486.

—— (2000) "Effective Catechesis on Christ (First of Two Parts)", *Docete* 23(101): 2-9.

—— (2001a) "At the Service of Justice and Peace", *Boletin Eclesiastico de Filipinas* 77(822): 4-5.

—— (2001b) "What the Bishops' Conference Can Do for Bishops", *Boletin Eclesiastico de Filipinas* 77(823): 233-236.

—— (2001c) "Together, To Render a Better Service", *Docete* 24(106): 2-10.

—— (2001-2) "Developing an Ever Greater Synergy between the ECCCE and the CEAP", *Docete* 24(107-8): 2-9.

—— (2002a) "Letter of Archbishop Legaspi to Education Secretary Raul Roco", *Docete* 24(109): 42-46.

—— (2002b) "Elements of Filipino Spirituality (1st of 2 Parts)", *Docete* 25(110): 2-8.

—— (2002c) "Elements of Filipino Spirituality (Part 2)", *Docete* 25(111): 2-6.

—— (2003) "Catechesis and Catholic Education in the Philippines: The Reality in Context and the Strategic Response", *Docete* 25(112): 2-10.

—— (2013) *Living The Episcopacy*, UST Publishing House.

Leo XIII, Pope (1993 (1891)) *Rerum Novarum: Encyclical Letter of His Holiness Pope Leo XIII on the Condition of the Working Classes*, Pasay City (Metro Manila), Daughters of St. Paul.（原文ラテン語、邦訳：「レオ十三世教皇回勅「レールム・ノヴァルム」」（岳野慶作訳）、中央出版社編『教会の社会教書』15-117ページ。）

"Life at ECCCE and the NCOP" (2000a), *Docete* 22(100): 34-37.

—— (2000b), *Docete* 23(101): 41-42.

—— (2000c), *Docete* 23(102–3): 48–53.
—— (2001a), *Docete* 24(105): 38–39.
—— (2001b), *Docete* 24(106): 40–41.
—— (2001–2), *Docete* 24(107–8): 62–64.
—— (2002a), *Docete* 24(109): 31–32.
—— (2002b), *Docete* 25(110): 39–40.
——(2002c), *Docete* 25(111): 38–40.
—— (2003a), *Docete* 25(112): 38.
—— (2003b), *Docete* 25(113): 32–33.

Lima-Sison, Julieta de (1984) "On Cardinal Sin's Proposal for a National Advisory Council", *Diliman Review* 32(1): 9–10.

Lopez, Renato A. (1980) "The Amulet Vendors of Quiapo", *Life Today* 36(11): 23–25.

Loyola School of Theology (1986) *The "Miracle" of the Philippine Revolution – Interdisciplinary Reflections, Magkaisa... Magkakapatid Lahat: A Symposium Organized by the Loyola School of Theology (Loyola Papers 15)*, Quezon City, Loyola School of Theology, Ateneo de Manila University.

Lynch, Frank (1975a) "Big and Little People: Social Class in the Rural Philippines", Hollnsteiner, ed., Society Culture and the Filipino, Institute of Philippine Culture, Ateneo de Manila University: 181–9.

—— (1975b) "Folk Catholicism in the Philippines", in Hollnsteiner, Mary Racelis, E. Chiong, A. Paglinaunan and N. Villanueva, *Society, Culture, and the Filipino*, Quezon City, Ateneo de Manila University Press.

—— (1984a) *Philippine Society and the Individual: Selected Essays of Frank Lynch, 1949–1976*, Ann Arbor, Center for South and Southeast Asian Studies, University of Michigan.

Lynch, Frank, and Alfonso de Guzman II, eds. (1973) *Four Readings on Philippine Values (fourth and revised edition)*, Quezon City, Institute of Philippine Culture, Ateneo de Manila University.

Mabutas, Antonio Ll. (1983) "The Catholic Bishops' Conference of the Philippines: A Report", *CBCP Monitor* 4(5): 2–7.

—— (1984a) "The Catholic Bishops' Conference of the Philippines: A Report", *CBCP Monitor* 5(2): 2–5.

—— (1984b) "The 49th CBCP General Assembly, July 9–11, 1984: A Report", *CBCP Monitor* 5(5): 7–14.

—— (1984c) "Highlights of the Document", *Life Forum* 16(3–4): 36–38.

—— (1984d) "The Catholic Bishops' Conference of the Philippines: A Report", *Boletin Eclesiastico de Filipinas* 58(652–3): 242–247.

—— (1985) "Report of the President", *CBCP Monitor* 6(1): 4–8.

—— (1988) "Evangelization in the Philippines", *East Asian Pastoral Review* 25(4): 371–378.

MacDonald, Charles J-H (2004) "Folk Catholicism and Pre-Spanish Religions in the Philippines", *Philippine Studies* 52(1): 78–93.

Mallay, William J., SJ, (1989) "EDSA: A Celebration of Filipino and Christian Identity", *Landas* 3(1): 68–77.

Mananzan, Mary John, OSB (1990) "Towards a Nationalist Education in the Philippines", *Perspective* 10(2): 18–23.

Mangahas, Mahar (1991) *Who's Afraid of the Catholic Church?* (*Social Weather Bulletin* 91(4)), Social Weather Stations, Quezon City.

—— (1995) *An SWS Survey about the Pope* (*Social Weather Bulletin* 95(3)), Social Weather Stations, Quezon City.

Mangahas, Mahar, and Linda Luz Guerrero (1992) *Religion in the Philippines: The 1991 ISSP Survey*, Social Weather Stations, Quezon City.

Marinay, Sid T. (2002) *The Happy Life of Sin: Seen from the Window of a Sinful Priest*, Manila, Reyes Publishing, Inc.

Mathews, Paul W. (1996) "Religion, Church and Fertility in the Philippines: The BRAC Study Revisited", *Philippine Studies* 44(1): 69–104.

May, R. J., and Francisco Nemenzo, ed. (1985) *The Philippines after Marcos*, London and Sydney, Croom Helm.

McCloskey, Benjamin A. (Pseudonym of John Carroll, SJ) (1977) "Church, State, and Conflict in the Philippines", *The Month* (London), August 1: 262–267.

McCoy, Alfred W. (1984) *Priests on Trial*, Ringwood (Australia), Penguin Books.

—— ed. (2000) *Lives at the Margin: Biography of Filipinos Obscure, Ordinary, and Heroic*, Madison, University of Wisconsin-Madison Center for Southeast Asian Studies.

McGuire, Meredith B. (2008) *Lived Religion: Faith and Practive in Everyday Life*, Oxford University Press.

Mendiola, Ramona, ICM (1993) "PCP-II: A Challenge Renewed", *Intersect* 7(4–5): 14–16, 22.

Mendoza, Andres I. (1998) *Mga Tanong at Paliwanag sa Basic Ecclesial Communities (BEC)*（教会基礎共同体についての問いと説明）, Quezon City, Spiritus Works Publication.

Mendoza, Gabino A., Juan Miguel Luz, and Jose T. Deles Jr., eds. (1988) *Church of the Poor: The Basic Christian Community Experience in the Philippines*, Manila, Bishops-Businessmen's Conference for Human Development.

Mendoza, Lourdes Didith V. (2002) "Ang Simbahan sa Mata ng Maralita（貧者の目から見た教会）", *Intersect* 17(1): 13–15.

Mendoza, Rene E. (1984–86) "Religion and Secularization in the Philippines and Other Asian Countries", *Asian Studies* 22–24: 52–57.

Mercado, Leonardo N., S. V. D. (1975) *Elements of Filipino Theology*, Tacloban City, Philippines, Divine

Word University Publications.

—— ed. (1977) *Filipino Religious Psychology*, Tacloban City, Philippines, Divine Word University Publications.

—— (1979) "The Filipinization of the Church", *Philippine Priests' Forum* 11(1): 18–24.

—— (1982) *Christ in the Philippines*, Tacloban City, Philippines, Divine Word University Publications.

—— (1990) "Toward an Inculturated Filipino Catechesis", *Docete* 12(60): 17–27.

—— (1992) *Inculturation and Filipino Theology*, Manila, Divine Word Publications.

—— ed. (1997) *Doing Filipino Theology*, Manila, Divine Word Publications.

—— (2001) *El Shaddai: a Study*, Manila, Logos Publications.

Mercado, Monina Allarey, ed. (1986) *People Power – An Eyewitness History: The Philippine Revolution of 1986*, Writers and Readers Pub. Inc.

Mesa, Jose M. de (1980) "The Participation of Lay Men and Women in the Decisions of the Church", *Diwa* 5(1): 60–80.

Miyawaki, Satoshi (2013) "Competing Interpretations of Secularization Controversy in the 18th Century: In Relation to Interpretations of Filipino Religious Identity", paper presented at the 18th Young Scholars' Conference on Philippine Studies in Japan: Kobe, Japan - July 6, 2013.

Molina, Karolyn (1987) "A Bishop's Voice", *Life Today* 43(2): 4–6.

Monje, Francisco (2001) "Statement of Support and Concern", *Boletin Eclesiastico de Filipinas* 77(822): 6–8.

Monsanto, Rey Manuel S. (1991/1992) "The Missionary dimension of PCP-II", *Boletin Eclesiastico de Filipinas* 67(742-3): 481–8; also in *PCP-II Review* 1(2): 7–9.

Montemayor, Jeremias U. (1984) "Reactions to CBCP Pastoral Letter – Pastoral Statements That Need Clarification", *Life Forum* 16(3–4): 26–29.

Morada, Marialuz T., at Clothilde de las Llagas, FSP (1996) *Pag-Usapan Natin: Ang Media... Ang Pilipino... atbp...* (話し合おう、メディアのこと、フィリピン人のこと、などなど), Pasay City (Metro Manila), Paulines Publishing House.

Moraleda, Ben, CSsR (1986) "Towards a Spirituality of the Edsa Uprising: The Promised Land or a Golden Calf Story", *Ministry Today* 2(2): 39–43.

Moreno, Antonio F. (1994) "PCP II Ecclesiology: A Critical Evaluation", *Landas* 8(1): 36–53.

—— (2006) *Church, State, and Civil Society in Postauthoritarian Philippines: Narratives of Engaged Citizenship*, Ateneo de Manila University Press.

Morina, Karolyn (1987) "From the 1986 Constitutional Commission: A Bishop's Voice", *Life Today* 43(3): 4–6

Mulder, Niels (1992) "Localization and Philippine Catholicism", *Philippine Studies* 40(2): 240–254.

Murphy, Denis (1991) "Assessing the Work for Social Justice", *Intersect* 5(1): 14–15.

Nabayra, Emmanuel (1980?) *Building Basic Christian Communities*, Manila, Communication

Foundation for Asia.

Nadeau, Kathy (1993) "Christianity and the Transformation of Philippine Lowland Life: A Critique of Rafael", *Philippine Quarterly of Culture and Society* 21: 25-38.

―― (1999) "A Basic Ecclesial Community in Cebu", *Philippine Studies* 47(1): 77-99.

Nagliliyab 1 - The Unfinished Revolution (1986) (燃え続けている), Quezon City, Claretian Publications.

Nalugon, Leo A. (1992) "Concrete Steps to Realize Church-Labor Collaboration", *Intersect* 6(10): 9-10.

"National Catechetical and Religious Education Convention" (2001-2), *Docete* 24(107-8): 48-57.

National Catechetical Office of the Philippines (NCOP-ECCCE) (1987) "Promoting Catechetical Awareness", *Life Today* 43(9): 22-23.

―― (1990) "The Catechetical Situation in the Philippines", *Life Today* 46(9): 31-32.

―― (1996) "Update on the Catechetical Situation in the Philippines", *Docete* 18(84): 33-39.

National Pastoral Consultation on Church Renewal (NPCCR) Delegates (2001) "Message of the National Pastoral Consultation on Church Renewal", *Boletin Eclesiastico de Filipinas* 77(823): 164-171.

"National Reconciliation" (1983), *Life Forum* 15(3): 21-28.

"National Survey on the Catechetical Situation in the Pastoral Setting: Partial Returns (31%)" (2000), *Docete* 23(102-3): 64-74.

Neo, Julma C., DC (1997) *Prophets of a Future Not Our Own: Reflections on Renewal in the Church Today*, Paranaque (Metro Manila), Daughters of Charity of St. Vincent de Paul.

Neo, Julma C, DC, Ma. Teresa Mueda, DC, and Heidi Villareal, DC (1995) *Towards a New Way of Being Church Today*, Quezon City, Claretian Publications.

Nisce, Anna Maria, ed. (2000) *A Marian Pilgrimage: A Guide to Marian Churches in Metro Manila*, Manila, Sinag-Tala Publishers.

Noble, Lera Gamer (1989) "Religion and Opposition to the Marcos Regime", *Pilipinas* 13: 73-87.

Ocampo, Renato A., SJ (1991) "Interview: We are not Going to Solve All the Problems of the Philippines, *Intersect* 5(1): 12-13, 21.

―― (1992) *Stories of Service: A Christian Spirituality for Agents of Social Transformation* (Pulso Monograph No. 9), Quezon City, Institute of Church and Social Issues (Ateneo de Manila University).

―― (1993a) "Where to, PCP-II?", *Intersect* 7(2): 3-5, 18.

―― (1993b) "Jesuit's Social Apostolate. Past and Present", *Intersect* 7(9-10): 30-31.

―― (1994a) "Pastoral Implications of Basic Ecclesial Communities: A Commentary on the PCP II Text", *Landas* 8(1): 27-35.

―― (1994c) "Religious Transition", *Intersect* 8(2): 4-7.

―― (1994d) "The Case of Barangay Catiluan: Local Transformations", *Intersect* 8(3): 12-14.

—— (1994e) "Basic Ecclesial Communities: Focus on Davao", *Intersect* 8(6): 13-16.

—— (1994f) "BECs in Cebu: An Emerging Church in a Modernising Society", *Intersect* 8(8): 10-12.

—— (1994g) "Archdiocese of Manila: Taking up the BEC Challenge", *Intersect* 8(11): 14-15, 19.

—— (1995) "B. E. C., Concluding Reflections", *Intersect* 9(2): 15-17.

Ocampo, Sheila (1981) "Cover Story: A Pope Among the Politicos: Behind the Pomp and Circumstance Lies a Divided Church", *Far Eastern Economic Review*, February 13: 16-17.

Oliverio, Rolando N. (1994) "The Empowerment of the Lay People According to the Second Plenary Council of the Philippines", *Philippiniana Sacra* 29(87): 457-471.

Pacana, Honesto C. (Bishop), SJ, DD (2000a) "Towards an Inculturated Christian Spirituality" *Docete* 23(101): 10-13.

—— (2000b) "Catholic Educational Institutions Facing Challenges in the Context of PCP II" *Docete* 23(102-3): 28-31.

—— (2001) "The CFC: Tool for Total Faith Formation" *Docete* 24(105): 2-5.

—— (2002) "The Filipino Christian Family: Called to Conversion and Mission" *Docete* 24(109): 10-12.

Paguio, Wilfred C. (1991) *Filipino Cultural Values for the Apostolate*, Makati (Metro Manila), St. Paul Publications.

Panganiban, Lourdes S., CFIC (1986) "Religious Experience in Popular Marian Devotion to Our Lady of Antipolo", *Ministry Today* 2(1): 51-55.

Panganiban, Patricia G. (2001) Religious Education and the Communio Approach", *Landas* 15(2): 1-44.

Parco, Victoria B. (2002) "San Juan de la Cruz and Juan de la Cruz: A Dialogue of Freedom", *Landas* 16(1): 1-50.

Parpan, Alfredo G., SJ (1989) "The Japanese and the Philippine Church, 1942-45", *Philippine Studies* 37: 451-66.

"Pastoral Letters" – From the Grassroots (BCC-CO Notes Special Issue No. 4) (1986), Quezon City, BCC-CO Inter-Regional Secretariat.

Paterno, Roberto M. (2002) *Selected Writings of Horacio de la Costa* (4 volume), Philippine Province of the Society of Jesus and the Ateneo de Manila University.

Paul VI, Pope (1995 (1967) *Populorum Progressio: Encyclical Letter of His Holiness Pope Paul VI on the Development of Peoples*, Pasay City (Metro Manila), Daughters of St. Paul.

—— (1993 (1975)) *Evangelii Nuntiandi: Apostolic Exhortation of His Holiness Pope Paul VI on Evangelization in the Modern World*, Pasay City (Metro Manila), Daughters of St. Paul.

PCP-II Secretariat (1992a) ""Unfinished Agenda" Looms – Basis for Establishment of PCP-II Secretariat", *PCP-II Review* 1(1): 1-2.

—— (1992b) "CBCP Defines the Functions of PCP-II Secretariat", *PCP-II Review* 1(1): 2-3.

—— (1992c) "Appeal for Prayers for Implementation Phase", *PCP-II Review* 1(1): 4.

—— (1992d) "Naga City: Archdiocesan Pastoral Council as Journey in Faith – First Formal Ecclesial Gathering with PCP-II Vision", *PCP-II Review* 1(1): 6-9.

—— (1992e) "Dumaguete Holds First Diocesan Synod", *PCP-II Review* 1(1): 9.

—— (1992f) "Manila: On-Going Information Campaign", *PCP-II Review* 1(1): 10-11.

—— (1992g) "A Summary of PCP-II Resolutions", *PCP-II Review* 1(2): 3-6.

—— (1992h) "PCP-II Related Activities Nationwide", *PCP-II Review* 1(2): 10-12.

—— (1993) "PCP-II Seminar Modules", *PCP-II Review* 2(1): 1-12.

Pedro, Ernie A. de (1990) "The Filipinization of the Society of the Divine Word in the Philippines", *Unitas* 63(1): 63-82.

Pena, Braulio (1987) OP, "Reflection from the Street Corners: Filipino Prophetism", *Boletin Eclesiastico de Filipinas* 63(688-9): 209-217.

Penaflor, Philip (1996) "Basic Ecclesial Communities: Vehicles of Integral Evangelization and Social Transformation", *Intersect* 11(10): 15-18.

People Power 2 – Lessons and Hopes (2001), ABS-CBN News Publishing.

Perez, (Bishop) Felix (1983) *Magbubulang Liwayway sa Atin ang Araw ng Kaligtasan – Sulat Pastoral ng Obispo ng Imus, Felix Perez (Batay sa Pastoral Letter ng CBCP)*（救いの日が私たちに光をもたらすだろう──イムス司教フェリックス・ペレスの司牧書簡（CBCPの司牧書簡に基づく））(*Some Notes on BCC-CO* 2(3)), Quezon City, BCC-CO Inter-Regional Secretariat.

Pernia, Antonio M., SVD (1990) "The Ecclesiology of the Base Ecclesial Communities", *Diwa* 15(2): 56-71.

—— (1991) "The Second Plenary Council of the Philippines: A Report", Diwa 16(2): 91-103.

Pertierra, Raul, Eduardo F. Ugarte, et. al. (2002) *Txt-ing Selves: CellPhones and Philippine Modernity*, Manila, De la Salle University Press.

Philippine Delegates to the Third Asian Theological Conference (1990) *A Philippine Search for a Liberation Spirituality*, Manila, Socio Pastoral Institute.

Pilario, Daniel Franklin, CM and Gerardo Vibar, CM, Eds. (2015) *Philippine Local Churches After the Spanish Regime – Quae Mari Sinico and Beyond*, St. Vincent School of Theology.

Pinon, Manuel T. (1981) "Review Article: Musings on 'Inculturation' and the Filipinization of Theology" (Review article of Mesa, Jose M. de, *And God Said: Bahala Na!*), *Unitas* 54(2): 239-261.

"The Pope in Asia: Faith amid Politics" (1981), *Asiaweek*, February 27: 28-33.

Prudente, Marcelino (1987) "The Church of Infanta's Yapak ng Panginoon: Lay Participation and the Church of the Poor", *Ethos Today* 1(1): 4-52.

Punzalan, Linda (1981) "Religious Beliefs, Attitudes, and Practice of the Filipino Youth of Today", *Life Today* 37(1): 25-29.

Putzu, Salvatore P. SDB (1986a) "The Illustrations in the N. C. D. P.: Part 1", *Docete* 8(44): 8-11.

―― (1986b) "The Illustrations of the NCDP: Part 2", *Docete* 9(45): 8–13.
―― (1986c) "The Illustrations of NCDP: Part 3", *Docete* 9(46): 24–29.
―― (1986d) "The Illustrations of NCDP: Part 4", *Docete* 9(47): 2–4.
―― (1987a) "The Illustrations of NCDP: Part 5", *Docete* 9(48): 29–32.
―― (1987b) "The Illustrations of NCDP: Part 6", *Docete* 10(49): 12–15.
―― (1987c) "The Illustrations of NCDP: Part 7", *Docete* 10(50): 14–18.
―― (1987d) "Religious Instruction in Public Schools: An Opportunity, a Challenge and a Call to Conversion", *Docete* 10(51): 8–14.
―― (1987e) "Reflections on the CBCP Pastoral Letter", *Life Today* 43(9): 30–31.
―― (1987f) "Catechesis or Sacramentalization?", *Life Today* 43(5): 14–17.
―― (1989a) "Preparing for the National Catechetical Year", *Docete* 12(58): 14–17.
―― (1989b) "The Fourth National Catechetical Convention", *Life Today* 45 (9): 30–32.
―― (1990a) "The Catechetical Ministry in the Philippines: Retrospective and Prospective Overview", *Docete* 12(60): 3–9.
―― (1990b) "Children, Teenagers and Youth Catechesis in the Philippines", *Docete* 13(63): 25–34.
―― (1992) "NCSW '92 Situationer", *Docete* 15(71): 26–33.
―― (1993) "The Catechetical Formation and Training Institutions in the Philippines", *Docete* 15(72): 29–30.
―― (2001a) "The National Survey on the Catechetical Situation in the Pastoral Setting: Some Relevant Remarks (First of Three Parts)" *Docete* 24(105): 6–11.
―― (2001b) "The National Survey on the Catechetical Situation in the Pastoral Setting: Some Relevant Remarks (Part Two)" *Docete* 24(106): 17–21.
―― (2001-2) "The National Survey on the Catechetical Situation in the Pastoral Setting: Some Relevant Remarks (Part Three and Conclusion)" *Docete* 24(107–8): 10–20.
Quevedo, Orlando B., OMI, DD (1988) "Social Justice after EDSA: BBC Forum February 22, 1988", *Ministry Today* 4(1): 18–23.
―― (1991a) "Catechesis and the BEC", *Docete* 13(64): 2–7.
―― (1991b) "In Service of the Faith and the Filipino", *Perspective* 11(3): 6–11.
―― (1992) "The Community of Disciples: Workers of Renewal", *PCP-II Review* 1(3): 16–22.
―― (1994) "The Directions of Pastoral Renewal in the Philippines", *Docete* 16(76): 20–26. (Also in *Philippiniana Sacra* 29(85): 99–107)
―― (1996) "Social Teachings and Social Transformation in CBCP Thought (1945–1995)", in CBCP 1996b: 3–102.
―― (2000) "The Challenges of the Great Jubilee to Catechesis and Catholic Education", *Docete* 23(102–103): 8–14.
―― (2001) "The Road Ahead", *Boletin Eclesiastico de Filipinas* 77(823): 237–241.

Rafael, Vicente L. (1988) *Contracting Colonialism: Translation and Christian Conversion in Tagalog Society under Early Spanish Rule*, Quezon City, Ateneo de Manila University Press.

—— (2000) *White Love and Other Events in Filipino History*, Quezon City, Ateneo de Manila University Press.

—— (2003) "The Cell Phone and the Crowd: Messianic Politics in Contemporary Philippines", *Philippine Political Science Review* 24(47): 3-36.

Ramirez, Mina M. (1985-86) "The Role of Communications in the February Snap Revolution", *Ang Makatao* 4-5: 45-49.

Rebollo, Maximiliano, OP (1992) "Proclamation of the Second Plenary Council of the Philippines", *Boletin Eclesiastico de Filipinas* 68(754-5): 524-6.

Recepcion, Andrew G. (1994) "An Dotoc sa Mahal na Santa Cruz（聖十字架へのドトック信心）", *Diwa* 19(2): 107-115.

Reflections on the Philippine Church (Human Society 19) (1982), Manila, Human Development Research and Documentation.

"Religion and the Filipino Youth" (1982), *Perspective* 2(4): 17-23.

Resmundo Jr., Leopoldo A. (1995) "Church-Business Group Intensifies Action for Informal Sector", *Intersect* 9(1): 14-15.

Reyes, Soledad S. ed. (2017) *Reading Horacio de la Costa, SJ - Views from the 21st Century*, Ateneo de Manila University.

Reyes-Tinagan, Marcela Mijares (2001) *Viva! Kay Senor Santo Nino Viva! : Aklan's Santo Nino At-Atihan Festivals*, Manila, National Commission for Culture and the Arts.

Rigos, Cirilo A. (1975) "The Posture of the Church in the Philippines under Martial Law", *Southeast Asian Affairs 1975*, Institute of South East Asian Studies, Singapore: 127-132.

Rikken, Gerald (1985-86) "The February Revolution as a Religious Event", *Ang Makatao* 4-5: 5-17.

Robredillo, Lope C. (1996) "The Challenges of the Times and the CBCP's Responses: An Historical Essay on the 50-Year Existence of the Catholic Bishops' Conference of the Philippines (1945-1995)", CBCP 1996b: 103-132.

Roche, Joseph L., SJ (1982) "Religious Formation in Basic Education", *Perspective* 2(4): 27-32.

—— (1987) "The National Catholic Catechism Project", *Landas* 1(2): 165-182.

—— (1989) "Value Education / Moral Discovery and the Catholic Educator", *Landas* 3(2): 175-86.

—— (1990) "Seeking New Catechetical Perspectives", *Docete* 13(62): 2-8.

—— (2002) "The Theological Concept of the CFC", *Docete* 25(112): 19-25.

Roche, Joseph L., SJ, and Leonardo Z. Legaspi, OP, DD (1998) *A Companion to CFC, Volume 1: A Collection of Essays on the History, Features and Use of Our National Catechism*, ECCCE/Word & Life Publications.

Roekaerts, Mil (1981) *Church and State in the Philippines* (Human Society 12), Manila, Human

Development Research and Documentation.

Romero, Reynaldo (1989) "The Youth in the Church", *Life Today* 45(4–5): 23–26.

Rosario, Simeon G. del (1975) *Surfacing the Underground: The Church and State Today*, Quezon City, Manlapaz Publishing.

Rosario-Braid, Florangel, and Ramon R. Tuazon (1999) "Communication Media in the Philippines: 1521–1986", in *Philippine Studies* 47(3): 291–318.

—— (2000) "Post-EDSA Communication Media", in *Philippine Studies* 48(1): 3–25.

Rufo, Aries C. (2013) *Altar of Secrets – Sex, Politics, and Money in the Philippine Catholic Church*, Journalism for Nation Building Foundation.

Rush, James R. (1984a) *The Philippine Church – Part I: A Faith that Does Justice*, (UFSI Reports No. 31), Hanover, University Field Staff International.

—— (1984b) *The Philippine Church – Part II: Basic Christian Communities*, (UFSI Reports No. 32), Hanover, University Field Staff International.

Salazar, Zeus A. (1980) "Faith Healing in the Philippines: An Historical Perspective", *Asian Studies* 18: 27–41.

Salgado, Pedro V, OP (1989) "Revolution and Spirituality within the Philippine Church", *Unitas* 62(3): 155–164.

Samaha, John, SM (2001) "Juan Diego: Model for the Laity, Patron for the Lay Apostolate", *Boletin Eclesiastico de Filipinas* 77(823): 271–276.

Santiago, Luciano (1988) "The National Eucharistic Year (1986–1987): Perspective and Retrospect", *Life Today* 44(1): 32–33.

Santos, Emil, SDB (1986a) "From Catholic School to Christian Community, from Christian Community to Catholic School: Part One", *Docete* 9(46): 36–40

—— (1986b) "From Catholic School to Christian Community, from Christian Community to Catholic School: Part Two", *Docete* 9(47): 5–18.

Santos, Gerardo O. (2001) "Challenges of the Philippine Church 10 Years after PCP II", *Docete* 24(106): 11–16.

Santos Rolando S., SVD (1991) "The Philippine Church: A Cursory Look at Past Councils", *Diwa* 16(2): 124–146

Santos, Ruperto C., STL (1997) "A Short History of the Catholic Bishops' Conference of the Philippines, 1945–1995", in *Philippiniana Sacra*, 32(96): 395–449.

Sapitula, Manuel Victor J. (2014) "Marian Piety and Modernity: The Perpetual Help Devotion as Popular Religion in the Philippines", *Philippine Studies* 62(3–4): 399–424.

Schumacher, John N., SJ (1966) "Philippine Masonry to 1890", *Asian Studies* 4(2): 328–341.

—— (1978) "History of the Filipino Diocesan Clergy", *Philippine Priests' Forum* 10(4): 30–55.

—— (1979a) *Readings in Philippine Church History,* Quezon City, Loyola School of Theology (Ateneo de Manila University).

—— (1979b) "The Manila Synodal Tradition: A Brief History", *Philippine Studies* 27: 285-348.

—— (1981) *Revolutionary Clergy: The Filipino Clergy and the Nationalist Movement, 1850-1903*, Quezon City, Ateneo de Manila University Press.

—— (1984) "Syncretism in Philippine Catholicism: Its Historical Causes", *Philippine Studies* 32: 251-272.

—— (1990) "Foreign Missionaries and the Politico-Cultural Orientations of the Roman Catholic Church", *Philippine Studies* 38: 151-65.

—— (2001) "Blessed Pedro Calungsod, Martyr: An Historian's Comments on His Philippine Background", *Philippine Studies* 49(3): 287-336.

—— (2003) "The Early Filipino Clergy", *Philippine Studies* 51(1): 7-62.

—— (2009) *Growth and Decline: Essays on Philippine Church History*, Ateneo de Manila University Press.

Sevilla, Pedro C., SJ (1986) *People's Faith is People Power: A Filipino Christological Catechism*, Quezon City, Loyola School of Theology (Ateneo de Manila University).

—— (1988) "Christ at EDSA: The Filipino Faces of Christ and Christian Spirituality", *Landas* 2(2): 149-164.

Shirley, Steven (2004) *Guided by God: The Legacy of the Catholic Church in the Philippine Politics*, Singapore, Marshall Cavendish Academic.

Shoesmith, Dennis (1979) "Church and Martial Law in the Philippines: The Continuing Debate", *Southeast Asian Affairs 1979*, Institute of South East Asian Studies, Singapore: 246-257.

—— "Chapter 5: The Church", May and Nemenzo 1985: 70-89.

Sidel, John (1999) *Capital, Coercion, and Crime: Bossism in the Philippines*, Stanford University Press.

Silliman, G. Sidney and Lela Garner Noble, eds. (1998) *Organizing for Democracy: NGOs, Civil Society, and the Philippine State*, Quezon City, Ateneo de Manila University Press.

Sin, Jaime L. Cardinal, DD (1981) "Acculturation", *Boletin Eclesiastico de Filipinas* 55(614-5):51-60; 55(616-8): 228-231.

—— (1982a) "Circular", *Boletin Eclesiastico de Filipinas* 56(632-3): 423-426.

—— (1982b) "Church-State Relations", *Impact* 17(4): 124-133.

—— (1983a) "Ninoy Comes Home", *CBCP Monitor* 4(5): 8-13.

—— (1983b) "Church in the News", *Impact* 18(4): 99-100.

—— (1983c) "The Climate of Fear Has Stiffed Dissent", *Impact* 18(5): 135-136.

—— (1984) "Golden Jubilee of Bacolod", *Boletin Eclesiastico de Filipinas* 58(652-3): 260-5.

—— (1985) *Wit and Wisdom of Cardinal Sin*, Manila.

—— (1987) *Cardinal Sin's Optimism: A Challenge*, TJ Publications, Manila.

—— (1988a) "The Church in the Philippines: Twenty-Seven Years after Vatican II", *Landas* 2(1): 3-10.

—— (1988b) "Two Homilies (EDSA: Myth ...or Dream / Agrarian Reform on the Agenda of Social Justice / Feedback from the Local Dailies)" *Ministry Today* 4(1): 6–16.

—— (1989) "Formation of Correct Value Judgments", *Life Today* 45(11): 14–16.

—— (1998) "On Christian Participation in the May 11, 1998 Election", *Boletin Eclesiastico de Filipinas* 74(805): 209–258.

—— (2001a) *In Praise of Mary*, Manila, Reyes Publishing.

—— (2001b) "Lord, Heal our Land", *Boletin Eclesiastico de Filipinas* 77(822): 9–10.

—— (2002a) "Pastoral Exhortation on Advent and Christmas 2001 with Mary", *Boletin Eclesiastico de Filipinas* 78(828): 16–20.

—— (2002b) "Subtle Attacks against Family and Life", *Boletin Eclesiastico de Filipinas* 78(828): 21–38.

—— (2002c) "Activities of the Fourth World Meeting of Families", *Boletin Eclesiastico de Filipinas* 78(829): 199–202.

—— (2002d) "Guidelines for Liturgical Celebrations in Malls and Related Places", *Boletin Eclesiastico de Filipinas* 78(829): 203–205.

—— (2003) "Operational Directives on Natural Family Planning (NFP) Services the Ministry of Family and Life of the Archdiocese of Manila", *Boletin Eclesiastico de Filipinas* 79(836): 324–329.

So, Erlinda (1985) "Radioketics – Philippines", *Docete* 8(42): 30–32.

Social Research Center, University of Santo Tomas (1986) *The Philippine Revolution and the Involvement of the Church*, Manila.

—— (1989) "Philippine Situation: A Moral Crisis", *Life Today* 45(11): 30–31.

—— (1990) "Metro Manila Catholics and the Born-Again Movements", *Life Today* 46(7): 26–28.

Sollano, Ma. Immaculada Diez de, and Rosa Maria Lopez Palacios (1991) (isinapilipino at iniakma (translated and adapted) ni Desiderio Ching), *Isang Pormasyon ng mga Katekista: Pagsasalin ng Pananampalataya* (要理教育教師の育成：信仰の翻訳), Quezon City, Claretian Publications.

Synod of Bishops (1989 (1971)) *Justice in the World*, Pasay City (Metro Manila), Daughters of St. Paul, sixth Printing.

Tabora, Joel (1992) "A Beleaguered Beginning", *Impact* 27(2): 9–13.

Tacorda, Linda T. (1987) "History and Development of the National Catechetical Directory for the Philippines", *Docete* 9(48): 14–28.

—— (2000a) "Pius XII Institute of Catechetics and Social Studies", *Docete* 23(101): 25–31.

—— (2000b) "The Catechetical Situation in the Archdiocese of Jaro", *Docete* 23(102–3): 59–61.

Tagle, Luis Antonio G. (2002) "What Have We Become? Ten Years after PCP II", *Landas* 16(1): 105–117.

Talavera, Wilfredo C. (1995) "Moral Values, Mass Media, and Implications for Evangelization as Decreed by PCP II", *Unitas* 68(1): 62–102.

Tejon, Guillermo (1985) "Interview: Leonardo Z Legaspi OP, DD: Catechesis, A Gift from God", *Life*

Today 41(11): 17-18.

Testera, Florencio, OP (1980) "The CBCP at Work", *Boletin Ecclesiastico de Filipinas* 54(602-3): 17-53.

——— (1982) "Penitential Days and Practices for the Filipino Catholic", *Boletin Eclesiastico de Filipinas* 56(630-31): 337-343.

——— (1983) "The Catholic Church and Philippine Masonry", *Boletin Eclesiastico de Filipinas* 57(648-9): 588-595.

"The Native Returns: An Interview with Bishop Francisco Claver" (1996), *Intersect* 11(1): 18-20.

"The Priest Speak on: The Catholic Church of the Philippines after the Second Vatican Council" (1979), *Philippine Priests' Forum* 11(1): 8-17.

Toque, Jose, at Loreta Toque (1994) *Binhi at Bunga: Buhay at Pag-Asa ng Simbahan ng mga Dukha*（種と実：貧しい者たちの教会の生と希望）, Quezon City, Claretian Publications.

Torpigliani, Bruno, DD (1983) "On the Apostolate of the Clergy and the Laity", *CBCP Monitor* 4(6): 31-34.

——— (1984a) "Filipino 'Popular Religion' and the Future: Our Pastoral Concern", *Boletin Eclesiastico de Filipinas* 58(652-3): 459-468.

——— (1984b) "Liberation Theology", *Life Forum* 16(3-4): 30-35.

——— (1989) "Annual CBCP Meeting, Tagaytay City, January 25, 1989", *CBCP Monitor* 9(6): 2-8.

Torres, Jose Victor Z. (1992) "The Filipinization of the Order of Poor Clares in the Philippines", *Unitas* 65(4): 545-553.

Trillana, Pablo S. (1988) "Spirituality and Revolution among Filipinos", *Perspective* 8(2): 34-36.

Twenty Bishops (Compiled by Institute on Church and Social Issues) (1986) "Episcopal Reflections on Church Power and the Revolution", *Ministry Today* 2(3): 42-47.

Uy, Antolin V., SVD (1993) "The Making of the First Four American Bishops in the Philippines", *Diwa* 18(2): 73-85.

——— (1994) "The First Filipino Bishops: The Vatican Initiative", *Diwa* 19(2): 75-95.

——— (1997) "The Formation of the Native Clergy in the Philippines: The Efforts of the Vatican and the American Factor", *Diwa* 22(1): 2-19.

——— (1999) "The First Three Apostolic Delegates to the Philippines", *Diwa* 24(2): 92-107.

——— (2000) "Father Pedro Pelaez and the Filipino Native Clergy", *Diwa* 25(1): 14-20.

——— (2015) "The New Diocese and the Bishop until 1910", Pilario, and Vibar 2015: 89-110.

Valenzuela, Bayani, SVD (1977) "Farmers' Retreat-Seminars: Adult Catechesis Among the Farmers of Upland Cavite", *Diwa* 2(1): 36-43.

Vano, Manolo (1995) "Folk Religion and the Revolts in Eastern Visayas", *Diliman Review* 43(3-4): 38-53.

Varela, Jesus Y., DD (1979) "A Brief History of MSPC", *Philippine Priests' Forum* 11(4): 20-22.

Varela, Miguel Ma., SJ (1992) "PCP II Education Acts and Decrees: Implications to Educators",

Perspective, 12(4): 32-35.

Vargas, Edmundo F. (1989) "The Laity in the Rural Areas", *Life Today* 45(4-5): 17-18.

Verberne, Bernard, MSC (1977) "Towards a Catechesis of Liberation: Catechetical Program in the Diocese of Butuan, Agusan", *Diwa* 2(1): 44-51.

Villegas, Guillermo V., SVD (1991) "The Second Plenary Council of the Philippines: A Participant's Logbook", Diwa 16(2): 104-111.

—— (1992) *The Cross and the Philippines: The Good News for Our Times*, Manila, Logos Publications, Inc.

Villote, Ruben J. (1978) "Tipas Experience: Reflections one", *Philippine Priests' Forum* 10(1): 46-47.

—— (1981) "A Parish Priest's View of the People's Perception of Christ", *Diwa* 6(1): 34-44.

—— (1986a) *People Power – Church-State – Citizen Priest/ Gising!*, Rizal, Philippines, Syneraide Consultancies.

—— (1986b) "Some Local Forms of Prayer: Parish Level", *Ministry Today* 2(1): 37-41.

—— (1986c) "Reflections on People Power", *Ministry Today* 2(2): 23-25.

—— (1988) *From There to Here: A Pastoral Journal*, Rizal, Philippines, Syneraide Consultancies.

Vitor, Arnel S., C. M. (1998) *Walking on the Water: Focus on the Feast of St. Clement*, Congregation of the Mission.

Wiegele, Katharine L. (2005) *Investing in Miracles: El Shaddai and the Transformation of Popular Catholicism in the Philippines*, Honolulu, University of Hawai'i Press.

Wostyn, Lode L. (1990) *Doing Ecclesiology: Church and Mission Today*, Claretian Publications, Quezon City.

—— (1995) *Church: Pilgrim Community of Disciples; Readings in Ecclesiology*, Quezon City, Claretian Publications.

—— (1999) "The Catechism for Filipino Catholics: Some Considerations", *MST Review* 2(2): 133-144.

Yalung, Crisostomo A., DD, ed, (2000) *Archdiocese of Manila: A Pilgrimage in Time (1565-1999)*, 2 vols., Manila, Roman Catholic Archbishop of Manila.

Yap, Pio G. (1990) "The Philippine People Power Revolution: A Theory", *CBCP Monitor* 11(4): 9-21.

Yap, Roberto C. (1989) "Why not a Church-Labor Conference?", *Intersect* 3(8): 5, 17.

Yengoyan, Aram and Perla Makil Eds. (2005 (1999)) *Philippine Society and the Individual: Selected Essays of Frank Lynch, 1949-1976*, Ateneo de Manila Univ Press.

Youngblood, Robert L. (1978) "Church Opposition to Martial Law in the Philippines", *Asian Survey* 18(5): 505-520.

—— (1981) "Church-Military Relations in the Philippines", *Australian Outlook* 35(3): 250-261.

—— (1984) "Church and State in the New Republic of the Philippines", *Contemporary Southeast Asia* 6(3): 205-220.

—— (1985) "Basic Christian Communities and the Church-State Conflict", *Diliman Review* 33(6):

43-47.

―― (1987) "The Corazon Aquino "Miracle" and the Philippine Churches", *Asian Survey* 27(12): 1240-1255.

―― (1989) "Aquino and the Churches: A 'Constructive Critical Solidarity'?", *Pilipinas* 13: 57-72.

―― (1990) *Marcos Against the Church: Economic Development and Political Repression in the Philippines*, Cornell University Press.

Zulueta, Lito (2003) "Gustavo Gutierrez in the Philippines", *Boletin Eclesiastico de Filipinas* 79(835): 263-268.

日本語文献、及び日本語訳を主に参照したもの

秋山真兄 (1998)「今日のフィリピン社会と教会」『福音と世界』1988年11月号（特集：フィリピン――苦悩する教会）: 31-38。

東賢太朗 (2011)『リアリティと他者性の人類学――現代フィリピン地方都市における呪術のフィールドから』三元社。

浅野幸穂 (1992)『フィリピン マルコスからアキノへ』アジア経済研究所。

アンダーソン、ベネディクト (1997)『増補 想像の共同体――ナショナリズムの起源と流行』（白石さや・白石隆訳）NTT出版。(Anderson, Benedict (1983/1991) *Imagined Communities: Reflections on the Origin and Spread of Nationalism (Revised Edition)*, London, Verso.)

五十嵐誠一 (2004)『フィリピンの民主化と市民社会――移行・定着・発展の政治力学』成文堂。

―― (2011)『民主化と市民社会の新地平――フィリピン政治のダイナミズム』早稲田大学出版部。

池端雪浦 (1987)『フィリピン革命とカトリシズム』勁草書房。

―― (1977/1992)「フィリピン」池端雪浦、生田滋『世界現代史6 東南アジア現代史II フィリピン・マレーシア・シンガポール』山川出版社: 1-172。

―― 編 (1999)『新版世界各国史6 東南アジア史II 島嶼部』山川出版社。

市川誠 (1999)『フィリピンの公教育と宗教：成立と展開過程』東信堂。

稲垣久和 (2004)『宗教と公共哲学――生活世界のスピリチュアリティ』東京大学出版会。

稲場圭信他編 (2013)『震災復興と宗教』明石書店。

イレート、レイナルド・C、ビセンテ・L・ラファエル、フロロ・C・キビイェン (2004)『フィリピン歴史研究と植民地言説』（永野善子編・監訳）めこん。

ヴァリトール、ジャーソン (1988)「インタヴュー ネグロスのBCC活動の現在」『福音と世界』1988年11月号（特集：フィリピン――苦悩する教会）: 44-52。

太田和弘 (2018)『貧困の社会構造分析――なぜフィリピンは貧困を克服できないか』法律文化社。

岡田泰平 (2014)『「恩恵の論理」と植民地：アメリカ植民地期フィリピンの教育とその遺制』法

政大学出版局。

オブライエン、ニアール（1991）『涙の島 希望の島──ネグロスの人々とある神父の物語』（大窄佐太郎・大河原晶子訳）朝日新聞社。（O'Brien, Niall（1987）*Revolution from the Heart*, New York, Oxford University Press.）

カークブリエット、ベネディクト（1990）「反乱の起源」、ルンベラ／マセダ編『フィリピン伝統文化への招待』（橋本哲一編訳、吉川洋子・古川直子・福永敬・平賀達哉訳）井村文化事業社：189-217ページ。

カサノヴァ・ホセ（1997）『近代世界の公共宗教』（津城寛文訳）玉川大学出版部。（Casanova, Jose（1994）*Public Religions in the Modern World*, University of Chicago Press.）

カプロン、ノリエル（1988）「正義と平和をめざす霊性」（水野崇訳）『福音と世界』1988年11月号（特集：フィリピン──苦悩する教会）：39-43。

カリーニョ、フィリシアノ（1988）「闘争の神学はどうなっているのか」（笠原義久訳）『福音と世界』1988年11月号（特集：フィリピン──苦悩する教会）：10-20。

カルヌーガン、セルソ・アル（1988）『2月革命の77時間──ピープルパワー それは祈り』（西本至監訳、サラマッポ会訳）勁草書房。（Carunungan, Celso Al.（n.a.）*The Miracle Revolution*）

川田牧人（2003）『祈りと祀りの日常知──フィリピン・ビサヤ地方バンタヤン島民族誌』九州大学出版会。

川中豪（2000a）「フィリピン／代理人から政治主体へ」『アジ研 ワールド・トレンド』第59号、2000年8月号、アジア経済研究所：26-29。

──「フィリピン地方都市における権力のメカニズム──ナガ市の事例──」『アジア経済』41（1）、2-33ページ、アジア経済研究所、2000年。2000b

──（2001）「エストラーダ政権崩壊への過程：2000年のフィリピン」『アジア動向年報2001年版』アジア経済研究所：291-318。

木村宏恒（1998）『フィリピン 開発・国家・NGO』三一書房。

木村昌孝（2002）「フィリピンの中間層生成と政治変容」服部民夫・船津鶴代・鳥居高編『アジア中間層の生成と特質』アジア経済研究所：169-200。

教皇庁 正義と平和評議会（2009）『教会の社会教説綱要』（マイケル・シーゲル訳）カトリック中央協議会。（Pontifical Council for Justice and Peace（2004）*Compendium of the Social Doctrine of the Church*, Libreria Editrice Vaticana）

日下渉（2013）『反市民の政治学──フィリピンの民主主義と道徳』法政大学出版局。

ケペル・ジル（1992）『宗教の復讐』（中島ひかる訳）晶文社。（Gilles Kepel（1991）*La Revanche de Dieu*, Editions du Seuil.）

佐々木徹郎（1977）「フィリピンのキリスト教会とコミュニティ・デベロプメント」『東北大学教育学部研究年報』第25集。

シトイ、T. バレンティノ（1985）「フィリピンのキリスト教」（寺田勇文訳）シトイ他『アジア・キリスト教史［2］──フィリピン・インドネシア・タイ・ビルマ』教文館：11-56。

島薗洋介（2017）「双方制と親縁性の文化」宮原 2017: 87-100。

清水展（1991）『文化の中の政治——フィリピン「二月革命」の物語』弘文社。

—— (1998)「植民地支配の歴史を越えて：未来への投企としてのフィリピン・ナショナリズム」西川長夫・渡辺公三・山口幸二編『アジアの多文化社会と国民国家』人文書院。

鈴木静夫（1997）『物語 フィリピンの歴史』中公新書。

スタインバーグ、デイビッド・J（2000）『フィリピンの歴史・文化・社会——単一にして多様な国家』（堀芳枝・石井正子・辰巳頼子訳）明石書店。（Steinberg, David Joel（2000）*The Philippines: A Singular and a Plural Place*, Westview Press.）

『聖書 新共同訳』（1995/1987）日本聖書協会。

第二バチカン公会議文書公式訳改訂特別委員会訳（2013）『第二バチカン公会議公文書 改訂公式訳』カトリック中央協議会。

高柳俊一（2005）「書評 イヴ・コンガール著『ある神学者の日記 一九四六〜一九五六年』、同著『公会議中の私の日記』（全二巻）、ハンス・キュング著『戦い取った自由』、ヨーセフ・ラッツィンガー著『私の生涯から・回想 一九二七〜一九七七年』」『カトリック研究』75号、上智大学神学会: 154-172。

田巻松雄（2001）「政治社会の連続性と変容：国家・中間層・市民社会」中西徹・小玉徹・新津晃一編『アジアの大都市［4］マニラ』日本評論社: 195-217ページ。

中央出版社編（1991）『教会の社会教書 レオ十三世教皇回勅「レールム・ノヴァルム」、ピオ十一世教皇回勅「クアドラジェシモ・アンノ」、パウロ六世教皇回勅「オクトジェシマ・アドヴェニエンス」』中央出版社。

寺田勇文（2004）「日本のフィリピン占領とキリスト教会」、池端雪浦、リディア・N・ユー・ホセ編『近現代日本・フィリピン関係史』岩波書店: 245-286。

デ・ラ・トーレ（1986）『フィリピン民衆の解放とキリスト者』（フィリピンのキリスト者に連帯する会編訳）教文館。

永野善子（1983）「修道会領地処理問題——米系糖業資本の対比進出との関連で——」『東南アジア研究』21(2): 189-208。

—— (2000)『歴史と英雄：フィリピン革命百年とポストコロニアル』御茶の水書房。

—— (2002)「フィリピンの知識人とポストコロニアル研究」神奈川大学評論編集専門委員会編『ポストコロニアルと非西欧世界』御茶の水書房: 165-197。

南山大学監修（1986）『第二バチカン公会議 公文書全集』サンパウロ。

野村進（2003(1981)）『フィリピン新人民軍従軍記』講談社。

ハーバーマス、ユルゲン他（2014）『公共圏に挑戦する宗教』岩波書店。（Habermas, Jurgen, et.al. (2011) *The Power of Religion in the Public Space*, Social Science Research Council.）

パレーニョ、アール（2005）『フィリピンを乗っ取った男——政商ダンディン・コファンコ』（堀田正彦・加地永都子訳）太田出版。（Parreno, Earl G. (2003) *Boss Danding*, First Quarter Storm Foundation, Quezon City.）

ハンチントン、サミュエル（1998）『文明の衝突』（鈴木主税訳）集英社。（Samuel P. Huntington (1998) *The Clash of Civilizations and the Remaking of World Order*, Touchstone Books.）

ピウス11世 教皇教勅（1991（1931））「クアドラジェジモ・アンノ」中央出版社 1991: 119-268。（Pius XI, Quadragesimo Anno, May 15, 1931.）

平井朗（2005）「民衆のコミュニケーションにおける『変化』の意味──フィリピン西ネグロス州の草の根宗教行事の事例から」『アジア太平洋におけるジェンダーと平和学』4: 196-214。

フォーミレサ、サミー（1988）「民衆の神学──草の根のフィリピン・キリスト者の信仰」（笠原義久訳）『福音と世界』1988年11月号（特集：フィリピン──苦悩する教会）: 21-30。

藤原帰一（1988）「フィリピンにおける「民主主義」の制度と運動」東京大学社会科学研究所『社会科学研究』40(1): 1-94。

フレイレ、パウロ（1979）『被抑圧者の教育学』（小沢有作他訳）亜紀書房。

堀芳枝（2005）『内発的民主主義への一考察──フィリピンの農地改革における政府、NGO、住民組織』国際書院。

ホルンシュタイナー、メアリー・ラセリス 編（1977）山本まつよ訳『フィリピンのこころ』めこん。

マクガイア（2008）『宗教社会学』（山中弘・伊藤雅之・岡本亮輔訳）明石書店。（McGuire, Meredith B. (2002) *Religion: The Social Context*, Wadsworth.）

マシア、ホアン（1985）『解放の神学：信仰と政治の十字路』南窓社。

── (1986)『バチカンと解放の神学』南窓社。

増原綾子、鈴木絢女、片岡樹、宮脇聡史、古屋博子（2018）『はじめての東南アジア政治』有斐閣。

松本宣郎編（2009）『キリスト教の歴史1：初期キリスト教～宗教改革』山川出版社。

丸山照雄（1981）「聖職者、フィリッピンのスラムを行く──貧困と抑圧に挑戦する教会活動」『世界』423(2): 308-321。

見市建（2004）『インドネシア──イスラーム主義のゆくえ』、平凡社。

宮原曉編（2017）『東南アジア地域研究入門2 社会』慶応義塾大学出版会。

宮脇聡史（2003a）「現代フィリピン・カトリック教会の教理教育」『東洋文化研究所紀要』143: 170-188。

── (2003b)「『キリスト教国フィリピン』の現代カトリック教会の社会観・社会関与──その教会観との関わり」『キリストと世界（東京基督教大学紀要）』13: 1-22。

── (2005)「フィリピン・カトリック教会にとっての『EDSA』──教会的文脈・国民レベルの戦略・政治社会的衝撃」『東洋文化研究所紀要』148: 359-388。

── (2006)「フィリピン・カトリック教会のみる『フィリピン』──その歴史と文化の見方」『キリストと世界（東京基督教大学紀要）』16: 81-105。

── (2008a)「シン枢機卿とフィリピン──序論的考察」『東洋文化研究所紀要』153: 142-126。

── (2008b)「フィリピン・カトリック教会の公文書における「他者」:序論的考察」『キリスト

と世界』18: 53-66。
──（2010）「フィリピン・カトリック教会の公文書に見られるフィリピン史解釈」『東洋文化研究所紀要』157: 122-154。
──（2016）「現代フィリピン・カトリック教会における歴史の記念の仕方」『言語文化研究』42: 163-178。
ユルゲンスマイヤー、M・K（1995）『ナショナリズムの世俗性と宗教性』（阿部美哉訳）玉川大学出版部。（Juergensmeyer, Mark（1993）*The New Cold War?: Regionalism Confronts the Secular State*, University of California Press.）
乗　浩子（1998）『宗教と政治変動──ラテンアメリカのカトリック教会を中心に』有信堂。
ヨハネ・パウロ二世（1980）『要理教育』カトリック中央協議会。(*Catechesi Tradendae*, 1979.)
──（1982）『働くことについて』カトリック中央協議会。(*Laborem Excercens*, 1982.)
ルンベラ、シンシア・N／テレシタ・G・マセダ編（1985）『フィリピン大衆社会への招待』（福永敬編訳）井村文化事業社。(Lumbera, Cynthia N., and Teresita G. Maceda, eds.（1981）*Rediscovery: Essays on Philippine Life and Culture*.)
レオ13世（1991）「教皇回勅「レールム・ノヴァルム」」中央出版社 1991: 15-117。(Leonis XIII, Rerum Novarum, May 15, 1891.)
渡辺英俊（1988）『解放の神学をたずねて：フィリピンの民衆と教会』新教出版社。
ワーフェル、デイビッド（1997）『現代フィリピンの政治と社会』（大野拓司訳）明石書店。(Wurfel, David（1988）*Filipino Politics: Development and Decay*, Cornell University.)

定期刊行物

Boletin Eclesiastico (University of Santo Tomas)
CBCP Monitor (Catholic Bishop Conference of the Philippines)
Diliman Review (University of the Philippines)
Diwa (Divine Word Seminary)
Docete (Episcopal Commission on Catechesis and Catholic Education)
East Asian Pastoral Review (East Asian Pastoral Institute, Ateneo de Manila University)
Ethos Today (Saint Camillus College Seminary, Marikina, Metro Manila)
Impact (National Secretariat for Social Action)
Intersect (Institute of Church and Social Issue, Ateneo de Manila University)
Karunungan: A Journal of Philosophy (University of Santo Tomas)
Landas (Loyola School of Theology, Ateneo de Manila University)
Life Forum/Ministry Today (Philippine Priests, Inc.)
Life Today (Apostolate of the Rosary)

Makatao (Asian Social Institute)
MST Review (Maryhill School of Theology)
Newsbreak (Philippine Daily Inquirer)
PCP-II Review (Catholic Bishop Conference of the Philippines)
Perspective (Catholic Educational Association of the Philippines)
Philippine Political Science Journal (Philippine Political Science Association)
Philippine Studies (Ateneo de Manila University)
Philippiniana Sacra (University of Santo Tomas)
Pilipinas (Philippine Studies Group of the Association of Asian Studies)
Pulso (Institute on Church and Social Issues, Ateneo de Manila University)
Social Weather Bulletin (Social Weather Stations)
SWS Occasional Paper (Social Weather Stations)
Unitas (University of Santo Tomas)

新聞などのニュースサイト（インターネットも含む）（2019年3月現在）

ABS-CBN News https://news.abs-cbn.com/
Cebu Daily News https://cebudailynews.inquirer.net/
The Daily Tribune https://tribune.net.ph/
The Freeman https://www.philstar.com/the-freeman
Kabayan（現在は廃刊）
Malaya https://www.malaya.com.ph/
The Manila Bulletin https://mb.com.ph/
Manila Standard http://manilastandard.net/
The Manila Times https://www.manilatimes.net/
Today（現在はManila Standardと統合）
Philippine Daily Inquirer https://www.inquirer.net/
The Philippine Star https://www.philstar.com/
Sun Star https://www.sunstar.com.ph/

教会関連のホームページ

Archdiocese of Manila Official Website
　https://www.rcam.org/
　(https://www.facebook.com/RCAMAOC/)
Catholic Church in Philippines

http://www.catholic-hierarchy.org/country/ph.html

CBCP Online

http://cbcponline.net/

旧サイト https://cbcpwebsite.com/

CBCP News

http://cbcpnews.net/

（https://www.facebook.com/cbcpnews/）

National Secretariat for Social Action – Justice and Peace

https://www.nassa.org.ph/

（https://www.facebook.com/CBCP-NASSA-Social-Action-Network-151803778560863/）

＊ECCCEは現在ホームページの存在が確認できない。

Catholic Educational Association of the Philippines

https://www.ceap.org.ph/default.aspx

カトリック中央協議会 https://www.cbcj.catholic.jp/

新聞・ウェブ記事

＊「（略称）発行年-月-日」で表示している。同日のものが２つある場合は、片方の最後にaを付して区別している。

Philippine Daily Inquirer（PDI）フィリピン最大手の新聞

PDI 1998-03-30 "2 Poll Senarios Worry Sin: Erap Winning, Joe Cheating"

PDI 1998-04-24 "Sin: Erap Victory Disastrous for RP"

PDI 1998-04-27 "Religious Group Backs De Venecia"

PDI 1998-05-04 "El Shaddai Goes for Estrada, Tatad"

PDI 1998-05-06 "Iglesia to Go for Erap, Gloria"

PDI 1998-05-11 "Bishops Tell Voters: Anybody But Erap"

PDI 1998-05-14 "Sin to Estrada Foes: Bow to People's Will"

PDI 1998-05-15 "Sin's Flip-Flop Amuses Bishops"

PDI 1998-05-23 "Church Backs Erap in Fight against Pork"

PDI 1998-05-26 "Estrada Wants Sin as Ally to Fight Pork"

PDI 1998-05-28 "Church OKs Marcos Burial at Libingan"

PDI 1998-06-05 "CBCP: Bury Marcos Now with Full Honors"

PDI 1998-06-06 "Marcos Victims assail CBCP Statement on Hero's Burial"

PDI 1998-06-09 "Editorial: Other Voices"
PDI 1998-06-10 "Sin Now Says Erap Could be Good President"
PDI 1998-06-25 "The Religious Side of Estrada"
PDI 1998-06-27 "Erap Urges Batac Burial for Marcos"
PDI 1998-06-28 "Why Sin was Mum on Marcos Burial"
PDI 1998-07-07 "First Lady Loi Wants Daily Masses Held at Palace"
PDI 1998-07-14 "Bishops to Erap: Go Easy on Marcoses: But Church Nixes New Pact with US"
PDI 1998-07-15 "Editorial: About Face"
PDI 1998-07-16 "CBCP: Settle Marcos Cases Now"
PDI 1998-07-19 "Return of the Plunderers: Cardinal Sin Worried over Marcos Deals"
PDI 1998-07-19a "Bishops to Launch Campaign vs VFA"
PDI 1998-07-24 "Clergy Vows to Wage War on Erap Plan on 'Jueteng'"
PDI 1998-07-27 "Target: 20M Signatures – CBCP Starts 50-Day Protest against VFA"
PDI 1998-07-29 "Bishops' Advice to Erap: Let the Rich do Belt-Tightning"
PDI 1998-08-02 "Erap Now a 'Changed Man' Says Adviser"
PDI 1998-11-01 Darang, Josephine, "Praying to Holy Souls in Purgatory"
PDI 1999-01-07 "Bishops Ready Signature Drive"
PDI 1999-01-07a "Life and Death Rages: Issue Splits Church"
PDI 1999-01-12 "CBCP Warns Public on 'Culture of Death'"
PDI 1999-03-10 "Bishops Vow to Stop Ratification of VFA"
PDI 1999-03-21 (Sunday Magagine, pp. 3-4.) De Vera, Ruel, "Who's Afraid of Fr. Sonny Ramirez?"
PDI 1999-04-29 "Sin Calls Priests to Anti-VFA Meet"
PDI 1999-05-13 "Zamora to CBCP: Talk Peace, Not Unrest"
PDI 1999-05-13a "Erap Honors Sin Today"
PDI 1999-05-14 "Pro-Poor Both: Cardinal Sin Vows Support for Erap"
PDI 1999-05-18 "Sin Appeals to Senators: Reject VFA"
PDI 1999-05-20 "Estrada Sore at Bishops over Anti-VFA Drive"
PDI 1999-07-06 "Sin Blesses Chavez Probe of Marcos Loot"
PDI 1999-08-24 Pazzibugan, Dona, "Bishop Wants Brother Mike Investigated"
PDI 1999-08-26 Gomez, Carla P., and Dona Pazzibugan, "Bishop Says Brother Mike Probe Needed"
PDI 1999-08-27 Parone, Lino Gilbert, "Leyte Archbishop 'clears' Velarde"
PDI 1999-09-09 Gonzales, Stella O., "Church Wants Borther Mike to Toe the Line"
PDI 1999-09-12 Gonzales, S. O., "Bishops May Tackle Case of Bro. Mike, El Shaddai"
PDI 1999-09-17 Gonzales, Stella O., "El Shaddai to Push through with Rally"
PDI 1999-09-22 Pazzibugan, Dona, "Ramirez Diappears from Sto. Domingo During Sin Rally"
PDI 1999-09-23 Tubeza, Philp, "Church to Press El Shaddai Probe"

PDI 1999-09-24 Tenchavez, Ghea M., "Scrap 'Anti-Family' Bills, Church Heads Urge Gov't"
PDI 1999-09-25 Gonzales, Stella O., "'Bro. Mike' to Lead Rally vs Divorce Bill"
PDI 1999-10-01 Lacuarta, Gerald, "Priest Quits MTRCB"
PDI 1999-10-12 Yamsuan, Cathy C., "Sin, 2 Solons Slam Culture of Gambling"
PDI 1999-10-14 De Quiros, Conrado, "Wrong Tree"
PDI 1999-11-08 Pablo, Carlito, "DAR rejects Xavier U's Exempt Bid"
PDI 1999-11-08a "Big Rally Set Today: Bishops Slam Film Board"
PDI 1999-11-17 Agpalo, Larry C., and Edwin Fernandez, "Bishop Calls for Cotabato Ceasefire"
PDI 1999-11-23 "Coalition against Landfills Launched"
PDI 1999-12-23 Gonzales, Stella O., and Carlito Pablo and Martin P. Marfil, "Bishops reject coco levy deal"
PDI 2000-01-04 Gonzales, Stella O., "Sin Condemns Arrival of Ho's Floating Casino"
PDI 2000-01-10 Gonzales, Stella O., and Martin P. Marfil, "Church says Erap off to a fresh start"
PDI-2000-02-09 Lujan, Nereo C., "Church Offers Porn-Free Net Services"
PDI 2000-03-13 Alconaba, Nico A., and Jowel F. Canuday, "Church leaders laud recall of Manero pardon"
PDI 2000-04-14 Nocum, Armand, Andrea H. Trinidad and Norman Bordadora "Fr. Sonny: I assure you Erap is not immoral"
PDI 2000-04-17 "CBCP to Estrada: Declare ceasefire"
PDI 2000-05-02 Cueto, Donna S., and Norman Bordadora, "Erap says no mandated pay raises; Sin objects"
PDI 2000-06-10 Doyo, Ma. Ceres P., "Religious Leaders Discuss Erap Leadership"
PDI 2000-06-13 Bordadora, Norman, "Sin Slams Cronyism, Corruption in Gov't"
PDI 2000-06-15 Bordadora, Norman, "Sin defends papal nuncio, lambastes President's men"
PDI 2000-07-06 Roque, Anselmo, "Church explains why general was denied final rites"
PDI-2000-07-16 Bordadora, Norman, "Bishops form own movie ratings body"
PDI 2000-07-26 Bordadora, Norman, Volt Contreras and Philip Tubeza, "Bishops Slam Violent Demo Dispersal"
PDI 2000-08-06 Bordadora, Norman, "Sin, Aquino Pray for Edsa-like Miracle"
PDI 2000-08-13 Bordadora, Norman, "'GOD DOES NOT APPROVE' Catholic bishops slam online gambling"
PDI 2000-09-09 Bordadora, Norman and Nereo C. Lujan, "Sin: Keep faith amid corruption, violence"
PDI 2000-09-14 Bordadora, Norman, "Catholics, Protestants Gird for Sept. 21 Rally"
PDI 2000-09-15 Bordadora, Norman, Dona Z. Pazzibugan and Carlito Pablo, "Bishops support assault on Abu lair"

PDI 2001-01-15 Gerald G. Lacuarta, Volt Contreras and Christine Avendano, "Sin: Keep up the Good fight"

PDI 2001-02-16 "Church doctrine vs Masons Stirs Isabela Controversy"

PDI 2001-03-23 "Rape story saddens bishops"

PDI 2001-04-28 "Cardinal Sin laments desecration of shrine"

PDI 2001-05-11 Doronila, Amando, "Recognizing the schism in the Church"

PDI 2001-05-06 "Church workers:'Where have we failed the poor?'

PDI 2001-05-12 "Church asks poor's forgiveness"

PDI 2001-07-13 Galian, Gerry, "Lack of faith in God's providence"

PDI 2002-04-03 Jimenez-David, Rina, "What about pedophile priests here?"

PDI 2002-05-15 Nocum, Armand N. "Bishop accepts blame for P190-M Internet fiasco"

PDI 2003-01-30 Nocum, Armand, and Philip C. Tubeza, "Antipolo bishop quits after reported affair"

PDI 2003-02-06 Pacquing, Ian B., "Bishop should apologize"

PDI 2003-06-08 Nocum, Armand N., "Sex raps hound prominent Catholic bishop"

PDI 2004-10-19 Rivera, Blanche, "Gambling Pits Bishop vs Bishop"

PDI 2005-03-17 Sergio, Steven F., "The challenges of priesthood"

PDI 2005-12-23 Esguerra, Christian V.," Running priest banished anew"

PDI 2016-01-09 Eleanor R. Dionisio, "The Gaze of the Nazarene"

PDI 2016-09-10 Mahar Mangahas, "Numbers of Filipino, Cebuano and English"

PDI 2017-08-08 Leila B. Salaverria, Tetch Torres-Tupas, "Marcos to remain buried at Libingan, SC rules with finality"

Philippine Star (Philstar)

Philstar 1998-05-15 "CBCP Accepts Estrada Victory"

Philstar 1998-07-14 "CBCP Calls for Rejection of VFA"

Philstar 1998-07-20 "Estrada on Sin's Tirade: Baseless"

Philstar 1999-01-14 "Sin: Don't Allow Death Penalty Furor to Divide Nation"

Philstar 1999-08-21 Clapano, Jose Rodel, and Sandy Araneta, "There will never be a Marcos Restoration"

Philstar 1999-08-25"El Shaddai to Hold Own Sept. 21 Rally"

Philstar 1999-09-14 CBCP to Velarde: No Cult Practices"

Philstar 1999-09-20 Ocampo, Junep, "Special Report: Will Velarde Sbumit to Bishops' Control?"

Philstar 1999-11-10 "Catholic Church clears El Shaddai of cult raps"

Philstar 2000-06-13 "Sin Warns Filipinos: Don't be Ruled by Utang na Loob"

Philstar 2000-08-28 Lee-Brago, Pia, "CBCP: Movie Stars in Gov't Okay but..."

Philstar 2000-09-16 Araneta, Sandy, "Sin disagrees with CBCP on military option"

参考文献・資料一覧

Philstar 2000-10-14 Araneta, Sandy, "CBCP backs call for Estrada's resignation"
Philstar 2000-10-15 "More church groups call for resignation of Estrada"
Philstar 2000-11-20 "Vidal sees fair trial by Senate"
Philstar 2001-04-27 "CBCP to EDSA rallyists: Get out!"
Philstar 2001-04-29 "Church dared to explain funding for Shrine"
Philstar 2001-05-11 "Sin to re-consecrate Filipino nation to God"
Philstar 2001-07-09 "CBCP clarifies stand on tithing"
Philstar 2001-12-18 "Vidal neutral on wage hike but offers to mediate row"
Philstar 2002-05-14 Araneta, Sandy, "CBCP gypped of P190-M"
Philstar 2002-05-15 Araneta, Sandy, "CBCP: Don't blame us"
Philstar 2003-01-31 Araneta, Sandy, "Vatican gagged CBCP on bishop's sex scandal?"
Philstar 2003-06-10 "Bacani denies sex raps"
Philstar 2003-11-26 Aravilla, Jose, "Vatican accepts Bacani resignation"

Manila Bulletin (MB)

MB 1998-06-08 "Sin Lauds Estrada for His Priority on Agriculture"
MB 2000-01-05 Atencio, Joel C., "Cardinal Sin condemns floating casino in bay"
MB 2000-01-12 Kabiling, Genalyn D., "Archdiocese plans protest rallies"
MB 2000-01-26 Kabiling, Genalyn D., "Sin welcomes Ho's reported pullout plans, Cardinal joins mounting protests"
MB 2000-02-18 "Bishops oppose compromise with Marcoses"
MB 2000-04-08 "Prayer rally at Luneta today"
MB 2000-06-17 Kabiling, Gennalyn, "Bishops' Drive vs Smut Films On"
MB 2000-07-21 Kabiling, Gennalyn, "Bishops set prayer for peace"
MB 2000-08-05 "Sin Urges All to Join Prayer for Peace Today"
MB 2000-09-03 Kabiling, Genalyin D., "Review Mindanao council – CBCP"
MB 2000-09-09 Kabiling, Genalyn D., "Marian Rites Led by Cardinal Sin"
MB 2000-10-26 "Sin defends use of Pagcor money"
MB 2001-03-24 "Bishops apologize for priests' failings"
MB 2001-07-01 Requintina, Robert R., "Church will soon implement tithing"
MB 2001-07-07 "Cardinal Sin Cool to Tithing Plan"
MB 2002-12-08 "Reyes named new Bishop of Antipolo"
MB 2003-06-10 Aquino, Leslie Ann, "El Shaddai leader airs confidence in Bishop Bacani, laments attacks; Wait for Vatican probe – Arroyo"

Manila Times (MT)

MT 2000-09-19 Concepcion, John A., "Bishops Urge Boycott of New Bingo"
MT 2000-10-12 ""Erap resign" calls mount", in MT
MT 2000-10-27 Ramos-Araneta, Macon, "Return "Dirty" Cash, Priest Urges Sin"
MT 2001-02-15 "Church slamming doors on Masons..."
MT 2001-03-28 "Church: Clerics human, too"
MT 2002-05-20 Dancel, Joshua, "Philcomsat, Globe lost in CBCPNet"
MT 2002-05-21 Dancel, Joshua, "Students will pay CBCPNet's debts"
MT 2002-05-22 Dancel, Joshua, "CBCP to be sued for fraud"
MT 2002-05-22a Cruz, Maricel V., "Student groups refuse to shoulder burden of paying CBCPNet debt"
MT 2002-06-10 Dancel, Joshua, "CBCP faces P28-M suit over failed Net venture"

Manila Standard (MS)
MS 2006-02-20 Herrera, Christine F., "Church adopts tough stance on birth control"
MS 2006-02-21 Herrera, Christine F., "New CBCP position vs birth control backfiring?"

Malaya
Malaya 2009-01-10 Gerard Naval, "Nazarene devotees force return to old route; police helpless"

Sun Star (Sun)
Sun 1999-11-06 "Slam-Porn Drive Unites Sin, Velarde: Feuding Duo to Join Monday's March"
Sun 2001-12-17 "Vidal doesn't favor wage hike this time"
Sun 2002-03-31 Ramos, Linette C., "Scandal's shadow 'harms all clergy'"
Sun 2002-04-26 Dancel, Joshua, "CBCP to deal with priests' abuse 'behind closed doors'"
Sun 2002-05-25 Dancel, Joshua, "'CBCP did not spend to organize CBCPNet'"
Sun 2003-09-19 Neri, Marie, "34 priests face sanctions for sexual misconduct"
Sun 2003-11-29 Neri, Marie, "Bacani accuser satisfied with Vatican move"
Sun 2005-01-10 Ramos, Linette C., "'Sinulog is supposed to be an offering'"
Sun 2005-03-01 "'Priesthood has become deceptive'"

Daily Tribune (Tribune)
Tribune 2002-05-15 Gasgonia, Dennis, "CBCP afraid of own ghosts, calls on media to stop 'bad press'"

Today
Today 1999-10-05 "Sin Leads Protest vs Divorce"

Today 2001-05-08 "Shrine desecrators need forgiveness; but so do we all"

Cebu Daily News セブ発行の地方紙
CDN 2001-05-07 "Editorial: The Church failed the poor"
CDN 2001-07-08 Parone, Lino Gilbert K., Jr., "No tithing in Cebu, Catholics assured"
CDN 2003-04-10 Bernadette A. Parco "Not all church money lost in CIPI investment: Vidal"

Kabayan (KB) フィリピン語紙
KB 2004-08-17 Macalma, Deo, "Military Officer na Namatay, Ayaw Bendisyunan ng Pari sa Camp Aguinaldo"(アギナルド基地の司祭、亡くなった軍将校の祝福を拒否)

ABS-CBN News (ABS) テレビ局のニュースサイト
ABS 2000-06-15 "Bishops, traders propose 3rd party in Mindanao talks"
ABS 2000-07-27 "Catholic Church's Firm in Debt"
ABS 2000-08-19 "Velarde Tones Down B-day Celebration"
ABS 2000-09-16 "Sin disagrees with CBCP on military assault vs. Abu"
ABS 2001-04-03 "Priests confirm Church scandals"
ABS 2002-05-24 "SEC set to step in to protect CBCP assets"

Newsbreak 週刊誌
Newsbreak 2003-02-17 Rufo, Aries, "Sins of the father"

CBCP Online (CBCP) カトリック司教協議会のニュースサイト
CBCP 1999-07-01 CBCP, "Bishops Assail Government's Promotion of Gambling"
CBCP 1999-07-12 "'Blessed are the Pure of Heart!' (Mt 5:28) ; Pastoral Letter on Pornography"
CBCP 1999-08-13 "Bishops Report on Dialogue with President Estrada"
CBCP 1999-08-16 "Church Launches Nationwide Protest against Erap Charter Change, Synchronizes with the August 20 Manila Rally"
CBCP 1999-08-19 "Bishops to Lead Provincial Delegations in Makati Rally; Other Dioceses to Stage Synchronized Activities"
CBCP 1999-08-20 "CBCP President Shares His Thoughts on August 20 Makati Rally"
CBCP 1999-08-25 "CBCP Clarifies Proposed Action on El Shaddai Leader"
CBCP 1999-09-06, "CBCP to mark September 21 as National Day of Prayer and Reflection on Freedom, Justice, and Peace"
CBCP 1999-09-14 "CBCP conveys concerns to El Shaddai founder through Bishop Bacani"
CBCP 1999-09-21 "Church to lead nationwide prayer activities for justice, freedom and peace today"

CBCP 1999-09-22 "Church leads nationwide prayerful commemoration of Martial Law declaration"
CBCP 1999-10-08 "Cardinal Sin to lead prayer rally against anti-family bills"
CBCP 1999-10-13 "CBCP scores investments that promote gambling"
CBCP 1999-10-21 "It's Time to Get Rid of Death Penalty Law – CBCP"
CBCP 1999-10-26 "CBCP laments irony of an execution on 'Correction Consciousness Week'"
CBCP 1999-10-28 "Bishop San Diego resigns as member of Presidential Conscience Committee"
CBCP 1999-11-05 "Indignation rally against pornography and violence set Monday, November 8"
CBCP 1999-11-25 "Capalla Issues Past oral Letter on Peace"
CBCP 2000-01-24 "Philippine Jubilee Website launching highlights CBCP 80th Plenary Assembly"
CBCP 2000-03-09 "Church not out to Topple Gov't – CBCP"
CBCP 2000-03-25 "CBCP Lauds Estrada for Granting Moratorium on Executions"
CBCP 2000-03-30 "Militarization not the answer to Mindanao problem"
CBCP 2000-04-06 "CBCP not part of 'silent protest'"
CBCP 2000-04-12 "CBCP Calls for Prayer, Explains 'Critical Solidarity' Stand"
CBCP 2000-04-27 "Bishops-Ulama Call for Ceasefire in Central Mindanao"
CBCP 2000-05-03 "CBCP urgently appeals to gov't, MILF for ceasefire, resumption of peace talks"
CBCP 2000-05-08 "Kidapawan Bishop Appeals for Peace; Asks for Observance of May 12 as Day of Prayer"
CBCP 2000-06-06 "CBCP supports call for clear direction from gov't"
CBCP 2000-06-15 "Bishops dialogue with Estrada on Mindanao issue"
CBCP 2000-06-15a "Cardinal Sin commends Nuncio for June 12 message on peace"
CBCP 2000-06-26 "'Wholesome Entertainers' not Bold Stars Should be Sent to Mindanao" Former CBCP Online, June 26, 2000.
CBCP 2000-06-26a "CBCP urges more 'serious and sustained' campaign vs. jueteng"
CBCP 2000-07-06 "CBCP Appeals to Gov't, MILF: Stop War; Pursue Peace through Way of Peace"
CBCP 2000-07-17 "Bishops to Lead Act of Consecration to Mary for Mindanao Peace on August 6"
CBCP 2000-09-19 "CBCP Questions Military Offensive, News Blackout in Jolo"
CBCP 2000-10-13 "CBCP supports Cardinal Sin's call for prayer, reflection, action to resolve 'jueteng expose' crisis"
CBCP 2000-10-18 "Caceres Archbishop, Clergy Join Call for Estrada Resignation"
CBCP 2000-10-23 "Economic Collapse Will Lead to Estrada Downfall – CBCP"
CBCP 2000-11-17 "Bishops United in Call for Resignation of President Estrada – Abp. Quevedo"
CBCP 2000-11-27 "Cardinal Sin Calls for Continued Prayers for Healing of the Country"
CBCP 2001-01-19 Meltdown: the Effects of Senatorial Infamy"
CBCP 2001-01-22 "Filipinos Thank God for Second Miracle at EDSA"

あとがき

　1986年以降の政治は、民主主義の信頼性の確立をめぐる困難な取り組みに満ちていた。本書で述べたような教会の主流派形成とそこで確立され現在に至る政治関与のあり方も、単に教会や社会との関係だけではなく、そういう政治の正統性の確立という難問と揺れ動く状況の中に置かれていた。

　筆者は2006年に博士論文を書き上げて以降、その後の10数年の状況の展開を観察し続けながら、教会の主流派確立の経緯と性格について博士論文に記したことの多くが、その観点から今も十分な意義があることを再認識するに至った。本書はその東京大学大学院総合文化研究科国際社会科学専攻の博士論文を土台としつつ、現在の時点で改めて検討の上、書き上げたものである。筆者は今後、変転するフィリピンの政治状況の中で模索を続ける新しい時代のカトリック教会の政治関与のあり方について、本書の議論を踏まえつつ追求していこうと考えている。

今後の研究に向けて —— 世界教会、グローバル化、世代交代の中で

　教会研究として、本書はまだ雑駁な部分が残っている。特にバチカンのもとに置かれた、世界教会の傘下のフィリピン・カトリック教会の位置づけは、予備的な考察に終わっている。バチカンの教会論・社会変革論のより詳細な分析を行い、それを踏まえてフィリピンの教会におけるその受容過程・緊張関係と教会政治の展開を、より詳細に解明することが望ましいと考えている。

　また、歴史過程の描写も全体像を描くための概観に終わってしまった。より多面的な分類によって教会指導者層のあり方を捉え、より立体的な歴史過程の描写を行う必要を痛感しているが、現在の資料及び研究水準の制約もある。今回は、これまで政治関与面による保守・穏健・進歩・急進のカテゴリー化とそれに対する批判のみが存在したところに、政治論のカテゴリーに対して教会論にもとづくカテゴリー化を並行させることで応えたが、同じ「政治・

社会への関与」でも、かなり異なるあり方がありうる点は、十分に検討しきれなかった。例えばシン枢機卿のあとを継いだロサレス・マニラ大司教は、開発や環境問題についてはきわめて積極的に発言し行動してきたが、選挙政治への関与や政治家の正統性について論じることには慎重である。これに対しシン枢機卿の場合は逆に前者に対するコミットメントは目立たず、後者が突出していた。単純に政治・社会関与というカテゴリーでは、両者の間の区別は難しい。ロサレス大司教の2004年のマニラ大司教就任、そして2006年の枢機卿への就任は、分析カテゴリーの再検討が必要性であることの象徴でもある。それは2011年にロサレスの後任としてマニラ大司教に就任し、2013年に枢機卿となったタグレについても同様である。

　同時に、研究を進めるにつれ、海外出稼ぎの増加や世代の経過、インターネットの浸透、BPOビジネスのような新しい雇用形態、そしてそうした状況に大きく影響を受けて変化するフィリピン社会、その中で生じつつある人々の意識の変化について、筆者は次第に強く意識するようになった。教会をめぐる研究も、本書のようなナショナルな教会の主流派形成に関する議論を土台としつつ、さらに進んで流動する世界の中のフィリピン、そこにおいて変化をにらみながら動こうとしている教会のあり方に、より強く着目していきたいと考えている。それは新世代の教会指導者であるタグレ枢機卿やCBCP議長も務めたビリェガス（リンガイェン＝ダグパン大司教：2009年以降、CBCP議長：2013-2017年）のようなウェブメディアを活用し、国際的な舞台でも活躍する世代が要職を占める時代において、特に重要なことではないかと考える。

謝辞

　本書の調査研究はささやかなものではあるが、多くの方々の支援と励ましなしにはここまでたどり着くことはできなかった。恩義のあるすべての方々に言及することは到底できない。限られた方々のお名前を挙げるのみであることをご容赦いただきたい（以下敬称略）。

あとがき

　博士論文の指導に関わっていただいた先生方、特に修士課程以来、長年忍耐を持って指導してくださった古田元夫先生には、感謝の言葉もない。特にEDSA3に関する発表を2001年の春の大学院演習で時事報告として行った際に、この出来事がフィリピンの政教関係に関する研究の突破口となる可能性についてさりげなく示唆してくださったことで、行き詰っていた研究に光が見えてきたことは、今もはっきりと思い出される。

　博士論文の執筆準備委員会（シーシス・コミティ）の先生方、特に中西徹先生には、地域と人々への愛、そこに根差した粘り強い調査と考察の姿勢を教えていただいた。また、論文の最終審査に加わっていただいた寺田勇文先生には、開口一番、フィリピンの教会研究の立場から論文の意義を明快に肯定していただき、大いに励まされた。そしてその後も幾度となく温かいアドバイスをいただいた。

　多くの日本のフィリピン研究者の先達に、様々な形でお世話になった。川島緑先生には私の研究発表の度に鋭い指摘を幾度もいただき、研究を練り上げていく際の大きな励ましとなった。永野善子先生、清水展先生にはイレートの名著の翻訳の共同作業を通じてお世話になり、その後も歴史やフィリピン社会についてのさまざまの議論、研究の場に招いていただいた。池端雪浦先生には直接教えを受けることはなかったものの、教会研究の先達としての練り上げられた研究を通じて、多くのことを学ばせていただいた。

　フィリピン地域研究の仲間たちから多くの励まし、批判、触発を受けることができたことも幸いであった。フィリピン研究会全国フォーラムや国際フィリピン研究会などの研究会を通じて、多くの仲間たちと出会い、多くの議論を交わすことで切磋琢磨することができた。特に東賢太朗、川田牧人、関恒樹、長坂格、日下渉、細田尚美、渡邉暁子、内山史子、中野聡、早瀬晋三、青山和佳、高木佑輔、Julius Bautista、故 John Carroll, Germelino Bautista, Patricio Abinales, Reynaldo Ileto, Grace Jamon など、多くの方々から学ばさせていただいた。キリスト教研究に関しても Melba Maggay、Boy Bautista、Rei Crizaldo をはじめとする方々に、教会と政治社会との関わりの持つ多面性について多くの示唆をいただいた。

古田元夫ゼミでは多くの仲間たちの触発があり、それが粘り強く志向する際の支えとなった。時を忘れて議論にふけった仲間たち、特に山本博之、西芳実、増原綾子、高地薫をはじめとする諸氏の顔が浮かぶ。特に増原氏には東南アジア政治の教科書の共著執筆に誘っていただき、その過程で多くのことを学ぶことができた。

　また多くの東南アジア研究者たちに囲まれながら研究を重ね、その蓄積に支えられてきた。とくに筆者の専門である宗教研究との関係では、見市建氏のインドネシアにおけるイスラームの政治関与についての著作は、フィリピンの政教分離制度の下での政教関係が持つ意味を検討する際に、大きな示唆を与えてくれた。片岡樹、今村真央の諸氏からも多くの励ましをいただいた。

　大阪大学の同僚及び元同僚の、大上正直、矢元貴美、菅原由美、池田一人、宮原曉、島薗洋介、津田守、村上忠良をはじめとする諸氏の励まし、また特にフィリピン語専攻の学生たちからの励ましも大きいものがある。この大学、この同僚、そしてこの学生たちに恥じない研究をする、という思いにも支えられてきた。

　前任校である東京基督教大学では、神学部で社会科学を教えるという立場で多くのことを学んだ。特に「公共哲学」の重要性を繰り返し粘り強く説かれた稲垣久和先生から受けた影響はとても大きなものであった。またフィリピンを含む世界中からの学生たちと授業を共にした日々は大きな財産となっている。

　大学時代以来のプロテスタントのキリスト教徒である私にとって、教会関係者は個人的な支えとなるとともに、今この時代の中でキリスト教会が形成される現場について、ともに参加しながら教えあい学びあう仲間たちであり、同時にリアリティをもって教会というもののあり方を見せてくれる人たちでもあった。特にマニラでの現地調査の際にお世話になったDiliman Bible Churchは、その教会形成、礼拝、宣教活動、神学的な議論、人脈をはじめ、フィリピンのキリスト教の姿を捉えようとする私にとって水先案内人のような存在であった。

　長期にわたる大学院での研究生活を受忍し、経済的にも支えてくれた両親

にも、あらためて感謝したい。またフィリピンの教会で出会い、励ましあってきた妻、そして父親の著作の出版を楽しみにしてくれている私たちのふたりの子どもたちに、この本をささげたい。

　本書は、平成31年度大阪大学教員出版支援制度の助成を受け刊行された。出版の際には、特に担当編集者である川上展代氏には大変お世話になった。この場を借りて感謝申し上げる。

人名索引

あ 行

アキーノ、B. 3世（Benigno "Noynoy" Aquino III）　269
アキーノ、B. ジュニア（Benigno "Ninoy" Aquino, Jr.）　62, 66-71, 99, 173, 177, 191
アキーノ、C（Corazon "Cory" Aquino）　66-69, 74, 75, 77, 87, 180, 181, 241, 242, 248, 268, 269
アグリパイ、G（Gregorio Aglipay）　37
東賢太朗　17, 315, 331
アチュテギ、P（Pedro Achutegui）　181
アビナレス、P（Patricio Abinales）　32
アルベルト、T（Teopisto Alberto）　57
池端雪浦　293, 317, 331
イレート、R.C.（Reynaldo Clemena Ileto）　17, 31, 32, 34, 36, 194, 195, 207, 299, 315, 331
インテガン、R（Romeo Intengan）　62
ウィーグル、C（Katherine Wiegele）　17, 215, 225
ウォスティン、L（Lode Wostyn）　16
エスカレル、F（Federico Escaler）　141
エストラーダ、J（Joseph Ejercito Estrada）　8, 20, 25, 154, 229, 233-240, 242-248, 250, 251, 253-257, 259, 265, 268, 316
エンリレ、J. P.（Juan Ponce Enrile）　59, 238
オブライエン、N（Niall O'Brien）　16, 65, 161, 209, 316

か 行

カークフリート、B（Benedict Kerkvliet）　194
カサノヴァ、J（Jose Casanova）　3, 4, 7, 316
ガストン、A（Antonio Gaston）　44
川田牧人　17, 216, 217, 299, 316, 331
キャネル、F（Fenella Cannell）　17
キャロル、J（John Carroll）　17, 18, 67, 68, 91, 198, 199, 256
キリノ、E（Elpidio Quirino）　45, 245
キン、W（Warren Kinne）　16, 159, 160, 210-212
クラウディオ、L（Lisandro Claudio）　18
クラベール、F（Francisco Claver）　57, 58, 60, 68, 90, 175-177, 181, 198, 199
日下渉　316, 331
クルス、O（Oscar Cruz）　90, 95, 182
グレゴリオ、C（Camilo Gregorio）　212
ケソン、M（Manuel Quezon）　42, 43
ケベド、O（Orlando Quevedo）　185, 246
コファンコ、E（Eduardo "Danding" Cojuangco）　234, 243, 317
ゴメス、M（Mariano Gomez）　36
コルネリオ、J（Jayeel Cornelio）　18
コンスタンティーノ、R（Renato Constantino）　30, 32-34, 36, 37, 39, 42, 293
ゴンザレス、A（Andrew Gonzales）　91, 154, 234, 257

さ 行

サピトゥラ、M（Manuel Sapitula）　17
サモラ、J（Jacinto Zamora）　36
サン・ディエゴ、F（Francisco San Diego）　238
サントス、R（Rufino Santos）　44, 45, 52, 55-57

シャペーユ、P. L.（Placido Louis Chapelle）
　39
シューマッカー、J（John Schumacher）
　29, 30, 32-34
シン、J（Jaime Sin）　56, 57, 59, 62, 65,
　66, 68-71, 73-75, 77, 78, 88, 90, 93-95,
　174, 176, 177, 179-181, 187, 233-235,
　237, 239-242, 244, 245, 247, 248, 250,
　254-256, 258, 267, 268, 318, 330
シンソン（Luis "Chavit" Singson）　242,
　244, 245

　　　　　　　　た　行

タグレ、L. A.（Luis Antonio Tagle）　267,
　330
ダラン、J（Josephine Darang）　217
タン、C（Christine Tan）　73
タン、L（Lucio Tan）　234, 235, 243
デ＝アンダ、S（Simon de Anda）　35
デ＝サンタ＝フスタ＝イ＝ルフィナ、B.
　S.（Basilio Sancho de Santa Justa y
　Rufina）　35
デ＝ベネシア、J（Jose de Venecia）　234
デ＝ラ＝クルス、A（Apolinario de la Cruz）
　36
デ＝ラ＝クルス、D（Deirdre De la Cruz）
　17
デ＝ラ＝コスタ、H（Horacio de la Costa）
　29, 30, 32, 34
デ＝ラ＝トーレ、E（Edicio de la Torre）
　15, 58, 174, 175, 177
デ＝ラ＝パス、C（Cecilia De la Paz 2003）
　17, 164, 217
ドゥテルテ、R（Rodrigo Duterte）　18, 235,
　269
トルピグリアーニ、B（Bruno Torpigliani）
　64

　　　　　　　　な　行

野村進　317

　　　　　　　　は　行

バウティスタ、J（Julius Bautista）　17
パウロ6世（Paul VI）　23, 41, 53, 171
バカニ、T（Teodoro Bacani）　73, 187,
　206, 214, 237, 259
早瀬晋三　32, 331
バルガス、B（Benito Vargas）　47
教皇ピウス12世（Pius XII）　107
ビダル、R（Ricardo Vidal）　94, 216, 234,
　240, 247
ビリェガス、S（Socrates Villegas）　145,
　330
ファブロス、W（Wilfredo Fabros）　30
フォルティッチ、A（Antonio Fortich）
　181, 209, 212
プツ、S（Salvatore Putzu）　139, 153
ブラタオ、J（Jaime Bulatao）　11, 197, 198,
　199
フランシスコ、J. M.（Jose Mario Francisco）
　18, 57
ブルゴス（Jose Burgos）　36
フレイレ、P（Paulo Freire）　159, 210, 318
ヘチャノバ、L（Luis Hechanova）　156
ヘドマン、E（Eva-Lotta Hedman）　91
ベネディクト16世（Benedict XVI）　64
ペラエス、P（Pedro Pelaez）　36
ベラルデ、M（Mike Velarde）　161-163,
　213-215, 234, 236, 237, 241, 245
ベルナス、J（Joaquin Bernas）　73
ホカノ、L（Landa Jocano）　193
ホー、S（Stanley Ho）　237, 238
ホーガン、W（Walter Hogan）　44, 47
ボラスコ、M（Mario Bolasco）　15, 17, 29,
　30, 32, 34
ホンティベロス、E（Eduardo Hontiveros）

148

ま 行

マカパガル、D（Diosdado Macapagal） 49
マカパガル゠アロヨ、G（Gloria Macapagal-Arroyo） 242, 248, 249
マグサイサイ、R（Ramon Magsaysay） 45, 49
マナリゴッド、A（Ambrosio Manaligod） 47
マブタス、A（Antonio Mabutas） 60
マルコス、F（Ferdinand Marcos） 8, 9, 15, 49, 50, 55-61, 66-69, 71-74, 79, 91, 100, 107, 112, 124, 138, 154, 159, 160, 173, 174, 176, 177, 179, 180, 209, 211, 212, 219, 233, 235-238, 243, 251, 268, 315
マルテンス、H（H. Martens） 44
メルカド、O（Orlando Mercado） 245
モレノ、A（Antonio Moreno） 15
モンテマヨル、J（Jeremias Montemayor） 44

や 行

ヤルン、C（Crisostomo Yalung） 206, 259
ヤングブラッド、R（Robert Youngblood） 15, 67
ヨハネ゠パウロ2世（John-Paul II） 62, 108, 110, 128, 155, 180, 182

ら 行

ラウレル、S（Salvador Laurel） 69
ラセリス、M（Mary Racelis） 192, 194, 198, 318
ラファエル、V（Vicente Rafael） 16, 31, 32, 34, 315
ラミレス、S（Sonny Ramirez） 234, 239
ラモス、F（Fidel Ramos） 75-77, 97
ランデ、C（Carl Lande） 192

リサール、J（Jose Rizal） 36, 47, 99
リチャウコ、J（Jaime Lichauco） 218
リム、H（Hilario Lim） 47, 48
リンチ、F（Frank Lynch） 10, 11, 192-194, 196, 198, 199
ルフォ、A（Aries Rufo） 18
レイエス、A（Angelo Reyes） 245
レイエス、G（Gabriel Reyes） 44
レイエス、R（Robert Reyes） 213
レオ13世（Leo XIII） 40
レガスピ、L（Leonardo Legaspi） 140, 144, 145, 151
レクト、C（Claro Recto） 48
ロイター、J（James Reuter） 61
ロサレス、G（Gaudencio Rosales） 267, 330
ロサレス、J（Julio Rosales） 56, 65
ロシュ、J（Joseph Roche） 144, 151

事項索引

事項索引

あ 行

アジア社会研究所（Asian Social Institute） 52
「アジアで唯一のキリスト教国」(the only Christian nation in Asia) 189
アジョルナメント（現代化）(aggiornamento) 50
アテネオ・デ・マニラ大学（Ateneo de Manila University） 10, 11, 19, 21, 44, 91, 151, 185, 192, 198, 206
—— 教会社会問題研究所（Institute on Church and Social Issues, ICSI） 185
—— フィリピン文化研究所（Institute of Philippine Culture, IPC） 10, 21, 192, 198
アブ・サヤフ（Abu Sayyaf） 239, 244
アヤラ（Ayala） 231
アライ・カプワ（Alay Kapwa） 88, 104
イエズス会 11, 29, 35, 41, 42, 44, 46, 47, 53, 59, 60-62, 68, 73, 91, 148, 192, 198, 199, 256
イギリス 35, 38
イグレシア・ニ・クリスト（Iglesia ni Kristo） 78, 234
イスラム教徒 86, 156, 190, 224, 241
『一般要理教育指導書』 139
移民労働者 100, 104
イロイロ（Iloilo City） 92, 142
イロカノ語（Ilokano） 142
ウェブメディア 157, 330
英語 31, 39, 48, 84, 96, 98, 100, 142, 143, 148, 150, 151, 154, 157, 202, 203, 226
エイズ（AIDS） 100, 104

EDSA2 245, 248, 250-255, 265, 268
EDSA3 252, 254-256, 265, 268, 331
EDSA大通り（Epifanio de los Santos Avenue, EDSA） 69
EDSA革命 69, 117, 251, 255
EDSA大聖堂（EDSA Shrine） 73, 191, 245, 246, 251-255, 265
エル・シャダイ（El Shaddai） 79, 161-163, 213-215, 225, 234, 236, 237, 239, 256, 259
「円滑な人間関係」(smooth interpersonal relationship, SIR) 203
王による保護（Patronato Real） 33
オサミス市（Ozamiz City） 210
汚職 55, 100, 104, 106, 108, 193, 202, 240, 254
オリエンタリズム 17, 194, 299
オルティガス（Ortigas） 231
恩恵的同化（Benevolent Assimilation） 38

か 行

海外出稼ぎ 330
「海軍の聖母」(La Naval) 216
戒厳令 16, 49, 50, 55-60, 62, 66, 99, 100, 102, 105, 107, 112, 127, 159, 191, 198, 209, 237, 242
外国人宣教師の国外追放 60
解放の神学（Liberation Theology） 3, 16, 63, 64, 89, 172, 185, 209, 210, 318, 319
開明的知識人層（Ilustrado） 35, 36
カイロ国際人口開発会議（Cairo International Conference on Population and Development） 100
カガヤン・デ・オロ市（Cagayan de Oro City） 53, 210

337

格闘の神学（Theology of Struggle）　16, 159, 172
家族・人口政策　77
「家族中心」（family-oriented）　201
カトリック・アクション（Catholic Action, CAP）　41, 42, 45, 54
カトリック教育連盟（Catholic Educational Association of the Philippines, CEAP）　47
『カトリック教会のカテキズム』（Catechism of the Catholic Church; CCC）　143
カトリック司教協議会（Catholic Bishops' Conference of the Philippines, CBCP）　21-23, 83, 263, 327
カトリック・チャリティー（Catholic Charity）　44
カトリック投票者ギルド（Catholic Voters' Guild）　47
カトリック福祉組織（Catholic Welfare Organization, CWO）　23, 43
カリスマ刷新運動（Charismatic Renewal）　78, 79, 159, 161, 165, 213, 214, 234
ガレオン貿易　33
願掛け　155
祈祷行動集会（prayer rally）　70, 72
旧植民地国　6
教会基礎共同体（Basic (Base) Ecclesial Communities, BEC）　64, 85, 87, 115, 116, 150, 169, 184, 185, 188, 202, 212, 222, 223, 303
教会＝軍連絡協議会（Church-Military Liaison Committee, CMLC）　59
『教会憲章』　51
「教会の鐘の下」（bajo las campanas）　33
教会への課税案　59
教会法典（Code of Cannon Law）　23, 220
教皇庁立「正義と平和」委員会（Pontifical Commission "Iustitia et Pax"）　54
教皇庁立フィリピン人神学院（Pontificio Colegio-Seminario Filipino）　52, 85
教皇のフィリピン訪問　65, 99

共産党（旧）（Partido Komunista ng Pilipinas, PKP）　44, 49
共産党（新）（Communist Party of the Philippines, CPP）　16, 49, 58, 76, 160, 172, 174, 176, 198, 209
キリスト教基礎共同体（Basic Christian Communities, BCC）　20, 53, 62, 63, 64, 123, 159, 161, 172, 185, 223
キリスト教社会主義運動（Christian Socialist Movement）　55
キリスト教民族民主主義者（Christian National Democrats）　175
キリスト受難詩（Pasyon）　31, 299
キリスト生誕2000年聖年　100
キリノ大競技場（Quirino Grandstand）　261
クーデタ未遂　69, 74, 75, 268
クラレチアン修道会（Claretian Missionaries）　142
クルシリョ（Cursillo）　53
黒ナザレ人祭り（Pista ng Itim na Nazareno）　217, 218
携帯電話　252, 255
権威主義体制　8, 9, 20, 64, 71, 76, 118, 251
堅信礼　149
現地人司祭運動　37
『現代世界憲章』　51
現地人指導者層（principales）　34, 135
憲法改正　50, 77, 78, 100, 106, 107, 128, 236, 237, 243, 244
憲法制定会議　99
公共宗教　4, 6-9, 13, 15, 25, 72, 256, 263, 265, 266, 268, 269, 316
鉱山法　100
公立学校での宗教教育　138, 152
国軍改革運動（Reform the Army Movement）　71
国民祈りの日集会（National Day of Prayer）　191
国民英雄墓地（Libingan ng mga Bayani）

事項索引

　　　235
ココナツ課徴金基金（Coco Levy Fund）
　　　238
小作争議　43
コロンバン修道会（Missionary Society of St. Columban）　209
コロンブス騎士団（Knights of Columbus）　42
婚前・婚外妊娠　223
ゴンブルサ事件（GonBurZa）　36

さ　行

在俗司祭（seculares）　24, 34, 36, 90
サマレニョ（ワライ＝ワライ）語（Samareño / Waray-Waray）　142
サン・カルロス神学校（San Carlos Seminary）　92, 259
暫定国会（Interim Batasang Pambansa）　62, 99, 106
サント・トマス大学（University of Santo Tomas）　21, 46, 91, 96, 135
サント・トマス大学でのストライキ　99, 104
ジーザス・イス・ロード教会（Jesus Is Lord）　78
CBCP委員会　84-87
CBCP憲法　83
CBCP常設協議会（permanent council）　83
CBCP全体会議（plenary assembly）　83
CBCPNet（インターネット・プロバイダ）　59, 68, 141, 143, 181, 182
司教―ウラマー・フォーラム（Bishop-Ulama Forum）　88, 239
死刑　66, 100, 106, 108, 235, 236, 238, 243
司祭社会行動研修会（Priests' Institute of Social Action）　53
自然法　10, 113
シヌログ祭り（Sinulog）　217

市民社会論　3, 4
社会行動委員会（Episcopal Commission on Social Action）　53
社会行動・正義・平和全国事務局（National Secretariat for Social Action, Justice and Peace; NASSA-JP）　54, 87, 169
社会行動全国事務局（National Secretariat for Social Action, NASSA）　53
社会行動センター（Diocesan Social Action Center, DSAC）　54, 70, 71, 87, 169
社会情勢研究所（Social Weather Stations, SWS）　19
社会秩序研究所（Institute of Social Order, ISO）　53
社会的自覚年（Year of Social Awareness）　44
社会民主主義（Social Democrats）　172, 173, 176
宗教教育委員会（Episcopal Commission on Education and Religious Instruction）　139
宗教票（religious vote）　79
十字架の道行き（Daan ng Crus）　140, 162
従属論　160, 186
修道会司祭（regulares）　33
修道会領　39, 41, 42, 317
修道女修練研究所（Sisters' Formation Institute）　53
自由農民連盟（Federation of Free Farmers, FFF）　44
十分の一献金　95
終油の秘蹟　220, 221
自由労働者連盟（Federation of Free Workers, FFW）　44
殉教（martyr）　66, 71, 99
小教区司牧委員会（parish pastoral council）　116, 169
植民地主義　15, 16, 58, 208, 285
『諸国民の進歩』　172
ショッピングモール内でのミサ　148
人権　9, 15, 16, 24, 52, 56, 57, 59, 61, 62,

339

66, 69, 74, 99, 100, 104-106, 114, 159, 175, 176, 181, 186, 202, 209, 212, 224, 241, 244
信心業　　44, 147, 155-159, 162, 215, 217, 247
新人民軍（New People's Army, NPA）　49, 58, 317
新生運動（Born-Again Movement）　78, 161, 213
信徒使徒職（Lay Apostolate）　108
信徒使徒職委員会（Commission on Lay Apostolate）　54
新冷戦　　64
スペイン　　4, 7, 17, 29, 31-40, 48, 71, 79, 98, 99, 123, 135, 193, 195, 196, 200, 201, 204, 207, 209, 216, 224, 256, 263, 273
政教分離　　13, 39, 48, 56, 61, 66, 68, 129, 195, 196, 219, 244, 263, 332
聖書　　67, 69, 84, 86, 99, 115, 116, 137, 142, 150, 151, 160, 186, 189, 210, 216, 218, 247, 317
聖職者の現地人化　　47, 90
聖職者の生涯独身制　　112
聖人（像）　　71, 101-103, 162-164, 190, 215, 218
聖像・聖画の盗難　　258
聖体拝領　　147, 221, 294
性的なスキャンダル　　258, 259
性と生殖に関する法制（Reproductive Health Law）　269
青年キリスト教労働者運動（Young Christian Workers Movement）　44
聖母（マリア）（像）　44, 69, 73, 97, 122, 125, 128, 129, 141, 155, 156, 162, 177, 190, 216, 242, 252, 255
聖母マリア記念年（Marian Year）　122
世俗化論　　171
セブ（Cebu）　　56, 92, 94, 95, 141, 142, 216, 217, 223, 234, 247, 258, 327
セブアノ語（Cebuano）　142

選挙監視　　57, 68-72, 74, 75, 77, 91, 96, 116, 128, 129, 169
選挙管理委員会　　72
選挙教育　　69, 75, 77, 88, 116, 128
全国カトリック聖書センター（National Catholic Bible Center）　142
全国自由選挙運動（National Movement for Free Elections, NAMFREL）　68, 71
全国聖体会議（National Eucharistic Congress）　99
全国聖体年（National Eucharistic Year）　99, 137
全国農村開発会議（National Rural Congress）　54, 209
全国要理教育周知週間（National Catechetical Awareness Week）　141
全国要理教育大会（National Catechetical Convention）　141, 142
全国要理教育年（National Catechetical Year）　100, 142
占星術　　218, 219
双系親族制　　192, 208, 225

　　　　　　　　た　行

第1回農村開発全国会議（National Congress for Rural Development）　54
「第一四半期の嵐」（First Quarter Storm）　50
対外債務問題　　75, 100, 104, 106
大衆集会　　161
第2バチカン公会議　　3, 23, 51-53, 61, 63, 79, 98, 100, 107, 110, 113, 114, 116, 121, 123, 128, 138, 139, 147, 170-172, 182, 209, 210, 218, 264
第2バチカン公会議後改革のための一般信徒協会（Laymen's Association for Post-Vatican II Reforms）　55
第2フィリピン教会会議（Second Plenary Council of the Philippines, PCP-2）　118, 123, 126, 143, 181, 264

事項索引

第4回世界女性会議（World Conference on Women） 77, 100
タガログ語（Tagalog） 31, 67, 100, 140, 142, 143, 150, 151, 156, 202, 203, 226, 281, 282
多数派宗教 4, 205, 257
ダバオ市（Davao City） 210, 223
タルラックから空港へ（Tarlac to Tarmac） 68
弾劾裁判 245, 247, 248, 251, 268
地方自治法 76
中華系メスティーソ 35, 36
通過儀礼 12, 135, 136, 149, 161, 219, 220, 223
低地キリスト教社会（Lowland Christian Society） 17, 207
弟子たちの共同体（Community of Disciples） 183, 184, 187-189, 228
デ・ラサール大学（De la Salle University） 257
テレビ伝道者（televangelist） 162
天使祝詞（Ave Maria） 177
典礼改革 147
同性愛 260
党派政治（partisan politics） 66, 107, 129
投票ボイコット 60
「時のしるし」（signs of the times） 51, 52, 110, 116, 117
都市中間層 49, 67
ドミニコ会 46, 135

な 行

ナガ市（Naga City） 76, 141, 316
二大政党制 46, 49, 75
「二段重ねのキリスト教」（split-level Christianity） 11, 14
人間開発のための司教－ビジネスマン協議会（Bishops-Businessmen's Conference for Human Development） 55, 88
妊娠中絶 86, 223

ネグロス（Negros） 16, 65, 69, 99, 104, 161, 209, 212, 213, 315, 316, 318
農地改革 49, 50, 75, 76, 78, 94, 99, 104, 106, 209, 234, 318

は 行

陪餐停止（excommunication） 220, 222
パガディアン市（Pagadian City） 210
バクララン教会（Baclaran Church） 155
パトロン・クライアント関係（patron-client relationship） 46, 193, 203
ハビエル大学（Xavier University） 53
バランガイ・サン・ビルヘン（Barangay Sang Virgen） 44
反共産主義路線 63
パンガシナン語（Pangasinan） 142
バンタヤン島（Bantayan Island） 216, 316
ピープルパワー（People Power） 18, 69, 71, 72, 74, 117-119, 121-123, 125, 126, 140, 202, 203, 245, 248-250, 252-254, 257, 265, 269, 316
東日本大震災 3
ビサヤ地方（Visayas） 16, 83, 185, 186, 216, 224, 316
秘跡（sacrament） 124, 143, 147, 149, 170
ピナツボ山（Mt. Pinatubo） 100, 104
避妊 77, 222, 223
批判的協力（Critical Collaboration） 56, 66, 129
非暴力主義 172, 174, 176, 179
票の神聖性（sanctity of the ballot） 72, 75, 114
ヒリガイノン語（Hiligaynon） 142
貧者の優先（（preferential) option for the poor） 188
フィリピン一般信徒協議会（Council of the Laity of the Philippines） 68
フィリピン・カトリック教育連盟（Catholic Educational Association of the Philippines, CEAP） 89, 141, 154, 257

341

フィリピン・カトリック司教協議会(Catholic Bishops' Conference of the Philippines: CBCP)　19, 22, 271
フィリピン娯楽ゲーム公社(Philippine Amusement and Gaming Corporation)　241, 258
フィリピン司祭協会(Philippine Priests, Inc.)　54
フィリピン慈善宝くじ局(Philippine Charity Sweepstakes Office)　94
フィリピン主要修道会管区長協会(Association of Major Religious Superiors in the Philippines: AMRSP)　21, 24, 58
フィリピン人化関連法案(Filipinization Bills)　47
フィリピン人・カトリック信徒のための要理書(Catechism for Filipino Catholics, CFC)　118
フィリピン人の価値観(Filipino Values)　191-198, 202, 204
フィリピン聖書協会(Philippine Bible Society)　142
フィリピン全国要理教育指導書(National Catechetical Directory of the Philippines, NCDP)　140, 199
フィリピン全国要理事務局(National Catechetical Office of the Philippines)　141
フィリピン独立100周年　100
フィリピン独立運動　37
フィリピン独立教会(Iglesia Filipiniana Independiente)　37, 40, 221
フィリピン文化論(Philippine Culture)　100, 196, 200, 201, 203, 206, 208
フィリピン抑留者特別専門委員会(Task Force Detainee of the Philippines, TFD)　59
風水　218
フエテン　235, 241, 242
付加価値税(Value Added Tax)　100, 104, 106

フクの反乱(Huk Rebellion)　44, 49, 194
フリーメーソン　37, 40, 45, 98, 220, 221
プロテスタント　37, 46, 77, 78, 123, 136, 142, 151, 161, 162, 190, 213, 214, 222, 242, 332
プロテスタントとの聖書共同訳　142
プロテスタント福音派(Evangelicals)　78, 161, 162, 234
プロパガンダ運動　36
文化内化(inculturation)　147, 148
米軍滞在協定(Visiting Forces Agreement)　100, 106, 235
ペルフェクト＝ロペス法案(Perfecto-Lopez Bill)　47
包括的人間開発／発展(total human development)　91, 159
ポスト・コロニアル批評　16
ポピュリスト　226, 233
ポルノグラフィー　100
翻訳　17, 31, 140, 142, 143, 148, 150, 151, 192, 312, 331

ま行

マカティ市(Makati City)　215, 225
マカティ・ビジネスクラブ(Makati Business Club)　234
貧しい者たちの教会(Church of the Poor)　55, 78, 94-96, 130, 150, 177, 184, 187-189, 226, 228, 233, 243, 256, 264, 313
貧しく無知な者たち(pobres y ignorantes)　256
町祭り(Pista)　149, 155, 159, 164, 215, 216, 217
マニラ(首都圏)((Metro) Manila)　18, 19, 21, 23, 33, 35-37, 40, 42, 44, 45, 52, 55-57, 59, 62, 65-67, 73, 77, 89, 91, 92, 93, 96, 100, 137, 141, 142, 145, 150, 151, 155, 161, 162, 164, 174, 177, 179, 186, 187, 198, 213-215, 217, 218,

222-225, 233, 236-238, 241, 244, 247-249, 254, 259, 267, 317, 330, 332
マリノール修道会（Maryknoll）　61
未完の革命　120, 182
民間信心（popular devotion）　6, 14, 20, 217, 218
民衆カトリシズム（folk Catholicism）　11, 196, 215
民族解放キリスト者同盟（Christians for National Liberation）　58
民族民主主義（National Democrats）　172, 173, 176
民族民主戦線（National Democratic Front）　209
ミンダナオ＝スールー（Mindanao-Sulu）　64, 159, 160, 161, 186, 209, 210, 212
ミンダナオ＝スールー司牧協議会（Mindanao-Sulu Pastoral Conference, MSPC）　64, 159, 210
ミンダナオ＝スールー社会行動事務局（Mindanao-Sulu Secretariat for Social Action, MISSSA）　159
ミンダナオ超教派司牧協議会（Mindanao Interfaith Pastoral Conference）　212
メンディオラ橋（Mendiola Bridge）　74, 254
モロ・イスラム解放戦線（Moro Islamic Liberation Front, MILF）　238
モンテ・デ＝ピエダッド銀行（Monte de Piedad Bank）　77, 93

や　行

要理教育（catechesis）　16, 19, 20, 25, 63-65, 84, 86, 89, 99, 101-103, 128, 129, 131, 132, 135 142, 144-150, 154, 157-161, 163-165, 172, 185, 208, 227, 228, 264
要理教育・カトリック教育委員会（Episcopal Commission on Catechesis and Catholic Education, ECCCE）　84, 86, 139

『要理教育』（使徒的勧告）　89, 140, 312
要理教育教師（catechist）　140, 145, 150, 164
要理教育センター　150, 319
要理書（要理問答）（catechism）　131, 140-143, 154, 160, 199
預言者的役割　125, 198, 253

ら　行

ラジオ・ベリタス（Radio Veritas）　70, 71, 157, 177, 252
ラテンアメリカ教会協議会（Concejo Episcopal Latioamericano）　54
ラテン語　147, 148, 156, 301
離婚　86, 113, 236
リパ市での聖母顕現の風評（Lipa Marian apparitions）　155
良心覚醒（Conscientization）　210
ルネタ公園（Luneta Park; リサール公園 Rizal Park）　162, 236, 241
霊的アドバイザー（Spiritual Adviser）　234, 239
『レールム・ノヴァルム』（Rerum Novarum）　40, 52
「歴史の十字路」　110, 117
労働組合運動　41
ローマ教皇庁（バチカン）　23, 39, 52, 60
ロザリオの祈り　122, 247
ロヨラ神学研究院（Loyola School of Theology）　21, 62

略称索引

AMRSP フィリピン主要修道会管区長協会 24, 58, 240, 285, 286, 299

BCC キリスト教基礎共同体 63, 64, 159, 161, 172, 185, 211, 223, 287, 288, 293, 296, 297, 306, 307

BEC 教会基礎共同体 64, 87, 95, 150, 169, 185, 188, 202, 212, 222, 223, 299, 303, 306, 308

CAP カトリック・アクション 45, 47

CBCP フィリピン・カトリック司教協議会 19, 22, 23, 48, 53, 85, 92, 119-124, 144, 147, 150-152, 155, 165, 184, 186, 200, 236-243, 246-248, 250, 259, 260, 263, 271, 272, 276-282, 290-292, 295, 297, 298, 301, 302, 304, 306-309, 311, 313, 314, 319, 321-328

CCC カトリック教会のカテキズム 143

CEAP フィリピン・カトリック教育連盟 47, 89, 142, 154, 297, 298, 301

CFC フィリピン人・カトリック信徒のための要理書 118, 141, 143, 199, 291, 306, 309

CPP 共産党（新） 49

CWO カトリック福祉組織 43, 45, 272, 273

DSAC 社会行動センター 87

ECCCE 要理教育・カトリック教育委員会 19, 139, 145, 150, 152, 153, 290, 291, 295, 298, 301, 305, 309

EDSA エドサ大通り 72, 73, 117, 118, 122, 124, 126, 142, 189, 244, 245, 247, 250, 252-254, 269, 288, 292, 295, 298, 303, 308, 310-312, 318, 325, 328

FFF 自由農民連盟 44

FFW 自由労働者連盟 44

ICSI アテネオ・デ・マニラ大学・教会社会問題研究所 185

IPC アテネオ・デ・マニラ大学・フィリピン文化研究所 10, 21, 192, 198

ISO 社会秩序研究所 44

MILF モロ・イスラム解放戦線 238, 328

MISSSA ミンダナオ＝スールー社会行動事務局 159

MSPC ミンダナオ＝スールー司牧協議会 159, 210, 297, 313

NAMFREL 全国自由選挙運動 68

NASSA-JP 社会行動・正義・平和全国事務局 54, 87, 169

NCDP フィリピン全国要理教育指導書 140, 141, 199, 308

NPA 新人民軍 49, 58

PCP-2 第2フィリピン教会会議 118, 123, 143, 181, 199

PKP 共産党（旧） 49

TFD フィリピン抑留者特別専門委員会 59

フィリピン語索引

amo（上司） 201
awa（同情） 201
amor propio（体面） 193
bayaran（金で買われた） 256
common tao（普通の人間） 205, 221
crab mentality（足の引っ張り合い） 202
dilawan（黄色い輩） 269
hiya（恥） 193, 202
kaibigan（友人） 225
kakilala（知人） 225
kamag-anak（親族関係） 194
katuwiran（道理、筋を通すこと） 219
KBL（Kasal（結婚）, Binyag（幼児洗礼）, Libing（葬儀）） 201
lakas（力） 201
maka-Diyos, maka-tao, maka-bayan at maka-kalikasan（神を愛し、人々を愛し、国を愛し、自然を愛する） 75, 130
malakas（権力者） 201
pakikisama（仲間付き合い） 120, 193, 202
takot sa Diyos（神への畏れ） 202
utang na loob（内的負債、恩義感情） 193, 201, 240

宮脇 聡史（みやわき・さとし）

1969年生まれ。
2006年　東京大学大学院総合文化研究科博士課程修了（国際社会科学）
2001-2006年　東京基督教大学神学部　講師
2006-2012年　同　准教授
2012-2014年　大阪大学大学院言語文化研究科　講師
2014年-　同　准教授

『はじめての東南アジア政治』（増原綾子他と共著、有斐閣）
「フィリピン・カトリック教会の公文書における「他者」」（『キリストと世界』18）
「フィリピン・カトリック教会の公文書に見られるフィリピン史解釈」（『東洋文化研究所紀要』157）
「現代フィリピン・カトリック教会における歴史の記念の仕方」（『言語文化研究』42）

フィリピン・カトリック教会の政治関与
国民を監督する「公共宗教」

2019年9月30日　初版第1刷発行　　　　　［検印廃止］

著　者　宮脇　聡史
発 行 所　大阪大学出版会
　　　　　代表者　三成賢次
　　　〒565-0871　大阪府吹田市山田丘2-7
　　　　　　　　　大阪大学ウエストフロント
　　　TEL：06-6877-1614
　　　FAX：06-6877-1617
　　　URL：http://www.osaka-up.or.jp

印刷・製本所　（株）遊文舎

Ⓒ S. Miyawaki 2019　　　　　　　　　Printed in Japan
ISBN 978-4-87259-695-3 C3016

JCOPY〈出版者著作権管理機構 委託出版物〉
本書の無断複製は著作権法上での例外を除き禁じられています。複製される場合は、その都度事前に、出版者著作権管理機構（電話03-5244-5088、FAX 03-5244-5089、e-mail: info@jcopy.or.jp）の許諾を得てください。